法官體制之比較研究

——以德國、法國、日本及臺灣為例

徐婉寧　吳秦雯　傅玲靜　許政賢　王文杰　著

許政賢　王文杰　主編

The Judiciary in Germany,
France, Japan and Taiwan:
A Comparative Study

三民書局

推薦序

　　這是一本有關司法體制的比較研究，因此請容我先談談這類研究的迫切性，以及我們到目前為止的不足與輕忽。

　　法治的實現，不可或缺的是法制的不斷改善，法制則包括立法、行政、司法和其他公權力的各種制度化作為，位在下游的司法體制就是其中最關鍵的一環。法學院學生花了很多時間學習的各種實體法和程序法，都是司法者必要的工具，但離開制度化的司法權，還有一大段距離。除了還要加上憲法以降有關司法的各種組織法、人事法、預算法等等外，而且不能囿於法律條文，如果不瞭解這些法條的來龍去脈，形成這些法制背後的文化，以及這些法制形成的司法人思考習慣、行為模式，仍然不能說已經認識了這個司法體制。

　　法律研究和教學整體在這方面的不足，除了直接影響法學和司法產出的質量——實體法和程序法在解釋適用上往往會忽略法律繼受背後的體制脈絡差異，間接更使得法律人參與上中游立法、行政的改革時，因為無法掌握司法體制承擔的功能與運作條件，就會出現許多東摘一鱗西擷一爪的即興借鑑。須知臺灣的司法體制除了硬體上接收了日治時期已經運轉多年的法院外，主要沿襲國民政府在大陸時期所規劃建立由司法院統領者，基本上是在與古代帝國法制斷裂的零基點上開始借鑑與創新的體制（傳統中國並無現代分權意義下的司法權），在過去 70 年更是不斷改變，鏡映臺灣的社會變遷以及政治民主化的過程。司法改革從早年的只做不說，到現在這樣即說即做，卻反而看不到明確的方向，近年有些危險的改制構想甚至可能扭斷現行體制而又難以取而代之，提議及附和者竟似渾然不覺，恰恰顯示司法體制的研究非常不足，無法回應實務

需求。

　　因此在我看來，這本由政治大學法學院許政賢院長與王文杰副校長主編，分由傅玲靜、吳秦雯與徐婉寧3位教授撰寫第2、3、4章有關德國、法國和日本的部分，而許政賢院長除撰寫第5章臺灣部分外，並在前後加上第1章的緒論和第6章的總結評析，就填補這個研究缺口而言，雖只是非常小的一步，卻絕對是個重要起點。研究聚焦於法官的選任，但理所當然的上下延伸到法院的設置與法官的養成、遷調，如果按我上課時給司法體制這個學科設定的邊界——包含憲法有關司法在頂層分權及與人民間的基本關係，行政法有關司法組織、人事、預算的行政事項，以及程序法中有關審判的結構性因素如各終審法院間的功能分配、垂直審級分工等，這三部分的總和——來看，當然只是司法體制的一小部分，但從近年社科法學 (Social Sciences and Law) 研究對此議題的高度興趣，以及許多國家就此展開幅度頗大的改革看來，即知作者們會有這樣的問題意識並不意外，非常期待這顆石頭丟進我們的法學池塘，也會激起巨大漣漪。

　　4個比較研究對象的選擇，與4位作者的工作分配也是煞費苦心。德國和法國是歐陸法系毫無爭議的代表者，在法院與法官體制的形成上又各自有其鮮明的特色而輻射到地球上的許多國家，日本在明治革新時的變法，先以法國為師後又改宗德國，已經先呈現一道混合，二戰後受到美國直接間接的強大影響，又出現第二道混合，其影響先延伸到韓國，又再多方進入臺灣。我們近年的改革也在原來的繼受加上「兄弟獨創」以外，又出現政黨輪替間幾次司改「大拜拜」之後的大幅搖擺，已經很少人分得清楚哪些基因來自哪裡，因此特別集合了法學院裡不同留學背景的3位老師，以她們的年齡層，剛好都能近身掌握發生於歐陸和日本的第一手變化，許政賢院長的學術歷練更不簡單，多年的法官與司法行

政經驗，使他擁有一般教授不易有的內部人視野，留學德國又給了深入認識歐陸法制傳統與新願景的門票，也只有這樣的組合才能最好的駕馭這個不好處理的問題，有基本知識的介紹，也可分享真正的見識。

　　我自己從留學德國時期發展出這方面的研究興趣，一直留在閱讀菜單上的期刊包括美國的 "Judicature"、德國的 "Die Deutsche Richterzeitung" 等，回國以後加上《司法周刊》，最近十年又接觸到大陸最高人民法院的《中國應用法學》，對於法官的選任，我特別介紹過德國的「完全法律人」理念，略知其近年受到歐盟波隆尼亞準則影響而在養成上也從眾走向分流，法國的制度和我們的比較接近，但在 2013 年拜訪其司法高層時，第一次聽聞國家行政學院的前 5 名畢業生可以坐直昇機進入最高行政法院（「國事院」）這樣的新鮮事，而日本借鑑美國制度由內閣對任職 10 年的基層法官行留任審查，又有多少實質意義，在在都讓人好奇，這本書也都有提到。但怎樣在這類為數不少的小異中梳理出大同，又怎麼從功能比較的觀點加以整理逐一類型化，包括體制的基本類型，和個別制度的小類型，然後基於預設的體制目標，建立評價的基礎以利選擇參照，改革就不會見樹不見林，甚至可解除我近年對司法迷航的深沉憂慮。這當然還需做更多的努力。

　　謂我多慮者，只要看最近幾年 4 個審判體系的審級制度調整，乃至進行中的「法律專業人員資格及任用條例草案」，無不更全面的往德國司法體制方向調整，儘管實踐成本不小，但方向都還清楚。偏偏司法院又對三終審法院丟不掉「終局定位」的情結（以大法官第 530 號解釋屬於「訴外主張」的部分為其藉口），始終無法忘情於美式一元單軌，或日式修正一元多軌的最高法院，而把司法最關鍵的頂層設計和案件的金字塔化政策混為一談，好像完全不知道這裡有美頭德身難以銜接的問題。案件的金字塔化在採多元分流的德國審判體系下很自然的會形成小金字塔

群，而不可能是一個大金字塔，不同終審法院乃至每個終審法院的法庭在特定法域或事務範圍內就是一個金字塔的塔頂，在高度專業分流的此一金字塔群基礎上建構的大法庭，也才能綽有餘裕地消化法庭間見解分歧的問題。這裡不是沒有選項，只是選了東就不能再選西，道理很清楚。

　　有鑑於此，退休後每週一次講座課，我已經二度開講司法體制，發現大大小小的變動在幾年內竟又累積不少，研究真的已經跟不上，所以這本書如果能及時出版，我還是會把它列為兩岸聽課同學進階閱讀的文獻，而且真誠希望，政大法學院還有續集，或可吸引更多法律學者以推動司改相同的熱情，先把我們司法體制的前世今生研究清楚。

國立政治大學講座教授蘇永欽熱烈推薦

主編序

在法學傳統的基礎領域中，諸如法理學、法社會學、法史學或比較法學等學科，司法體制的研究屬於古典議題，早有傳世經典著作。關於法官在司法體制中的角色，更屬其中重要主題，相關文獻汗牛充棟、難以遍覽。同時，由於各學科考察觀點的差異，或訴諸抽象理念，或探究體制功能，或溯源歷史發展，或印證法系特色等角度，各有不同視野與立論基礎，形成法官體制的多元藍圖。

尤其就當代主要法律體系而言，法官在體系中的制度性地位，向來屬於比較研究的焦點。比較法學原與法制史密切相關，法制發展又植基於特定社會的脈絡，致使此一主題的比較研究，涉及歷史、社會等時空條件，而在時間、空間維度的交錯縱橫中，一方面描繪不同法系的多元系譜，另一方面則拓展諸如比較法社會學的研究疆界。

以法系的代表人物為例，在一般觀念上，英美法系以法官為代表，在歐陸法系中，則因德國、法國兩大主流而不同，前者常提及學者，後者則由律師大出鋒頭，因此相較於英美法系而言，歐陸法系法官的地位似乎較不突出。此外，兩大法系法官的比較，包括選任來源、晉升方式、裁判風格、待遇保障及社會地位等，均屬饒富趣味的研究主題，並有多本見識非凡的專論問世。在諸多先前研究的基礎上，本書的定位及功能，似有略加說明的必要。

本書的撰寫機緣，源於 2015 年間由政大法學院執行的研究計畫，主要基於制度分析的立場，就歐陸法系德國、法國、日本及臺灣的法官體制，針對選任、培育及晉升等層面，解析法令基礎、實務運作及佐以評價。尤其歐陸法系不採所謂法曹一元制，法官並非選自執業多年的律師，

而係來自通過考選、實習程序的人員,但近年來自律師等法律人轉任法官的管道,逐漸成為重要主題,究竟具體成效為何,實有深入分析的必要,此為本研究較特別之處。編者有感於在中文世界中,就此相關研究較為欠缺,遂萌生出版的動機。

研究團隊在分工上,先由編者研擬法官體制的分析架構,其中第 1 章說明相關背景及研究方法,第 2 至 5 章依序分析德國、法國、日本及臺灣的法官體制,第 6 章則為綜合評析,歸納前 4 章的研究所得。而就比較法學上所謂國別報告,原則上由留學該國的學者負責。具體而言,第 1、5、6 章由許政賢負責,第 2 章由傅玲靜執筆,第 3 章由吳秦雯撰寫,第 4 章則由徐婉寧擔綱。另一方面,因各章初稿完成於 2015 年間,迄今相關法令或發展有所更迭,所運用資料自有更新必要。團隊成員為配合出書規劃,在繁忙工作之餘,重新檢視及修訂相關內容,編者在此深致謝忱!

政治大學講座教授蘇永欽老師,除在公、私法領域均有開創性的豐碩成果外,對於各國司法體制同有全面而深入的研究,不僅在理論觀點上有諸多創見,並實際參與司法改革的艱鉅工程,在兩岸四地學者中,實屬極為罕見而令人敬佩!蘇老師在創作高峰期中,仍願犧牲寶貴時間,特為本書撰文推薦,編者及作者除深感榮幸外,並對蘇老師敬致最高謝意!

值得一提者,與眾多研究法官體制的書籍相較,本書所介紹內容,部分或屬大同小異,部分或有其特色;但無論如何,本書倘對相關主題有興趣的讀者,得以提供有益參考資訊,出版目的即已達成。最後,三民書局股份有限公司編輯部同仁,在出版過程中多所協助,在此併致謝意!

許政賢 王文杰

2022 年 5 月於國立政治大學

主編及作者簡歷

主編

許政賢

現職

國立政治大學法學院教授兼院長

學歷

德國慕尼黑大學法學博士

經歷

司法院法官人事改革成效評估委員會委員

法務部司法官學院司法官訓練委員會委員

臺灣新北（板橋）地方法院法官兼庭長

司法院司法行政廳調辦事法官（兼科長）

王文杰

現職

國立政治大學法學院教授

學歷

國立政治大學法律學系博士

經歷

國立政治大學副校長

國立政治大學法學院院長

國立政治大學主任秘書

作者
（依各章撰寫順序）

許政賢

....

現職

國立政治大學法學院教授兼院長

學歷

德國慕尼黑大學法學博士

經歷

司法院法官人事改革成效評估委員會委員

法務部司法官學院司法官訓練委員會委員

臺灣新北（板橋）地方法院法官兼庭長

司法院司法行政廳調辦事法官（兼科長）

傅玲靜

....

現職
國立政治大學法學院副教授

學歷
德國慕尼黑大學法學博士

經歷
法官學院、國家文官學院、公務人力發展學院講座
司法院財團法人法律扶助基金會監督管理委員會委員
環保署、農委會、臺北市政府訴願審議委員會委員

吳秦雯

....

現職
國立政治大學法學院副教授

學歷
法國艾克斯馬賽 (Aix-Marseille) 大學法學暨政治博士學院（行政法研究中心）博士

經歷
博欽法律事務所 (Perkins Coie LLP) 實習律師

勞動部、國防部、內政部、臺北市政府法務局法規委員會委員

監察院、衛生福利部、教育部、行政院人事總局訴願審議委員會委員

徐婉寧

現職

國立臺灣大學法律學院教授

學歷

日本國立東京大學大學院法學研究科法學博士

經歷

勞動部法規會法規委員

勞動部不當勞動行為裁決委員會裁決委員

勞動部勞保監理委員會監理委員

法官體制之比較研究

以德國、法國、日本及臺灣為例

目次

第一章

緒　論

許政賢

壹、基本背景

　　法官在現代法治國家的定位，涉及歷史背景、法律傳統、政治狀況、乃至國際思潮等條件，而對法官在特定社會所扮演角色、發揮功能及塑造形象等，向來均屬法社會學、比較法學、法史學及政治學等領域學者深感興趣的主題。尤其自西學東漸以來，東亞各國移植西方法制雖已逾百年光景，但對於歐、美等國如何以法治國為基礎，據以在政治、經濟、科技等領域持續穩定發展，仍舊保持高度關注的態度。而法官係維繫法治國基礎的重要支柱，一國法官社群的特性不僅反映該國法律體系的風格，其素質亦是衡量法治品質的指標。

　　由於政治、經濟、歷史、地理、社會、甚至氣候環境因素所形成的不同條件，人類各自發展不同的法律體系，以發揮社會控制的功能。在當代主要法律體系中，歐陸法系與海洋（英美）法系成為最受矚目的兩大法系，其歷史背景、法的結構及淵源，均具有不同特色。無論在何種法系，法官都是維繫司法體系的支柱，也是攸關體系運作效能的關鍵因素之一。學者曾依法系不同，將司法官僚結構區分為等級模式（例如：歐陸法系國家）及同位模式（例如：英美法系國家）[1]，而法官選任、培養、晉升在不同法系間，也往往具有不同面貌。

　　以歐陸法系為例，Max Weber 早在一百多年前，已深刻描繪德國法官所處官僚體制階層的特性[2]，同時代的法國法官也有類似特性[3]，而此種情形至今似無太大改變[4]。雖然在法國大革命後，司法界曾一度提倡法官無大小的

---

[1] See MIRJAN R. DAMASKA, THE FACES OF JUSTICE AND STATE AUTHORITY: A COMPARATIVE APPROACH TO THE LEGAL PROCESS, 16 (1986).

[2] 參閱韋伯 (Max Weber) 著，康樂、簡惠美譯，法律社會學，頁 370 以下，2003 年 8 月。

[3] Vgl. Zweigert/Kötz, Einführung in die Rechtsvergleichung auf dem Gebiete des Privatrechts, 3. Aufl., 1996, S. 252.

[4] 參閱科特威爾 (Roger Cotterrell) 著，結構編輯群編譯，法律社會學導論，頁 302，1991 年 6 月。當

觀念[5]，其後仍形成法官間的層級差距。另一方面，日本自明治維新以後，積極引進西方法律制度，先後受法國、德國法的影響，而法官間的層級差距，也逐漸內化為司法體系的結構性因素。縱使戰後的日本深受美國法制影響，在法院組織及人事結構上都經歷重大變革，但依比較法學者的研究，日本法官間仍存在階層觀念[6]，造成不同法官職位並非等值的現象[7]。此種現象普遍存在於上述歐陸法系主要國家的法官圈中，同樣涉及法官選任、培養、晉升等結構性因素。

同時，依比較法社會學的研究，各國法官在法律體系中的定位，與其在不同體系所扮演的角色息息相關，而不同社會對於法官的期待，將影響其參與改造社會的角色。一般而言，歐陸法系的德國法官較重視抽象性及原則，而英美法系的英國法官則較重視具體個案及經驗。此種不同思考或工作特性的形成，一方面與法律體系的特性[8]及時代思潮有關，另一方面則與法官的培養過程有關。學者認為，不同國家選任法官的方式，正反映對專業能力、審判獨立及多元價值的重視程度不一，其背後則反映社會對於法官的期待，及法官自我的不同定位[9]。

此外，依比較法社會學的觀察，歐陸法系的法官、律師職業間壁壘分明，法官往往劃定屬於自己的領域，並發展出內部之間自我認同的身分意識，故理論上雖可轉換職業軌道，但實際上轉換流通性低。相對於此，英美法系國

代比較法學及法社會學的研究均印證此種觀察，Vgl. Zweigert/Kötz, aaO. (Fn. 3), S. 252; Blankenburg, Mobilisierung des Rechts: Eine Einführung in die Rechtssoziologie, 1995, S. 103.

[5]　See DAMASKA, *supra* note 1, at 38.

[6]　See JACOB/BLANKENBURG/KRITZER/PROVINE/SANDERS, COURTS, LAW, AND POLITICS IN COMPARATIVE PERSPECTIVE, 268 (1996).

[7]　See RAMSEYER/NAKAZATO, JAPANESE LAW: AN ECONOMIC APPROACH, 17 (1999).

[8]　學者曾以執簡馭繁方式，深刻指出區分歐陸與英美法系傳統的重點，乃在於找法 (law finding) 方式的差異。前者運用演繹法，自法條出發，追求建構完整的體系，並基於立法計畫上存在漏洞的假設，以進行所謂造法；後者則運用歸納法，自先例出發，以個案公平為依歸，且因無體系上的束縛，造法空間相對較大。蘇永欽，尋找共和國，頁 402，2008 年 9 月。

[9]　蘇永欽，同前註，頁 408。

家的法律人，一生可能從事幾種不同經驗的工作，此種現象涉及司法環境的結構性因素。以律師轉任法官制度為例，縱使在司法傳統相對良好的日本，由律師轉任法官的情形亦不多見，背後原因頗值探究。

　　歐陸法系的法官體制，在比較法學研究上為眾所關注的課題，多年來已累積相當研究成果[10]。本書相關研究在總體框架上，將採比較法學上的通行研究法，先以國別報告為基礎，亦即以德國、法國、日本及臺灣的法官體制為對象，針對法官選任、培養、晉升及相關程序等事項，就其法令基礎、實務運作，經由文獻比較分析、現況實證研究等方式，藉以建構對應描述的基本模型。具體而言，就法官選任、培養方式，相關因素涉及公開考試、實務訓練、集中教育、行政任命、立法任命等；就法官晉升方式，涉及績效取向的有無等；就選任、晉升的負責者，涉及總統、國會、司法部長、司法會議等因素的主導，在各國實踐上均各有不同。其中將特別針對自律師及其他法律專業人士中選拔法官的制度，就各國現況加以研究，包括選任來源、具體路徑等，此即學者所指比較法學範疇中的制度性研究[11]。

　　其次，任何司法制度的誕生或評價，均有其政治、經濟、社會、歷史及哲學等背景脈絡，類似制度在不同法律文化條件運作的結果，即可能呈現差異極大的面貌，如忽視法制在該國法律體系結構中的定位及歷史傳統中的背景脈絡等因素，往往無法妥適評價特定制度的優劣，此屬背景性研究[12]的內涵。因此，本書相關研究除提出描述研究對象的法官選任制度及基礎以外，並擬透過文獻的相關研究，就各國制度的背景脈絡，提供初步理論分析，並試圖將上述研究所得，轉化為具有實踐意義的基礎研究成果。

---

10 有關法官選任制度，近年來較受關注的研究成果，See CARLO GUARNIERI & PATRIZIA PEDERZOLI, THE POWER OF JUDGES: A COMPARATIVE STUDY OF COURTS AND DEMOCRACY, 2003。有關該研究的重要摘錄，參閱蘇永欽，同註 8，頁 386–393。

11 參閱米健，比較法學導論，頁 12–13，2013 年 10 月。

12 參閱米健，同前註，頁 13。

貳、研究方法

　　有關法官任用問題，攸關詮釋法律主體的素質，且法官任用程序的變革，將導致法官改變思維方式或風格[13]，故有關法官任用相關議題，不僅攸關法治基石的司法獨立問題，同時也涉及歷史、司法制度等文化條件及政治環境的交互作用，影響至為深遠，法治先進國家均非常重視。有關此重要問題，在比較法學的理論層面上，可由哲學、分析、社會、歷史等等層面立論，亦即探究有關：為何設立法官一職、功能何在？（哲學層面）法官任用資格、條件為何？（分析層面）社會上對於法官的期許、評價為何？（社會層面）歷史上法官的角色、地位為何？（歷史層面）在理論探究的主軸方向上，也可分為著重當代各國的橫向比較視野，或重視特定地域社會的縱向發展歷史。

　　本書相關研究的方法，主要為文獻分析法，以德國、法國、日本及臺灣的法官體制為對象，分析各國法官選任、培養及晉升的立法、行政與學說在此領域的變遷情形、現行規定與未來的可能變化。本書將由法官體制的法規範基礎著手，藉由對各國相關制度的比較分析及實證研究，結合該國的歷史及現實情況加以闡釋，以期對此主題提供較新研究成果。

---

13 埃爾曼 (Henry W. Ehrman) 著，賀衛方、高鴻鈞譯，比較法律文化，頁 135，2002 年 10 月。

參考文獻

一、中文

1. 科特威爾 (Roger Cotterrell) 著，結構編輯群編譯，法律社會學導論，1991 年 6 月。
2. 埃爾曼 (Henry W. Ehrman) 著，賀衛方、高鴻鈞譯，比較法律文化，2002 年 10 月。
3. 韋伯 (Max Weber) 著，康樂、簡惠美譯，法律社會學，2003 年 8 月。
4. 米健，比較法學導論，2013 年 10 月。
5. 蘇永欽，尋找共和國，2008 年 9 月。

二、英文

1. Damaska, Mirjan R. (1986), THE FACES OF JUSTICE AND STATE AUTHORITY: A COMPARATIVE APPROACH TO THE LEGAL PROCESS, New Haven & London: Yale University Press.
2. Guarnieri, Carlo & Pederzoli, Patrizia (2003), THE POWER OF JUDGES: A COMPARATIVE STUDY OF COURTS AND DEMOCRACY, Oxford: Oxford University Press.
3. Jacob, Herbert/Blankenburg, Erhard/Kritzer, Herbert M./Provine, Doris Marie/Sanders, Joseph (1996), COURTS, LAW, AND POLITICS IN COMPARATIVE PERSPECTIVE, New Haven & London: Yale University Press.
4. Ramseyer, J. Mark/Nakazato, Minoru (1999), JAPANESE LAW: AN ECONOMIC APPROACH, Chicago & London: The University of Chicago Press.

三、德文

1. Blankenburg, Erhard, Mobilisierung des Rechts: Eine Einführung in die

Rechtssoziologie, 1995.

2. Zweigert, Konrad/Kötz, Hein, Einführung in die Rechtsvergleichung auf dem Gebiete des Privatrechts, 3. Aufl., 1996.

第二章

德國法官體制

傅玲靜

壹、基本背景

一、司法二元制的發展

司法最原始的功能為解決紛爭，而最初的理解，為法院的存在是以中立的角色解決人民與人民之間的紛爭，因此對於司法最初制度的想像是民事訴訟。即便是孟德斯鳩於 18 世紀提出三權分立的思想，強調司法權應獨立於立法權和行政權，由選自人民階層的法官依照法律規定行使審判權，不受立法權和行政權的干涉，在當時的想像中仍強調的是民事訴訟及刑事訴訟。即使 18 世紀中葉法國已發展出行政、財務及社會等專業審判體系，基本上仍是屬於行政權 (puissance executive) 的作用，而非完全獨立的行政法院[1]。

19 世紀時，德國國家法學者嘗試將司法 (Justiz) 與政策 (Policey) 劃分為二，認為司法事務為人民與人民之間的紛爭，而公法上的事務則被認為不屬於司法的行政事務。法官，指的是對於司法事務進行審判之人。對於公法上的紛爭，則是交由行政內部來解決。因此 19 世紀德國所稱之行政法院，僅為行政內部自我監督的機制，並非現代所稱具有獨立審判權的法院，而與當時自由憲政運動的理念背道而馳[2]。

直至 19 世紀下半期，特別是 1871 年普魯士建立德意志第二帝國，在普魯士地區及南德的部分各邦，則將最高行政法院的組織由原來行政權中分離出來，由獨立的法院及法官依據適用於法院的原則進行審判，而有了司法二元體制的雛型。但是下級行政法院，則仍屬於行政內部的自我監督[3]。

然而這樣的體制發展到了納粹時期，完全被破壞。普通法院的權限多由

1　Hillgruber, in: Dürig/Herzog/Scholz/Hillgruber, Grundgesetz-Kommentar, 95. EL Juli 2021, Art. 92, Rn. 22.

2　Hillgruber, in: Dürig/Herzog/Scholz/Hillgruber, a.a.O. (Fn. 1), Art. 92, Rn. 23–24.

3　Hillgruber, in: Dürig/Herzog/Scholz/Hillgruber, a.a.O. (Fn. 1), Art. 92, Rn. 24–25.

警察權及行政權所取代，即使是刑事的審判亦由行政機關為之。雖然仍保留行政法院的形式，但是在社會安全、警察及政治敏感的領域，行政法院皆無審判權[4]。

　　第二次大戰後德國制定憲法時，基於對納粹統治時期法治破壞的慘痛教訓，立憲者明白體會：建立獨立自主的司法權亦為立憲者重要的任務[5]。一方面，民事及刑事司法應回歸常態，由獨立的法院進行審判；未來應絕對排除警察國家中由警察行使刑事審判權。另一方面，對於公法事務的司法審判，鑑於歷史教訓，亦應與行政權進行實質的切割。因此，立憲者特別於基本法(Grundgesetz; GG)[6]第19條第4項明文規定「任何人之權利因公權力而受侵害時，得提起訴訟。如別無其他管轄法院時，得向普通法院起訴。」此外，基本法第92條亦保障人民的權利因公權力而受侵害時，應由獨立的法官依據法律獨立審判。因此，基本法第19條第4項關於人民權利的保障，對於行政權的司法審查，亦應由獨立於行政權之外的法院、獨立審判的法官為之[7]。透過基本法第19條第4項及第92條規定，建立了行政權亦應受到司法獨立審判的制度，並且原則上應由有別於普通法院的司法審判系統為之。僅例外於基本法或法律對於行政事務的司法審判沒有規定其審判權時，則由普通法院作為補充的審判法院[8]。司法二元體制，在基本法的明文規範下，始明確建立。

二、專業法院的建立

　　德國最早建立的聯邦法院，應為配合 1861 年德國一般商業法法典 (Allgemeines Deutsches Handelsgesetzbuch) 及 1869 年德國一般票據辦法

---

[4]　Hillgruber, in: Dürig/Herzog/Scholz/Hillgruber, a.a.O. (Fn. 1), Art. 92, Rn. 25–27.

[5]　BVerfGE 22, 49 (75).

[6]　Grundgesetz für die Bundesrepublik Deutschland vom 23.5.1949, zuletzt geändert durch Artikel 1 und 2 Satz 2 des Gesetzes vom 29.9.2020 (BGBl. I, S. 2048).

[7]　Hillgruber, in: Dürig/Herzog/Scholz/Hillgruber, a.a.O. (Fn. 1), Art. 92, Rn. 29–30.

[8]　Schmidt-Aßmann, in: Dürig/Herzog/Scholz/Hillgruber, a.a.O. (Fn. 1), Art. 19, Rn. 294.

(Allgemeine Deutsche Wechselordnung) 之 施 行，而 於 1869 年 在 萊 比 錫 (Leipzig) 建立的聯邦高等商業法院 (Bundes-Oberhandelsgericht)。至 1871 年 普魯士建立德意志第二帝國，將帝國高等商業法院之審判權擴展至所有民事 事件，地之效力範圍亦擴展至南德地區。之後，帝國時期依據當時帝國憲法 第 4 條第 13 款及法院組織法第 13 條而設置於萊比錫的帝國法院，即為當時 普通法院的最高審級法院，審理民事案件及刑事案件。而當時，即有特別專 業法院的存在，例如 1877 年的帝國專利法庭、1884 年的帝國保險法庭[9]。因 此早在德意志第二帝國時期，於普通法院外設置特別的專業法院（法庭），即 為德國的傳統。

威瑪共和時期（1919 年至 1933 年），帝國法院及各邦法院屬於普通法院 的審判系統，並陸續建立其他專業法院，例如 1918 年的帝國財務法院、1927 年的帝國勞動法院，因此在威瑪共和時期的德國，即已存在許多不同的專業 法院。威瑪憲法第 107 條及第 166 條即授權立法者規劃設置帝國行政法院， 但是最終並未執行。爾後，是由帝國財務法院及其他特別行政法院承擔專業 審判系統的功能[10]。

德國真正有獨立的帝國行政法院，是於第三帝國（納粹時期），於 1941 年建立。然而帝國行政法院的設置並無助於許多專業法院的整合，因為帝國 行政法院的成員負有依國家社會主義的世界觀解釋法律的義務，實際上無法 對於人民權利受到公權力侵害時提供司法保障，並未發揮實質功能[11]。

第二次世界大戰後，於 1949 年討論制憲時，立憲者即考量前述的傳統， 明確要求聯邦應設置包括普通、行政及勞動的聯邦法院，另外亦應設置一個 高等的財務及社會法院，此即為現今基本法第 95 條的前身[12]。基本法第 95

---

9 Jachmann-Michel, in: Dürig/Herzog/Scholz/Hillgruber, a.a.O. (Fn. 1), Art. 95, Rn. 30–31.

10 Jachmann-Michel, in: Dürig/Herzog/Scholz/Hillgruber, a.a.O. (Fn. 1), Art. 95, Rn. 31–32.

11 Jachmann-Michel, in: Dürig/Herzog/Scholz/Hillgruber, a.a.O. (Fn. 1), Art. 95, Rn. 32–33.

12 Jachmann-Michel, in: Dürig/Herzog/Scholz/Hillgruber, a.a.O. (Fn. 1), Art. 95, Rn. 48–49.

條於 1949 年制定公布後，1968 年有重要修正，而成為現今的條文，明確規定針對普通、行政、財務、勞動、社會等法律事件之審判權，聯邦應分別設立不同的聯邦法院。

1950 年 10 月 8 日聯邦最高法院 (Bundesgerichtshof; BGH) 正式運作，1953 年 6 月 8 日聯邦行政法院 (Bundesverwaltungsgericht; BVerwG) 正式運作，1954 年 5 月 10 日聯邦勞動法院 (Bundesarbeitsgericht; BAG) 正式運作，1954 年 9 月 11 日聯邦社會法院 (Bundessozialgericht; BSG) 正式運作，1956 年 10 月 21 日聯邦財務法院 (Bundesfinanzhof; BFH) 正式運作。

三、小結

德國早在 19 世紀下半期第二帝國時期，即已具備司法二元體制的雛型，將最高行政法院的組織由原來行政權中分離出來，由獨立的法院及法官依據適用於法院的原則進行審判。這個完全獨立於行政權的行政法院，與法國的法院制度不同，而是一個完全獨立的司法機關。行政法院的功能在納粹時期受到破壞，但這反而成為德國戰後制憲時非常重視的人權保障觀念，明文保障人民權利受公權力侵害時的權利救濟，以落實自由法治的思想。而德國明確劃分普通法院與行政法院的司法二元制度，保障自由法治國家中人民的權利，成為大陸法系司法制度的典範，對於戰後仿效德國法制的東亞國家，如日本、臺灣等，影響深遠。

至於在普通法院及行政法院以外設置專業法院，則為德國法制上的傳統。財務法院為最早的專業法院（1918 年），1927 年即有勞動法院。於 1949 年制定基本法時規定聯邦除普通法院及行政法院外，在聯邦層級上應設立財務、勞動及社會等專業法院，可謂為法制傳統的延續。在其他國家中，則因缺乏同樣的法制傳統，不一定會設立多元的專業法院。至於其設置的必要性，則屬於各國立法政策的問題。

貳、司法制度架構

一、前言

（一）基本法第 92 條及第 95 條

德國基本法第 9 章（第 92 條至第 104 條）為關於司法權 (Rechtsprechung) 之規定，本章規定主要包括法院行使審判權 (Gerichtsbarkeit) 之組織架構與法院人事二大部分，以及司法基本權（訴訟基本權）之保障。與本文較有關聯性者，主要為法院之組織及人事的部分。

關於司法權之行使，主要規範為基本法第 92 條：「司法權付託於法官；並由聯邦憲法法院 (Bundesverfassungsgericht; BVerfG)、本基本法所規定之各聯邦法院 (Bundesgerichte) 及各邦法院 (Gerichte der Länder) 分別行使之。」本條規定於現代國家中具有核心的功能，只有藉由獨立之司法機關對於法律紛爭依確定標準進行判斷，作成具有拘束力的決定，始能持續確保國家之和平安定。故基本法第 92 條規定除了表彰國家將對於法律紛爭作成決定之權限交由法官行使的精神外，在組織上即為劃分聯邦與邦行使司法權限的重要依據[13]。

此外，基本法第 95 條第 1 項規定：「針對普通、行政、財務、勞動、社會等法律事件之審判權，聯邦設立聯邦最高法院、聯邦行政法院、聯邦財務法院、聯邦勞動法院及聯邦社會法院為最高法院。」同條第 3 項規定：「為維護司法之一致性，應設立第 1 項所稱各法院之共同大法庭 (Gemeinsamer Senat)，其細節以聯邦法律定之。」[14]

---

[13] Classen, in: von Mangoldt/Klein/Starck, Kommentar zum Grundgesetz: GG, Band. 3, 7. Aufl., 2018, Art. 92, Rn. 2.

[14] 關於德國共同大法庭之介紹，參見陳信安，德國共同大法庭 (Gemeinsamer Senat) 制度初探——兼評引進我國之可行性，興大法學，第 28 期，頁 168–194，2020 年 11 月。

因此，除聯邦憲法法院外，在聯邦與邦的層級上，德國的司法組織分為各聯邦法院與各邦法院。而依審判系統，在司法二元制的體系下，由普通法院及行政法院的二元審判體系中，再依不同的專業領域分出專業法院（包括財務、勞動及社會法院），而聯邦最高法院、聯邦行政法院、聯邦財務法院、聯邦勞動法院及聯邦社會法院即為各審判系統的聯邦法院。此外，為確保各聯邦法院間裁判之一致性，基本法更明文規定設立共同大法庭，此為德國司法體系中的特別制度。

（二）義務及選擇之聯邦法院

聯邦憲法法院，為憲法機關，聯邦負有設置聯邦憲法法院之義務，其審判權之範圍為基本法明文規定（第 93 條、第 99 條、第 100 條）。而一般司法權之行使，原則上為邦之權限[15]，聯邦僅於基本法明文列舉的事項享有審判權，設置聯邦法院，作為審級救濟之最終審法院[16]。聯邦最高法院、聯邦行政法院、聯邦財務法院、聯邦勞動法院及聯邦社會法院以及共同大法庭之設置，不僅為聯邦之權限，亦為聯邦之義務。聯邦依基本法之規定，亦負有設立共同大法庭之義務。上述聯邦法院及另外設立之共同大法庭，即為「義務之聯邦法院」(obligatorische Bundesgerichte)[17]。反之，基本法第 96 條第 1 項、第 2 項及第 4 項則授權聯邦得就特定事項設置聯邦法院[18]，因設置相關

---

[15] Sodan/Ziekow, Grundkurs Öffentliches Recht, 4. Aufl., 2010, §19 Rn. 8.

[16] Ipsen, Staatsrecht I – Staatsorganisationsrecht, 23. Aufl., 2011, §12 Rn. 698; Sodan/Ziekow, a.a.O. (Fn. 15), §19 Rn. 8.

[17] Voßkule, in: von Mangoldt/Klein/Starck, a.a.O. (Fn. 13), Art. 95, Rn. 2; Jachmann-Michel, in: Dürig/Herzog/Scholz/Hillgruber, Gundgesetz, a.a.O. (Fn. 1), Art. 95, Rn. 2.

[18] 基本法第 96 條之規定如下：

「⑴聯邦針對工商業法律事件，得設置聯邦法院。

　⑵聯邦得設置審理武裝部隊之軍事刑事法院為聯邦法院。該聯邦法院僅於防衛事件或對派駐國外或在戰艦上服役之武裝部隊成員，行使刑事審判權。其細節由聯邦法律定之。該聯邦法院屬聯邦司法部部長之業務範圍，其專任法官應具備得充任法官之資格。

　⑶第 1、2 項所稱法院之終審法院，為聯邦最高法院。

　⑷對於從事公法勤務之人員，聯邦得設置聯邦法院以處理懲戒程序及訴願程序。

聯邦法院為聯邦之權利，聯邦並無設置之義務，相關聯邦法院即為「選擇之聯邦法院」(fakultative Bundesgerichte)[19]。

　　至於聯邦法院的組織及審判權限，本屬於聯邦與邦的立法權競合事項(基本法第 74 條第 1 項第 1 款)，然因聯邦已行使其立法權，且為廣泛之規定，邦幾乎已無立法之空間[20]。規範各聯邦法院組織及權限之聯邦法律，主要為法 院 組 織 法 (Gerichtsverfassungsgesetz;　GVG)[21]、行 政 法 院 法 (Verwaltungsgerichtsordnung; VwGO)[22]、財務法院法 (Finanzgerichtsordnung; FGO)[23]、社 會 法 院 法 (Sozialgerichtsgesetz;　SGG)[24]、勞 動 法 院 法 (Arbeitsgerichtsgesetz; ArbGG)[25]以及各訴訟法之規定。

二、司法審判權及法院組織層級

　　德國基本法第 92 條規定，司法權付託於法官，由聯邦憲法法院、基本法

---

(5)下列刑事訴訟程序，得以經聯邦參議院同意之聯邦法律規定，將聯邦之審判權委由邦法院行使之：
　　1.種族滅絕；
　　2.違反人道之國際刑事犯罪；
　　3.戰爭罪；
　　4.其他以擾亂國際和平共同生活為目的且可達到此目的之行為（第 26 條第 1 項）；
　　5.顛覆國家。」

[19] Voßkule, in: von Mangoldt/Klein/Starck, a.a.O. (Fn. 13), Art. 95, Rn. 2.

[20] 所謂聯邦與邦之立法競合事項，依基本法第 72 條第 1 項規定，各邦僅於聯邦不制定法律行使其立法權時，就聯邦未行使之範圍內，邦始有立法權。

[21] Gerichtsverfassungsgesetz vom 9.5.1975 (BGBl. I, S. 1077), zuletzt geändert durch Artikel 8 des Gesetzes vom 7.7.2021 (BGBl. I, S. 2363).

[22] Verwaltungsgerichtsordnung in der Fassung der Bekanntmachung vom 19.3.1991 (BGBl. I, S. 686), zuletzt geändert durch Artikel 2 des Gesetzes vom 8.10.2021 (BGBl. I, S. 4650).

[23] Finanzgerichtsordnung in der Fassung der Bekanntmachung vom 28.3.2001 (BGBl. I, S. 442, 2262; 2002 I, S. 679), zuletzt geändert durch Artikel 19 des Gesetzes vom 5.10.2021 (BGBl. I, S. 4607).

[24] Sozialgerichtsgesetz vom 23.9.1975 (BGBl. I, S. 2535), zuletzt geändert durch Artikel 13 des Gesetzes vom 5.10.2021 (BGBl. I, S. 4607).

[25] Arbeitsgerichtsgesetz vom 2.7.1979 (BGBl. I, S. 853, 1036), zuletzt geändert durch Artikel 10 des Gesetzes vom 5.10.2021 (BGBl. I, S. 4607).

所稱之各聯邦法院及各邦法院分別行使之。在保障法官獨立審判的前提下，司法審判權分別由不同層級之法院行使。除聯邦憲法法院外，德國在聯邦及邦的層級上，依基本法第 95 條第 1 項規定，分為普通、行政、財務、勞動、社會等法律事件之審判權，分由不同的法院系統審理。關於德國法院審判系統的整體架構（英文），可參閱德國法院審判系統整體架構圖（英文）[26]。以下即針對此五大審判權系統之審判權限及審判庭之組成，分別說明之。

（一）普通法院

依法院組織法第 12 條規定，普通法院的審級組織，包括各邦之區法院 (Amtsgericht; AG)[27]、邦法院 (Landgericht; LG) 及邦高等法院 (Oberlandesgericht; OLG)，以及聯邦最高法院 (Bundesgerichtshof; BGH) 等四個層級。至 2020 年 6 月 22 日止，德國 16 個邦中，共設區法院 638 所、邦法院 115 所、邦高等法院 24 所[28]，聯邦最高法院則位於卡爾斯魯爾 (Karlsruhe)。

普通法院之事務審判權限，依法院組織法第 13 條規定，分為民事事件 (Zivilsache) 及刑事事件 (Strafsache) 二大部分。民事事件，包括民事爭訟事件、家事事件及非訟事件。至於刑事事件，除由行政機關管轄或由行政法院審理，或基於聯邦法律之規定由特定法院審理者外，其餘事件則由普通法院審理。以下即就民事事件及刑事事件之司法審判權，分別說明之。

1. 民事事件

不論是一般民事爭訟事件、家事事件或非訟事件，其訴訟程序原則上採四級三審制，並依法院組織法及其他法律之相關規定，由區法院、邦法院、

---

[26] 德國法院審判系統整體架構圖（英文）；請參閱 。

[27] Amtsgericht，目前中文文獻中有區法院、初級法院或地方法院等不同譯文，民、刑法學者則多譯為區法院，本文此處從之。

[28] 德國聯邦司法部，各邦中聯邦法院與邦法院之數量 (Gerichte des Bundes und der Länder am 22. Juni 2020)，參見本章表 2–1 之說明。

邦高等法院及聯邦最高法院審理。其審級體系，得以下圖簡示之：

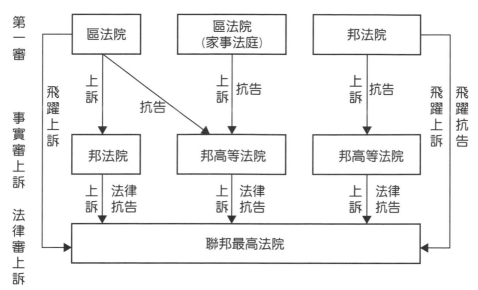

圖 2-1　德國民事事件司法審級體系

（資料來源：Musielak, Grundkurs ZPO）[29]

(1)區法院

A.審判權限

　　民事事件如無法律規定應由邦法院審理時，即由區法院審理。亦即民事事件原則上由邦法院審理，部分事件則劃歸由區法院審理。因此，區法院就民事事件之審判權限，源自於邦法院[30]。依法院組織法第 23 條以下之相關規定，區法院之審判權限包括下列情形：

1.訴訟標的之金額或價額為未超過 5,000 歐元之爭議事件，由區法院審理（第 23 條第 1 款）[31]。

---

[29] Musielak, Grundkurs ZPO, 10. Aufl., 2010, Rn. 5.

[30] Kissel/Mayer, Gerichtsverfassungsgesetz: GVG, 10. Aufl., 2021, §23 Rn. 1.

[31] 無論是財產上或非財產上之爭議，只要金額或價額未超過 5,000 歐元者，一律由區法院審理；Kissel/Mayer, a.a.O. (Fn. 30), §23 Rn. 4.

2. 下列爭議事件，不論訴訟標的之價額，由區法院審理（第 23 條第 2 款）：

(1)因居住空間之租賃關係或因其存續所生之請求權，專屬於區法院審理。

(2)旅客與旅館、於搭乘交通工具處與駕駛人、船伕或旅遊業者，因住宿費用、駕駛薪資、渡船費用、旅客及其行李之運送、行李之遺失或損害所生之爭議事件，及旅客因旅行與手工藝業者所生之爭議事件。

(3)依住宅財產法 (Wohnungseigentumsgesetz) 第 43 條第 2 項規定所生之爭議事件[32]，專屬於區法院審理。

(4)因聯邦狩獵法 (Bundesjagdgesetz) 第 29 條以下規定之因野生動物造成損害所生之爭議事件。

(5)因民法施行法 (Einführungsgesetz zum Bürgerlichen Gesetzbuche; EGBGB)[33] 第 96 條所稱由邦法規定之契約所生之不動產移轉請求權。

3. 家事事件，專屬於區法院審理（第 23a 條第 1 項第 1 款）。

4. 非訟事件，如無法律規定應由其他法院審理者，由區法院審理（第 23a 條第 1 項第 2 款、第 2 項）。

5. 其餘依法院組織法及訴訟法規定應由區法院審理之事件。

B. 審判庭之組成

依法院組織法第 22 條第 1 項規定，區法院審理民事事件時，原則上由獨任法官審理，即採獨任法官原則 (Einzelrichterprinzip)[34]。

依同條第 6 項之規定，第 1 年之試署法官不得審理破產事件。破產事件之承審法官對於破產法、商業法及公司法須具備一定知識，對於勞動法、社會法、財稅法中與破產程序有關之必要部分及對於會計事務須具備基礎知識。

---

[32] 主要情形，係指集合式住宅所有權人相互間所生之權利義務關係、因集合式住宅管理所生之權利義務關係、管理人相互間所生之權利義務關係、以及集合式住宅所有權人決議效力等所生之爭議。

[33] Einführungsgesetz zum Bürgerlichen Gesetzbuche in der Fassung der Bekanntmachung vom 21.9.1994 (BGBl. I, S. 2494; 1997 I, S. 1061), zuletzt geändert durch Artikel 3 des Gesetzes vom 21.12.2021 (BGBl. I, S. 5252).

[34] Kissel/Mayer, a.a.O. (Fn. 30), §22 Rn. 5.

不具備相關領域知識之法官，僅得於可預期即將獲得相關知識時，始得受分配充任破產法官。

　　此外，區法院中下設家事法庭 (Familiengericht) 及監護法庭 (Betreuungsgericht)，由專門的家事法官及監護法官審理案件。第 1 年之試署法官不得充任家事法官及監護法官（法院組織法第 23b 條、第 23c 條）。

⑵邦法院

A.審判權限

　⒜事實審之上訴審法院

　　邦法院身為事實審之上訴審 (Berufung) 法院，審查下級之區法院裁判於認定事實及適用法令部分是否有違誤。對於區法院就民事事件所為之判決不服，原則上由邦法院之民事審判庭 (Zivilkammer) 及商事審判庭 (Kammer für Handelssachen) 審理。然而上訴為許可制，基於訴訟經濟及避免小額訴訟的考量，依民事訴訟法 (Zivilprozessordnung; ZPO)[35] 第 511 條規定，上訴訴訟標的之金額或價額逾 600 歐元或第一審法院於其判決中許可提起上訴者，上訴始為合法，邦法院始得進行上訴審之審理程序。

　　至於邦法院作為抗告 (Beschwerde) 法院，其審理的事項包括：

1.對於區法院就民事事件所為之裁定不服。但如係對於訴訟費用之裁定不服，須抗告訴訟標的之金額或價額逾 200 歐元，其抗告始為合法（民事訴訟法第 567 條第 2 項）。

2.對於區法院就非訟事件所為之裁定不服，邦法院僅於以下二種情形為抗告法院：⑴家事事件中限制自由之事件；⑵監護法院所為之裁定。對於區法院所為之其他裁定不服，其抗告法院則為高等法院。

　⒝第一審法院

---

[35] Zivilprozessordnung in der Fassung der Bekanntmachung vom 5.12.2005 (BGBl. I, S. 3202; 2006 I, S. 431; 2007 I, S. 1781), zuletzt geändert durch Artikel 3 des Gesetzes vom 5.10.2021 (BGBl. I, S. 4607).

邦法院作為第一審法院，其審判權限主要包括下列爭議事件：

1. 訴訟標的之金額或價額逾 5,000 歐元之爭議事件，由邦法院審理。

2. 下列爭議事件，不論訴訟標的之價額，專屬於邦法院審理（法院組織法第 71 條第 2 項）：

   ⑴基於公務員法對於國庫主張請求權之事件。

   ⑵因法官或公務員逾越權限或違背義務不履行其作為義務而主張請求權之事件。

   ⑶因錯誤、易生錯誤或應提供卻未提供之公開資本市場資訊、因使用錯誤或易生錯誤之公開資本市場資訊、或因應說明公開資本市場資訊為錯誤或易生錯誤卻未說明，而主張請求權之事件。

   ⑷第 71 條第 2 項第 2 款第 4 目中所列與特定商業事件有關之程序。

   ⑸承攬契約定作人依民法第 650b 條及第 650c 條規定，行使變更指示權或因其變更指示而關於報酬金額之事件。

   ⑹基於企業穩定及企業重整法 (Unternehmensstabilisierungs- und restrukturierungsgesetz) 主張請求權之事件。

不論訴訟標的之金額或價額而專屬於邦法院審理之爭議事件，因相關事件不是只對於個別當事人具有重要性，而是具有重要性的特定案件類型，因此不考量其個案爭訟之金額或價額多寡，即專屬於邦法院審理[36]。

此外，因國家或公法人團體之行政機關所為之措施而生之請求及因公課所生之請求權，不論其訴訟標的之金額或價額，邦的立法者基於其對於訴訟制度建制的立法形成自由，亦得立法將其劃歸專屬於邦法院審理（法院組織法第 71 條第 3 項）。

B. 審判庭之組成

　⒜民事審判庭

---

[36] BGH, NJW 1957, S. 539.

　　邦法院由院長、審判長及相當人數之法官組成（法院組織法第 59 條第 1 項），分設民事審判庭及刑事審判庭 (Zivil- und Strafkammer)。其中民事審判庭原則上由包括審判長在內之 3 位法官組成（法院組織法第 75 條），以合議之方式進行審判。審判長必須為終身職法官 (Richter auf Lebenszeit)，至於其他 2 位法官，其中一位亦須為終身職法官，另一位則得為試署法官或委任法官。僅於訴訟法規另有明文規定的情形下，始例外得由獨任法官審理案件。

(B)商業審判庭

　　較為特別者，為各邦基於法院組織法第 93 條之授權，得訂定法規命令，而於邦法院中設置商業審判庭 (Kammer für Handelssachen) 替代民事審查庭，作為審理法院組織法第 95 條規定之商業爭議事件 (Handelssache) 之第一審法院，並作為區法院對於商業爭議事件作成裁判之事實審上訴法院。因此商業審判庭並非法定須設置之專業法庭，而是由邦自行決定是否有設置之必要[37]。目前德國絕大多數邦已訂定法規命令而設置常設的商業審判庭，依每年度司法事務分配計畫受分案而進行個案審理。

　　商業審判庭由邦法院中 1 名職業法官及其他 2 名榮譽職法官組成，榮譽職法官與職業法官享有同樣的審判權限。榮譽職法官的人選由工商業工會提名。得任命為榮譽職法官者，在年齡與身分的要件上，須為年滿 30 歲之德國國民，且須為商人、現為或曾為商業登記或合作社登記中載明之法人之董事、總經理或其代理人、或因法律特別規定無須登記之公法人之董事。符合上述資格之人，須居住於商業審判庭管轄權區域內，或於該區域內設有營業所，或任職之企業於該區域內設有營業所（法院組織法第 109 條第 1 項、第 2 項）。由此可知，商業審判庭之榮譽職法官為有一定商務實務經驗的人員，而非一般人民。如有不適任情形、或準用關於刑事法庭參審員規定而因健康或財產喪盡因素不得選任者，即不得任命為榮譽職法官。

---

[37] Kissel/Mayer, a.a.O. (Fn. 30), §93 Rn. 5.

通常邦法院中有 10 位至 12 位榮譽職法官為商業法官，由庭長認定個別榮譽職法官適合擔任審判職務之事件類型，並於前一年度與榮譽職法官確認個人行程後，決定次年度司法事務分配表及其代理次序[38]。

目前德國面臨商業審判庭案件量減少的問題，2002 年時由商業審判庭審理終結之案件數量為 54,697 件，但於 2016 年時僅有 27,607 件，減少約 50% 案件量。因此關於商業事件審判制度之設計及相關審判組織的改革，已成為討論的議題[39]。

⑶邦高等法院

　A.審判權限

　　⒜事實審之上訴審法院

依法院組織法第 119 條第 1 項規定，邦高等法院對於下列上訴及抗告事件有舉行言詞辯論及裁判之審理權限：

1.對於區法院所為之下列裁定不服提起之抗告：

　⑴由家事法庭作成之裁定。

　⑵就非訟事件作成之裁定，但家事事件中限制自由之事件及監護法院所為之裁定，不在此限。

2.對於邦法院之裁判不服提起上訴或抗告。

因此，邦高等法院同時為區法院及邦法院之事實審上訴審法院，審查區法院之裁定及邦法院之裁判於認定事實是否有違誤。

此外，依同條第 2 項規定準用第 23b 條第 1 項及第 2 項規定的結果，邦高等法院中亦須設置家事法庭 (Senat für Familiensachen)，審理專屬由區法院對於家事事件作成之裁判。只是邦高等法院家事法庭無須設置專門的家事法官，凡是於邦高等法院從事審判職務的法官皆可分派於家事法庭中審理家事

---

[38] Pernice, in: Graf (Hrsg.), Beck'scher Online-Kommentar GVG, 14. Edition Stand: 15.2.2022, §105 Rn. 4.

[39] Podszun/Rohner, Die Zukunft der Kammern für Handelssachen, NJW 2019, S. 132.

事件。

　　(B)第一審法院

　　依法院組織法第 118 條規定，依投資者示範程序法 (Kapitalanleger-Musterverfahrensgesetz) 規定進行之集體程序，其民事爭議部分之言詞辯論及裁判，由邦高等法院作為第一審法院審理之。所謂集體程序，類似於美國法中的集體訴訟 (class action)[40]，已繫屬於同一邦法院審理之投資或商業事件，如當事人提出集體程序之聲請，經邦法院公告後 6 個月內亦有同樣集體程序之聲請達 10 個以上時，邦法院即應作成裁定，將案件移送由高等行政法院審理[41]。對於邦高等法院作成之集體裁決 (Musterbescheid)，當事人或參加人得向聯邦最高法院提出抗告，抗告恆具有原則上之重要性，而應由聯邦最高法院審理[42]。

　　B.審判庭之組成

　　邦高等法院由院長、審判長及相當人數之法官組成（法院組織法第 115 條），並分為民事法庭及刑事法庭 (Zivil- und Strafsenat)。其中民事法庭原則上由包括審判長在內之 3 位法官組成（法院組織法第 122 條），以合議之方式進行審判。僅於訴訟法規另有明文規定的情形下，始例外得由獨任法官審理案件。

　(4)聯邦最高法院

　　A.審判權限

　　依法院組織法第 133 條規定，聯邦法院為法律審上訴 (Revision) 及抗告法院，審查下級法院裁判之適法性。

　　(A)民事事件之上訴、法律抗告及飛躍上訴

　　對於邦法院或邦高等法院作為事實審上訴法院而作成之終局判決不服提

---

[40] Kissel/Mayer, a.a.O. (Fn. 30), §118 Rn. 1.

[41] Kissel/Mayer, a.a.O. (Fn. 30), §118 Rn. 4–5.

[42] Kissel/Mayer, a.a.O. (Fn. 30), §118 Rn. 6.

起上訴、對於區法院或邦法院作為第一審法院而作成之終局判決不服提起飛躍上訴 (Sprungrevision)、對於邦法院或邦高等法院作為事實審上訴法院而作成之裁定不服提起法律抗告 (Rechtsbeschwerde)，由聯邦最高法院審理。

　　法律審上訴採許可制，對於事實審上訴法院之終局判決不服，須經事實審上訴法院於終局判決中許可者，始得提起。且訴訟事件所涉及之法律見解具有原則上重要性、有助於法之續造或統一裁判之見解，須由法律審上訴法院作成裁判者，始具備許可之事由。對於事實審上訴法院不予許可之裁定，得向聯邦最高法院提起抗告。

　　所謂飛躍上訴，即對於第一審之終局判決不服，略過向邦法院或邦高等法院之事實審上訴審級（unter Übergehung der Berufungsinstanz；民事訴訟法第 566 條第 1 項），直接向聯邦最高法院提起法律審之上訴。飛躍上訴採許可制，除須經對造當事人以書面同意外，亦須符合上訴許可之要件。

　　法律抗告，須有法律明文規定，或抗告法院、事實審法院或邦高等法院為第一審法院於其裁定中明文許可者，始得提起。因此，如同法律審上訴，法律抗告亦採許可制，同樣須訴訟事件所涉及之法律見解具有原則上重要性、有助於法之續造或統一裁判之見解，始具有得許可之原因（民事訴訟法第 574 條）。

　　(B)家事事件及非訟事件之飛躍抗告

　　依家事及非訟事件法 (FamFG)[43]第 70 條第 1 項及第 2 項規定，家事及非訟事件中，對於邦法院及邦高等法院所為之裁定不服提起之法律抗告，或對於邦高等法院為第一審法院作成之裁定不服提起之飛躍抗告 (Sprungrechtsbeschwerde)，由聯邦最高法院審理。此時，原則上亦採許可制，許可之事由同提起法律審上訴及法律抗告一般，須訴訟事件所涉及之法律見

---

[43] Gesetz über das Verfahren in Familiensachen und in den Angelegenheiten der freiwilligen Gerichtsbarkeit (FamFG) vom 17.12.2008 (BGBl. I, S. 2586, 2587), zuletzt geändert durch Artikel 5 des Gesetzes vom 5.10.2021 (BGBl. I, S. 4607).

解具有原則上重要性、有助於法之續造或統一裁判之見解。

　　B.審判庭之組成

　　依法院組織法第 124 條規定，聯邦最高法院由院長、審判長及相當人數之法官組成；依同法第 125 條第 2 項，聯邦最高法院法官由聯邦司法及消費者保護部（Bundesministerium der Justiz und für Verbraucherschutz，以下簡稱為聯邦司法部）[44] 及法官選任委員會依法官選任法 (Richterwahlgesetz)[45] 選任後，由聯邦總統任命[46]。被任命為聯邦最高法院法官者，須年滿 35 歲。

　　法院組織法第 130 條第 1 項規定，聯邦最高法院分為民事法庭及刑事法庭 (Zivil- und Strafsenat)，其數目由聯邦司法部決定。目前德國聯邦最高法院共設有 19 個法庭 (Senat)，並有 152 位職業法官[47]。其中有 13 個民事法庭，2020 年新受理的案件（不含前一年未結案）共計 6,449 件[48]。聯邦最高法院民事法庭由包括審判長在內之 5 位法官組成（法院組織法第 139 條第 1 項），以合議之方式進行審判，不得由獨任法官審理案件。

　　C.大法庭

　　依法院組織法第 138 條第 1 項規定，聯邦最高法院設大法庭 (Großer Senat) 及聯合大法庭 (Vereinigter Großer Senat)。審判庭對於審理案件中之法律見解有疑義時，得聲請大法庭或聯合大法庭表示意見，並作成裁定，以利於法之續造或確保審判上見解一致性[49]。大法庭或聯合大法庭作成裁定前，

---

[44] 法律條文雖規定為聯邦司法及消費者保護部，惟自 2021 年 12 月 8 日新任總理 Scholz 上任後，將消費者保護事務移由環境部管轄，聯邦司法及消費者保護部即更名為聯邦司法部 (Bundesministerium der Justiz; BMJ)。

[45] Richterwahlgesetz in der im Bundesgesetzblatt Teil III, Gliederungsnummer 301−2, veröffentlichten bereinigten Fassung, zuletzt geändert durch Artikel 133 der Verordnung vom 31.8.2015 (BGBl. I, S. 1474).

[46] 關於聯邦法院法官之選任，參見本章參、四、（一）、1 之說明。

[47] 德 國 聯 邦 最 高 法 院，https://www.bundesgerichtshof.de/DE/DasGericht/Organisation/organisation_node.html（最後瀏覽日：2022 年 3 月 20 日）。

[48] 德國聯邦最高法院，2020 年事務報告 (Tätigkeitsbericht des Bundesgerichtshofs für das Jahr 2020)，https://www.bundesgerichtshof.de/DE/Service/Publikationen/Taetigkeitsberichte/taetigkeitsberichte_node.html（最後瀏覽日：2022 年 3 月 20 日）。

原則上不經言詞辯論,且其裁定於系爭案件中對於聲請之審判庭具有拘束力。

2.刑事事件

　　刑事事件,其訴訟程序原則上採四級三審制(例外為四級二審制),並依法院組織法及其他法律之相關規定,由區法院、邦法院、邦高等法院及聯邦最高法院審理。其審級體系,得以下圖簡示之:

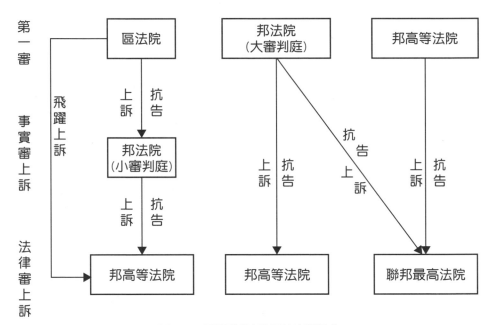

圖2-2　德國刑事事件司法審級體系

(資料來源:本書自製)

(1)區法院

A.審判權限

(A)一般性事件

　　法院組織法第 24 條第 1 項以除外性的規定方式,列舉非由區法院審理之刑事事件。換言之,只要不屬於該條列舉規定之刑事事件,皆由區法院審理。

49　Kissel/Mayer, a.a.O. (Fn. 30), §138 Rn. 14.

下列刑事事件，非由區法院審理：

1. 依法院組織法第 74 條第 2 項及第 74a 條規定，應由邦法院審理之事件。

2. 依法院組織法第 120 條及第 120b 條規定，應由邦高等法院審理之事件。

3. 起訴罪名可能判處被告 4 年以上有期徒刑之事件。

4. 依起訴罪名可能命被告進入精神病院觀察或送保護管束之事件。

5. 因犯罪行為被害人作為證人而有特別保護之必要性、或因事件之特別範圍或特別意義，檢察官向邦法院起訴。

　　法院組織法第 24 條第 2 項更明文規定，區法院審理案件，不得作成處被告 4 年以上有期徒刑之判決，亦不得判決命被告進入精神病院觀察或送保護管束。

　　因此透過法院組織法第 24 條之規定，區分了區法院、邦法院及邦高等法院之審判權限。凡非由邦法院及邦高等法院審理之事件，即由區法院審理。並由檢察官首先判斷是否為由區法院審理之刑事事件，並於起訴書中表明。惟受訴法院不受檢察官判斷之拘束，仍應自行判斷是否應由區法院審理，如有不同的認定，即應移轉管轄[50]。

　　(B)列舉性事件

　　此外，法院組織法第 25 條則以列舉式的規定方式，列舉應由區法院之獨任法官審理之刑事事件。亦即刑事事件有下列情形之一者，應由區法院審理，且由獨任法官審理：

1. 對於輕罪 (Vergehen)[51]，提起自訴。

2. 起訴輕罪，擬判處 2 年以下有期徒刑。

　　B.審判庭之組成

---

[50] Kissel/Mayer, a.a.O. (Fn. 30), §24 Rn. 21.

[51] 依德國刑法法典 (Strafgesetzbuch; StGB) 第 12 條第 1 項及第 2 項規定，犯罪分為重罪 (Verbrechen) 及輕罪 (Vergehen) 之行為。重罪，為最低法定刑 1 年或 1 年以上有期徒刑之違法行為；輕罪，為最高法定刑 1 年以下有期徒刑或科罰金之違法行為。

⑷獨任法官

凡屬於法院組織法第 25 條所列舉之刑事事件，由獨任法官審理，進行言詞辯論並作成裁判。獨任法官同樣受法院組織法第 24 條第 2 項規定之拘束，不得作成處被告 4 年以上有期徒刑之判決，亦不得判決命被告進入精神病院觀察或送保護管束。

⑻參審法庭

區法院審理之刑事事件，除應由獨任法官審理者外，其餘應組成參審法院 (Schöffengericht) 進行審理。參審法院原則由 1 位職業法官及其他 2 位參審員 (Schöffe) 組成，職業法官為審判長，第 1 年之試署法官不得擔任審判長。主要審判程序 (Hauptverhandlung) 開始時，基於檢察官之聲請，視事件之範圍而有必要者，審判長得裁定加入另一位職業法官共同參與審判。

參審員係由年滿 25 歲德國國民擔任，除不符合要件而被排除外，任何國民皆有參審義務，其為榮譽職（法院組織法第 31 條）。法院組織法第 32 條至第 34 條為關於不得被選任為參審員之規定，其中第 32 條規定不適格之人，如因法院判決而被褫奪公職之人，或故意犯罪而被處以 6 個月以上有期徒刑之人，或觸犯可能會被褫奪公權之罪而正在偵查中之人，不得擔任參審員。而第 33 條及第 34 條則規定不得被選任為參審員之情形，其中第 33 條規定與年齡、居所、健康、財力等個人因素有關，例如未滿 25 歲、超過 70 歲、未居住於該行政區、因健康因素、財產喪盡者[52]，不得被選任為參審員。此外，對於德語缺乏充分掌握能力者，亦不得被選任為參審員。依聯邦最高法院見解，無法充分掌握德語的參審員違反了法院語言是德語的原則（法院組織法

---

[52] 參審員應具備職務上所要求的經濟獨立性；參見德國奧斯納布呂克 (Osnabrück) 大學 Prof. Dr. Arndt Sinn、德國特里爾 (Trier) 大學 Prof. Dr. Mark Zöller 專題演講，德國參審法官對於刑事訴訟程序的參與，頁 5，https://social.judicial.gov.tw/LayJudgeAttach/0152/%E9%99%84%E4%BB%B638%EF%BC%9A%E5%BE%B7%E5%9C%8B%E5%8F%83%E5%AF%A9%E6%B3%95%E5%AE%98%E5%B0%8D%E6%96%BC%E5%88%91%E4%BA%8B%E8%A8%B4%E8%A8%9F%E7%A8%8B%E5%BA%8F%E7%9A%84%E5%8F%83%E8%88%87.doc（最後瀏覽日：2022 年 3 月 20 日）。

第 184 條第 1 句），此外亦違反刑事訴訟法之直接審理原則。無法充分掌握德語的參審員，如同聽障和視障的法官，某部分而言是無法跟上判決的。如為參審員專門聘請翻譯以參與所有審判庭的評議，又將違反法官評議不公開原則（法院組織法第 193 條）[53]。鑑於訴訟程序之專業性及複雜性，充分掌握德語的能力，為參審員應具備之要件。

至於同法第 34 條之規定則與個人之職業身分有關，例如聯邦總統、聯邦或各邦政府之閣員、法官、檢察官、律師、神職人員等，考量相關職業對於公共生活的意義或為維護參審制度的精神，即不得被選任為參審員。

此外，同法第 35 條並賦予個人享有拒絕擔任參審員之權利，例如聯邦眾議會 (Bundestag)、聯邦參議會 (Bundesrat)、歐洲議會或各邦議會之議員、醫師、護理師、未僱用其他藥劑師之藥房經營者、年滿 65 歲之人、因參審恐無法照顧家庭或對自己或他人之經濟生活造成嚴重危害等情形。

除法院組織法另有特別規定，在主要審判程序內，參審員與職業法官享有同樣審判職權（法院組織法第 30 條第 1 項），因而關於罪責與刑罰，參審員皆得參與判決評議，並享有相同表決權。在主要審判程序中，縱使不須言詞辯論而與判決無關之裁定，參審員亦享有與職業法官相同權限（法院組織法第 30 條第 1 項）。但不是主要審判程序中之裁定，則只有職業法官才能為之（法院組織法第 30 條第 2 項）[54]。

⑵邦法院

A.審判權限

㈠事實審之上訴審法院

對於區法院獨任法官及參審法院之判決不服，或對於獨任法官所為之處

---

[53] BGH, Urteil vom 26.1.2011, 2 StR 338/10.

[54] 關於德國刑事訴訟參審制度的介紹，何賴傑，從德國參審制談司法院人民觀審制，國立臺灣大學法學論叢，41 卷特刊期，頁 1205–1210，2012 年 11 月；楊雲驊，德國刑事參審制度看司法院「人民觀審試行條例草案」的基本問題，日新司法年刊，第 10 期，頁 48–50，2014 年 1 月。

分不服，得向邦法院之刑事審判庭 (Strafkammer) 提起事實審上訴或抗告（法院組織法第 73 條第 1 項）。

　　(B)第一審法院

　　邦法院之刑事法庭，對於下列事件，為第一審之審判法院（法院組織法第 74 條第 1 項、第 2 項、第 74a 條、第 74b 條、第 74c 條）：

1. 非由區法院或邦高等刑事法院審理之重罪 (Verbrechen) 事件。
2. 依起訴罪名可能判處被告 4 年以上有期徒刑、或命被告進入精神病院觀察或送保護管束之事件。
3. 因犯罪行為被害人作為證人而有特別保護之必要性、或因事件之特別範圍或特別意義，檢察官向邦法院起訴之事件。
4. 法院組織法第 74 條第 2 項所列之 29 類事件，由一刑事審判庭以組成陪審法庭 (Schwurgericht) 之方式審理。
5. 法院組織法第 74a 條第 1 項所列之 6 類事件。
6. 少年保護事件，由少年審判庭 (Jugendkammer) 審理。
7. 法院組織法第 74c 條第 1 項所列之 7 類經濟犯罪事件，由一刑事審判庭作為經濟刑事審判庭 (Wirtschaftsstrafkammer) 審理[55]。

　　B.審判庭之組成

　　邦法院由院長、審判長及相當數量之法官組成，分設民事審判庭及刑事審判庭 (Zivil- und Strafkammer)，而刑事審判庭又再分為小刑事審判庭 (kleine Strafkammer) 及大刑事審判庭 (große Strafkammer)（法院組織法第 76 條第 1 項）。

　　小刑事審判庭由 1 位職業法官及 2 位參審員組成，由職業法官擔任審判長，審理對於區法院之判決或裁定不服所提起之上訴或抗告，參審員不得參

---

[55] 關於法院組織法第 74c 條第 1 項所列之經濟犯罪事件，其詳細規定，黃士元，經濟犯罪被害人財產權保障之救濟──從憲法觀點論刑事附帶民事訴訟之修改方向，國立政治大學法學院碩士在職專班碩士論文，附表一，頁 19–21，2010 年。

與作成主要審判程序以外之裁判。對於抗告，則恆由小刑事審判庭作成裁定。

其餘事件，由邦法院之大刑事審判庭審理。大刑事審判庭如應以陪審法庭形式審理、或依起訴罪名可能或命被告進入精神病院觀察或送保護管束之案件、或依案件之範圍及困難度應有第 3 位職業法官參與之必要者，由 3 位職業法官（其中 1 位為審判長）及 2 位參審員共同審理。至於其他情形，大刑事審判庭則由 2 位職業法官（其中 1 位為審判長）及 2 位參審員共同組成。

(3)邦高等法院

A.審判權限

(A)法律審之上訴審法院

對於下列事件，邦高等法院為法律審之上訴審法院（法院組織法第 121 條）：

1.對於刑事法官（獨任法官或參審法庭）之判決無法以事實審上訴廢棄，提起之飛躍上訴。

2.對於邦法院之第二審判決不服而提起上訴。

3.主張邦法院大刑事庭之第一審判決違反邦法令而提起上訴。

4.依法非應由邦法院或聯邦最高法院審理之抗告；例如對於邦法院針對法院組織法第 74a 條第 1 項所列侵害國家安全之犯罪行為作成之處分及裁判不服而提起抗告，由邦高等法院審理。

(B)第一審法院

法院組織法第 120 條列舉邦高等法院作為第一審法院審理之事項，包括：

1.嚴重侵害國家安全之犯罪行為（第 1 項）。

2.第 2 項各款所列犯罪行為，由聯邦檢察長 (Generalbundesanwalt) 因案件的特別意義而親自進行訴追時，即由邦高等法院為第一審法院。

B.審判庭之組成

邦高等法院由院長、審判長及相當人數之法官組成（法院組織法第 115 條），並分為民事法庭及刑事法庭 (Zivil- und Strafsenat)。其中刑事法庭原則

上由包括審判長在內之 3 位職業法官組成（法院組織法第 12 條），以合議之方式進行審判，例外關於主要審判程序之開啟，則須由 5 位職業法官裁定之。此外，在邦高等法院為第一審法院之案件中，刑事法庭中應至少有 1 位調查法官 (Ermittlungsrichter)，對於案件進行調查。

⑷聯邦最高法院

　A.審判權限

　　於刑事事件中，聯邦最高法院為法律審之上訴審法院，審理下列事件（法院組織法第 135 條）：

 1.對於邦高等法院之判決不服提起之上訴。

 2.對於邦法院第一審判決不服，而其法律審上訴非依法應由邦高等法院審理者。

 3.對於邦高等法院就法定特定事件所為之裁定不服，提起之抗告。

　B.審判庭之組成

　　依法院組織法第 124 條規定，聯邦最高法院由院長、審判長及相當人數之法官組成；依法院組織法第 125 條第 2 項，聯邦最高法院法官由聯邦司法部及法官選任委員會依法官選任法選任後，由聯邦總統任命[56]。被任命為聯邦最高法院法官者，須年滿 35 歲。

　　法院組織法第 130 條第 1 項規定，聯邦最高法院分為民事法庭及刑事法庭 (Zivil- und Strafsenat)，其數目由聯邦司法部決定。德國聯邦最高法院 19個法庭中有 6 個為刑事法庭[57]，2020 年新受理的刑事案件（不含前一年未結案）共計 3,397 件[58]。聯邦最高法院刑事法庭由包括審判長在內之 5 位法官組

---

[56] 關於聯邦法院法官之選任，參見本章參、四、（一）、1 之說明。

[57] 其中聯邦最高法院第五及第六刑事法庭位於萊比錫 (Leipzig)，而非位於卡爾斯魯爾。德國聯邦最高法院，https://www.bundesgerichtshof.de/DE/DasGericht/Organisation/Senate/senate_node.html（最後瀏覽日：2022 年 3 月 20 日）。

[58] 德國聯邦最高法院，2020 年事務報告 (Tätigkeitsbericht des Bundesgerichtshofs für das Jahr 2020)，https://www.bundesgerichtshof.de/DE/Service/Publikationen/Taetigkeitsberichte/taetigkeitsberichte_node.

成（法院組織法第 139 條第 1 項），以合議之方式進行審判，不得由獨任法官審理案件。但對於抗告案件，原則上則由 3 位法官作成裁定。

　　C.大法庭

　　依法院組織法第 138 條第 1 項規定，聯邦最高法院設大法庭 (Großer Senat) 及聯合大法庭 (Vereinigter Großer Senat)。審判庭對於審理案件中之法律見解有疑義時，得聲請大法庭或聯合大法庭表示意見，並作成裁定，以利於法之續造或確保審判上見解一致性[59]。大法庭或聯合大法庭作成裁定前，原則上不經言詞辯論，且其裁定於系爭案件中對於聲請之審判庭具有拘束力。

（二）行政法院

　　行政法院的三個審級，分別為各邦設置之行政法院 (Verwaltungsgericht; VG)、高等行政法院（Oberwaltungsgericht; OVG 或 Verwaltungsgerichtshof; VGH）[60]、以及位於萊比錫 (Leipzig) 之聯邦行政法院 (Bundesverwaltungsgericht; BVerwG)。至 2020 年 6 月 22 日，行政法院共計 51 所，邦高等行政法院則為 15 所[61]。

1.行政法院

⑴審判權限

　　行政法院，原則上設置於各邦每一個行政區 (Regierungsbezirk) 內，為行政爭訟事件之第一審法院。行政法院為事實審，審理依行政法院法第 40 條規定之行政訴訟案件。

　　行政法院法第 40 條規定得提起行政訴訟之事件[62]：

---

html（最後瀏覽日：2022 年 3 月 20 日）。

[59] Kissel/Mayer, a.a.O. (Fn. 30), §138 Rn. 14.

[60] 在多數邦，高等行政法院稱為 Oberwaltungsgericht (OVG)，而於巴登符騰堡 (Baden-Württemberg)、巴伐利亞 (Bayern) 及黑森 (Hessen) 等三邦，則稱為 Verwaltungsgerichtshof (VGH)。此僅為名稱差異，權限並無不同。

[61] 德國聯邦司法部，各邦中聯邦法院與邦法院之數量 (Gerichte des Bundes und der Länder am 22. Juni 2020)，參見本章表 2–1 之說明。

[62] 德國行政法院法之中譯條文，司法院，查詢服務，外語譯文專區，中譯外國法規，德國行政法院

1. 非憲法性質之公法上爭議，除聯邦法律明文規定應由其他法院管轄者外，得提起行政訴訟。關於邦法適用領域所生之公法上爭議，邦法亦得規定由其他法院管轄。

2. 因公共福祉而受犧牲與因公法上管理所生之財產上請求，以及因違反公法契約以外之公法上義務所生之損害賠償請求，由普通法院審判之；關於基本法第 14 條第 1 項第 2 句規定範圍內就補償請求之存否與金額所生之爭議，不適用之。公務員法有特別規定者，以及關於補償因撤銷違法行政處分所生之財產上不利益之救濟途徑，不受影響。

行政法院法第 40 條第 1 項以概括條款的原則性規定方式，規定行政法院之審判權限，以保障人民權利受公權力行為侵害時的權利救濟途徑，落實行政訴訟的權利保障功能。對於公法爭議非由行政法院審理的情形，本條以例外規定的列舉方式，情形包括：

1. 憲法爭議，例如聯邦與邦之間的權限爭議、聯邦或邦之最高行政機關間的權限爭議等，本質上雖為公法的爭議，但是性質上並非提供人民對於公權力違法行為的權利救濟途徑，應由聯邦憲法法院或邦之憲法法院審理。

2. 聯邦或邦之立法者，將本質上為公法的爭議事件，明文規定由普通法院或特別的行政法院審理。例如基本法第 14 條第 3 項關於行政徵收補償金額之爭議，或基本法第 34 條關於國家賠償，明文規定由普通法院審理。此外，本質上為公法爭議，透過立法的方式明文規定另行由特別之行政法院審理者，如財務事件及社會事件即分別由財務法院及社會法院審理。

3. 關於人民對於國家主張公法上財產請求權所生之爭訟[63]，如屬於特別犧牲補償請求權、公法上保管關係請求權或因行政契約以外事由所生之損害賠

法，https://www.judicial.gov.tw/tw/dl-131465-24a101556121415aa9c9ff197b1cf9ae.html（最後瀏覽日：2022 年 3 月 20 日）。

[63] 如為國家對於人民主張之公法上財產請求權所生之爭訟，不屬於此處所列由普通法院審理之事件，仍由行政法院審理；BVerwGE 18, 72 (78); 37, 231 (236)=NJW 1971, S. 1053ff.。

償請求權（如國家賠償請求權等情形），明定由普通法院審理。

公法上財產請求權之爭議，不屬於例外範圍，而是依原則由行政法院審理者，包括因屬於基本法第 14 條第 1 項第 2 句範圍的補償規定（即立法徵收，由立法者對於財產權限制明文規範應行補償）所生的請求權成立及其額度之爭議[64]。此外，因撤銷違法行政處分及其後續所生的財產補償，二者息息相關而不可分，皆由行政法院審理。至於公務員相關法令有爭訟的特別規定時，從其規定。

凡屬於行政法院法第 40 條規定得提起行政訴訟之爭議事件，其第一審法院為邦之行政法院。

⑵審判庭之組成

行政法院由院長、審判長及相當人數之法官組成（行政法院法第 5 條第 1 項），行政法院設審判庭 (Kammer)，除非是由獨任法官審理之簡易案件，一般是由 3 位法官及 2 位榮譽職法官組成（行政法院法第 5 條第 3 項）。5 位法官以合議方式作成判決，審判長應由終身職法官擔任，通常為院長指定之法官[65]。如作成裁定前已行言詞辯論，則亦應由 5 位法官以合議方式作成裁定。

依行政法院法第 6 條規定，合議之審判庭得以裁定將下列案件交付予庭內成員之一人為獨任法官裁判：案件並無特殊之事實上或法律上疑難者，且案件並無原則重要性者。然如合議庭已進行言詞辯論，即不得由獨任法官續行審理，但曾作成附保留判決 (Vorbehaltsurteil)、部分判決 (Teilurteil) 或中間判決 (Zwischenurteil) 者，不在此限。此外，第 1 年之試署法官不得充任獨任法官。

榮譽職法官於言詞辯論及判決之評議時，與職業法官享有同樣的權利。

---

[64] Ehlers/Schneider, in: Schoch/Schneider, VwGO, 41. EL Juli 2021, §40 Rn. 523.

[65] Stelkens/Panzer, in: Schoch/Schneider, a.a.O. (Fn. 64), §5 Rn. 24.

換言之，榮譽職法官不參與作成未經言詞辯論之裁定，亦不參與作成法院裁決 (Gerichtsbescheid)[66]。因此，例如暫時權利保護之裁定、訴訟費用之補助，即由 3 位法官裁定[67]。關於榮譽職法官之資格，規定於行政法院法第 20 條至第 22 條。榮譽職法官須為年滿 25 歲之德國國民，且須於法院管轄區域內有住所。不得為榮譽職法官者，例如因法院判決而被褫奪公職之人，或故意犯罪而被處以 6 個月以上有期徒刑之人，或觸犯可能會被褫奪公權之罪而正在偵查中之人。此外，聯邦眾議會議員、歐洲議會議員、邦立法機構之議員、聯邦或邦政府之閣員、非榮譽職的公務員、職業軍人或有役期之軍人、律師、公證人、以處理他人法律事務為常業之人，亦不得被選任為榮譽職法官。行政法院法第 23 條則賦予個人拒絕擔任榮譽職法官之權利，例如神職人員、參審員或其他榮譽職法官、於行政訴訟審判體系中已擔任二任榮譽職法官之人、醫師、護理師、助產士、未僱用其他藥劑師之藥房經營者、年滿 65 歲之人等。

2. 高等行政法院

⑴審判權限

　　原則上各邦皆設置一高等行政法院，於 2005 年柏林與布蘭登堡邦 (Brandenburg) 則共同設置高等行政法院於柏林。因此，目前於德國 16 邦中，共設置 15 個高等行政法院[68]。

　　A. 事實審之上訴審法院

　　邦高等行政法院身為上訴審法院，審理對於所屬下級行政法院判決不服提起之上訴及對於其他裁判提起之抗告，審查下級法院之裁判於認定事實及

---

[66] 所謂法院裁決，依行政法院法第 84 條第 1 項規定，係指無須言詞辯論，案件於事實或法律上無須特別困難即可查明的情形。於作成法院裁決前，應給予當事人陳述意見之機會。

[67] Stelkens/Panzer, in: Schoch/Schneider, a.a.O. (Fn. 64), §5 Rn. 27.

[68] 德國聯邦司法部，各邦中聯邦法院與邦法院之數量 (Gerichte des Bundes und der Länder am 22. Juni 2020)，參見本章表 2-1 之說明。

適用法令部分是否有違誤。上訴程序採許可制，僅於高等行政法院依當事人之聲請作成許可後或行政法院於其判決中明文得許可上訴時，高等行政法院始進行上訴審之審理程序。

得許可上訴之事由，依行政法院法第 124 條第 2 項規定，包括：

1. 對於判決之正確性存在重大之疑義者。
2. 該訴訟事件顯有特別之事實上或法律上疑難者。
3. 該訴訟事件具有原則上重要性者。
4. 該判決與高等行政法院、聯邦行政法院、聯邦層級最高法院之共同法庭或聯邦憲法法院之裁判歧異，並以此歧異之見解為判決基礎者。
5. 主張原裁判具有應受上訴審法院審理之程序瑕疵，並以此程序瑕疵為裁判基礎者。

如高等行政法院作成不許可上訴之裁定，聯邦行政法院不得予以廢棄（行政法院法第 152 條第 1 項），故第一審判決於高等行政法院裁定不許可上訴時，即已確定。

B. 第一審法院

於例外情形，邦高等行政法院為第一審法院，審理下列事件：

1. 行政法院法第 47 條第 1 項規定之抽象法規審查，亦即對於基於建設法 (Baugesetzbuch)[69] 而發布之自治規章或法規命令，任何人得聲請法院審查其效力。
2. 於行政法院法第 48 條第 1 項所列舉之各種開發計畫或計畫確定程序中所生的所有爭議。
3. 邦最高行政機關依社團法 (Vereinsgesetz)[70] 相關規定作成之社團禁止或處

---

[69] Baugesetzbuch in der Fassung der Bekanntmachung vom 3.11.2017 (BGBl. I, S. 3634), zuletzt geändert durch Artikel 9 des Gesetzes vom 10.9.2021 (BGBl. I, S. 4147).

[70] Vereinsgesetz vom 5.8.1964 (BGBl. I, S. 593), zuletzt geändert durch Artikel 5 des Gesetzes vom 30.11.2020 (BGBl. I, S. 2600).

分所生之爭議（行政法院法第 48 條第 2 項）。

⑵審判庭之組成

　　邦高等行政法院由院長、審判長及相當人數之法官組成（行政法院法第 9 條第 1 項），高等行政法院設合議制之法庭 (Senat)，原則上由 3 位法官組成（行政法院法第 9 條第 2 項）。因法庭之組成屬於司法行政 (Justizverwaltung) 事項[71]，各邦得自行立法規範高等行政法院審理不同案件的法官組成。行政法院法第 9 條第 3 項即規定，各邦得立法規定審判之法庭由 3 位法官及 2 位榮譽職法官組成。對於行政法院法第 48 條第 1 項規定之爭議，邦亦得規定由 5 位法官及 2 位榮譽職法官組成審判之法庭進行案件之審理。

　　目前有以邦立法方式規定原則上由 3 位法官及 2 位榮譽職法官組成高等行政法院審判庭者，共計 10 個[72]。對於行政法院法第 47 條及第 48 條規定案件的審理程序，各邦亦有不同的細微差異。其中，僅黑森邦規定由 5 位法官及 2 位榮譽職法官組成審判庭審理行政法院法第 48 條規定之案件[73]。而維持聯邦法規定的標準組成者（3 位法官），只有 5 個邦：巴伐利亞、北萊茵─西法倫、萊茵─普法爾茨、薩蘭及圖林根[74]。

　　總體說來，高等行政法院審判庭的組成，在多數各邦自行立法規定的情形下，針對不同案件、不同程序（判決或裁定程序），各邦於其司法行政事務的考量下，有不同的規範。

3.聯邦行政法院

⑴審判權限

　　A.法律審之上訴審法院

---

[71] Stelkens/Panzer, in: Schoch/Schneider, a.a.O. (Fn. 64), §9 Rn. 8.

[72] 包括：柏林／布蘭登堡、布萊梅、漢堡、黑森、梅克倫堡─前波美恩、下薩克森、北萊茵─西法倫、萊茵─普法爾茨、薩克森─安哈爾特及什列斯威─霍爾斯坦等 10 個高等行政法院；Stelkens/Panzer, in: Schoch/Schneider, a.a.O. (Fn. 64), §9 Rn. 11.

[73] Stelkens/Panzer, in: Schoch/Schneider, a.a.O. (Fn. 64), §9 Rn. 14.

[74] Stelkens/Panzer, in: Schoch/Schneider, a.a.O. (Fn. 64), §9 Rn. 10.

聯邦行政法院為法律審之上訴審法院，審查下級法院裁判之適法性。依行政法院法第 49 條規定，審理之事項包括：

1. 對於高等行政法院之判決不服提起之上訴。
2. 對於行政法院之判決不服提起之飛躍上訴 (Sprungrevision)。
3. 對於高等行政法院調查證據、不許可上訴、審判權爭議而作成之裁定不服提起之抗告。

最常見的情形，為當事人對於高等行政法院作成之上訴審或第一審判決不服，得向聯邦行政法院提起上訴。不服高等行政法院判決而向聯邦行政法院提起上訴，採上訴許可制，依行政法院法第 132 條第 2 項之規定，須有下列事由之一：1. 系爭案件具有原則上之重要性；2. 判決理由與聯邦行政法院、聯邦最高法院聯合庭或聯邦憲法法院之見解不符，並以此相異見解為判決之依據者；3. 當事人主張裁判權有程序瑕疵，且以此為裁判之基礎者。

至於飛躍上訴，即不服行政法院判決而略過上訴高等行政法院之審級（unter Übergehung der Berufungsinstanz；行政法院法第 134 條第 1 項），直接向聯邦行政法院提起上訴。提起飛躍上訴，必須基於原告及被告兩造之書面同意，且須符合上訴許可之要件。此制度可使具有重要性的法律爭議得以盡速獲得釐清，並節省當事人勞力、時間、費用，尊重其程序選擇權，且減輕第二審之負擔，節省司法資源[75]。然而能夠達到此目的之前提在於事實調查須已臻明確，因此當事實仍有不明確之處或法律問題仍有待進一步釐清時，聯邦行政法院應將案件移送至事實審法院續行審理，因此個案中對於飛躍上訴之許可，宜審慎為之[76]。

飛躍上訴亦採上訴許可制，惟其許可限於實體之事由，不及於程序事由（行政法院法第 134 條第 2 項）。一旦上訴或飛躍上訴獲得許可，聯邦行政法

---

[75] BGH, NJW 1997, 2387 (2388).
[76] Pietzner/Bier, in: Schoch/Schneider, a.a.O. (Fn. 64), §134 Rn. 8.

院即受其拘束，應就案件進行審理。

B.第一審法院

依行政法院法第 50 條規定，就下列事項，聯邦行政法院為第一審、亦為最終審之審理法院（一級一審）：

1.聯邦與各邦間、及各邦彼此間非憲法之公法上爭議。

2.對於聯邦內政部部長依社團法相關規定作成之社團禁止或處分不服而提起之訴訟。

3.依居留法 (Aufenthaltsgesetz)[77]作成之強制出境處分及其執行所生之爭議。

4.關於聯邦情報局 (Bundesnachrichtendienst) 業務範圍內之事件提起之訴訟。

5.依國會議員法 (Abgeordnetengesetz)[78]及聯邦眾議院議員行為守則所採之措施及決定而提起之訴訟。

6.與鐵路法通則 (Allgemeines Eisenbahngesetz)[79]、聯邦長程公路法 (Bundesfernstraßengesetz)[80]、聯邦水道法 (Bundeswasserstraßengesetz)[81]、能源管線擴建法 (Energieleitungsausbaugesetz)[82]、聯邦需求計畫法 (Bundesbedarfsplangesetz)[83]或磁浮軌道計畫法

---

[77] Aufenthaltsgesetz in der Fassung der Bekanntmachung vom 25.2.2008 (BGBl. I, S. 162), zuletzt geändert durch Artikel 3 des Gesetzes vom 9.7.2021 (BGBl. I, S. 2467).

[78] Gesetz über die Rechtsverhältnisse der Mitglieder des Deutschen Bundestages (Abgeordnetengesetz-AbgG) in der Fassung der Bekanntmachung vom 21.2.1996 (BGBl. I, S. 326), zuletzt geändert durch Artikel 1 des Gesetzes vom 8.10.2021 (BGBl. I, S. 4650).

[79] Allgemeines Eisenbahngesetz vom 27.12.1993 (BGBl. I, S. 2378, 2396; 1994 I, S. 2439), zuletzt geändert durch Artikel 10 des Gesetzes vom 10.9.2021 (BGBl. I, S. 4147).

[80] Bundesfernstraßengesetz in der Fassung der Bekanntmachung vom 28.6.2007 (BGBl. I, S. 1206), zuletzt geändert durch Artikel 11 des Gesetzes vom 10.9.2021 (BGBl. I, S. 4147).

[81] Bundeswasserstraßengesetz in der Fassung der Bekanntmachung vom 23.5.2007 (BGBl. I, S. 962; 2008 I, S.1980), zuletzt geändert durch Artikel 3 des Gesetzes vom 18.8.2021 (BGBl. I, S. 3901).

[82] Gesetz zum Ausbau von Energieleitungen (Energieleitungsausbaugesetz - EnLAG) vom 21.8.2009 (BGBl. I, S.2870), zuletzt geändert durch Artikel 3 des Gesetzes vom 2.6.2021 (BGBl. I, S. 1295).

[83] Gesetz über den Bundesbedarfsplan (Bundesbedarfsplangesetz - BBPlG) vom 23.7.2013 (BGBl. I, S. 2543; 2014 I, S.148), geändert durch Artikel 3 Absatz 4 des Gesetzes vom 2.6.2021 (BGBl. I, S. 1295).

(Magnetschwebebahnplanungsgesetz)[84]有關之開發計畫，因計畫確定程序及計畫許可程序所生之所有爭議。

上述事項，其範圍、重要性或影響已不限於一邦的領域，且具有普遍性或原則性的意義，基於公共利益的考量，應盡速作成裁判，因此立法者在立法政策上認為僅須由聯邦行政法院審理，且訴訟程序一審終結[85]。因為訴訟權之保障並不及於審級利益，故一級一審之制度設計並未違憲[86]。

⑵審判庭之組成

聯邦行政法院下設合議制之法庭 (Senat)，目前共有 10 個上訴審法庭及 2 個軍事職務法庭 (Wehrdienstsenat)[87]；前者為義務之聯邦法院，後者則為選擇之聯邦法院。此外另有一個專業法庭 (Fachsenat)，行政機關拒絕向聯邦行政法院提交資料時，由該專業法庭審理。目前聯邦行政法院共計有 57 位職業法官（20 位女性，37 位男性）[88]，且依行政法院法第 15 條第 3 項規定，聯邦行政法院法官須年滿 35 歲。此年齡限制僅限於聯邦行政法院，而不適用於其他行政法院[89]。

依行政法院法第 10 條第 3 項規定之標準，應作成判決之案件，上訴審法庭由 5 位法官組成，其中 1 位為審判長。不經言詞辯論而作成裁定之案件，上訴審法庭則由 3 位法官組成。至於軍事職務法庭，則由 3 位法官組成。至於榮譽職法官，行政法院法雖未規定，然軍事職務法庭設有榮譽職法官參與

---

[84] Gesetz zur Regelung des Planungsverfahrens für Magnetschwebebahnen (Magnetschwebebahnp lanungsgesetz - MBPlG) vom 23.11.1994 (BGBl. I, S. 3486), zuletzt geändert durch Artikel 330 der Verordnung vom 19.6.2020 (BGBl. I, S. 1328).

[85] Bier, in: Schoch/Schneider, a.a.O. (Fn. 64), §50 Rn. 3.

[86] BVerfGE 8, 174 (181 f.); 87, 48 (61); 92, 365 (410); BVerwG, NVwZ 2004, 722.

[87] 聯邦行政法院至 2015 年年底設有公務員懲戒法庭 (Disziplinarsenat)，自 2016 年起其職務由第二上訴審法庭執行，即不再設有公務員懲戒法庭。

[88] 德國聯邦行政法院，https://www.bverwg.de/das-gericht/organisation/richter-und-senate（最後瀏覽日：2022 年 3 月 20 日）。

[89] 至於其他聯邦法院之法官，依法同樣亦設有年齡限制；法院組織法第 125 條第 2 項、社會法院法第 38 條第 2 項、財務法院法第 14 條第 2 項。

言詞辯論並作成判決。

⑶大法庭

　　聯邦行政法院設有一大法庭，當各合議法庭就一特定法律問題與其他合議法庭或大法庭之原有見解歧異時（歧異之聲請；行政法院法第 11 條第 2 項），或者對於具有原則上重要性的問題，基於法律續造或統一法律見解之必要（原則之聲請；行政法院法第 11 條第 5 項），得聲請大法庭為決定。

　　大法庭之主席為聯邦行政法院院長，並由各上訴審法庭推派 1 名法官組成，但不包括聯邦行政法院院長為庭長之上訴審法庭。如大法庭認為相關聲請合法，應以裁定之方式就聲請之法律問題表示意見，並通常以要旨 (Leitsatz) 之方式呈現[90]。大法庭僅就法律問題為裁判，其裁判得不經言詞辯論程序行之。且大法庭之裁判就系爭案件對聲請之審判庭有拘束力，聲請之審判庭應依大法庭之見解作成裁判，如有必要，得再行言詞辯論，由當事人就大法庭之見解表示意見。

（三）財務法院

　　依財務法院法[91]第 1 條規定，財務事件之審判權由獨立且與行政機關分離之特別行政法院行使之。德國各邦皆設財務法院 (Finanzgericht; FG)，為第一審法院，上訴審法院為聯邦財務法院 (Bundesfinanzhof; BFH)，設於慕尼黑 (München)，因此財務事件之訴訟程序，係採二級二審制。至 2020 年 6 月 22 日，德國 16 邦中共有 18 個財務法院（巴伐利亞邦有 2 個、北萊茵－西法倫有 3 個，2007 年 1 月 1 日柏林與布蘭登堡邦共同設置財務法院）[92]。

---

[90] Pietzner/Bier, in: Schoch/Schneider, a.a.O. (Fn. 64), §11 Rn. 72.

[91] 德國財務法院法之中譯條文，司法院，查詢服務，外語譯文專區，中譯外國法規，德國財務法院法，https://www.judicial.gov.tw/tw/dl-79652-cee8f4b44db647a18c84b6844d4834f0.html（最後瀏覽日：2022 年 3 月 20 日）。

[92] 德國聯邦司法部，各邦中聯邦法院與邦法院之數量 (Gerichte des Bundes und der Länder am 22. Juni 2020)，參見本章表 2–1 之說明。

1.財務法院

⑴審判權限

依財務法院法第 33 條第 1 項規定，下列事件，得提起財務訴訟：

1. 有關公課事項[93]之公法爭議，且該公課屬於聯邦立法權限，並且聯邦財稅機關或邦財稅機關有行政權限者。

2. 前款規定以外之行政處分強制執行之公法爭議，且該行政處分係由聯邦財稅機關或邦財稅機關依租稅通則 (Abgabenordnung)[94]規定強制執行者。

3. 依稅務諮詢師法 (Steuerberatungsgesetz)[95]第 1 章、第 2 章第 2 節與第 7 節，以及第 3 章第 1 節規定所生之公法與職業法爭議事項。

4. 除第 1 至第 3 款規定外，依聯邦法或邦法規定得向財務法院提起訴訟之其他公法爭議。

前述由財務法院審理之訴訟事件，其第一審審理法院為各邦之財務法院（財務法院法第 35 條）。

⑵審判庭之組成

依財務法院法第 5 條第 1 項規定，財務法院由院長、審判長及相當人數之法官組成。若該法院內僅有一庭者，得免任命審判長。財務法院設合議制之法庭 (Senat)，關稅事項、消費稅事項與財政專賣事項集中由特別合議法庭審理（財務法院法第 5 條第 2 項）。同條第 3 項規定，財務法院各合議庭之裁判，原則上由 3 名職業法官與 2 名榮譽職法官為之。未經言詞辯論之裁定以及法院裁決，榮譽職法官不參與裁判。

---

[93] 所謂公課事項，財務法院法第 33 條第 2 項規定：「指所有公課行政，包括公課賠償 (Abgabenvergütung)，或其他財稅機關適用公課法規有關之事項，包括聯邦財稅機關所為禁止或限制跨國貨物運輸之措施；財政專賣事項，亦同。」

[94] Abgabenordnung in der Fassung der Bekanntmachung vom 1.10.2002 (BGBl. I, S. 3866; 2003 I, S. 61), zuletzt geändert durch Artikel 33 des Gesetzes vom 5.10.2021 (BGBl. I, S. 4607).

[95] Steuerberatungsgesetz (StBerG) in der Fassung der Bekanntmachung vom 4.11.1975 (BGBl. I, S. 2735), zuletzt geändert durch Artikel 50 des Gesetzes vom 10.8.2021 (BGBl. I, S. 3436).

　　依財務法院法第 6 條規定，訴訟事件有下列情形之一者，合議庭得裁定交付予庭內成員之一人為獨任法官裁判之：所訴事實並無事實上或法律上特殊困難，且訴訟事件所涉及之法律見解並無原則上重要性。然如合議庭已進行言詞辯論，即不得由獨任法官續行審理，但曾作成附保留判決、部分判決或中間判決者，不在此限。

　　榮譽職法官與職業法官有相同之審判權利，共同進行言詞審理與作成判決（財務法院法第 16 條），惟不參與作成未經言詞辯論之裁定，亦不參與作成法院裁決。且各邦得以法律規定 2 名榮譽職法官對獨任法官之協力（財務法院法第 5 條第 3 項、第 4 項）。關於榮譽職法官之資格，規定於財務法院法第 17 條及第 18 條。榮譽職法官應為德國國民，應年滿 25 歲，並且在該法院轄區內有住所、營業所或事務所。不得選任為榮譽職法官的情形，例如：曾受確定判決而褫奪公權者；曾因故意行為而受 6 個月以上有期徒刑之宣告者；在 10 年內因租稅犯罪行為或財政專賣犯罪行為被判決有罪者（但依裁判時法律僅處以罰鍰者，不在此限）；因為犯罪行為被起訴，而有被褫奪公權之虞者；不具各邦立法機構議員之選舉權者；財產喪盡者[96]等。

　　此外，基於個人職業身分的因素，考量利益及義務的衝突，並確保法院審判獨立[97]，財務法院法第 19 條亦列舉不得選任為榮譽職法官的情形，例如：聯邦眾議會議員、歐洲議會議員、各邦立法機構議員、聯邦政府或邦政府之閣員、法官、聯邦與各邦財稅機關之公務員與受雇人、職業軍人或有役期之軍人、律師、公證人、專利代理人、稅務諮詢師、租稅顧問公司中非稅務諮詢師之董事、其他的稅務代理人、公證會計師 (Wirtschaftsprüfer)、宣誓會計師 (vereidigte Buchprüfer)，以及以企業方式辦理外國法律事務之人。此外，財務法院法第 20 條則賦予個人拒絕擔任榮譽職法官之權利，例如神職人

---

[96] 如受破產宣告之人；Gräber, Finanzgerichtsordnung: FGO, 9. Aufl., 2019, §18 Rn. 5。
[97] Gräber, a.a.O. (Fn. 96), §19 Rn. 1.

員、參審員或其他榮譽職法官、曾在財務法院擔任二任榮譽職法官之人、醫師、護理師、助產士、未僱用其他藥事人員之藥房經營者、依據第六社會法典已屆通常退休年齡之人。

2.聯邦財務法院

⑴審判權限

財務法院法第 36 條規定，聯邦財務法院審理以下事項之上訴或抗告：

1.對邦財務法院之判決及等同於邦財務法院判決之裁判之法律審上訴；

2.對邦財務法院、審判長或受命法官 (Berichterstatter) 之裁判之抗告。

法律審上訴採許可制，須財務法院於判決中許可，或對其不許可上訴向聯邦財務法院提出抗告者，始得為之。而許可提起法律審上訴之事由，以有下列情形之一者為限（財務法院法第 115 條）：

1.訴訟事件具有原則意義者。

2.聯邦財務法院之裁判對法之續造或確保法院見解之統一有必要者。

3.主張足為該裁判基礎之訴訟程序有瑕疵。

⑵審判庭之組成

依財務法院法第 10 條規定，聯邦財務法院由院長、審判長及相當人數之法官組成。聯邦財務法院設置合議制之法庭 (Senat)，由 5 名法官組成而為裁判；不經言詞辯論之裁定，則由 3 名法官組成之審判庭審理。此外，財務法院法第 14 條規定第 2 項特別規定，聯邦財務法院之法官應年滿 35 歲。

目前聯邦財務法院共設有 11 個法庭，由審判長、4 至 5 位法官組成；職業法官人數共計 59 人[98]。

此處須特別說明者，為聯邦財務法院之確定裁判不具有一般性的拘束力。依財務法院法第 110 條規定，爭訟標的已受裁判之確定判決，僅對於下列之

---

[98] 聯邦財務法院，https://www.bundesfinanzhof.de/de/gericht/organisation/（最後瀏覽日：2022 年 3 月 20 日）。

人有拘束力：當事人及其權利繼受人；於第 48 條第 1 項第 1 款情形，對無訴訟權之社團或共同體；於第 60a 條之情形，未聲請參加或未如期聲請參加之人。此外，對財務機關作成之判決，對屬於該財務機關之公法社團法人亦有拘束力。然而，因為財務法院之判決具有原則性之意義，且財政行政實務通常會將判決納入其行政規則中，因此聯邦財務法院之判決實際上仍有廣泛之效力，學者稱為具有先行性效力[99]。

　　財政行政機關在其他個案上不受到聯邦行政法院見解之拘束，仍應以自己責任認定事實、適用法律，決定是否將司法判決納入行政實務，或拒絕遵從法院見解。財政行政機關得以「不適用公告」(Nichtanwendungserlassen) 明白排除個別聯邦行政法院之判決，如此在個別訴訟程序中，聯邦行政法院反而有可能重新審視其原有見解的正確性[100]。

⑶大法庭

　　財務法院法第 11 條規定，聯邦財務法院設置大法庭，當合議法庭就法律問題之見解與其他合議法庭或大法庭之裁判不一致時，或認為有法之續造或確保審判上見解一致之必要者，得聲請大法庭決定。

　　大法庭由院長、及院長擔任合議庭庭長以外之其他各合議庭推派 1 名法官組成。大法庭僅就法律問題為裁定，其裁定得不經言詞辯論程序行之，其裁定就系爭案件對提請審理之合議庭有拘束力。

（四）社會法院

　　社會法院法[101]第 1 條規定，社會法爭訟事件，由超然中立、獨立於行政機關之外的特別行政法院審判之。第 2 條規定，各邦設立之社會法院

---

[99] 吳東都，德國稅務行政訴訟，司法研究年報第 27 輯，〈行政類〉第 1 篇，頁 11，2010 年 11 月。

[100] Lang, in: Tipke/Lang, Steuerrecht, 18. Aufl., 2005, §5 Rn. 28.

[101] 關於德國社會法院法之中譯條文，司法院，查詢服務，外語譯文專區，中譯外國法規，德國社會法院法 (SGG)，https://www.judicial.gov.tw/tw/dl-79654-221c8ec96a31470197a1b6027b71bb05.html（最後瀏覽日：2022 年 3 月 20 日）。

(Sozialgericht; SG) 與邦社會法院 (Landessozialgericht; LSG)，以及聯邦設立之聯邦社會法院 (Bundessozialgericht; BSG)，為行使社會法爭訟事件審判權之法院。因此與社會法有關之爭訟事件，採三級三審制，第一審原則上為各邦之社會法院，第二審為邦社會法院，第三審則為聯邦社會法院。前二者為邦層級之法院，後者則為聯邦之最高審判法院。至 2020 年 6 月 22 日，德國 16 邦中共有 68 個社會法院，14 個邦社會法院[102]，聯邦社會法院則設於卡塞爾 (Kassel)。

1.社會法院

⑴審判權限

　　社會法院法第 51 條第 1 項規定，下列公法上爭議事件，由行使社會法審判權之法院審理之：

1. 法定年金保險事件，包括農民之老年生活保障。

2. 法定醫療保險、社會照護保險、私法性質之照護保險等事件（第十一社會法典）[103]，亦包含因上述事件使第三人受影響之情形。但因大學所屬醫院或計畫性醫療院所（第五社會法典第 108 條第 1 款與第 2 款）中各種醫療契約之解除或終止，而構成第五社會法典第 110 條規定事項的爭議，不適用之。

3. 法定職業災害保險事件，但不包括由於法定職災保險機構對職業災害預防措施進行監督產生的爭議。

4. 就業促進事件，並包含屬於聯邦勞動局 (Bundesagentur für Arbeit) 之其他職

---

[102] 16 個邦中，柏林與布蘭登堡邦共設一個邦社會法院，下薩克森及布萊梅邦共設一個邦社會法院，故有 14 個邦社會法院。資料來源：德國聯邦司法部，各邦中聯邦法院與邦法院之數量 (Gerichte des Bundes und der Länder am 22. Juni 2020)，參見本章表 2-1 之說明。

[103] 德國社會法之法典化，自 1975 年開始針對總則及不同領域分別立法，迄今已有 12 部社會法法典：第一部總則、第二部求職者基本保障、第三部就業促進、第四部社會保險通則、第五部法定健康保險、第六部法定年金保險、第七部法定職業災害保險、第八部兒童及少年扶助、第九部身心障礙者之復健和參與、第十部社會行政程序與社會資料保護、第十一部社會照護保險、第十二部社會救助。

權事項。

5.待業者基本保障事件。

6.其他社會保險事件。

7.社會補償法事項，但不包括因聯邦醫療照顧法第 25 條至第 27j 條（戰爭受難者的照顧）規定產生之爭議，其他法律準用前述規定之情形亦同。

8.社會救助事件與依難民庇護申請人給付法 (Asylbewerberleistungsgesetz) 所生之事件。

9.依第九社會法典第 69 條規定判斷是否構成身心障礙、障礙程度及其他健康因素之認定，進而有關發給、延長、修正與收回相關證明之事件。

10.有關適用支出補償法 (Aufwendungsausgleichsgesetz) 所生的爭議事件。

11.依法是否得於社會法院進行訴訟程序之爭議。

　　此外，依社會法院法第 51 條第 2 項規定，與法定醫療保險事件有關的私法性質爭議，包含第三人權益受影響之情形，亦由行使社會法院審理。關於因社會照顧保險、私法性質之照顧保險所生之爭議事件，準用之。然而，依限制競爭法 (Gesetz gegen Wettbewerbsbeschränkungen)[104]所定之程序中發生、並涉及第五社會法典第 69 條所稱法律關係之爭議，不屬於應由社會法院審理之事件。因此，凡社會保險、就業促進、社會救助、社會補償、身心障礙及其等級之認定等事件、私法醫療保險與第三人間之私法爭議、及私人照護機構與被保險人所生之爭議，皆由行使社會法審判權之法院審理[105]。

　　依社會法院法第 8 條規定，除法律有特別規定外，上述應由社會法院審理之公法或私法爭議事件，均以各邦之社會法院為第一審法院。

⑵審判庭之組成

　　依社會法院法第 9 條第 1 項規定，社會法院由相當人數之職業法官擔任

---

[104] Gesetz gegen Wettbewerbsbeschränkungen in der Fassung der Bekanntmachung vom 26.6.2013 (BGBl. I, S. 1750, 3245), zuletzt geändert durch Artikel 10 Absatz 2 des Gesetzes vom 27.7.2021 (BGBl. I, S. 3274).

[105] 鍾秉正，淺介德國社會法院及相關審判權，月旦法學雜誌，第 166 期，頁 9，2009 年 3 月。

審判長，及榮譽職法官共同組成。社會法院下設專業之審判庭 (Kammer)，分別審理社會保險、就業促進（包含聯邦勞動局之其他職權事項）、待業者基本保障、社會救助、社會補償等事件。此外，法定醫療保險與特約醫師、心理治療師、特約牙醫師、及所屬之工會而產生的爭議，於社會法院中亦應由專門之審判庭審理（社會法院法第 10 條）。

社會法院中的每一個專業審判庭，由 1 位職業法官擔任審判長，並與 2 位榮譽職法官共同組成。未經言詞辯論之裁定以及法院裁決，榮譽職法官不參與裁判（社會法院法第 12 條第 1 項）。社會法院法第 12 條第 2 項至第 5 項規定各專業審判庭之組成，特別是規定依不同專業審判庭之性質而得任命為榮譽職法官之資格。依規定可知，各專業審判庭榮譽職法官皆由被保險人、雇主、法定醫療保險、特約醫師、心理治療師、特約牙醫師、身心障礙者、疾病保險基金或其他受撫恤者等人中選任，因此多為具有社會法領域相關專業之人，而少有由業餘人士擔任之榮譽職法官[106]。

關於社會法院榮譽職法官之積極資格及消極資格，以及個人得拒絕擔任榮譽職法官之事由，分別規定於社會法院法第 16 條、第 17 條及第 18 條[107]。

2.邦社會法院

⑴審判權限

A.事實審之上訴審法院

對於社會法院之判決或裁定不服者，向邦社會法院提起事實審之上訴或抗告。上訴程序採許可制，事實審上訴須經社會法院於判決中許可，或因不許可上訴而向邦社會法院提起抗告，邦社會法院裁定得為上訴的情形。基於訴訟經濟及避免小額訴訟的考量，上訴標的之價額亦須符合下列規定（社會

---

[106] 鍾秉正，同前註，頁 9。

[107] 詳細條文內容，司法院，查詢服務，外語譯文專區，中譯外國法規，德國社會法院法 (SGG)，https://www.judicial.gov.tw/tw/dl-79654-221c8ec96a31470197a1b6027b71bb05.html（最後瀏覽日：2022 年 3 月 20 日）。

法院法第 144 條第 1 項）：

1. 訴訟涉及金錢給付、勞務給付或實物給付，或以前述三者為目的之行政處分時，金額或價額未超過 750 歐元。

2. 與公法人或行政機關間有關填補支出之爭議，金額或價額未超過 10,000 歐元。

　　如訴訟事件所涉及之法律見解具有原則上重要性，或原判決見解與邦社會法院、聯邦社會法院、由聯邦最高層級法院組成之共同大法庭或聯邦憲法法院之裁判歧異並以之為判決之基礎者，或上訴人指摘原審裁判有應受事實審上訴法院判斷之程序瑕疵，該瑕疵構成裁判之基礎且其確實存在，則上訴有絕對應許可之事由（社會法院法第 144 條第 2 項）。

　　B.第一審法院

　　依社會法院法第 29 條第 2 項規定，邦社會法院對於下列事項，為第一審法院：

1. 對邦醫事保險事務仲裁委員會裁決起訴表示不服；對監督機關依第五社會法典就委員會裁決所為之糾正決定起訴表示不服；不服醫事保險仲裁機關依第五社會法典第 120 條第 4 項、第十一社會法典第 76 條以及依第十二社會法典第 80 條所為決定提起訴訟。

2. 基於邦行政機關或聯邦行政機關對社會保險機構及保險機構協會、各地特約醫師協會、特約牙醫師協會、聯邦特約醫師協會與聯邦牙醫師協會進行之監督，對於監督事項相關爭議提起訴訟。

3. 就填補第二社會法典第 6b 條所定之支出有關事項，提起訴訟。

4. 依社會法院法第 55a 條提出之聲請。

5. 第五社會法典第 4a 條第 7 項規定之爭議事件。

⑵審判庭之組成

　　邦社會法院由院長、審判長、其他職業法官與榮譽職法官組成（社會法院法第 30 條第 1 項）。依社會法院法第 31 條規定，邦社會法院應設置合議之

法庭 (Senat)，專責審理社會保險事項、就業促進事項、包含其餘屬於聯邦勞動局職權之事項、待業者基本保障事項、社會救助與難民庇護申請給付法事項、以及社會補償法與重度身心障礙法等事項。此外，就礦工醫療與年金保險事項，包含礦工職業災害保險事項，以及對於因訴訟程序過度冗長而提起之救濟程序（社會法院法第 202 條第 2 句），得分別設置專責審理之法庭。而就特約醫師法事項以及對於依據第 55a 條進行之聲請程序，應設置專責審理之法庭。

　　每一法庭由審判長、另外 2 名職業法官與 2 名榮譽職法官組成，執行職務。職業法官為由邦法所定之主管機關任命之終身職法官，而榮譽職法官必須年滿 30 歲，並應曾擔任社會法院榮譽職法官至少 5 年（社會法院法第 35 條）。因其資格規定準用社會法院法第 12 條第 2 項至第 5 項規定，故可知邦社會法院中之榮譽職法官亦為具有專業知識之人員，且因已任職社會法院榮譽職法官至少 5 年，對於榮譽職法官之職務有一定之熟稔程度。

3.聯邦社會法院

(1)審判權限——法律審之上訴審法院

　　依社會法院法第 160 條之規定，不服邦社會法院判決或不服依第 55a 條第 5 項第 1 句所為之裁定時，當事人得向聯邦社會法院提起法律審上訴，惟上訴採許可制，須邦社會法院於判決中許可，或經聯邦社會法院依第 160a 條第 4 項第 1 句作成之裁定中許可，始得為之。

　　得許可提起法律審上訴之事由，以下列情形之一者為限：

1.訴訟事件具有原則意義。

2.原審判決與聯邦社會法院、由聯邦最高層級法院組成之共同大法庭或聯邦憲法法院的裁判歧異，並以此歧異之見解作為判決基礎。

3.上訴人指摘原審裁判有程序瑕疵，且其為該裁判之基礎。

　　至於飛躍上訴制度的設計，依社會法院法第 161 條第 1 項規定，當事人不服社會法院之判決，如經對造書面同意，且經社會法院於判決中許可、或

依聲請以裁定許可時，得越過事實審上訴，逕行向聯邦社會法院提起法律審上訴。而許可飛躍上訴之事由，限於第 160 條第 2 項第 1 款與第 2 款之要件，須訴訟事件具有原則意義或原審判決見解與聯邦各法院的見解歧異，並以此為判決基礎。至於原判決具有程序瑕疵，即不得作為法律審上訴之理由。

⑵審判庭之組成

依社會法院法第 38 條第 2 項規定，聯邦社會法院由院長、審判長和相當人數之職業法官及榮譽職法官組成。在聯邦法院的層級中，應由榮譽職法官參與審判者，只有聯邦社會法院與聯邦勞動法院，其他聯邦法院僅得由職業法官參與審判[108]。

聯邦社會法院設置合議審判之專業法庭 (Fachsenat)，包括審判長在內共 5 位法官組成，其中 3 位為職業法官，2 位為榮譽職法官。目前聯邦社會法院共設有 12 個審判庭，42 位職業法官，分別負責審理下列事項之法律審上訴[109]：

1.疾病保險。

2.意外保險。

3.疾病保險中非由醫生提供的輔助給付；藝術工作者社會保護；照護保險。

4.求職者之基礎保障。

5.法定年金保險。

6.特約醫師法。

7.失業保險及其他聯邦勞工業務；有關罷工停止給付之爭議。

8.關於社會救助及難民庇護申請人給付法之爭議。

9.戰爭受害者與士兵之撫卹；身心障礙者保障法、替代役法、預防注射法、

---

[108] Udsching, in: Rolfs/Giesen/Kreikebohm/Meßling/Udsching (Hrsg.), Beck'scher Online-Kommentar Sozialrecht, 63. Edition Stand: 1.12.2021, §38 Rn. 3.

[109] 鍾秉正，同註 105，頁 9–10；德國聯邦社會法院，https://www.bsg.bund.de/DE/Gericht/Rechtsprechung/rechtsprechung_node.html（最後瀏覽日：2022 年 3 月 20 日）。

暴力犯罪補償及受迫害者扶助法中之爭議；視障津貼與視障者扶助法。

10.農民老年保障與疾病保險；聯邦教育津貼、育兒津貼及兒童津貼之爭議。

11.失業保險及其他聯邦勞工業務；破產津貼。

12.疾病保險、照護保險、年金保險及失業保險之保費法與保險團體成員法。

13.法定年金保險。

14.求職者之基礎保障。

　　職業法官須年滿 35 歲，榮譽職法官亦須年滿 35 歲，且應曾擔任社會法院或邦社會法院的榮譽職法官至少 5 年。

⑶大法庭

　　聯邦社會法院設置一大法庭，如專業法庭就法律問題之見解與其他庭或大法庭之裁判不一致時，或認為有法之續造或確保審判上見解一致之必要者，得聲請大法庭決定之（社會法院法第 41 條第 1 項）。

　　大法庭由院長、院長擔任合議庭庭長以外之各庭中各指派 1 名職業法官、被保險人與雇主領域選出之榮譽職法官各 2 名、屬於熟習社會補償法令或促進身心障礙者社會參與相關法令的人員之榮譽職法官 1 名，及從受領照顧性給付者與適用第九社會法典規定之身心障礙者領域選出的榮譽職法官 1 名，共同組成。若由專責審理特約醫師法爭議的法庭聲請大法庭決定，或其裁判見解將不被採取時，大法庭之成員除前述人員外，尚須包括來自醫療保險機構領域與來自特約醫師、特約牙醫師及心理治療師領域之榮譽職法官各 1 名。若由專責審理第 51 條第 1 項第 6a 款事項的法庭提交聲請大法庭決定，或其裁判見解將不被採取時，大法庭成員除第 1 句所稱之人員外，尚須包括 2 名鄉鎮高層代表協會之聯邦聯合會建議之榮譽職法官。

（五）勞動法院

　　依勞動法院法[110]第 1 條規定，行使勞動事件之審判權者，為勞動法院

---

[110] 關於德國勞動法院法之中譯條文，司法院，查詢服務，外語譯文專區，中譯外國法規，聯邦德國勞

(Arbeitsgericht; AG)、邦勞動法院 (Landesarbeitsgericht; LAG) 及聯邦勞動法院 (Bundesarbeitsgericht; BAG)，採三級三審制。前二者為邦層級之法院，後者則為聯邦之最高審判法院。至 2020 年 6 月 22 日，德國 16 個邦中，共有 108 所勞動法院，18 所邦勞動法院[111]，聯邦勞動法院則設於艾爾福特 (Erfurt)。

1.勞動法院

⑴審判權限

　　屬於勞動事件審判權體系之爭議事件，主要有專屬性審判權限及選擇性審判權限，其第一審法院原則上為勞動法院。

A.專屬性審判權限

　　凡屬於勞動法院法第 2 條第 1 項規定之事件，不問訴訟標的之金額或價額，專屬於勞動法院以判決程序之方式進行審理，當事人不得以合意方式變更之。相關事件，例如團體協約當事人間或其與第三人間因團體協約所生之爭議、具有協約能力之當事人相互間或其與第三人間就勞動抗爭採取措施所生之爭議、或涉及結社自由與相關聯之結社行動權等問題所生之爭議等。此外亦包括勞工與雇主間基於勞動關係或勞動關係之成立所生之民事爭議、勞工與雇主因締結勞動關係之協商行為、因勞動關係而成立侵權行為所生之爭議等[112]。

　　凡屬於勞動法院法第 2a 條第 1 項規定之事件，專屬於勞動法院以裁定程序之方式進行審理。此類事件，例如：因經營組織法 (Betriebsverfassungsgesetz)[113]、人事代表會法 (Sprecherausschußgesetz)[114]、共同

　　動法院及訴訟法部分條文，https://www.judicial.gov.tw/tw/dl-131651-99ba599c8932424a8a0de1146 cab1f69.html（最後瀏覽日：2022 年 3 月 20 日）。

[111] 16 個邦中，柏林與布蘭登堡邦共設一個邦社會法院，巴伐利亞邦有 2 個邦勞動法院（分別位於慕尼黑及紐倫堡），北萊茵─西法倫邦共有 3 個邦勞動法院（分別位於杜塞道夫、科隆及哈姆），故共有 18 所邦社會法院；德國聯邦司法部，各邦中聯邦法院與邦法院之數量 (Gerichte des Bundes und der Länder am 22. Juni 2020)，參見本章表 2-1 之說明。

[112] 詳細說明，林佳和，勞動專業法庭──德國制度之簡析，月旦法學雜誌，第 166 期，頁 49-51，2009 年 3 月。

決定法 (Mitbestimmungsgesetz)[115]等所生之爭議事件，或團體關於訂定工資標準及管轄所作決定之爭議等[116]。

因此凡與勞動關係核心議題有關之爭議，不論屬於個人或集體勞動關係，皆專屬於勞動法院審理。

B.選擇性審判權限

依勞動法院法第 2 條第 3 項及第 4 項之規定，特定之民事訴訟事件如經當事人合意，得約定由勞動法院審理。此包含二種情形，首先為相牽連之訴訟，民事訴訟請求權與一歸屬於勞動法院審理之爭議，如具有法律關聯性或直接經濟關聯性，且此請求權爭議並非專屬於普通法院或其他法院審理者，即得合意由勞動法院審理。另一種情形較少見，係指私法人與其依法產生之代表人、董事、或其代理人間所生之民事權利爭議，因涉及私法人與其成員間的爭議，亦得由當事人合意由勞動法院審理[117]。

⑵審判庭之組成

勞動法院由相當人數之職業法官擔任審判長，及由勞方及雇主雙方各自產生之榮譽職法官共同組成，並下設合議制的審判庭 (Kammer)。審判庭由職業法官 1 人擔任審判長，及勞方及雇主雙方產生各 1 名榮譽職法官組成（勞動法院法第 16 條）。榮譽職法官，由雇主團體或其他公法團體，以及工會或其他勞工團體各提出建議名單，由邦勞動主管機關任命（勞動法院法第 20 條）。得選任為榮譽職法官者，須年滿 25 歲，並於勞動法院管轄區域內工作或居住之勞工及雇主。不得任命為榮譽職法官的消極資格，包括：因法院判

---

[113] Betriebsverfassungsgesetz in der Fassung der Bekanntmachung vom 25.9.2001 (BGBl. I, S. 2518), zuletzt geändert durch Artikel 5 des Gesetzes vom 10.12.2021 (BGBl. I, S. 5162).

[114] Sprecherausschußgesetz vom 20.12.1988 (BGBl. I, S. 2312, 2316), zuletzt geändert durch Artikel 6 des Gesetzes vom 10.12.2021 (BGBl. I, S. 5162).

[115] Mitbestimmungsgesetz vom 4.5.1976 (BGBl. I, S. 1153), zuletzt geändert durch Artikel 17 des Gesetzes vom 7.8.2021 (BGBl. I, S. 3311).

[116] 詳細說明，林佳和，同註 112，頁 52–53。

[117] 詳細說明，林佳和，同註 112，頁 51–52。

決而被褫奪公職，故意犯罪而被處以 6 個月以上有期徒刑，或觸犯可能會被褫奪公權之罪而正在偵查中、不具備聯邦眾議會之選舉權等情形（勞動法院法第 21 條第 1 項）。雖然本項規定未明文要求榮譽職法官須為德國國民，然必須於德國境內連續居住 3 個月以上之德國國民始享有聯邦眾議會之選舉權，因此實際上外國人並不可能被選任為榮譽職法官[118]。

2. 邦勞動法院

⑴審判權限

　　當事人如對於勞動法院作成之判決或裁定不服、或對於其審判長於裁定程序中作成之裁定不服，得向邦勞動法院提起事實審上訴（勞動法院法第 64 條第 2 項）。得提起上訴者，包括下列情形之一：1.勞動法院於其裁判中明文許可；2.上訴標的之金額或價額逾 600 歐元；3.對於勞動關係之存在、不存在或解除有爭議；4.涉及一造辯論判決時，上訴人主張缺席裁判有不可歸責於己之事由。此 4 個事由彼此互相獨立，皆可為提起上訴之原由。故勞動事件爭訟之事實審上訴，非採強制許可制[119]。

　　有下列情形之一者，上訴應予許可：

1. 訴訟事件所涉及之法律見解具原則上重要性。
2. 訴訟事件涉及團體協約關於訂定工資標準及其解釋之爭議。
3. 原審判決關於法律解釋之見解與以往判決或邦勞動法院判決見解歧異，並以該歧異為判決基礎。

⑵審判庭之組成

　　邦勞動法院由院長、一定人數之職業法官擔任審判長及由勞方及雇主雙方各自產生之榮譽職法官共同組成，下設合議制之審判庭 (Kammer)。審判庭由職業法官 1 人擔任審判長，及由勞方及雇主雙方產生各 1 名榮譽職法官組

---

[118] Prütting, in: Germelmann/Matthes/Prütting (Hrsg.), Arbeitsgerichtsgesetz: ArbGG, 9. Aufl., 2017, §21 Rn. 20.

[119] Germelmann, in: Germelmann/Matthes/Prütting (Hrsg.), a.a.O. (Fn. 118), §64 Rn. 16.

成（勞動法院法第 35 條）。邦勞動法院之榮譽職法官，須年滿 30 歲，並應曾擔任勞動法院榮譽職法官至少 5 年，至於其資格要件則準用任命勞動法院榮譽職法官之規定（勞動法院法第 37 條）。

3.聯邦勞動法院

⑴審判權限

　　對於邦勞動法院之終局判決不服，得向聯邦勞動法院提起法律審上訴。上訴採許可制，須於判決中明文許可，或對於不予許可經向聯邦勞動法院提起抗告而獲許可。得許可提起法律審上訴之事由，以下列情形之一者為限（勞動法院法第 72 條第 1 項）：

1.訴訟事件中涉及之重要法律問題具有原則上意義。

2.原審判決與聯邦憲法法院、由聯邦最高層級法院組成之共同大法庭或聯邦勞動法院的裁判歧異，如聯邦勞動法院對於相關問題未曾為決定，而與同一邦勞動法院之其他審判庭或其他邦勞動法院之審判庭的裁判歧異，並以此歧異之見解作為判決基礎。

3.上訴人主張具備民事訴訟法第 547 條第 1 款至第 5 款規定之法律審絕對上訴事由或因違反法律上聽審權之保障而對於判決有重要影響。

　　至於飛躍上訴，依勞動法院法第 76 條第 1 項規定，對於勞動法院之判決不服，上訴人經對造當事人書面同意，且勞動法院依上訴人之聲請於判決中明文許可或嗣後以裁定許可時，上訴人得不經事實審上訴程序，直接向聯邦勞動法院提起法律審上訴。惟提起飛躍上訴，須具備下列事由，始得許可：

1.訴訟事件涉及團體協約當事人間就團體協約之成立有爭議。

2.訴訟事件涉及團體協約之解釋，且該團體協約之適用範圍不限於邦勞動法院管轄區域。

3.具有協約能力之當事人相互間或其與第三人間就勞動抗爭採取措施所生之爭議，或涉及結社自由與相關聯之結社行動權等問題所生之爭議。

⑵審判庭之組成

　　依勞動法院法第 41 條第 1 項規定，聯邦勞動法院由院長、審判長、相當人數之職業法官及榮譽職法官組成，且榮譽職法官由勞方及雇主雙方各自產生。聯邦勞動法院下設法庭 (Senat)，由審判長、2 位職業法官及由勞方及雇主雙方產生各 1 名榮譽職法官組成（勞動法院法第 41 條第 1 項）。目前聯邦勞動法院共有 10 個審判庭，共 38 位職業法官[120]。

　　職業法官須年滿 35 歲，榮譽職法官亦須年滿 35 歲，且須對於勞動法領域有一定之知識及經驗，且應於勞動法院或邦勞動法院擔任榮譽職法官至少 5 年。此外，榮譽職法官尚應於德國境內長期間具有勞工或雇主之身分（勞動法院法第 43 條）。

⑶大法庭

　　聯邦勞動法院亦設有大法庭，由院長、每一庭各 1 位職業法官、及由勞方及雇主雙方產生各 3 名榮譽職法官共同組成。如聯邦法院之法庭欲作成與其他法庭或大法庭見解不同之判決時，或認為有法之續造或確保審判上見解一致之必要者，得聲請大法庭作成決定（社會法院法第 41 條第 1 項、第 4 項）。

三、選擇之聯邦法院及其審判權限

　　基本法第 96 條授權聯邦得就特定事務設置特別之聯邦法院，此即為選擇之聯邦法院。

（一）聯邦專利法院

　　基本法第 96 條第 1 項規定，聯邦針對工商業法律事件，得設置聯邦法院。現行制度，為設於慕尼黑之聯邦專利法院 (Bundespatentgericht)，審理德國專利局 (Deutsches Patentamt) 核發專利權所生之爭議。基本法第 96 條第 3

---

[120] 聯邦勞動法院，https://www.bundesarbeitsgericht.de/die-arbeitsgerichtsbarkeit/organisation/（最後瀏覽日：2022 年 3 月 20 日）。

項規定相關案件在審級上的最高審級法院為聯邦最高法院，因此對於聯邦專利法院之裁判不服，向聯邦最高法院中之專利法庭 (Senat für Patentanwaltssachen) 提起上訴。

依聯邦專利法院之審判權限，相關事項本質上為行政事件[121]，但由專業法院審理。至於因專利權所生的民事侵權爭議，則為普通法院之審判權限，非屬於聯邦專利法院之審判事項。

（二）軍事職務法院

基本法第 96 條第 2 項雖規定聯邦得設置軍事刑事法院，對於武裝部隊之軍人行使軍事刑事審判權，然德國目前並未設置相關法院，因此武裝部隊之軍人的刑事審判，仍由各邦之普通法院為之。因此，目前承認武裝部隊軍人的人民地位 (Bürgerstatus)，亦即其刑事審判與一般人民無異[122]。

基本法第 96 條第 4 項規定得設置特別之聯邦法院審理聯邦公務員及軍人之懲戒及訴願。相關事件，本質為行政法事項，依聯邦公務員懲戒法 (Bundesdisziplinargesetz; BDG)[123]之規定，由各邦之行政法院及高等行政法院審理，其最終審為聯邦行政法院之軍事職務法庭。

（三）國家安全事項

依基本法第 96 條第 5 項規定，相關國家安全事項之刑事審判為聯邦權限，但得以聯邦法律之規定，以權限委託 (Delegation) 之方式[124]，委託邦之法院行使之。現行依法院組織法第 120 條之規定，由邦之高等法院為第一審法院審理相關事件。

---

[121] Ipsen, a.a.O. (Fn. 16), §12 Rn. 698.

[122] Ipsen, a.a.O. (Fn. 16), §12 Rn. 700.

[123] Bundesdisziplinargesetz vom 9.7.2001 (BGBl. I, S. 1510), geändert durch Artikel 62 der Verordnung vom 19.6.2020 (BGBl. I, S. 1328).

[124] Ipsen, a.a.O. (Fn. 16), §12 Rn. 701.

四、小結

　　由前述相關說明可知，德國的司法審判系統劃分非常精細，除司法二元體系下的普通法院及行政法院外，另依不同專業領域分設財務、勞動及社會法院。且在聯邦與邦的中央及地方體制下，並設聯邦法院及邦法院。而各法院之審判權限，分別依法院組織法、行政法院法、財務法院法、社會法院法及勞動法院法之規定定之，整體形成了一個複雜而專業分工嚴密的審判體系。

　　下表為參考德國中央司法主管機關聯邦司法部依不同審判體系，針對各邦中不同審判體系所設邦法院及聯邦法院之統計表。

表 2–1　德國各邦中邦及聯邦法院數量統計表（至 2020 年 6 月 22 日）

邦	憲法法院	普通法院			行政法院		財務法院	勞動法院		社會法院	
		區法院	地方法院	高等法院	行政法院	高等行政法院		勞動法院	邦勞動法院	社會法院	邦社會法院
巴登符騰堡	1	108	17	2	4	1	1	9	1	8	1
巴伐利亞	1	73	22	3	6	1	2	11	2	7	1
柏林	1	11	1	1	1	1[備註1]	1[備註2]	1	1[備註3]	1	1[備註4]
布蘭登堡	1	24	4	1	3	1[備註1]	1[備註2]	6	1[備註3]	4	1[備註4]
布萊梅	1	3	1	1	1	1	1	1	1	1	1[備註5]
漢堡	1	8	1	1	1	1	1	1	1	1	1
黑森	1	41	9	1	5	1	1	7	1	7	1

梅克倫堡一前波美恩	1	10	4	1	2	1	1	3	1	4	1
下薩克森	1	80	11	3	7	1	1	15	1	8	1[備註5]
北萊茵一西法倫	1	129	19	3	7	1	3	30	3	8	1
萊茵一普法爾茨	1	46	8	2	4	1	1	5	1	4	1
薩爾	1	10	1	1	1	1	1	1	1	1	1
薩克森	1	25	5	1	3	1	1	5	1	3	1
薩克森一安哈爾特	1	25	4	1	2	1	1	4	1	3	1
什列斯威一霍爾斯坦	1	22	4	1	1	1	1	5	1	4	1
圖林根	1	23	4	1	3	1	1	4	1	4	1
總計	16	638	115	24	51	15[備註6]	18[備註6]	108	18[備註6]	68	14[備註6]

備註：

1　柏林一布蘭登堡共設高等行政法院，位於柏林 (Berlin)

2　柏林一布蘭登堡共設財務法院，位於科特布斯 (Cottbus)

3　柏林一布蘭登堡共設邦勞動法院，位於柏林

4　柏林一布蘭登堡共設邦社會法院，位於波斯坦 (Postdam)

5　下薩克森一布萊梅共設邦社會法院，位於策勒 (Celle)

6　柏林一布蘭登堡、下薩克森一布萊梅共設法院，僅計算一次

（資料來源：德國聯邦司法部）125

　　由上表中可知，邦層級的法院數量，依邦的區域大小及事務複雜性，而有不同。且並非所有審判系統皆採三級三審制，甚至財務法院係採一級一審制。各級法院中審判工作的完成，即為法官的主要任務。

參、法官選任制度

一、前言

　　德國基本法第 92 條明確規定司法權由法官行使，第 97 條第 1 項規定則保障法官得獨立行使職權。基本法賦與法官司法審判之權利，並保障法官獨立審判之權限。此外，基本法第 98 條規定：「1.聯邦法官之法律地位，應由聯邦特別法律規定之。2.聯邦法官，如於職務上或非職務上違反本基本法之原則或各邦之憲法秩序時，聯邦憲法法院經聯邦議會之聲請，得以三分之二之多數決，判令其轉任或退休。如違法出於故意，得予以免職。3.除第 74 條第 1 項第 27 款另有規定外[126]，各邦法官之法律地位應由各邦制定特別法律規定之。4.各邦得規定邦法官之任命應由邦司法部部長會同法官選任委員會決定之。5.各邦得就邦法官訂定相當於第 2 項之規定。現行之各邦憲法不受影響。法官之彈劾案件由聯邦憲法法院審判之。」

　　由基本法第 98 條第 1 項及第 3 項規定可知，法官法律地位之保障屬於法律保留事項，應由聯邦及邦之立法者制定法律規定之。德國法官法(Deutsches Richtergesetz; DriG)[127]即為聯邦立法者制度之法律，此外，各邦立

---

[125] 德國聯邦司法部，各邦中聯邦法院與邦法院之數量 (Gerichte des Bundes und der Länder am 22. Juni 2020)，https://www.bmj.de/SharedDocs/Downloads/DE/PDF/Anzahl_der_Gerichte_des_Bundes_und_der_Laender.pdf;jsessionid=31689D051D4F9B882C61EF6D401F80F5.2_cid334?__blob=publicationFile&v=3（最後瀏覽日：2022 年 3 月 20 日）；本統計資料不含公務員及專技人員之職務法庭。

[126] 基本法第 74 條第 1 項第 27 款：「下列事項屬於聯邦與邦立法競合之事項：……(二七)有關各邦、各鄉鎮及其他公法社團法人公務員之法律地位及義務，及各邦法官之法律地位及義務，但不包括資歷、薪俸及撫卹。」

[127] Deutsches Richtergesetz in der Fassung der Bekanntmachung vom 19.4.1972 (BGBl. I, S. 713), zuletzt

法者亦各自制定邦的法官法，將德國法官法之規範予以具體化。

　　德國法官法分為 4 章，共 126 條。第 1 章為總則，是有關聯邦和邦法官法律地位的原則性規定；第 2 章規定服務於聯邦之法官身分；第 3 章是關於服務於邦之法官的基本原則規定，各邦的邦法官法即以此為架構而制定；第 4 章則為過渡規定及附則。

　　德國法官法條文大綱如下[128]：

第 1 章　聯邦與邦之法官職務

　　第 1 節　總則（第 1 條～第 4 條）

　　第 2 節　法官之任用資格（第 5 條～第 7 條）

　　第 3 節　法官之職務關係（第 8 條～第 24 條）

　　第 4 節　法官之獨立性（第 25 條～第 37 條）

　　第 5 節　法官之特別義務（第 38 條～第 43 條）

　　第 6 節　榮譽職法官（第 44 條～第 45a 條）

第 2 章　聯邦法官

　　第 1 節　通則（第 46 條～第 48d 條）

　　第 2 節　法官代表（第 49 條～第 60 條）

　　第 3 節　聯邦職務法庭（第 61 條～第 68 條）

　　第 4 節　聯邦憲法法院法官（第 69 條～第 70 條）

第 3 章　邦法官（第 71 條～第 84 條）

第 4 章　過渡規定及附則

　　第 1 節　聯邦法律之修正（第 85 條～第 104 條）

　　第 2 節　法律關係之轉換（第 105 條～第 118 條）

---

geändert durch Artikel 4 des Gesetzes vom 25.6.2021 (BGBl. I, S. 2154).

[128] 關於德國法官法之中譯條文，司法院，查詢服務，外語譯文專區，中譯外國法規，德國法官法，https://www.judicial.gov.tw/tw/dl-134189-ce247585251147199409e419dfe335fc.html（最後瀏覽日：2022 年 3 月 20 日）。

第 3 節　附則（第 119 條～第 126 條）

以下關於德國法官制度的介紹，主要以德國法官法的規定為基礎，參照實務運作及實證研究，對於現況為梗概的說明。

二、選任資格

德國司法系統，有別於英美司法系統，其法官的資格及任用，並非如英美法系為自執業律師中選任，而是特別設有獨立的選任進用程序。德國法官法第 9 條規定，得任命為法官者，須具備下列資格：

1.基本法第 116 條所稱之德國人。

2.承諾隨時捍衛基本法之自由民主基本秩序。

3.具備第 5 條至第 7 條規定之任用資格。

4.具備必要之社會能力。

因此，在德國得充任法官者，須為德國國民，且客觀上須為完成法學教育並通過考試者、或為大學法學教授（第 5 條至第 7 條），主觀上須對於德國基本法所保障之憲政秩序具有忠誠度 (Verfassungstreue)[129]，並具有一定的社會溝通能力。除國籍要件及主觀要件外，以下主要針對德國法官法在第 5 條至第 7 條所規定客觀上應具備充任法官之資格，進行介紹。

（一）完成法學教育並通過司法考試及實習訓練者

依德國法官法第 5 條以下之規定，要成為德國法官，必須完成大學法學教育，通過第一次司法考試 (erste Prüfung)、在司法機關及行政機關完成實習訓練 (Vorbereitungsdienst)、及通過第二次國家考試 (zweite Staatsprüfung)。完成各該階段的學習及測試，始具備充任法官之資格。

---

[129] Schmidt-Räntsch, Deutsches Richtergesetz: Kommentar, 6. Aufl., 2009, Teil C, §9 Rn. 12; Staats, Deutsches Richtergesetz, 1. Aufl., 2012, §9 Rn. 4.

1. 完成大學法學教育

(1) 2002 年法學教育改革及波隆納宣言

　　傳統上，德國法學教育、法律職業與國家考試之間的互動，息息相關。法官、檢察官、公證人、律師或高階公務員，皆由通過國家司法考試之法律系學生中產生。而對於完成法學教育的畢業生並不另行頒布學位，而是以第一次國家考試、實習及第二次國家考試作為學業結業的認證方式。

　　2002 年時德國進行了一次大規模的法學教育改革，面對現代經濟生活及國際化情形，法律人在律師、法律諮詢、參與法律制定，甚至於非營利組織中的角色益發具有重要性，因此法學教育的重點應逐漸由強調訓練好的法官或高階公務員，轉向為教育好的律師或法律諮詢者、或形塑及制定法律的法律人[130]。2002 年德國法官法的修法及於 2003 年 7 月 1 日生效的法學教育改革法 (Gesetz zur Reform der Juristenausbildung)[131]，即開啟了新一波的法學教育改革。

　　此外，1999 年 6 月 19 日歐洲 29 個國家的文化部長簽署「波隆納宣言」(Erklärung von Bologna)，目的在於建立歐洲統一的高等教育體制，並將高等教育分為學士與碩士學位學程 (Bachelor- und Masterstudium)[132]。波隆納宣言為不具有拘束性的政治聲明，德國各界針對此宣言對於德國法學教育可能產生的影響，雖然有不同的聲音[133]，但 2003 年 6 月 12 日德國文化部長會議決議引進學士與碩士二分制的學制安排，並於同年 10 月 10 日授權各邦自行為學士與碩士學程建立認證制度，但決議中將傳統有國家考試的科系，如師範、醫學及法學教育等排除在外[134]。尤其是德國法官法第 5 條以下關於德國法官

---

[130] 陳惠馨，法學專業教育改革的理念——以台灣、德國為例，月旦法學雜誌，第 119 期，頁 162，2005 年 4 月。

[131] Gesetz zur Reform der Juristenausbildung (JurAusbRefG) vom 11.7.2002 (BGBl. I, S. 2592).

[132] 高文琦，波隆納宣言與德國法學教育與法律人職業，法學新論，第 15 期，頁 24，2009 年 10 月。

[133] 高文琦，同前註，頁 38–44；王韻茹，德國法學教育改革——波隆納模式之衝擊與影響，法學新論，第 15 期，頁 55–57，2009 年 10 月。

養成教育的規定，與波隆納模式精神不盡相符。不過德國政府仍希望就長期而言，上述科系能整合到波隆納模式的二階段學制中[135]。面對歐洲統合的趨勢，目前整體而言，德國大學法學教育多已融入波隆納模式。

⑵學程設計 ── 以巴伐利亞邦慕尼黑大學為例

　　在德國，教育及相關考試屬於各邦權限，雖然各邦規定在細節上有所不同，但本質上仍大同小異。以下即以巴伐利亞邦 (Bayern) 為例，並以慕尼黑大學 (Ludwig-Maximilians-Universität München; LMU) 法律系的法學教育課程設計為例，說明德國大學法學教育配合波隆納模式所為的設計。

　　慕尼黑大學法律系目前規劃的學程，包括了[136]：

1. 第一次司法考試學程 (Erste Juristische Prüfung)

　　為培育從事法律相關行業人員所設計的核心法學教育學程，目的是使修習者對於法學知識有充分理解，並能運用，以作為從事法律工作的基礎，成為具有歐洲觀的德國法律人。正規修習時間為 10 學期，但並無最低修習學期數的要求。修習完課程後，須通過第一次司法考試，始得結業。如果沒有繼續實習及參加第二次國家司法考試的意願，有需要者得向大學申請授與法學學士學位 (Diplom-Juristin/Diplom-Jurist)，以作為日後在職場上所需的學位證書。關於此學程內容，於以下關於司法考試及實習部分詳述之[137]。

2. 學士（輔系）學程 (Bachelor/Nebenfach)

　　為設計給非法律系學生修習的輔系學程，目的為使選修的學生獲得相關領域及職業活動中所需的基礎法律知識，課程主要包括基礎的法學課程以及選修的專業課程。修畢課程者，授與輔系學士 (Bachelor) 學位。

---

[134] 高文琦，同註 132，頁 44。

[135] 高文琦，同註 132，頁 44。

[136] 德國慕尼黑大學，LMU-Studiengangsfinder，關鍵詞：Rechtswissenschaft，https://www.lmu.de/de/index.html（最後瀏覽日：2022 年 3 月 20 日）。

[137] 參見本章參、二、(一)、2、(1) 之說明。

3. 歐盟法學士後碩士學程 (LL.M. Eur. (postgradual)/Hauptfach)

為修習歐洲法及國際經濟法的進階學程，共 2 學期。申請修習者須於德國通過（舊制）第一次國家考試 (1. Staatsexam)[138] 或第一次司法考試 (Erste Juristische Prüfung)，且考試成績至少獲得 8 點。至於外國學生，則須個別申請。修畢課程者，授與歐盟法學碩士 (Magister des Europäischen Rechts; LL.M. Eur. (postgradual)) 學位。

4. 學士後碩士學程 (Magister Legum (postgradual)/Hauptfach)

針對已於外國完成大學法學教育者而欲進一步了解德國法制而設計的進階學程，共 2 學期。修畢課程者，授與法學碩士 (Magister Legum (postgradual) LL.M.) 學位。

5. 博士學程 (Promotion/Hauptfach)

為培養法律學術研究人才而設計的進階課程，對於德國人、歐盟國民及歐盟以外之外國人，有不同的修業規定。通過博士考試後，授與博士學位 (Dr. iur.)[139]。

2. 司法考試及實習訓練——以巴伐利亞邦為例

以下以巴伐利亞邦之司法考試及實習訓練的相關規定為例，並參酌慕尼黑大學的規定，進行說明[140]。

德國法官法第 5 條第 1 項規定，得充任法官者，須完成大學法學教育、通過第一次司法考試、在司法機關及行政機關完成實習訓練、並通過第二次國家司法考試。2003 年訂定、2022 年 2 月 1 日最新修正之巴伐利亞邦法學教育

---

[138] 此為融入波隆納模式前之第一次司法考試舊制。

[139] 因此在慕尼黑大學法律系的學制中，除學士輔系學位 (Bachelor) 外，並未特別針對非法律專業的其他領域人才開設的進修學位課程，亦即並無臺灣許多法律系中針對非法律系畢業者所設置的碩士在職專班。

[140] 關於德國法官養成教育的簡要說明，司法院電子書出版品：卓育璇，德國法官研習進修制度（出國考察報告），03 丙　　研究發現，頁 6-7，2013 年 11 月 6 日，https://jirs.judicial.gov.tw/judlib/EBookQry04.asp?S=U&scode=U&page=5&seq=82（最後瀏覽日：2022 年 3 月 20 日）。

及考試辦法 (Ausbildungs- und Prüfungsordnung für Juristen; 下稱 JAPO)[141]，即為巴伐利亞邦各大學法律系關於法學教育規劃及司法考試的規範依據。配合德國法官法第 5 條之內容，現行 JAPO 第 1 條第 1 句即規定，具有申請充任法官之資格及能力、具有擔任法律專業工作[142]及高階行政、財務公務員之資格者，須通過終結大學法律系學業的第一次司法考試、實習訓練及第二次國家司法考試。同條第 2 句規定，第一次司法考試包括國家義務專業考試 (staatliche Pflichtfachprüfung)（即第一次國家司法考試；Erste Juristische Staatsprüfung），及大學舉行之重點領域考試 (universitäre Schwerpunktbereichsprüfung)（即大學司法考試；Juristische Universitätsprüfung）二大部分。第一次國家司法考試及第二次國家司法考試，既然皆為國家考試，即由政府統一舉辦；而大學重點領域司法考試則由各大學自行舉辦。

⑴第一次司法考試

如前述，第一次司法考試包括第一次國家司法考試及大學司法考試，前者占總成績 70%，後者占 30%（JAPO 第 17 條第 1 項），並分為口試及筆試。因第一次司法考試包括學校舉行的重點領域考試，故非純然由國家舉行的考試。

　A.法學教育的重點

依德國法官法第 5a 條第 1 項規定，修習大學學業的時間為 4 年半，若能在更短的時間即取得重點領域考試及國家必修科目資格的成績，亦可能縮短學習時間，但大學修業期間應至少有 2 年分配予重點領域科目之學習。

同條第 2 項規定，大學修業學習者為必修課程與選修之重點領域課程。此外，應證明通過外語之法學課程或以法學為主之外語課程，邦法得另行規

---

[141] Die Ausbildungs- und Prüfungsordnung für Juristen in der Fassung der Bekanntmachung vom 13.10.2003 (GVBl S. 758), zuletzt geändert durch Verordnung vom 5.8.2021 (GVBl 2021 S. 537), wurde durch Verordnung vom 1.2.2022 (GVBl 2022 S. 47) geändert.

[142] 例如律師、專利律師或公證人。

定外語能力之證明方式。必修課程為民法、刑法、公法及訴訟法之核心領域，這些課程應包含歐洲法相關內容、法學方法、及哲學、史學與社會學的基礎。必修課程亦應傳達對抗國家社會主義及德國社會統一黨 (Sozialistische Einheitspartei Deutschlands; SED) 之不正義。重點領域課程為必修課程學習之補充，深化對於相關必修課程的理解，且應傳達跨領域與具國際關連之法學知識。

同條第 3 項規定，大學學業修習內容應包含法律倫理基礎，並促進具備批判反思法律之能力。此外，尚應包含司法、行政及法律諮詢的實務學習，及為此須具備之關鍵能力，如談判規劃、談話進行、演說技巧、協商、仲裁、調解、審訊與溝通等能力。在學校授課外的時間，實習期間應至少共 3 個月。各邦可自行規定實習得於同一處所並以整合方法進行。

B.申請考試的資格

㈠第一次國家司法考試

依慕尼黑大學的規定，法律系學生參加第一次國家司法考試者之資格，須於三大法律領域（民法、刑法、公法）修習必修課程 (Grundkurs)（包括實體法及訴訟法），於每一領域中至少通過 1 個筆試及完成 1 份報告。此外，尚須修習基礎課程 (Grundlagenfach)，包括羅馬及德國法制史、法社會學、法理學及法學方法，並且通過 1 個筆試。

另外，尚須通過慕尼黑大學的中間考試 (Zwischenprüfung)。中間考試分為 3 部分，包括民法、刑法及公法三大領域至少各 2 小時筆試，最晚須於大學第四學期完成。

通過必修科目考試、基礎科目考試及中間考試後，自大學第五學期即開始修習三大法律領域的進階案例演習課程 (Übung für Fortgeschrittene)。在此階段，須於每一領域通過 1 個筆試及完成 1 份報告，如此始取得進階課程的能力證明。

此外，學生尚須修習 1 個外語之法學課程或以法學為主之外語課程，取

得能力證明。最後學生並應於學期間的假期期間 (Semesterferien)（即寒暑假期間）完成共 3 個月的實習，亦得至國外進行實習。依 JAPO 第 25 條規定，實習最早得於第二學期結束後開始，3 個月實習期間可以分段進行，每一階段須至少 1 個月（即滿 4 週），且必須在民法、刑法及公法領域中至少選擇 2 個領域，在 1 個或多個單位進行。可實習的單位，例如國內或國外之法院、檢察機關、行政機關、律師事務所、公證人處、企業或其他適於使學生學習法律實際適用之處所等。實習單位中應由 1 位法律人輔導實習之學生，且應開立實習時數及實習領域之證明。

學生必須取得上述進階案例演習課程證明、外語課程證明，並完成實習取得實習證明，始具備申請第一次國家司法考試之資格。

⑻大學司法考試（重點領域考試）

依慕尼黑大學規定，學生通過必修科目考試、基礎科目考試及中間考試後，亦即完成基礎階段的學習後，通常自大學第五學期起，即得登記進入重點領域課程階段，學生修習相關課程時間為 1 星期最多 16 小時、最少 4 小時[143]。所謂重點領域，包括以下 10 類，供學生選修[144]：

- 重點領域 1：基礎法學。
- 重點領域 2：刑事司法、刑事防禦、刑事預防。
- 重點領域 3：競爭法、智慧財產、媒體法。
- 重點領域 4：企業法：公司法、資本市場法、破產法。
- 重點領域 5：企業法：勞動法、社會法。
- 重點領域 6：企業法：國內稅法、國際稅法、歐洲稅法。

---

[143] 德國慕尼黑大學法律系，Informationen zum Studium der Rechtswissenschaften, Informationsbroschüre für Studienanfänger*innen, S. 9，https://www.jura.uni-muenchen.de/studium/studienberatung/beratung_hauptfach/studberatung_examen/infobroschuere_2020.pdf（最後瀏覽日：2022 年 3 月 20 日）。

[144] 德國慕尼黑大學法律系，Überblick über das Studium der Rechtswissenschaften, S. 5，https://www.jura.uni-muenchen.de/studium/studiengaenge/hauptstudium/lmu_jura_2016_web.pdf（最後瀏覽日：2022 年 3 月 20 日）。

- 重點領域 7：國際私法及程序法、歐洲私法及程序法、國外私法及程序法。
- 重點領域 8：公經濟法、公基礎建設法。
- 重點領域 9：歐洲公法及國際公法。
- 重點領域 10：醫療法。

C.考試及成績評定

㈠第一次國家司法考試

　　舉辦第一次國家司法考試之機關，由各邦自行規定，在巴伐利亞邦則為邦司法考試局 (Landesjustizprüfungsamt)[145]。第一次國家司法考試 1 年舉行 2 次（春季及秋季），通常考試時間為 3 月及 9 月[146]。考試分為筆試及口試，筆試為期 6 天，針對必修科目分為 6 個考試科目，每一科考試時間為 5 小時。依 JAPO 第 28 條之規定，6 科中其中 3 科為民事法（包括民事訴訟法、商法及公司法、勞動法等領域）、1 科為刑事法（包括刑事訴訟法）、2 科為公法（包括行政訴訟法及憲法訴訟法）[147]。至少其中 1 科應包括立法或法律諮詢的問題。考生僅得使用考試委員會許可之輔助工具，且須自備輔助工具。考試 6 科筆試成績平均達 3.8 點（採 18 點制），且少於 4 點之科目未超過 3 科者，得參加口試（JAPO 第 31 條）。

　　口試亦包含民、刑、公等三大法律領域。口試委員共 3 位，1 位來自學術界、2 位來自實務界[148]，分別涵蓋民、刑、公等三大法領域。依 JAPO 第

---

[145] 巴伐利亞邦司法考試局，關於第一次國家司法考試之說明 (Informationen zur Ersten Juristischen Staatsprüfung)，http://www.justiz.bayern.de/landesjustizpruefungsamt/erste-juristische-staatspruefung/（最後瀏覽日：2022 年 3 月 20 日）。

[146] 依巴伐利亞邦司法考試局之資訊，2022 年第一次國家司法考試筆試預計於 2022 年 3 月 8 日至 15 日、與 9 月 8 日至 15 日舉行；參見巴伐利亞邦司法考試局，關於第一次國家司法考試之說明 (Informationen zur Ersten Juristischen Staatsprüfung)，http://www.justiz.bayern.de/landesjustizpruefungsamt/erste-juristische-staatspruefung/（最後瀏覽日：2022 年 3 月 20 日）。

[147] JAPO 第 18 條臚列不同的考試科目，包括民法、商法及公司法基礎、勞動法、刑法、公法、歐洲法及程序法，並分別列舉考試的範圍；相關整理，陳惠馨，同註 130，頁 165–166。

[148] 依 JAPO 第 21 條第 2 項第 2 款規定，來自實務界的口試者得為法官、檢察官、具有充任法官資格之公務員、律師、公證人、企業或勞動領域之法律工作者。

32 條及第 33 條之規定，每位應試者之口試時間共 35 分鐘，最多不得有 5 位考生同時應考，分別就三大法領域的口試表現評分，口試者於每一領域各獲得一個成績，口試成績為三大法領域的平均成績[149]。

　　第一次國家司法考試最後總成績之計算方式為：（筆試平均成績 × 3+ 口試平均成績）/4[150]。口試委員召集人於口試後即確認應試者的總成績，並於告知應試者口試各部分之分數及總成績後，考試即結束。第一次國家司法考試之總成績未達 4 點（等第：足夠，ausreichend）者，未通過考試（JAPO 第 34 條第 3 項）。未通過考試者，於大學修業終結前得重考一次（JAPO 第 36 條第 1 項）。

　　(B)大學司法考試（重點領域考試）

　　至於大學司法考試，由各大學配合重點領域課程而自行舉辦。以慕尼黑大學為例，此又再分為二部分成績。一部分為與課程相關之成績，即參與專題研究撰寫書面專題報告及口頭報告之成績。一部分為課程外之成績，即為筆試，考試時間為 300 分鐘，等同於第一次國家司法考試中一科的考試時間（5 小時）。重點領域司法考試之成績未達 4 點者，得於一學期後重考一次，最後總成績未達 4 點（等第：足夠，ausreichend），即未通過考試。大學核發通過考試的證明，載明學生獲得的點數及等第，並註明相關重要領域。

　　學生必須通過第一次國家司法考試及大學司法考試二者，始謂通過第一次司法考試。於邦司法考試局核發的成績單上，應分別記載第一次國家司法考試與大學司法考試的成績，以及第一次司法考試的總成績（第一次國家司法考試占 70%，大學司法考試占 30%）。

---

[149] 依巴伐利亞邦司法考試局之資訊，第一次國家司法考試口試日期，3 月筆試者通常於 6 月口試，9 月筆試者則於次年 1 月或 2 月口試；參見巴伐利亞邦司法考試局，關於第一次國家司法考試之說明，同註 146（最後瀏覽日：2022 年 3 月 20 日）。

[150] 依自 2022 年 3 月 1 日起施行之 JAPO 最新規定，第一次國家司法考試總成績之計算方式，為筆試成績 70%，口試成績 30%。

D.巴伐利亞邦 2020 考試年度第一次國家司法考試統計結果

依巴伐利亞邦司法考試局統計之結果，2020 考試年度（2019 年 9 月第二次及 2020 年 3 月）報名參加第一次國家司法考試的人數為 3,156 人，全程參與考試者有 2,714 人，其中有 750 人未通過考試，不及格率為 27.63%（2017年：28.66%；2018 年：28.48%；2019 年：24.01%）。2020 考試年度第一次國家司法考試的考試結果，茲以下表顯示：

表 2-2　巴伐利亞邦 2020 考試年度第一次國家司法考試統計結果

總成績（等第）	人數	百分比 %
特優 (sehr gut)	8	0.29
優 (gut)	127	4.68
佳 (vollbefriedigend)	379	13.96
尚可 (befriedigend)	763	28.11
及格 (ausreichend)	687	25.31
不及格 (nicht bestanden)	750	27.63

（資料來源：巴伐利亞邦司法考試局 2020 年度報告）[151]

雖然 2020 考試年度第一次國家司法考試不及格的比率逾四分之一，然因有重考的機制，最後未通過考試的比例僅為 5.6%[152]。

至於大學舉行的大學司法考試，依巴伐利亞邦 7 所大學法律系向邦考試局提出的回報結果，2,408 人中僅有 7 人未通過考試。2020 考試年度大學司法考試結果，茲以下表顯示：

---

[151] 巴伐利亞邦司法考試局，2020 年度報告 (Bericht des Bayerischen Landesjustizprüfungsamtes für das Jahr 2020)，頁 4–5，https://www.justiz.bayern.de/media/pdf/ljpa/jahresberichte_mit_statistiken/bericht_2020.pdf（最後瀏覽日：2022 年 3 月 20 日）。

[152] 巴伐利亞邦司法考試局，2020 年度報告，同前註，頁 3（最後瀏覽日：2022 年 3 月 20 日）。

表 2-3　巴伐利亞邦 2020 考試年度大學司法考試統計結果

總成績	人數百分比 %
特優 (sehr gut)	6.60
優 (gut)	21.30
佳 (vollbefriedigend)	33.06
尚可 (befriedigend)	22.81
及格 (ausreichend)	10.84
不及格 (nicht bestanden)	0.29

（資料來源：整理自巴伐利亞邦司法考試局 2020 年度報告內容）[153]

⑵實習訓練

　　通過第一次司法考試後，欲參加第二次國家司法考試者，為法律實習生 (Rechtsreferendar)，須參加為期 2 年的實習訓練，實習地點應包括民事法院、刑事法院或檢察機關、行政機關及律師事務所等義務實習單位，其中於民事法院、刑事法院或檢察機關、行政機關之實習時間須至少各 3 個月，在律師事務所實習時間則至少須 9 個月（德國法官法第 5b 條）。其餘 6 個月，則可以在其他實習單位，如企業實習，在合適的領域內，亦可以在國際或國外實習機構或國外事務所實習。在法律系所及施派爾行政學大學 (Deutschen Hochschule für Verwaltungswissenschaften Speyer) 之訓練亦可列入。各邦法律亦可自行規定將於勞動法院的實習納入民事法院的實習部分，將於行政機關之實習部分納入行政法院、財務法院或社會法院的實習。各邦也可自行規定得在公證人、企業、協會或可培養適當法律諮詢能力之單位實習 3 個月。

　　實習的地點，不限於原就讀大學所在的邦，亦即得申請至其他邦之實習單位實習。德國法官法第 6 條第 1 項即明文規定，不得以申請人通過之大學

---

[153] 巴伐利亞邦司法考試局，2020 年度報告，同註 151，頁 4（最後瀏覽日：2022 年 3 月 20 日）。

司法考試及第一次國家司法考試係於其他邦完成為由，拒絕實習訓練之申請。於各邦完成之實習訓練，皆應獲得承認。換言之，法律實習生不限於其原就讀大學的邦內實習，得於全德國境內之實習單位申請實習訓練之機會。

依巴伐利亞邦 JAPO 第 48 條之規定，實習訓練應於民事法院 5 個月、刑事法院或檢察機關 3 個月、行政機關 4 個月、律師事務所 9 個月、其他實習單位 3 個月。實習單位與實習期間亦可依情形，申請調整。JAPO 第 54 條規定，每一階段之實習，由實習訓練者作成綜合成績單，分析實習生之適性度、能力、實際表現、勤勞程度、訓練程度及領導能力，並仔細說明相關實習活動的數量及種類，且確認實習生是否達到實習階段應完成的目標，成績單上並應載明實習生於該實習階段依其表現所獲的點數及等第。

(3)第二次國家司法考試

A.考試範圍

第二次國家司法考試，主要目的為測試法律實習生依其知識、實際技能及整體人格狀況，是否已達到實習之目的，而具備足以充任法官、律師或高階公務員的資格。第二次國家司法考試分為筆試及口試，最早得於實習訓練的第 18 個月參加筆試，最晚不得逾第 21 個月，主要範圍為義務實習單位之實習內容，口試的範圍則包括於所有實習單位的實習內容（德國法官法第 5d 條第 3 項）。

依巴伐利亞邦 JAPO 第 58 條規定，第二次國家司法考試的考試範圍分為必考科目及職業選考科目，但考試領域如與其他領域間，於實務上具有典型關聯性的問題，亦得為考試的範圍[154]。

(A)必考科目

1.第一次司法考試之範圍，及相關內容於實習階段的補充及深入問題。

---

[154] JAPO 規定之考試科目，皆經定期檢視，因此每一考試年度之考試科目並不盡相同。依 2022 年 3 月 1 日起施行之 JAPO 最新修正內容，對於第二次國家司法考試科目有較大幅度之修正及刪減規定。

2. 民事法及勞動法領域（包括程序法）

⑴民事訴訟法及強制執行法；

⑵親屬事件及家事爭訟事件程序、其他家事事件程序概要[155]；

⑶勞動事件爭訟程序（僅判決程序）概要。

3. 刑事法領域（包括程序）：追徵及沒收、刑事訴訟程序（保全程序除外）[156]。

4. 公法領域（包括程序）

⑴行政法各論：建築秩序法（部分）及建設計畫法（限於建設指導計畫及其確保、開發行為建設計畫之容許性）、污染防治法概要、水資源法概要[157]；

⑵特別行政程序、行政訴訟及行政執行法[158]；

⑶稅法：稅法通則（租稅優惠、租稅執行及租稅刑罰除外）、所得稅法（限於薪資所得稅及資本利得稅徵收之概要）。

⒝職業選考科目

職業選考科目由應試者自行選定，同時須測試考生對於該領域於社會、經濟、政治及歐洲法的基本觀念。職業選考科目包括：

1. 司法，加考下列領域之概要

⑴破產法[159]；

⑵私營建契約法，包括興建工程採購與契約規則 (Vergabe- und Vertragsordnung für Bauleistungen Teil B (VOB/B))[160]；

---

[155] 2022 年 3 月 1 日新修正之 JAPO 刪除本項考試科目。

[156] 2022 年 3 月 1 日新修正之 JAPO 刪除追徵及沒收。

[157] 2022 年 3 月 1 日新修正之 JAPO 刪除水資源法概要。

[158] 2022 年 3 月 1 日新修正之 JAPO 刪除特別行政程序。

[159] 2022 年 3 月 1 日新修正之 JAPO 刪除破產法之考試科目，而以「家事法（不包括離婚年金分配請求權、收養、監護及法律上的照顧與保護）及家事事件程序」取代。

[160] 2022 年 3 月 1 日新修正之 JAPO 刪除本項考試科目。

⑶少年刑事法，包括程序法及麻醉藥品刑事法[161]。

2.行政，加考下列領域

　⑴行政組織概要[162]；

　⑵公務員法；

　⑶經濟行政法概要；

　⑷公路法及道路法[163]；

　⑸國土計畫及邦計畫法概要[164]。

3.律師業務，加考下列領域

　⑴律師職業法及行銷；

　⑵律師費用法；

　⑶律師統計、律師責任，包括律師執業之刑事風險；

　⑷律師觀點之預防性法律諮詢；

　⑸調解之基礎觀念[165]；

　⑹必考科目中與律師有關的深入議題（限於律師執行之稅務、由律師觀點
　　提出之暫時性權利保護與強制執行）[166]。

4.企業，加考下列領域之概要

　⑴公司法（有關交易帳戶之規定除外）；

　⑵不正競爭法、反壟斷法、智慧財產保護法及著作權法。

　⑶網路法（限於民事的消費者保護、競爭及標示法、人格權侵權責任）[167]。

5.勞動法及社會法，加考下列領域

---

[161] 2022 年 3 月 1 日新修正之 JAPO 刪除麻醉藥品刑事法。
[162] 2022 年 3 月 1 日新修正之 JAPO 刪除本項考試科目。
[163] 2022 年 3 月 1 日新修正之 JAPO 修正為「公路法及道路法，包括計畫確定程序」。
[164] 2022 年 3 月 1 日新修正之 JAPO 刪除本項考試科目。
[165] 2022 年 3 月 1 日新修正之 JAPO 刪除本項考試科目。
[166] 2022 年 3 月 1 日新修正之 JAPO 刪除本項考試科目。
[167] 2022 年 3 月 1 日新修正之 JAPO 刪除本項考試科目。

⑴企業組織法及團體協約法；

⑵勞動事件爭訟程序概要；

⑶社會法概要（不含第八及第九社會法典）[168]、及社會事件爭訟程序概要。

6.國際法及歐洲法，加考下列領域

⑴國際私法（國際家事及繼承法限於概要），特別包括國際契約及公司法（國際運輸法除外）[169]、國際民事訴訟法及統一買賣法[170]；

⑵第 18 條第 2 項第 6 款中所列之歐洲法領域，不限於基本概要；國家補助法、貿易與社會政策概要及經濟與貨幣聯盟概要[171]。

7.稅法，加考下列領域

⑴營業稅法；

⑵團體事業所得稅法概要[172]；

⑶合法帳冊管理概要；會計結算法概要及會計結算稅法概要；

⑷估價法概要、遺產及贈與稅法概要[173]；

⑸財務事件爭訟程序。

　B.考試及成績評定

　　德國法官法第 5d 條第 3 項規定申請第二次國家司法考試筆試，最早得於實務訓練的第 18 個月，最晚不得逾第 21 個月。依巴伐利亞邦 JAPO 第 61 條第 1 項規定，法律實習生須於最後一個義務實習單位實習期間快終結前，參與第二次國家司法考試。

　　第二次國家司法考試之筆試由邦司法考試局統一舉辦，每年 2 次，通常

---

[168] 2022 年 3 月 1 日新修正之 JAPO 修正為「僅第一社會法典、第三至第七社會法典及第十社會法典」。

[169] 2022 年 3 月 1 日新修正之 JAPO 修正為「國際私法（國際家事及繼承法限於概要，不包括國際運輸法）」。

[170] 2022 年 3 月 1 日新修正之 JAPO 刪除統一買賣法。

[171] 2022 年 3 月 1 日新修正之 JAPO 刪除國家補助法、貿易與社會政策概要。

[172] 2022 年 3 月 1 日新修正之 JAPO 刪除本項考試科目。

[173] 2022 年 3 月 1 日新修正之 JAPO 刪除本項考試科目。

於每年 5、6 月及 11、12 月舉行[174]。與第一次國家司法考試不同，法律實習生無須辦理任何申請程序，而是由邦高等法院院長許可法律實習生參加第二次國家司法考試，並以書面通知之。此書面通知對於法律實習生原則上具有強制性[175]，亦即法律實習生即應參與筆試，如因可歸責於法律實習生之事由致未能如期參與考試者，視為拒絕考試或考試未通過。參與考試之義務，亦不因實習訓練未通過而消滅（JAPO 第 61 條第 1 項）。

　　筆試共持續 11 天，共考 11 個科目，每一科目考 5 小時，且其內容應特別著重法律生活中之實際案例。5 個科目為民法、商法及公司法、勞動法及程序法，且其中 1 科必須為勞動法。另外 2 個科目為刑法及刑事程序法，其他 4 個科目則為公法、程序法及稅法，且其中 1 科必須為稅法。每一科目之考試內容得與歐洲法有關，且至少其中 4 科應與法律諮詢及立法等有關職業相關聯（JAPO 第 62 條第 1 項至第 3 項）[176]。

　　每一科目由 2 位閱卷委員獨立批閱後給予 1 個單一分數，最後 11 個科目的分數加總後除以 11，即為筆試總分。通過筆試的標準為總分平均須達到 3.72 點以上（採 18 點制），且單一分數未達 4 點的科目不得超過 6 科[177]。通過筆試者，始得參與口試[178]；未通過筆試者，第二次國家司法考試即為不及格。

---

[174] 依巴伐利亞司法考試局之公告，2022 年第二次國家司法考試之筆試時間，第一次考試日期為 2022 年 6 月 13 日至 24 日（不含 6 月 16 日，為法定假日），第二次考試日期為 2022 年 11 月 22 日至 12 月 2 日；參見巴伐利亞邦司法考試局，關於第二次國家司法考試之說明 (Informationen zur Zweiten Juristischen Staatsprüfung)，http://www.justiz.bayern.de/landesjustizpruefungsamt/zweite-juristische-staatspruefung/（最後瀏覽日：2022 年 3 月 20 日）。

[175] 巴伐利亞邦司法考試局，關於第二次國家司法考試之說明，同前註（最後瀏覽日：2022 年 3 月 20 日）。

[176] 依自 2022 年 3 月 1 日起施行之 JAPO 最新規定，第二次國家司法考試筆試共持續 9 天，共考 9 個科目，每一科目考 5 小時，且其內容應特別著重法律生活中之實際案例。4 個科目為民法、商法及公司法、勞動法及程序法，且其中 1 科必須為勞動法。另外 2 個科目為刑法及刑事程序法，其他 3 個科目則為公法、程序法及稅法，且其中 1 科必須為稅法。每一科目之考試內容得與歐洲法有關，且至少其中 3 科應與法律諮詢及立法等有關職業相關聯。

[177] 依自 2022 年 3 月 1 日起施行之 JAPO 最新規定，9 個科目的分數加總後除以 9，為筆試總分。通過筆試的標準為總分須達到 3.72 點以上（採 18 點制），且單一分數未達 4 點的科目不得超過 5 科。

口試原則上於慕尼黑及紐倫堡 (Nürnberg) 舉行，考試範圍包括 JAPO 第 58 條規定之必考科目及職業選考科目。口試委員共 4 位，應分別涵蓋民法及勞動法、刑法、公法及應試者選定之職業領域。每位應試者之口試時間共 50 分鐘，其中 15 分鐘為選定職業領域之口試。口試委員分別就四部分的口試表現評分，應試者於每一部分各獲得 1 個成績，但選定職業領域之口試分數於計算總分時加倍計算（乘以 2），最後口試總分即為四部分得分總和再除以 5。

最後總成績之計算為：（筆試平均成績 × 3＋ 口試平均成績）/4[179]。第二次國家司法考試之總成績未達 4 點（等第：足夠，ausreichend）者，未通過考試。口試委員召集人於口試後即確認應試者的總成績，並於告知應試者口試各部分之分數及總成績後，考試即結束。未通過第二次國家司法考試者，得重考一次，惟須另為 6 個月之額外補充實習，於實習結束通過考核後，得再次參加第二次國家司法考試。如重考仍未通過，但二次考試中其中一次曾獲得 3 點以上成績者，得申請第二次重考（JAPO 第 70 條）。

邦司法考試局應核發通過第二次國家司法考試者成績單，記載司法考試總成績以及選定之職業。凡通過第二次國家司法考試者，即具備從事司法工作之資格，得行使「候補司法人員」(Rechtsassessor/Rechtsassessorin) (Ass. jur.) 之頭銜（JAPO 第 68 條第 2 項）。

通過第二次國家司法考試者，應依其總成績確認名次。如總成績相同者，筆試成績較優者，排名較後（即名次以口試成績為重）。如筆試及口試成績皆相同者，名次相同。司法考試局應發給附有名次的證明書，載明通過考試者

---

[178] 依巴伐利亞司法考試局之公告，第二次國家司法考試之口試時間，6 月筆試者通常於 10 月中旬至 11 月下旬或 12 月上旬口試，11 月、12 月筆試者通常於次年 4 月中旬至 5 月下旬或 6 月上旬口試；參見巴伐利亞邦司法考試局，關於第二次國家司法考試之說明，同註 174（最後瀏覽日：2022 年 3 月 20 日）。

[179] 依自 2022 年 3 月 1 日起施行之 JAPO 最新規定，第二次國家司法考試總成績之計算方式，與第一次國家司法考試相同，即筆試成績 70%，口試成績 30%。

的名次、獲有成績的考試總人數及通過考試的總人數，如數人名次相同者，亦應記載。

C.巴伐利亞邦 2020 考試年度第二次國家司法考試統計結果

依巴伐利亞邦司法考試局統計之結果，2020 考試年度（2019 年 2 月及 2020 年 1 月）參加第二次國家司法考試的人數為 1,655 人，其中 1,508 人完成考試獲有總成績。2020 考試年度第二次國家司法考試的考試結果，茲以下表顯示：

表 2-4　巴伐利亞邦 2020 考試年度第二次國家司法考試統計結果

總成績	人數	百分比 %
特優 (sehr gut)	2	0.13
優 (gut)	42	2.79
佳 (vollbefriedigend)	274	18.17
尚可 (befriedigend)	606	40.19
及格 (ausreichend)	436	28.91
不及格 (nicht bestanden)	148	9.81
總數	1508	100

（資料來源：巴伐利亞邦司法考試局 2020 年度報告）[180]

2020 考試年度的不及格率為 9.81%（2017 年：11.55%；2018 年：13.69%；2019 年：13.27%），創下新低紀錄，甚至比十年來的平均不及格比率 (12.35%) 還低[181]。

（二）大學之法學教授

凡是在學術性大學任教之專任法學教授，依德國法官法第 7 條規定，即

---

[180] 巴伐利亞邦司法考試局，2020 年度報告，同註 151，頁 6（最後瀏覽日：2022 年 3 月 20 日）。
[181] 巴伐利亞邦司法考試局，2020 年度報告，同註 151，頁 7（最後瀏覽日：2022 年 3 月 20 日）。

便未曾通過二次司法考試，基於其學術專業性，亦具備充任法官之資格。

　　培育未來法官的法學教授，本身即為專業法律教學單位的教師，因此本條所稱的大學，不論其為大學或獨立學院 (Hochschule)，只要是在學校中能夠使學生獲得專業法學教育的高等教育學校即屬之。然而，本質上為職業高級學校的工科大學 (Technische Universität)、遠距大學 (Fernuniversität)、或政治、社會、哲學等專科學校 (Fachhochschule)，因為不具備教授專業法學教育的課程，即不屬於本條所稱之大學。此外，外國（含歐盟成員國）的大學亦不屬之。

　　具備充任法官資格的專任法學教授，須為持續具有公務員關係的正職教授。因此短期教授、以契約關係聘任的教授、以及所謂的青年教授 (Juniorprofessor)，儘管皆獨立從事教學及研究工作，但是因為有任期制，並不具備持續的公務員關係，因此並非德國法官法第 7 條所稱得具備法官充任資格的大學法學教授。

　　然而本條規定並無實際上的重要性。在德國攻讀法學博士的前提僅須通過第一次司法考試，因此理論上法律系學生於通過第一次司法考試後，未參加實習訓練及第二次國家司法考試，即可申請就讀博士課程。於完成博士論文 (Dissertation)、完成教授論文並經審查具備教授資格 (Habilitation) 後，即取得於大學任職的資格。但是實際上，目前幾乎所有德國的大學法學教授於法學教育階段皆通過第二次國家司法考試，換言之，即已具備前述得充任法官的資格[182]。至於德國大學內的外國籍法學教授，因其無德國國籍，自然不得充任德國法官。

三、職業法官之法律關係種類

　　在德國，具備得充任法官的資格，須為德國國民，客觀上須為完成法學

---

[182] Schmidt-Räntsch, a.a.O. (Fn. 129), Teil C, §7 Rn. 3.

教育並通過 2 次國家司法考試者、或為大學法學教授，主觀上須對於德國基本法所保障之憲政秩序具有忠誠度，並具有一定的社會溝通能力（德國法官法第 9 條）。具備上述資格者，得被選任為法官。法官依據法律獨立審判，並享有一定之身分保障。然而其身分保障，則依其法律關係之不同而有差異。依德國法官法第 8 條規定，法官依其法律關係，可分為：終身法官 (Richter auf Leben)、限時法官 (Richter auf Zeit)、試署法官 (Richter auf Probe) 及受委任法官 (Richter auf Auftrag)[183]。在德國，除了具有公民參審精神的榮譽職法官外，職業法官僅有此四種法律關係形式。

（一）終身法官

　　除非聯邦法律有特別規定，法官原則上為終身職。然而「終身」僅為一個擬制的情形，因為所有法官於達一定年齡後仍會退休[184]。通常退休的年齡為 67 歲，因此法官於年齡達 67 足歲的當月後，即應退休（德國法官法第 48 條第 1 項、第 76 條第 1 項）。

　　得被選任為終身法官的前提要件，除了須具備得充任法官的資格（通過第二次國家司法考試之候補司法人員或大學法學教授）外，依德國法官法第 10 條第 1 項規定，尚須曾從事法官職務 (richtericher Dienst) 至少 3 年。最常見的情形，即為擔任法官從事司法審判工作[185]。3 年試署期間，並不包括在第二次國家司法考試前從事實習訓練的期間。此外，所謂從事法官職務，除了司法審判工作外，亦包括處理非訟事件等依法由法官承辦的職務。但是檢察官的職務、刑事執行職務、法官行政職務等，即非德國法官法第 10 條第 1 項所稱之從事法官職務。

---

[183] 依我國司法人員人事條例第 10 條之規定，可知我國法官分為候補法官（期間 5 年）、試署法官（期間 1 年）及實任法官（又稱為實授法官），且實任法官受憲法第 81 條「法官為終身職」之保障。因此，德國法官法第 8 條所稱之終身法官，應與我國實任法官相當。

[184] Schmidt-Räntsch, a.a.O. (Fn. 129), Teil C, §8 Rn. 4.

[185] Schmidt-Räntsch, a.a.O. (Fn. 129), Teil C, §10 Rn. 7; Staats, a.a.O. (Fn. 129), §10 Rn. 1.

　　至於下列人員，雖非從事法官職務，但其工作年資得計入職務經驗中（德國法官法第 10 條第 2 項）：

1. 高階公務員。
2. 在德國公務部門、跨國機構或國際機構中服務之人，而其工作依其性質及重要性，相當於高階公務員。
3. 於德國學術性大學中已具備教授資格之法學教師。
4. 律師或公證人，或於律師、公證人事務所工作的候補司法人員。
5. 從事其他工作，依其性質及重要性相當於上列四種工作，並具備從事法官工作所需之知識及經驗者。

　　上述工作經驗，原則上最長僅得採計 2 年，且此為選任者的裁量權[186]。如欲例外採計逾 2 年之工作年資、而全數計算為 3 年時，則須考量被選任者之特殊知識及經驗（德國法官法第 10 條第 3 項）。換言之，如欲以法官工作以外的年資完全抵算 3 年的職務經驗，而立即任用為終身法官者，則更重視於長期工作中所培養的知識及經驗是否符合法官工作的需求。

　　因此，公務員依其工作內容，較其他公務員更具備對於審判工作的知識及經驗者，如大學法學教師、律師、公證人及已工作的候補司法人員，選任者承認其工作經驗及能力，即得不受採計 2 年工作經驗的限制，而可以立即任用為終身法官。特別是檢察官，法官選任法第 122 條第 2 項即明文規定，檢察官之工作與德國法官法第 10 條第 1 項所稱的法官工作相當。

（二）限時法官

　　限時法官，顧名思義僅於一定期間內享有法官之法律地位，而非受終身保障。於該期間內，限時法官之法律地位與終身法官相同[187]。

　　限時法官僅於聯邦法律有明文規定時，始得依該法律規定之要件及任務

---

[186] Schmidt-Räntsch, a.a.O. (Fn. 129), Teil C, §10 Rn. 9; Staats, a.a.O. (Fn. 129), §10 Rn. 3.

[187] Schmidt-Räntsch, a.a.O. (Fn. 129), Teil C, §8 Rn. 5; Staats, a.a.O. (Fn. 129), §11 Rn. 1.

內容選任。目前除了聯邦憲法法院此憲法機關之法官為有任期限制的法官（12 年）外，僅行政法院法第 16 條有限時法官之規定。依該條規定，高等行政法院或行政法院得任命其他法院之終身法官或專職之法學教授，於一定期間內擔任兼職法官 (Richter im Nebenamt)，其期間最短為 2 年，最長為其本職期間。高等行政法院或行政法院透過限時法官的任命，可以彌補人力的不足，更可以使實務和理論有交流的機會[188]。

（三）試署法官

有意擔任終身法官或檢察官者，得被任命為試署法官，且最遲 5 年內應被任命為終身法官，或具終身公務員關係之檢察官（德國法官法第 12 條）。因此試署法官為擔任終身法官的前階段，於此階段須證明自身具備擔任終身法官的能力。

依德國法官法第 29 條之規定，法院為裁判時，參與審判的法官中，試署法官或受委任法官不得超過 1 人，並於進行每年事務分配規則中明確告知試署法官或受委任法官此規定。如此一方面確保試署法官可以透過參與裁判的過程獲得一定的實務學習經驗，另一方面亦可保障裁判品質，不致因有過多無足夠審判經驗的試署法官參與審判而受到影響。

試署法官於事務上享有完全的獨立性，亦即獨立行使權限，但是在身分上則僅享有有限的獨立性，特別是調職及免職部分，此為與終身法官不同之處[189]。試署法官用於試署期間的第 6 個月、第 12 個月、第 18 個月或第 24 個月終了時，任用之法院得以各種原因（不限於試署法官個人原因）而解除試署法官之任用；於試署期間的第 3 年及第 4 年終了時，任用之法院得以其不具備擔任終身法官的能力或未獲選任委員會選任為終身法官為理由，而解除試署法官之職務（德國法官法第 22 條第 1 項、第 2 項）。

---

[188] Stelkens/Panzer, in: Schoch/Schneider, a.a.O. (Fn. 64), §16 Rn. 2–3.
[189] 關於試署法官的調職，參見本章肆、二之說明。

因此，試署法官於第 3 年試署期間經過後，並不享有請求選任為終身法官的請求權，因為即使第 4 年都有可能以不適合擔任法官為由而被解除職務。但是如 4 年經過後未被解除職務，於 5 年的試署期間結束後，試署法官即享有應被任命為終身法官的請求權。

（四）受委任法官

終身職或有任期的公務員如欲擔任終身法官，有一種可能性，即為擔任受委任法官。受委任的期間為 2 年，2 年後即應任命受委任法官為終身法官或向法官選任委員會推薦其為終身法官（德國法官法第 14 條、第 16 條）。

受委任法官如同試署法官，在身分上則僅享有有限的獨立性。於受委任的第 6 個月、第 12 個月及第 18 個月終了時，任用之法院得以各種原因解除受委任法官之職務。惟第 18 個月以後如欲解除受委任法官之職務，為例外。此時，任用之法院則須考慮是否任命受委任法官為終身法官、向選任委員會推薦其為終身法官、或不予任命。至第 24 個月終了時，受委任期間屆滿，受委任法官享有得以訴訟主張之終身法官任命請求權。如受委任法官最後對於任命為終身法官的機會不滿意，亦得拒絕之。

受委任法官得未經其同意即調職至其他單位訓練，相關規定準用試署法官的規定[190]。

四、選任方式與程序

由上述關於法官法律關係可知，一般具備充任法官資格者，即通過第二次國家司法考試之候補司法人員，欲取得終身法官的資格，最常見的管道是先成為試署法官，經過 3 至 5 年的試署期間後，再取得終身法官之法律地位。一般而言，此類人員是德國法官的主要來源。以下關於法官選任之方法及程序，即就此情形進行說明。至於其他以工作經驗折算試用期間而取得終身法

---

[190] 關於受委任法官的調職，參見本章肆、二之說明。

官資格的情形，則於之後關於由其他專業人士選任法官制度的部分進行說明[191]。

　　在德國，法官並非直接由人民選舉產生。凡具備充任法官資格之人欲擔任法官，須經過選任之程序。在聯邦及 16 個邦的法院中，法官選任的方式可分為二大體系：由司法行政機關選任、由法官選任委員會選任。聯邦最終審法院法官的選任，依據聯邦法律之規定選任之，各邦法院法官的選任則由各邦立法自行規範。

（一）聯邦最終審法院法官之選任

1. 聯邦最終審法院

　　所謂聯邦最終審法院，即聯邦最高法院 (BGH)、聯邦行政法院 (BVerwG)、聯邦財務法院 (BFH)、聯邦勞動法院 (BAG) 及聯邦社會法院 (BSG)。該等聯邦法院法官之選任及任命，德國基本法第 95 條第 2 項規定：「該等法院法官之選任，依事務性質，由該管聯邦部長會同法官選任委員會決定之，該委員會由各邦之該管部長與聯邦議會選舉同額之委員組織之。」

　　依事務性質，目前聯邦最高法院、聯邦行政法院及聯邦財務法院之聯邦主管部為聯邦司法部；聯邦勞動法院及聯邦社會法院之聯邦主管部為聯邦勞動及社會部。因此各該聯邦法院之法官，即由聯邦司法部部長或聯邦勞動及社會部部長（下稱聯邦勞社部部長）與法官選任委員會共同選任之。

2. 法官選任委員會之組成

　　聯邦法院法官之選任，依據的法律為法官選任法。依法官選任法第 2 條規定，法官選任委員會之委員，包括依職務及依選舉產生之委員。其中依職務產生之選任委員，依聯邦法院之性質，為各邦中主管相關事務之各邦政府部長，共有 16 位。因此，各聯邦法院法官選任委員會之組成並不盡然相同，而是依各邦政府事務管轄分配之各邦政府部長，而非必定為各邦之司法部部長。

---

[191] 參見本章陸之說明。

　　至於依選舉產生之選任委員，亦為 16 位，須具有選舉聯邦眾議會 (Bundestag) 議員之權利，且具有一定之法律生活經驗。具有選舉聯邦眾議會議員之權利者，為滿 18 歲、未被褫奪公權之成年德國國民（基本法第 38 條第 2 項）。至於具有一定之法律生活經驗，並非一定須為接受過專業法律教育之法律人，但必須依其生活經驗有能力判斷被提名者是否有擔任聯邦法院法官之資格。例如榮譽職法官、律師、公證人或大學法學教授，即可認為具有一定之法律生活經驗；反之，醫師、工程師、企業家、會計師、藝術家，原則上則不認為具有一定之法律生活經驗[192]。此外，現任法官則不得為選任委員。

　　此等選任委員之產生，由聯邦眾議會依比例選舉制，針對政黨黨團提出之候選人名單投票後，依政黨黨團候選人名單得票數，按最高數法則（即杭頓計算法，d'Hondt）計算政黨黨團之席次，並依照候選人於政黨黨團提名名單上之順序，依序產生當選之委員（法官選任法第 5 條第 1 項）。在這樣的運作方式下，目前依選舉產生之選任委員，通常為聯邦眾議會議員之現任議員或前任議員[193]。

3. 選任法官之程序

　　聯邦法院法官選任委員會之召集人為聯邦司法部部長，並於開會前一週召集選任委員開會。開會時，依不同聯邦法院法官之選舉，由各該主管部會之聯邦部長擔任主席（即聯邦司法部部長或聯邦勞社部部長），以不公開方式召開選任會議。

　　聯邦司法部部長或聯邦勞社部部長及法官選任委員會之委員，皆有提名法官候選人之權利。特別是法官選任委員會中依職務關係而為選任委員的各邦部長，可建議邦內適當之人選為候選人。然而有興趣及意願擔任聯邦法官

---

[192] Schmidt-Räntsch, a.a.O. (Fn. 129), Teil G, §4 Rn. 2.

[193] Schmidt-Räntsch, a.a.O. (Fn.129), Teil G, §4 Rn. 3.

之人，並無自行申請的權利，亦不享有應被提名的請求權[194]。

　　法官選任委員會確定提名之人選，通常為 1 位，應獲得其被提名的同意，並應徵詢相關聯邦法院之院長委員會 (Präsidialrat) 的意見（德國法官法第 55 條）。法官選任委員會除須了解被提名人選的個人資料外，並應審視其是否符合擔任聯邦法官職務的專業及品格要求。為蒐集相關資料，法官選任委員會得指定其中 2 位成員組成專案小組，了解被提名人選的背景。

　　之後的選任程序不公開，並採多數決，依職務及依選舉產生之選任委員皆過半數出席，過半數委員多數同意，被提名人即為當選。當選者獲相關聯邦法院同意後，即由聯邦總統任命為聯邦法院法官。

（二）邦法院法官之選任

　　基本法第 98 條第 4 項規定：「各邦得規定邦法官之任命應由邦司法部部長會同法官選任委員會決定之。」因此各邦關於邦法官之選任是否設置法官選任委員會，為各邦之權限，得自行決定。目前德國 16 個邦中，由行政機關選任法官者共有 8 個邦，由法官選任委員會選任法官者共有 8 個邦。無論何種方式，各法院的院長有選任及任用法官的決定權。

1.由行政機關選任

　　採此方式者，為巴登符騰堡、巴伐利亞、梅克倫堡－前波美恩、下薩克森、北萊茵－西法倫、薩爾、薩克森及薩克森－安哈爾特等 8 個邦。

　　法官之選任及任命，由邦政府之相關部會為之。以巴伐利亞邦為例，邦高等法院法官及檢察官之選任，由巴伐利亞邦司法部為之，至於其他審判體系法院法官（行政法院、財務法院、勞動法院及社會法院），則分別由相關之邦部會為之。通常 1 年辦理 2 次新進法官及檢察官的徵選，分別於第二次國家司法考試結束後為之。

　　通過第二次國家司法考試之候補司法人員，其成績達到 8 點，而有意於

---

[194] Schmidt-Räntsch, a.a.O. (Fn. 129), Teil G, §10 Rn. 7.

巴伐利亞邦普通法院從事法官或檢察官工作者，即得以書面檢附相關資料，向巴伐利亞邦司法部提出應徵申請。巴伐利亞司法部並將選任法官及檢察官關於專業及品格考量之準則作成書面文書，供申請者參考[195]。經選任為試署法官者，得於 1 年半至 2 年後，轉任為試署檢察官。經選任為試署檢察官者，通常 3 年之試署期間皆於檢察機關工作。試署法官經過 3 至 5 年的試署期間而未被解除職務者，即由邦政府任命為法官[196]。

2. 由法官選任委員會選任

採此方式者，為柏林、布蘭登堡、布萊梅、漢堡、黑森、萊茵－普法爾茨、什列斯威－霍爾斯坦及圖林根等 8 個邦。法官之選任，係由特定人員組成的法官選任委員會以決議的方式為之。然而法官選任委員會的組成，各邦的情形又各自不同，以下則以柏林為例說明之。

在柏林，除邦最高審級法院（高等法院、高等行政法院、財務法院、邦勞動法院及邦社會法院）之院長係由議會選舉外，一般法官則係由邦司法及消費者保護部（下稱司法部）部長或邦勞動部部長與法官選任委員會共同選任[197]，並且由司法部部長或勞動部部長任命。

具備充任法官資格者，於第一次司法考試達到 7 點，於第二次國家司法考試達到 8 點，而有意於柏林之法院從事法官或檢察官工作者，即得以書面檢附相關資料，向柏林司法部提出應徵申請[198]。

---

[195] 巴伐利亞邦司法部，法官及檢察官之要求簡介 (Anforderungsprofil für Richter und Staatsanwälte)，http://www.justiz.bayern.de/media/pdf/berufe/anfprofilrus.pdf（最後瀏覽日：2022 年 3 月 20 日）。

[196] 巴伐利亞邦司法部，法官與檢察官 (Richterinnen & Richter, Staatsanwältinnen & Staatsanwälte)，http://www.justiz.bayern.de/justiz/berufe-und-stellen/richter-und-staatsanwaelte/（最後瀏覽日：2022 年 3 月 20 日）。

[197] 柏林邦司法、多元及反歧視部，柏林邦法官與檢察官之任用 (Einstellung als Richterin/Richter (w/m/d) und Staatsanwältin/Staatsanwalt (w/m/d) im Land Berlin)，https://www.berlin.de/sen/justva/ueber-uns/karriere/artikel.261026.php（最後瀏覽日：2022 年 3 月 20 日）。

[198] 柏林邦司法及消費者保護部，柏林邦法官與檢察官之任用，同前註（最後瀏覽日：2022 年 1 月 31 日）。

　　參照柏林法官法 (Richtergesetz des Landes Berlin; RiGBln)[199]第 12 條之規定，柏林邦之法官選任委員會分為常任委員及非常任委員，由柏林之邦議會 (Abgeordnetenhaus) 選任。常任委員包括 8 位議員或其他人員 (限於非在柏林邦或布蘭登堡邦擔任法官或檢察官之人)，及由建議名單中選任之 2 位終身法官及 1 位律師，另外尚須選任常任委員之代理人。非常任委員為由建議名單中選任之 1 位終身檢察官，及由建議名單中選任普通法院、行政法院、財務法院、勞動法院及社會法院審判體系之終身法官各 1 名，另外尚須選任非常任委員之代理人。

1. 選任普通法院之試署法官時，由 11 名常任委員及非常任委員中之檢察官共同組成法官選任委員會。如選任勞動法院或財務法院之試署法官，非常任委員則由各該法院選任之法官代之。

2. 選任終身法官時，由 11 名常任委員及非常任委員中各該審判體系法院之法官，共同組成法官選任委員會。

　　柏林法官選任委員會之主席為司法部部長，主席無投票權。個案中非法官委員會成員之其他非常任委員亦得出席會議，但不得表決。表決程序為不公開，委員過半數出席，並經投票委員三分之二同意，始為通過。經選任為法官者，由司法部部長任命。

（三）關於法官選任制度的討論

　　目前德國 16 個邦中，由行政機關選任法官及由法官選任委員會選任法官的制度，各有 8 個邦採行。

　　採行政機關選任法官制，考量的因素為避免法官選任委員會秘密開會的不透明性，並使邦之司法部長在人事任命上具有連貫性。且行政機關選任法官，為行政機關之司法行政行為，在內閣制的政府體制下，行政機關須向議

---

[199] Richtergesetz des Landes Berlin (Berliner Richtergesetz - RiGBln) vom 9.6.2011 (GVBl. S. 238), geändert durch Artikel 4 des Gesetzes vom 17.12.2020 (GVBl. S. 1482).

會負政治責任。至於採法官選任委員會選任法官制，考量的因素則為委員會組成的多元性，並且可使司法權的運作不致於受到行政權的影響[200]。制度的設計上各有其考量，亦各有優劣。因此德國目前對於法官選任制度的討論，已不再強調究竟應由行政機關或獨立的法官選任委員會為之，而是強調應強化選任程序的透明性[201]。

　　德國法官法對於強化選任程序透明性的部分，則是要求聯邦法院於任何一個法官之任命或選任前，應給予法官日後將任職法院之院長委員會(Präsidialrat) 對於法官人選有參與表示意見的機會（德國法官法第 55 條）。聯邦最高法院之院長委員會，以院長為主席，其他成員包括院長之代理人、2位由法官會議中選出之成員、及其他 3 位成員。其他聯邦法院之院長委員會，以各該聯邦法院院長為主席，其他成員包括院長之代理人、1 位由法官會議中選出之成員、及其他 2 位成員（德國法官法第 54 條）。院長委員會的任務，即為對於法官人選的專業及品格表示意見。雖然院長委員會的意見對於法官選任委員會不具有拘束力，但是其意見純粹來自於法院內部，代表司法的專業意見，法官選任委員會應在選任法官時予以考量及審酌。

　　至於在邦的層級，法官選任法僅規定每一審判體系法院亦應設有院長委員會，法院院長為主席，另包括一定人數之法官，其中一半以上應由選舉產生（德國法官法第 74 條）。其任務，主要是對於法官之晉升以書面表示意見。

五、小結

　　綜合上述關於法官選任制度的觀察，可以看出德國在聯邦及邦的層級上，有不同的設計。聯邦法院法官選任之方式及程序，由法官選任法明文規定由法官選任委員會的方式選任之，並強調聯邦法院之院長委員會的程序參與。

---

[200] Schmidt-Räntsch, a.a.O. (Fn. 129), Teil C, Vor. §8 Rn. 18.
[201] Schmidt-Räntsch, a.a.O. (Fn. 129), Teil C, Vor. §8 Rn. 18–19.

至於邦的層級，則由各邦自行立法規定，而目前呈現行政機關選任及法官委員會選任併列的情形，並在法官晉升的情形強調法院院長委員會的程序參與。

　　關於德國法官的選任制度，以普通法院的審判系統為例，得以下圖簡示之：

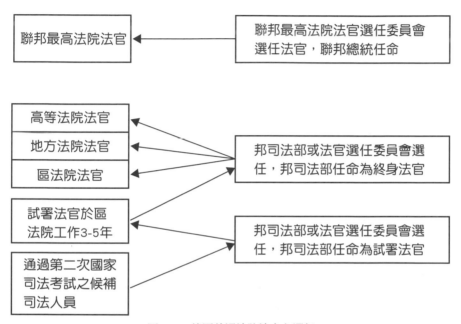

圖 2–3　德國普通法院法官之選任

（資料來源：改編自蘇永欽，從司法官的選任制度看法系的分道和匯流）[202]

　　因此，通過第二次國家司法考試之候補司法人員，一般成為終身法官最常見的方式即是向公開徵選的邦提出應徵的申請，經邦司法部或法官選任委員會評定選任後，取得試署法官的資格，並經過至少 3 年的試署期間，再經選任及任命為終身法官。於一邦通過的國家司法考試成績，亦可向其他邦提出應徵為試署法官的申請。雖然以試署法官的管道成為終身法官為常見的方

[202] 蘇永欽，從司法官的選任制度看法系的分道和匯流，檢察新論，第 4 期，頁 2，圖 1 德國法官的選任制度，2008 年 7 月。

式，但是實際上在徵選的標準上，必須第二次國家司法考試的成績在中上以上，始有可能於選任程序中獲得錄取。目前各邦錄取試署法官的成績，大致皆須達到 8 點，且未來有可能錄取為試署法官的比率將愈來愈低[203]。因此由其他法律專業人士轉任為法官，在德國亦為成為終身法官的途徑。

肆、法官培養制度

一、前言

　　在德國，通過第二次國家司法考試之候補司法人員在被任命為終身法官前，依德國法官法的相關規定，須經過 3 年至 5 年的試署期間，以試署法官的身分，於法院、司法行政機關或檢察署任職，接受實務工作的訓練，並證明其具備終身法官的專業能力及資格。至於成為終身法官後的繼續進修，並無聯邦法律統一規定終身法官有研習進修之義務，因此法官參與進修課程或研討會原則上都是自願的。而法官進修的管道及規劃，在聯邦層級中，聯邦政府下設有德國法官學院 (Deutsche Richterakademie)，為全國層級的法官進修機構。至於邦的部分，則可能有設置專門的法官進修機構，亦可能由各法院自己規劃舉辦進修活動。

　　關於成為終身法官前試署期間的職前教育及成為終身法官後的在職教育，以下分述之。

二、職前教育

　　法律系學生參加第一次司法考試前須進行 3 個月的實習，之後在參加第二次國家司法考試前尚須以法律實習生身分進行 2 年的實習訓練，在不同的

---

[203] 依網路資料顯示，未來平均僅 5% 完成實習訓練之法律系學生（法律實習生）能於第二次國家司法考試後錄取成為試署法官，https://de.wikipedia.org/wiki/Richter_%28Deutschland%29#Ausbildung_und_Einstellung（最後瀏覽日：2022 年 3 月 20 日）。

機關（構）累積學習多元的實務經驗，因此通過第二次國家司法考試之候補司法人員，在進行司法工作前實際上已接受一定的職前教育。候補司法人員欲進入法院從事法官工作者，透過自行向各邦司法行政機關個別應徵的方式，分別依各邦選任法官的機制通過審查後，任命為試署法官。試署法官期間最少 3 年，最多不超過 5 年，在此期間內，試署法官即須透過從事法官職務或從事其他工作，學習並訓練法官的審判工作。

　　雖然試署法官於任用時同樣稱為法官，但是其身分保障與終身法官仍有差別。在試署的第 1 年及第 2 年間，得因各種原因而被解除職務、在第 3 年及第 4 年間得因不具備擔任終身法官的能力或未獲選任委員會選任為終身法官而被解除職務（德國法官法第 22 條第 1 項、第 2 項）。此外，獲選任的試署法官並非一定於法院任職，依德國法官法第 13 條規定，試署法官得任職於法院、司法行政機關或檢察機關，且無須獲得其同意。如此，試署法官於任用為終身法官前，有機會於不同的司法機構中學習實務工作，以獲得不同司法工作中所需的知識，蒐集不同的實務工作經驗。為達此目的，試署法官之調職，無須獲得其同意。而此無須獲得同意即可調職的規定，亦準用於具公務員身分之受委任法官（德國法官法第 16 條第 2 項）。

　　為確認試署法官是否適宜擔任終身法官或終身檢察官，試署法官一方面須於單一工作職位中有足夠時間從事與法官或檢察官有關的實務工作訓練，另一方面亦須於不同的工作職位中接受實務工作的訓練，因此未來試署法官將會以終身法官職位任職的法院，其法官會議於進行事務分配時，即應進行合理的工作調配。而將試署法官調職，為試署法官之主管長官的職權，主管長官應基於其合義務之裁量，參酌試署法官實習的能力表現、於特定單位任職的期間、其他尚須接受訓練的可能機會，使試署法官於一工作職位任職一定期間後至其他工作職位接受訓練。對於所屬主管長官所為的調職決定不服，試署法官得向行政法院提起訴訟以為救濟。此時，因其尚未經正式任命為終身法官，調職並未影響其法官的職位及地位，因此並非對於調職提起撤銷訴

訟，而是提起一般給付訴訟，請求不得將其調職。

三、在職教育

　　聯邦政府下設有德國法官學院，為全國層級的法官進修機構，至於邦的部分，有的邦設置有法官進修機構，沒有設置專門法官進修機構的邦亦可能由各法院自己規劃舉辦進修活動。此外亦有私人機構規劃法官的進修活動，參加政府舉行的進修訓練原則上是免費，參加私人機構規劃的進修活動原則上則須付費。德國未規定法官有參與研習進修之義務，可能係因涉及法官獨立性之問題，然而另一方面則可能因法官不願進修而未能維持良好的裁判品質，為確保司法品質，現已有一些地區在討論應規範法官與檢察官的進修義務。然縱制定法律使法官進修成為義務，也應不會強制法官參與特定之研習活動，因研習活動所講授、傳達的內容會影響法官的思維，若要求法官必須參與特定之研習活動，即有可能以研習活動的內容對法官造成某方面的影響，如此有違司法獨立原則[204]。

　　以下即針對聯邦層級的德國法官學院進行介紹，至於邦的部分，則以北萊茵－西法倫邦 (Nordrhein-Westfalen) 的司法學院 (Justizakademie des Landes Nordrhein-Westfalen)，為相關說明。

（一）德國法官學院

1.任務及組織

　　1993 年 3 月 1 日聯邦政府及各邦政府簽訂一行政協定[205]，由聯邦政府及各邦政府共同設置德國法官學院，以聯邦性質的跨領域規劃方式，負責德國境內所有審判系統中法官及檢察官的進修，以使法官及檢察官於專業領域持

---

[204] 卓育璇，同註140，頁 26（最後瀏覽日：2022 年 3 月 20 日）。

[205] 1993 年 3 月 1 日德國法官學院行政協定 (Verwaltungsvereinbarung über die Deutsche Richterakademie vom 1. März 1993)，https://www.deutsche-richterakademie.de/icc/drade/nav/6fc/broker.jsp?uMen=c7c060 c6-20f5-0318-e457-6456350fd4c2（最後瀏覽日：2022 年 3 月 20 日）。

續精進，並提供其政治、社會、經濟及其他專業知識及經驗。其經費原則上由聯邦政府及地方政府各自負擔一半，至於各邦經費的分擔則三分之二依邦的稅收收入、三分之一依邦的人口數再進行分攤[206]。

德國法官學院設有 2 個中心，1 個位於萊茵－普法爾茨邦的特里爾 (Trier)，1 個則位於布蘭登堡邦的烏斯特勞 (Wustrau)，為全國法官及檢察官舉辦進修課程及會議。目前每一年德國法官學院平均約舉辦 150 場次的進修活動，參加的法官及檢察官人數共約 5,000 人次[207]。

2. 進修活動規劃

進修活動之規劃，由規劃委員會為之，其組成為聯邦政府及各邦政府的司法行政機關代表，而法官學院的高層人員及職業工會，則對於規劃活動提供建議意見。而規劃委員會確定對於每一年活動規劃的原則如下：

表 2–5　德國法官學院進修活動規劃原則

法學專業研討會			45%
其中	民法	4/10	
	刑法	4/10	
	專業審判系統	2/10	
科際整合			
（科際整合）研討會			30%
與協商有關的研討會			
社會能力			
（行為導向的研討會）			25%

（資料來源：德國法官學院）[208]

---

[206] 1993 年 3 月 1 日德國法官學院行政協定第 6 點，同前註（最後瀏覽日：2022 年 3 月 20 日）。

[207] 德國法官學院，簡介，https://www.deutsche-richterakademie.de/icc/drade/nav/6fc/6fc060c6-20f5-0318-e457-6456350fd4c2&class=net.icteam.cms.utils.search.AttributeManager&class_uBasAttrDef=a001aaaa-aaaa-aaaa-eeee-000000000054.htm（最後瀏覽日：2022 年 3 月 20 日）。

　　本章原於 2015 年撰寫時，曾搜尋並臚列當時德國法官學院籌辦之進修活動，進修活動共有 145 場，除了由聯邦及各邦共同安排規劃後，亦有德國法官學院自行規劃的進修活動。目前雖已無法在網路上查詢到德國法官學院 2015 年進修活動表，但是該表內容完整，擬定的研討會議題仍具有相當參考價值，因此仍保留相關內容，以供我國法學界及司法實務界參考[209]。關於 2015 年德國法官學院擬訂進修活動之詳細資訊，參見德國法官學院 2015 年進修活動計畫[210]。

　　時至 2022 年，因應需求及時勢（特別是 COVID-19 疫情考量），分為實體及線上二種進修活動方式，依國際法與歐盟法、民法、刑法、專門法院（行政法院、財務法院、勞動法院、社會法院）、科際整合、行為導向、及其他等領域，共規劃了 161 場次進修活動[211]。另外，又額外規劃了 20 場次的線上進修活動[212]。

3. 進修名額

　　上列德國法官學院規劃的進修活動開放給全德國的法官、檢察官參加，非法官或檢察官的法律高階公務員亦得參加，律師則須經許可後始得參加。至於名額，每一次進修活動中，特里爾有 40 個名額，烏斯特勞則有 35 個名

---

[208] 德國法官學院，任務，https://www.deutsche-richterakademie.de/icc/drade/nav/c8c/c8c060c6-20f5-0318-e457-6456350fd4c2&class=net.icteam.cms.utils.search.AttributeManager&class_uBasAttrDef=a001aaaa-aaaa-aaaa-eeee-000000000054.htm（最後瀏覽日：2022 年 3 月 20 日）。

[209] 本章內容原為 2015 年研究計畫之部分，於當時撰寫時仍可搜尋完整相關進修活動資料，因該資料表內容完整，具有參考價值，故於 2022 年改寫時仍予以保留。

[210] 德國法官學院 2015 年進修活動計畫，請參閱 。

[211] 德國法官學院，2022 年度進修活動計畫 (Jahresprogramm 2022)，頁 3 及頁 5，https://www.deutsche-richterakademie.de/icc/drade/med/9a5/9a522128-4fa7-b71c-2258-a7300e8ff830,11111111-1111-1111-1111-111111111111.pdf（最後瀏覽日：2022 年 3 月 20 日）。

[212] 德國法官學院，2022 年度額外線上研討會 (2022-Zusätzliche Online-Tagungen)，https://www.deutsche-richterakademie.de/icc/drade/med/818/8185022d-5cf9-be71-a7b7-97c2de2fa1c2,11111111-1111-1111-1111-111111111111.pdf（最後瀏覽日：2022 年 3 月 20 日）。

額。外國的法官與檢察官，於名額仍有剩餘時，亦得以外賓身分參加進修活動。至於登記於歐洲司法訓練網 (European Judicial Training Network; EJTN) 的課程，則額外保留 10 名（特里爾）或 5 名（烏斯特勞）給外國法官或檢察官。

（二）北萊茵－西法倫邦司法學院

在德國法官學院是由聯邦及邦共同合作規劃進修活動的情形下，各邦即不一定會另設置專門的法官進修機構。以巴伐利亞邦為例，其隸屬於邦貝兒克 (Bamberg) 高等法院的司法學院 (Bayerische Justizakademie)，主要是提供法官及檢察官以外的司法工作人員進修的課程[213]。而有設置司法實務人員的訓練及進修中心，且法官及檢察官亦得利用者，得以北萊茵－西法倫邦為例。

北萊茵－西法倫邦司法學院位在雷克林豪森 (Recklinghausen)，除了規劃法官與檢察官的進修課程外，亦規劃供其他司法人員參加的進修課程。2019 年司法學院所規劃的進修活動共達 1,200 場次（包括全邦及分區舉行的活動），總共有 20,000 人次參加（不限於法官、檢察官）[214]。以 2022 年 3 月 20 日查詢結果為例，2022 年規劃 1,033 場次進修活動中，301 場次是專門提供予法官的進修機會[215]，對於試署法官特別規劃了 23 場次的進修活動[216]，以使

---

[213] 巴伐利亞邦司法學院，https://www.justiz.bayern.de/gerichte-und-behoerden/bayerische-justizakademie/aufgaben.php（最後瀏覽日：2022 年 3 月 20 日）。

[214] 北萊茵－西法倫邦司法學院，https://www.jak.nrw.de/behoerde/behoerdenvorstellung/index.php（最後瀏覽日：2022 年 3 月 20 日）。

[215] 北萊茵－西法倫邦司法學院，年度計畫 (Jahresprogramm)，目標團體點選「法官」(Richterinnen und Richter)，可得出 301 場次進修活動，https://www.jak.nrw.de/aufgaben/Jahresprogramm/index.php?atgSearchKey=&atgSearchField=alle&atgSearchYear=0&atgSearchProgramm=alle&atgSearchZielgruppe=Richterinnen+und+Richter&atgSearchMarker=1&atgFormSubmit=Suchen&atgSearchFormIsSent=1#atgForm（最後瀏覽日：2022 年 3 月 20 日）。

[216] 北萊茵－西法倫邦司法學院，年度計畫 (Jahresprogramm)，目標團體點選「試署法官」(Richterinnen auf Probe und Richter auf Probe)，可得出 23 場次進修活動，https://www.jak.nrw.de/aufgaben/Jahresprogramm/index.php?atgSearchKey=&atgSearchField=alle&atgSearchYear=0&atgSearchProgramm=alle&atgSearchZielgruppe=Richterinnen+auf+Probe+und+Richter+auf+Probe&atgSearchMarker=1&atgFormSubmit=Suchen&atgSearchFormIsSent=1#atgForm（最後瀏覽日：2022 年 3 月 20 日）。

較無實務經驗的試署法官可以透過相關進修課程掌握司法實務所需的專業知識[217]。

（三）國際進修機會

除了自辦進修活動外，德國法官學院亦拓展國際訓練的規劃，透過與位於比利時布魯塞爾的歐洲司法訓練網 (European Judicial Training Network; EJTN)[218]交流平臺，德國法官與檢察官亦可以參加其他歐盟成員國的司法進修課程。

此外，德國法官與檢察官亦可報名參加歐洲法學院 (Academy of European Law)[219]的課程，進修與歐洲法相關的知識。歐洲法學院為一由多數歐洲國家出資成立之公法財團法人，自 1992 年於德國特里爾 (Trier) 開始運作，提供歐盟成員國法律專業工作者進修歐盟法制之機會，以促進歐盟法制之有效執行。

四、小結

綜觀德國法官的養成教育、職前教育及在職教育，包括在校至少 3 個月的實習、第一次國家司法考試後 2 年的實習訓練、試署法官最少 3 年的試署期間（以上為義務的實習），直至成為終身法官的自願在職進修，皆非常強調法學教育及司法實務工作的跨領域學習、國際觀、外語能力、以及行為管理、協商、演說、仲裁、調解、合法訊問與溝通等從事法律專業者需具備的各項能力，可見德國相當重視法官的綜合專業及溝通協調能力，而非僅限於法學

---

[217] 另外，如點選目標團體為「檢察官」，則另可得出有 66 場次進修活動是專門提供予法官的進修機會；北萊茵－西法倫邦司法學院，年度計畫 (Jahresprogramm)，目標團體點選「檢察官」(Staatsanwältinnen und Staatsanwälter)，可得出 23 場次進修活動，https://www.jak.nrw.de/aufgaben/Jahresprogramm/index.php?atgSearchKey=&atgSearchField=alle&atgSearchYear=0&atgSearchProgramm=alle&atgSearchZielgruppe=Richterinnen+auf+Probe+und+Richter+auf+Probe&atgSearchMarker=1&atgFormSubmit=Suchen&atgSearchFormIsSent=1#atgForm（最後瀏覽日：2022 年 3 月 20 日）。

[218] 歐洲司法訓練網官方網頁，http://www.ejtn.eu/en/（最後瀏覽日：2022 年 3 月 20 日）。

[219] 歐洲法學院官方網頁，https://www.era.int（最後瀏覽日：2022 年 3 月 20 日）。

專業素養。德國法官進修活動的內容也涉及社會、文化、或科技等相關課題，更可讓法官在認定事實與適用法律時，更貼近社會文化民情，並跟上最新科技發展。此外，德國法官之進修內容有許多涉及國際法或他國法律的課題，甚至有參與歐洲他國法官在職進修課程的機關，其重視國際法規與國際交流之程度可見一斑。

伍、法官晉升制度

一、前言

德國對於法官的晉升制度，並沒有特別的法律規定。聯邦法院之法官，依德國法官法第 46 條準用聯邦公務員職務相關規定，特別是基於聯邦公務員法 (Bundesbeamtengesetz; BBG)[220] 授權訂定之聯邦公務員官職等辦法 (Bundeslaufbahnverordnung; BLV)[221]。因此聯邦法官之晉升，原則上準用該辦法的規定。至於邦的法官，則依各邦的法律規定，準用公務員法令的相關規定。例如巴伐利亞邦法官與檢察官法 (Bayerisches Richter- und Staatsanwaltsgesetz; BayRiStAG)[222]第 2 條第 1 項即規定如本法及德國法官法無特別規定，即準用公務員法令之相關規定。

因聯邦及邦關於法官之晉升制度皆無特別規定，故目前皆為準用公務員法令相關規定。而相關作法在聯邦及各邦間，並無太大差異。以下即參酌聯邦公務員官職等辦法相關規定及其準用情形，針對法官的晉升制度進行介紹。

---

[220] Bundesbeamtengesetz vom 5.2.2009 (BGBl. I, S. 160), zuletzt geändert durch Artikel 1 des Gesetzes vom 28.6.2021 (BGBl. I, S. 2250).

[221] Verordnung über die Laufbahnen der Bundesbeamtinnen und Bundesbeamten (Bundeslaufbahnverordnung -BLV) vom 12.2.2009 (BGBl. I, S. 284), zuletzt geändert durch Artikel 1 des Gesetzes vom 16.8.2021 (BGBl. I, S. 3582).

[222] Bayerisches Richter- und Staatsanwaltsgesetz (BayRiStAG) vom 22.3.2018 (GVBl. S. 118, BayRS 301-1-J), zuletzt geändert durch §3 Absatz 3 des Gesetzes vom 23.12.2021 (GVBl. S. 654).

二、初任法官

　　德國公務員之任用，不採取統一考試和統一錄取方式，而是按職缺需要隨時進行招考工作。通常公務員的任用，須先公告職缺（聯邦公務員官職等辦法第 4 條第 1 項），有意任職者經過應徵申請的程序，通過專業知識、能力、個性及品格的審查後，確定錄取。初次任用者為試用公務員 (Beamte auf Probe)，通過試用後即為正式公務員。因為出缺的職務提前公告，說明用人機關、招考職位和級別，由用人機關對符合資格的申請人，依照公正、客觀、擇優的原則進行篩選，篩選過程和方式由用人機關自行決定。

　　法官之選任及任用與公務員之選任及任用類似，因此準用聯邦公務員官職等辦法第 4 條第 1 項規定，由欲選任及任用法官之法院先公告職缺，申請人通過選任之審查後，任用為試署法官。在採用遇有缺額個別應徵的制度下，於公告職缺時申請人即明確知悉未來任職的法院，申請人依自身意願及個人因素考量是否提出應徵申請，因此並沒有特別分派程序，此與我國司法人員統一考試、錄取並進行分發的制度有別。

三、晉升資格條件

　　所謂晉升，依聯邦公務員官職等辦法第 2 條第 8 項之規定，為透過任用的方式，變更職位之名稱，並授與較高薪資之職位。而公務員是否具備晉升之資格，依同辦法第 32 條規定，須依其適任度、能力及專業表現，並針對其於晉升後職位試用期間 (Erprobungszeit) 表現的適任度進行判斷，且無法定不得晉升之事由時，始得晉升。所謂適任度，特別包括從事相關公務員職位所需之品格及人格特質；所謂能力，包括從事公務員工作重要的才能、專業知識、技能及其他重要特質；而專業表現，則依工作結果、實際工作方式、工作態度及（對於已為主管者）領導統御方式等進行判斷（聯邦公務員官職等辦法第 2 條第 2 項、第 3 項、第 4 項）。而晉升試用期間，至少 6 個月，最長

不得超過 1 年（聯邦公務員官職辦法第 34 條第 1 項）。

　　因此公務員是否得以晉升而被任用為較高的職等，除了客觀上不得有法定不得晉升之事由外，主觀上須具備從事相關公務員職務的品格、人格特質、專業知識及能力、及良好的專業工作表現及工作態度。並於 6 個月至 1 年的晉升試用期間中，證明具備晉升後所從事工作應具備的品格及人格特質（而非專業能力及知識）。

　　關於公務員晉升所須的專業能力、品格及人格特質等判斷標準，原則上對於法官之晉升亦有其適用。例如巴伐利亞邦司法部在關於選任法官及檢察官的要求中[223]，亦記載法官及檢察官晉升時應考量之專業及品格，包括專業能力、領導能力、組織能力及合群性等一般要求，以及特別針對晉升為邦高等法院之法官或檢察官、晉升為庭長、擔任法院院長所需之特別能力與資格進行說明。

　　然而關於晉升試用期間，原則上僅於邦法院中有之，於聯邦法院中則無[224]。

四、晉升方式與程序

　　原則上法官晉升之選任及任用，並無另外不同的機制，而是如同法官之選任及任用，依各邦不同的規定，由行政機關或法官選任委員會依其專業判斷後決定。

　　在程序上較為特別的，主要是審酌法院中院長委員會對於晉升人選的專業及品格所表示的意見。在聯邦法院的層級，院長委員會對於人選的選用及晉升，皆應有表示意見的機會。至於在邦法院的層級，法院中院長委員會的主要任務，便是對於法官之晉升以書面表示意見。

---

[223] 巴伐利亞邦司法部，法官及檢察官之要求簡介，同註 195（最後瀏覽日：2022 年 3 月 20 日）。
[224] Schmidt-Räntsch, a.a.O. (Fn. 129), Teil C, §46 Rn. 78.

陸、從律師及其他法律專業人士選任法官制度

一、前言

　　德國的法官，包括職業法官及榮譽職法官。職業法官分為終身法官、限時法官、試署法官及受委任法官[225]，關於擔任職業終身法官之資格及選任程序，已於本章前述[226]。綜合德國法官法第 5 條、第 7 條及第 10 條關於選任終身法官資格規定的說明，具備充任職業法官之資格者包括通過第二次國家司法考試之候補司法人員及具公務員資格的正職大學法學教授，然而在成為終身法官之前，須經過至少 3 年從事法官工作的試署期間。此 3 年試署期間，通常為擔任試署法官。

　　然而除了擔任試署法官之外，其他具備充任法官資格的人亦可以實際工作內容及經驗，經選任法官的行政機關或法官選任委員會審查後，折算試署期間，原則上折算 2 年，例外得完全折算 3 年（德國法官法第 10 條第 2 項）。以下即就此以工作經驗折算試署期間而取得終身法官的情形，進行介紹。

二、選任資格條件

（一）通過第二次國家司法考試之候補司法人員

1.工作經驗之折算

　　通過第二次國家司法考試之人，即具備從事司法工作之資格，得行使「候補司法人員」(Rechtsassessor/Rechtsassessorin) (Ass. jur.) 之頭銜，同時取得法官、檢察官、律師、公證人或高階公務員之任用資格，一般亦稱為「完全法律人」(Volljurist)。因此可以從事的職業，並非限於法官一途，高階公務員、

---

[225] 參見本章參、三之說明。
[226] 參見本章參、四之說明。

檢察官、律師、公證人或於國際機構工作，皆為可能的職業選擇。德國法官法第 10 條第 2 項及第 3 項即規定已具備充任法官資格的下列人員，因為長期並未從事法官工作，則可以折算工作年資 2 年並加上 1 年試署期間的方法，抵算試署法官 3 年的試署期間；於例外情形，甚至可以完全抵算 3 年試署期間：

1. 高階公務員；
2. 在德國公務部門、跨國機構或國際機構中服務之人，而其工作依其性質及重要性，相當於高階公務員；
3. 於德國學術性大學中已具備教授資格之法學教師；
4. 律師或公證人，或於律師、公證人事務所工作的候補司法人員；
5. 從事其他工作，依其性質及重要性相當於上列四種工作，並具備從事法官工作所需之知識及經驗者。

　　如欲以法官以外之工作年資完全抵算 3 年的工作經驗，而立即任用為終身法官者，則更重視於長期工作中所培養的知識及經驗是否符合法官工作的需求。因此，公務員依其工作內容，較其他公務員更具備對於審判工作的知識及經驗者，例如檢察官，德國法官法第 122 條第 2 項即明文規定其工作性質的認定相當於從事法官工作，因此有權選任者應承認檢察官之工作經驗及能力，只要滿足試署期間的規定，即應任用為終身法官。而其他高階公務員（包括具公務員資格的大學法學教授），如較其他公務員更具備對於審判工作的知識及經驗者，有權選任者亦應審酌其工作內容及經驗，折算試署期間。

　　至於律師、公證人、已在工作的候補司法人員，因為相關工作內容與法律知識息息相關，則亦有可能被認為其於長期工作中所培養的知識及經驗符合法官工作的需求，而能夠完全折算 3 年法官試署期。

　　然而工作年資的採計與折算，為選任法官之行政機關或法官選任委員會的裁量權，申請者並無請求折算工作年資的權利。

2.高階公務員成為受委任法官

已具備終身職或有任期制身分的高階公務員，並具備得充任法官的資格者，當然為已通過第二次國家司法考試之人。如欲取得終身職法官的身分，除了前述折算工作年資的方式，也可以透過選任法官的程序，申請成為受委任法官，並於 2 年後，請求選任為終身法官。此選任為終身法官的權利，為受委任法官可經爭訟獲得保障的請求權。

（二）大學之法學教授及法學教師

1.成為限時法官

選任限時法官，須有法律明文規定。依聯邦憲法法院法(Bundesverfassungsgerichtsgesetz；BVerfGG)[227]第 101 條第 3 項之規定，在德國大學擔任法學教師之公務員得經選任為聯邦憲法法院法官，任期 12 年。於擔任聯邦憲法法院法官期間，因大學教師職務關係所生之義務，原則上停止。

另依行政法院法第 16 條規定，專職之大學法學教授亦得經選任為高等行政法院或行政法院之兼職法官，期間最短 2 年，最長為其本職期間。

因此不具公務員資格的大學法學教師，例如講師 (Privatdozent)[228]、青年教授或私立大學法學教師，皆不具備得任命為限時法官之資格。

2.成為終身法官

已經正式任命、並於大學法律系取得正式職位的大學法學教授，具有公務員身分，不論實際上是否已通過第二次國家司法考試，如有擔任法官之意願，亦可以申請以折算工作年資的方式，取得終身法官的資格。而且因為大學法學教授的專業知識及經驗，通常即可被認定可完全折算 3 年之法官試署期，而直接取得終身法官的資格。

---

[227] Bundesverfassungsgerichtsgesetz in der Fassung der Bekanntmachung vom 11.8.1993 (BGBl. I, S. 1473), zuletzt geändert durch Artikel 4 des Gesetzes vom 20.11.2019 (BGBl. I, S. 1724).

[228] 德國大學中的 Privatdozent，實際上是已通過教授論文審查、具備教授資格、並已從事教學工作之人，惟尚未獲得大學教授的正式職位，其資格及經歷與我國大學中的講師截然不同。

　　至於不具公務員資格的大學法學教師，例如講師或私立大學教師，只要已具備大學教授之資格，亦可依其專業及教學經驗，折算 2 年法官試署期間，例外亦得折算 3 年。

3.成為終身兼職法官

　　依德國法官法第 4 條第 2 項第 3 款規定，法官得在學術性大學、公共教育機構及政府所設立之教學機構中從事研究與教學，表示法官得兼職從事教學工作。反面而言，大學法學教授得在不影響其本職的情形下，亦得兼職從事法官，而成為終身兼職法官[229]。此時大學教授同時具備二種職務身分，一為教授，一為法官。而且大學法學教授經任命為終身兼職法官，與依行政法院法第 16 條之規定成為邦之高等行政法院或行政法院中的限時兼職法官不同[230]。巴伐利亞邦法官與檢察官法 (BayRiStAG) 第 14 條對於大學法學教授成為終身兼職法官 (Professoren als Richter im Nebenamt) 有特別之明文規定。具有公務員資格的法學教授，於不影響其學術本職的情形下，只要具備得充任法官之資格，得任命為終身兼職法官。本條規定為該法 2018 年全文修正時之新規定，惟依立法說明，並未變動原規範之意旨，只是將德國法官法未明文大學教授得為終身兼職法官之情形為明確規定，並依其身分適用不同職位之規範[231]。且依該法 2018 年前舊法規定，兼職之大學教授初任的法院不限於第一審法院，得於高等法院、邦法院或區法院，邦社會法院或邦勞動法院中充任終身法官，惟新法已不限制大學教授兼職法官之初任法院，而是依實際需求視「教授法官」(Professorenrichter und Professorenrichterin) 適合任職之法院。依實務經驗統計，身為邦法官兼職法官之大學教授，約僅十分之一的工作時間為從事法官工作[232]。

---

[229] Staats, a.a.O. (Fn. 129), §4 Rn. 16.

[230] 關於行政法院法第 16 條規定之限時法官，參見本章參、三、（二）之說明。

[231] Gesetzentwurf der Staatsregierung für ein Bayerisches Richter- und Staatsanwaltsgesetz, Drucksache 17/18836, S. 40.

不具公務員資格的大學法學教師，例如講師、青年教授或私立大學法學教師，並不具備為終身兼職法官之資格。

（三）其他人員

其他人員亦得視其工作內容及經驗與從事法官工作的契合情形，折算 2 年之法官試署期間，例外得折算 3 年。同樣地此為選任法官之行政機關或法官選任委員會的裁量權，申請者並無請求折算工作年資的權利。

三、選任方式與程序

不論是律師、公證人、高階公務員、大學法學教授、不具公務員資格的大學法律系教師，或其他人員，如有擔任法官之意願，仍須依一般選任法官的程序，依各邦規定，向選任法官的行政機關或法官委員會提出申請，由該行政機關或法官選任委員會審查個人之專業及品格，以及工作經驗是否得以折算法官試署期間。

高階公務員如欲以受委任法官的方式取得終身法官的資格，同樣亦須向有選任權之行政機關或法官選任委員會提出申請，由該行政機關或法官選任委員會審查其個人之專業及品格。

較特別的情形是檢察官。各邦在選任試署法官時，通常亦選任試署檢察官，且如巴伐利亞邦之制度，法官與檢察官可以相互轉任，在 3 年試署期間內，試署法官及試署檢察官的身分可以轉換，試署期間亦相互承認。因此取得終身職的檢察官如申請轉任法官，如經司法部認定其專業及品格已達標準，即無須再折算其工作年資，可直接取得終身法官的身分。

關於通過選任後任職之法院，因德國法官的選任係由邦政府中與各審判體系法院相關聯的邦政府部會採公開徵選的方式為之，因此應徵者於提出申

232　Pabst, in: Rauscher/Krüger (Hrsg.), Münchener Kommentar zur ZPO, 6. Aufl., 2022, Band. 3, GVG §115 Rn. 9.

請時即已明確知悉錄取後未來任職的審判體系法院，並且於第一審級法院開始試署的階段。至於聯邦最終審法院之法官，得被選任者須具備終身法官的身分，且其選任非採應徵方式，而是由法官選任委員會對於提名之候選人進行審查並表示同意，故非律師及其他法律專業人士可能被任用的法院即為該聯邦最終審法院。

四、附論 —— 由非專業法律人士擔任之榮譽職法官

榮譽職法官，一如德國聯邦榮譽法官協會（德國參審員協會）(DVS)[233] 於 1989 年首次發行的公開刊物名稱《未著法袍的法官》(Richter ohne Robe; RohR)[234]，因此榮譽職法官的法律地位如同職業法官，差異僅為未著正式的法袍。於訴訟程序中，榮譽職法官之法律地位及權限如同職業法官，有閱卷、傳喚、訊問、表決和決定權（法院組織法第 30 條第 1 項）。案件評議表決時，由榮譽職法官與職業法官投票表決，票票等值，二者並無差異。訴訟程序是否要納入榮譽職法官，為立法者關於建置訴訟制度的立法形成自由[235]，目前德國於刑事訴訟、行政訴訟、勞動訴訟、社會訴訟、財務訴訟等訴訟事件，基於個別不同的訴訟法規定，皆有榮譽職法官的設計[236]。

依德國法院組織法第 36 條規定，地方自治團體之地方代表組織 (Gemeindevertretung) 每 5 年經其成員二分之一出席、出席成員三分之二同意，提出 1 次參審員 (Schöffe) 建議名單，提名所需人數至少 2 倍之候選人，並公告 1 週。所謂地方代表組織，以柏林為例，為地方議員議會

---

[233] 全名為 Bundesverband ehrenamtlicher Richterinnen und Richter e.V. - Deutsche Vereinigung der Schöffinnen und Schöffen - ，http://www.schoeffen.de/（最後瀏覽日：2022 年 3 月 20 日）。

[234] 此刊物原為旬刊，自 1995 年起改為季刊，除報導會務外，並報導政府及議會對於參審制度的政策及與參審制有關的裁判，並對於人民從事參審工作的進行提供實際建議。參見未著法袍的法官雜誌，https://www.bwv-verlag.de/richterohnerobe（最後瀏覽日：2022 年 3 月 20 日）。

[235] BVerfGE, 46, 206 (208).

[236] 簡要說明，參見 Kissel/Mayer, a.a.O. (Fn. 30), §28 Rn. 5.

(Bezirksverordnetenversammlung)，經驗顯示地方議會對於地方居民有較深的認識，而較能掌握熟稔公共事務而適於擔任參審員的人選[237]。建議名單由地方議會每 5 年提出 1 次，而且須於每一任參審員任期開始前提出[238]。

　　法院應組成榮譽職法官選任委員會，同樣地該委員會係每 5 年組成 1 次。選任委員會由 1 名法院之職業法官、1 名邦政府指派之公務員、7 名經地方代表組織由地方居民中選出的代表組成，並由職業法官擔任主席，由建議名單選出次 5 年之下屆榮譽職法官。對於參審員人選及其候補人選的選任，須經三分之二之絕對多數同意。選任參審員時，應注意在性別、年齡、職業與社會地位各方面須適當反映轄內人口所有群體的特性（法院組織法第 42 條第 2 項）。然而本項規定僅有宣示的效力，如有違反，選任參審員之合法性並不受影響[239]。

五、小結

　　在德國，法官分為職業法官及榮譽職法官。後者並非由法律專業人士擔任，但具有強化司法民主正當性、拓展職業法官的資訊及知識範圍、增加人民對於司法裁判的信賴、提升人民的法治知識及對於司法裁判的理解、於裁判中加入非法律專業考量的思維以利於裁判受接受的程度、並且因此填補法律與社會現狀的落差而有助於法律的續造等功能[240]。至於職業法官，在司法考試統一的制度下，凡是通過第二次國家司法考試而取得候補司法人員資格者，皆具有擔任終身法官的資格，前提為須有至少 3 年的法官工作經驗，最常見的就是申請為試署法官。

　　然而因為各邦對於試署法官在第二次國家司法考試的成績有較高的要求，因此通過第二次國家司法考試的候補司法人員亦可選擇先從事其他公務

---

[237] Kissel/Mayer, a.a.O. (Fn. 30), §36 Rn. 3.

[238] Kissel/Mayer, a.a.O. (Fn. 30), §36 Rn. 7.

[239] Kissel/Mayer, a.a.O. (Fn. 30), §42 Rn. 15; BGH, NJW 1986, S. 1358.

[240] Kissel/Mayer, a.a.O. (Fn. 30), §28 Rn. 2.

員或法律工作，並以工作年資折算試署法官的法官工作年資。配合法官工作試署期間的規定，可將德國終身法官產生的方式，簡要以下圖表示之：

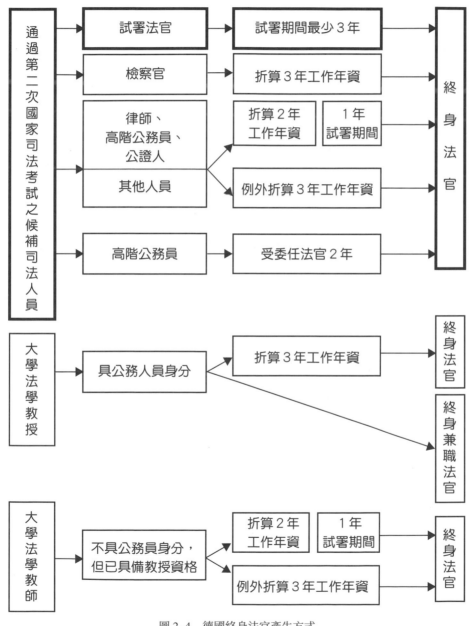

圖 2-4　德國終身法官產生方式

（資料來源：本書自製）

　　圖 2–4 中，以粗框表示之方式，即為通過第二次國家司法考試後，經過選任為試署法官，無解任的情形發生，並於原則上 3 年試署期間經過後，取得終身法官的資格，此為通常終身法官產生的方式，亦為前述選任方式與程序中所敘述的一般情形。至於其他情形所列之人，則是可以提出申請，透過選任法官之程序，取得終身法官之資格。在統一的司法考試制度下，只要是具備候補司法人員資格者皆可申請以工作經驗折算試署法官期間。至於具有公務員身分的專職大學法學教授，或不具備公務員身分、但已具備教授資格之大學法學教師，不論其是否具備候補司法人員資格（即通過第二次國家司法考試），得以其教學及研究的工作經驗折算試署法官期間。此外，具公務員資格之大學法學教授更可在不影響其教授本職的情形下，成為終身兼職法官。如此，即形成了德國「司法一元考試、法官多元來源」的制度。

柒、評析與建議

　　綜觀上述分析，德國的司法審判制度、法官養成及培訓制度，有其特殊性。

1. 司法審判體系多元性，除普通法院及行政法院外，尚包括財務、勞動及社會等專業法院。如此多元的審判體系，即代表不同審判體系中的法官，特別是專業法院的法官，對於專業法律須具備一定的專業知識。

2. 法學教育重視實習訓練，不僅在大學就讀期間即強制須進行 3 個月的實習，如欲參加第二次國家司法考試而成為司法人員，之前須經過 2 年的實習訓練，於不同的單位及機構中接受實習訓練。如此，可使法學教育不僅只是理論的學習，更是透過實習，學習實務工作的重點，而能夠靈活運用法律知識。

3. 司法考選制度一元性，即不論司法實務工作內容，不論法官、檢察官、律師、公證人或其他專業司法人員，皆是以相同的司法考試制度考選。即便司法考試是各邦的事務，並且亦有大學舉行司法考試的部分（第一次司法

考試中之大學司法考試），但是各邦對於司法考試的要求大同小異。二次的國家司法考試，不僅強調基礎法學和進階專業法學知識，更強調實務實習的成效。因此在參加第二次國家司法考試，考生對於未來欲從事的工作有較明確的方向時，即可以依考生選定的專業方向及依據其實習經驗，針對其專業知識及實習成果進行測試。

4. 法官來源多元性，亦即凡是通過第二次國家司法考試者原則上皆具備擔任法官的資格。然而在法官選任的過程中，往往須第二次國家司法考試成績優異者始有被選任為法官的可能，其餘則可任職為檢察官、律師、公證人或高階公務員，於從事工作一定期間後，仍得以折算工作年資的方式，申請選任為法官。如此使得法官的來源不限於試署法官單一途徑，而可以從不同領域的司法工作者中經其申請而選任法官。此外，大學法學教授亦具備擔任法官的資格，並可成為兼職法官。

　　在德國嚴謹且統一的司法人員養成制度下，最後能夠成為法官的法律人，都是在學識及實務具有相當紮實基礎的優異人才。即便不擔任法官而從事其他司法工作，也是受到相同的訓練要求。尤其是高階公務員也必須通過第二次國家司法考試，因此德國文官體制及公務員素質，亦能保持一定的水準。而透過轉任法官的多元設計，不僅律師可以轉任法官，高階公務員、公證人、甚至大學法學教授皆可以轉任為法官，以其多年實務或學術工作經驗的基礎，從事法官的審判工作。

　　德國的司法制度有其歷史背景，法學教育及法官養成，亦有配合該國歷史、文化及國情的需求。因此，考量當今的政治、社會、經濟與文化等背景，德國目前的制度，可提供以下方向供未來法學教育及司法改革參考：

1.應更加重視法學教育階段的實習訓練

　　德國的法學教育，不單只是重視知識的傳授，也重視實習的訓練。不僅在大學期間即強制要求進行 3 個月的實習學習，尤其是對於未來的司法從業人員，更要求 2 年的多元實習訓練，始具備參加第二次國家司法考試的資格。

法律是實用的學科，特別是訴訟法，很難單純由課本中理解訴訟程序的進行，透過實習，法律系學生更能理解法條運用在實際案例或生活中的情形。此外，亦可使得長期準備考試的法律系學生有實際工作的機會，不至於與社會隔絕。而且在實習工作中，更可以確知個人的人格特質，了解是否適合從事司法工作，或者適合從事何種司法工作，以使日後職業的選擇能夠更適性的發展。

2.法官與律師的考選無須合一，但考選標準應盡量相同

　　法官與律師考選分立制度，為我國現行長期以來的作法，未來改革司法考試制度時，德國司法人員考選一元的制度，有值得參考之處。亦即透過相同的考試制度，確保通過考試者具有同等的專業能力及素質。因此，即使法官與律師的考選管道可以分立，但是如能在考選的標準上達到近似的要求，例如在題目難易度及評分標準上把關，確保律師與法官的專業能力落差不至於過大，以使司法人員的素質能夠維持一定的水準。

3.應建立其他法律專業人員轉任法官的多元管道

　　建立法官來源多元性的管道，並不一定是要解決法官人數不足的問題，而是使法官能由不同具有其他工作經驗的專業人員中選任，使得法官更能夠於審判時參酌其他工作經驗，裁判結果更能夠貼近實際生活，而不致流於封閉的思維。多元法官的來源，不僅是律師及檢察官，高階公務員、大學教授等具備法律專業的人員，都可以設計轉任法官的機制。借重這些專業人員的多年工作經驗，不僅可活化法官的組成，更應有助解決當今社會中層出不窮的多元問題，使得司法的思維更可以符合社會的需求、貼近社會的脈動。此外，兼職法官的制度使其他專業人員在不放棄本職的情形下投身法官工作，具有一定的誘因。惟兼職法官除本職外，同時具備法官身分並支領法官薪資，如未能控管從事法官工作的時間及品質，將引發社會負面觀感。因此兼職法官制度的建立，需要相關配套機制的研議，始能發揮功能。

參考文獻

一、中文

（一）書籍

吳東都，德國稅務行政訴訟，司法研究年報第 27 輯，〈行政類〉第 1 篇，2010 年 11 月。

（二）期刊論文

1. 王韻茹，德國法學教育改革——波隆納模式之衝擊與影響，法學新論，第 15 期，頁 51–77，2009 年 10 月。

2. 何賴傑，從德國參審制談司法院人民觀審制，國立臺灣大學法學論叢，41 卷特刊期，頁 1189–1242，2012 年 11 月。

3. 林佳和，勞動專業法庭——德國制度之簡析，月旦法學雜誌，第 166 期，頁 42–58，2009 年 3 月。

4. 高文琦，波隆納宣言與德國法學教育與法律人職業，法學新論，第 15 期，頁 23–50，2009 年 10 月。

5. 陳信安，德國共同大法庭 (Gemeinsamer Senat) 制度初探——兼評引進我國之可行性，興大法學，第 28 期，頁 163–230，2020 年 11 月。

6. 陳惠馨，法學專業教育改革的理念——以台灣、德國為例，月旦法學雜誌，第 119 期，頁 151–175，2005 年 4 月。

7. 楊雲驊，德國刑事參審制度看司法院「人民觀審試行條例草案」的基本問題，日新司法年刊，第 10 期，頁 48–59，2014 年 1 月。

8. 鍾秉正，淺介德國社會法院及相關審判權，月旦法學雜誌，第 166 期，頁 5–22，2009 年 3 月。

9. 蘇永欽，從司法官的選任制度看法系的分道和匯流，檢察新論，第 4 期，頁 12–28，2008 年 7 月。

（三）學位論文

黃士元，經濟犯罪被害人財產權保障之救濟——從憲法觀點論刑事附帶民事訴訟之修改方向，國立政治大學法學院碩士在職專班碩士論文，2010 年。

二、德文

（一）書籍

1. Ipsen, Jörn, Staatsrecht I – Staatsorganisationsrecht, 23. Aufl., 2011.

2. Musielak, Hans-Joachim, Grundkurs ZPO, 10. Aufl., 2010.

3. Sodan, Helge/Ziekow, Jan, Grundkurs Öffentliches Recht, 4. Aufl., 2010.

（二）註釋書

1. Dürig, Günter/Herzog, Roman/Scholz, Rupert/Hillgruber, Matthias, Grundgesetz-Kommentar, 95. EL Juli 2021.

2. Germelmann, Class-Hinrich/Matthes, Hans-Christoph/Prütting, Hann (Hrsg.), Arbeitsgerichtsgesetz: ArbGG, 9. Aufl., 2017.

3. Gräber, Fritz, Finanzgerichtsordnung: FGO., 9. Aufl., 2019.

4. Graf, Jürgen (Hrsg.), Beck'scher Online-Kommentar GVG, 14. Edition Stand: 15.2.2022.

5. Kissel, Otto Rudolf/Mayer, Herbert, Gerichtsverfassungsgesetz: GVG, 10. Aufl., 2021.

6. Rauscher, Thomas/Krüger, Wolfgang (Hrsg.), Münchener Kommentar zur ZPO, 6. Aufl., 2022, Band. 3, GVG.

7. Rolfs, Christian/Giesen, Richard/Kreikebohm, Ralf/Meßling, Miriam/Udsching, Peter (Hrsg.), Beck'scher Online-Kommentar Sozialrecht, 63. Edition Stand: 1.12.2021.

8. Schmidt-Räntsch, Günther, Deutsches Richtergesetz: Kommentar, 6. Aufl., 2009.

9. Schoch, Friedrich/Schneider, Jens-Peter, Verwaltungsgerichtsordnung: Kommentar, 41. EL Juli 2021.

10. Staats, Johann-Friedrich, Deutsches Richtergesetz, 1. Aufl., 2012.

11. Tipke, Klaus/Lang, Joachim, Steuerrecht, 18. Aufl., 2005.

12. von Mangoldt, Hermann/Klein, Friedrich/Starck, Christian, Kommentar zum Grundgesetz: GG, Band. 3, 7. Aufl., 2018.

（三）期刊論文

Podszun, Rupprecht/Rohner, Tristan, Die Zukunft der Kammern für Handelssachen, NJW 2019, S.131–136.

三、網路資料

1. 1993 年 3 月 1 日德國法官學院行政協定 (Verwaltungsvereinbarung über die Deutsche Richterakademie vom 1. März 1993)，https://www.deutsche-richterakademie.de/icc/drade/nav/6fc/broker.jsp?uMen=c7c060c6-20f5-0318-e457-6456350fd4c2（最後瀏覽日：2022 年 3 月 20 日）。

2. 巴伐利亞邦司法考試局，2020 年度報告 (Bericht des Bayerischen Landesjustizprüfungsamtes für das Jahr 2020)，https://www.justiz.bayern.de/media/pdf/ljpa/jahresberichte_mit_statistiken/bericht_2020.pdf（最後瀏覽日：2022 年 3 月 20 日）。

3. 巴伐利亞邦司法考試局，關於第一次國家司法考試之說明 (Informationen zur Ersten Juristischen Staatsprüfung)，http://www.justiz.bayern.de/landesjustizpruefungsamt/erste-juristische-staatspruefung/（最後瀏覽日：2022 年 3 月 20 日）。

4. 巴伐利亞邦司法考試局，關於第二次國家司法考試之說明 (Informationen zur Zweiten Juristischen Staatsprüfung)，http://www.justiz.bayern.de/landesjustizpruefungsamt/zweite-juristische-staatspruefung/（最後瀏覽日：2022 年 3 月 20 日）。

5. 巴伐利亞邦司法部，法官及檢察官之要求簡介 (Anforderungsprofil für Richter und Staatsanwälte)，http://www.justiz.bayern.de/media/pdf/berufe/anfprofilrus.pdf（最後瀏覽日：2022 年 3 月 20 日）。

6. 巴伐利亞邦司法部，法官與檢察官 (Richterinnen & Richter, Staatsanwältinnen & Staatsanwälte)，http://www.justiz.bayern.de/justiz/berufe-und-stellen/richter-und-staatsanwaelte/（最後瀏覽日：2022 年 3 月 20 日）。

7. 巴伐利亞邦司法學院，https://www.justiz.bayern.de/gerichte-und-behoerden/

bayerische-justizakademie/aufgaben.php（最後瀏覽日：2022 年 3 月 20 日）。

8.北萊茵－西法倫邦司法學院，年度計畫 (Jahresprogramm)，https://www.jak.nrw.de/aufgaben/Jahresprogramm/index.php（最後瀏覽日：2022 年 3 月 20 日）。

9.司法院，查詢服務，外語譯文專區，中譯外國法規，德國行政法院法，https://www.judicial.gov.tw/tw/dl-131465-24a101556121415aa9c9ff197b1cf9ae.html（最後瀏覽日：2022 年 3 月 20 日）。

10.司法院，查詢服務，外語譯文專區，中譯外國法規，德國法官法，https://www.judicial.gov.tw/tw/dl-134189-ce247585251147199409e419dfe335fc.html（最後瀏覽日：2022 年 3 月 20 日）。

11.司法院，查詢服務，外語譯文專區，中譯外國法規，德國社會法院法 (SGG)，https://www.judicial.gov.tw/tw/dl-79654-221c8ec96a31470197a1b6027b71bb05.html（最後瀏覽日：2022 年 3 月 20 日）。

12.司法院，查詢服務，外語譯文專區，中譯外國法規，德國財務法院法，https://www.judicial.gov.tw/tw/dl-79652-cee8f4b44db647a18c84b6844d4834f0.html（最後瀏覽日：2022 年 3 月 20 日）。

13.司法院，查詢服務，外語譯文專區，中譯外國法規，聯邦德國勞動法院及訴訟法部分條文，https://www.judicial.gov.tw/tw/dl-131651-99ba599c8932424a8a0de1146cab1f69.html（最後瀏覽日：2022 年 3 月 20 日）。

14.未著法袍的法官雜誌，https://www.bwv-verlag.de/richterohnerobe（最後瀏覽日：2022 年 3 月 20 日）。

15.柏林邦司法、多元及反歧視部，柏林邦法官與檢察官之任用 (Einstellung als Richterin/Richter(w/m/d) und Staatsanwältin/Staatsanwalt (w/m/d) im Land Berlin)，https://www.berlin.de/sen/justva/ueber-uns/karriere/artikel.261026.php（最後瀏覽日：2022 年 3 月 20 日）。

16.德國法官學院，2015 年進修活動表，http://www.deutsche-richterakademie.de/icc/drade/nav/4fc/broker.jsp?uMen=1ff60609-4df5-3641-

fc47-91426350fd4c（最後瀏覽日：2015 年 4 月 15 日）。

17.德國法官學院，2022 年度進修活動計畫 (Jahresprogramm 2022)，https://www.deutsche-richterakademie.de/icc/drade/med/9a5/9a522128-4fa7-b71c-2258-a7300e8ff830,11111111-1111-1111-1111-111111111111.pdf（最後瀏覽日：2022 年 3 月 20 日）。

18.德國法官學院，2022 年度額外線上研討會 (2022 - Zusätzliche Online-Tagungen)，https://www.deutsche-richterakademie.de/icc/drade/med/818/8185022d-5cf9-be71-a7b7-97c2de2fa1c2,11111111-1111-1111-1111-111111111111.pdf（最後瀏覽日：2022 年 3 月 20 日）。

19.德國法官學院，任務，https://www.deutsche-richterakademie.de/icc/drade/nav/c8c/c8c060c6-20f5-0318-e457-6456350fd4c2&class=net.icteam.cms.utils.search.AttributeManager&class_uBasAttrDef=a001aaaa-aaaa-aaaa-eeee-000000000054.htm（最後瀏覽日：2022 年 3 月 20 日）。

20.德國法官學院，簡介，https://www.deutsche-richterakademie.de/icc/drade/nav/6fc/6fc060c6-20f5-0318-e457-6456350fd4c2&class=net.icteam.cms.utils.search.AttributeManager&class_uBasAttrDef=a001aaaa-aaaa-aaaa-eeee-000000000054.htm（最後瀏覽日：2022 年 3 月 20 日）。

21.德國奧斯納布呂克 (Osnabrück) 大學 Prof. Dr. Arndt Sinn、德國特里爾 (Trier) 大學 Prof. Dr. Mark Zöller 專題演講，德國參審法官對於刑事訴訟程序的參與，https://social.judicial.gov.tw/LayJudgeAttach/0152/%E9%99%84%E4%BB%B638%EF%BC%9A%E5%BE%B7%E5%9C%8B%E5%8F%83%E5%AF%A9%E6%B3%95%E5%AE%98%E5%B0%8D%E6%96%BC%E5%88%91%E4%BA%8B%E8%A8%B4%E8%A8%9F%E7%A8%8B%E5%BA%8F%E7%9A%84%E5%8F%83%E8%88%87.doc（最後瀏覽日：2022 年 3 月 20 日）。

22.德國慕尼黑大學法律系，Informationen zum Studium der Rechtswissenschaften, Informationsbroschüre für Studienanfänger*innen，https://www.jura.uni-muenchen.de/studium/studienberatung/beratung_hauptfach/

studberatung_examen/infobroschuere_2020.pdf（最後瀏覽日：2022 年 3 月 20 日）。

23.德國慕尼黑大學法律系，Überblick über das Studium der Rechtswissenschaften，https://www.jura.uni-muenchen.de/studium/studiengaenge/hauptstudium/lmu_jura_ 2016_web.pdf（最後瀏覽日：2022 年 3 月 20 日）。

24.德國聯邦司法部，各邦中聯邦法院與邦法院之數量 (Gerichte des Bundes und der Länder am 22. Juni 2020)，https://www.bmj.de/SharedDocs/Downloads/ DE/PDF/Anzahl_der_Gerichte_des_Bundes_und_der_Laender.pdf;jsessionid= 31689D051D4F9B882C61EF6D401F80F5.2_cid334?__blob=publicationFile& v=3（最後瀏覽日：2022 年 3 月 20 日）。

25.德國聯邦司法部，德國法院審判系統整體架構圖（英文）(The Courts of Law in the Federal Republic of Germany)，https://www.bmj.de/SharedDocs/ Downloads/EN/Schaubild_Gerichtsaufbau_Englisch.pdf?__blob=publicationFil e&v=3（最後瀏覽日：2022 年 3 月 20 日）。

26.德 國 聯 邦 最 高 法 院，2020 年 事 務 報 告 (Tätigkeitsbericht des Bundesgerichtshofs für das Jahr 2020)，https://www.bundesgerichtshof.de/DE/ Service/Publikationen/Taetigkeitsberichte/taetigkeitsberichte_node.html（最後 瀏覽日：2022 年 3 月 20 日）。

四、司法院電子書出版品

卓育璇，德國法官研習進修制度（出國考察報告），2013 年 11 月 6 日，https://jirs.judicial.gov.tw/judlib/EBookQry04.asp?S=U&scode=U&page=5&seq =82（最後瀏覽日：2022 年 3 月 20 日）。

第三章

法國法官體制[*]

吳秦雯

---

[*] 本文關於最高法院的組織與制度介紹部分，若干內容曾在本人文章：最高（行政）法院組織縮編與法官選任方式——以法國制度為中心，收錄於社團法人台灣法學會主編之《台灣法學新課題（十三）》，頁 267-292，2018 年，進行介紹，但本書出版前法國相關法制又有所修改，故儘管難免有制度相同之介紹，但已經依據新法進行修改，特予說明。

壹、基本背景

　　由於法國可謂歐洲第一個統一的單一國，其司法制度淵遠流長，迄今的司法制度仍多多少少有著以往歷史的痕跡，因而，有必要先略微敘述法國司法制度之淵源。

一、歷史淵源

　　自中世紀舊王政時期起[1]，就統治範圍而言，法國已經成為一個與目前法國本土領域相當、統一的中央集權國家[2]。就行政管制的角度言，伴隨著當時國家（王權）強大的干涉管制角色，國家與一般人民之間，存在著治理者與受治者 (les administrés) 的不平等關係[3]；而也由於王權的確立，因此國王對於司法權擁有很重要的影響力與決定空間。早在大家所熟知之法國大革命後創設二元審判制度之前，法國已然建立對現今制度仍具備相當影響力之司法制度。

　　首先，1345 年 3 月 11 日之律令 (l'ordonnance du 11 mars 1345) 將源於拉

1　法國成為一個統一的單一國之確切時間，學者間仍有爭議，多數學者以為源自舊王政時期，V. P. Deyon, *L'Etat face au pouvoir local*, Editions locales de France, 1996; F-O Martin, *L'administration provincialeàla fin de l'Ancien Régime*, rééd. Loysel coll, Des cours dispensés de 1921 à 1951. 1988, Reprint LGDJ, 1997; P. Sueur, *Histoire du droit public français. Xvème-XVIIIème siècle*, PUF, 1989. 不過仍有少數學者則主張源自法國大革命。V. Ch. Boillot-Burg, *La décentralisation coopérative－Contribution à l'étude des rapports des personnes publiques territoriales en droit public français*, thèse, Université de Bourgogne, 2002, pp. 35-50.

2　H. Méthivier, *L'Ancien Régime*, PUF, 1974, p. 6.

3　「受治者」一詞，向為法國行政法之傳統法律術語，用以描述受行政機關行為（不論是具體的行政行為或抽象的行政命令、規則）拘束，並負遵守義務之相對人。然並非單純以此名詞本身，即推行出法國行政法所規範之國家與人民間之法律關係，為不平等之關係；蓋此名詞之意涵，近年來歷經許多轉變並擴大其內涵：由絕對的服從者，轉變為公共服務的使用者，進而為行政行為之參與者。V. J. Rivero, « L'administré face au droit administratif », *AJDA* 1995, p. 147. 然而，為避免此詞古典意義（絕對的服從者）影響對於現代法律之詮釋，大部分的法律與行政命令已逐漸揚棄此詞，改以其他名詞取代，例如在行政訴訟中，目前以起訴人 (le requérant) 一詞取代以往使用的受治者。

丁字具有「審議庭、會議」意義之 "parlamentum" 轉化為法文的 "parlement"，並以此名稱，在今日巴黎上訴法院所在地設置了法國第一個具有司法組織性質的法庭[4]，即「巴黎審議庭」(le Parlement à Paris)。不過，parlement 一詞對應於現今翻譯為「議會」，但法國中世紀的「議會」，並不是現代意義下之議會，而完全是一個代表王權的政治機構，主要功能就是代表國王，並以確保公共利益之名義做成司法性質的決定。尤其以國王為號召，用來對抗各地方領主的統治權，以維護當時仍脆弱的法蘭西國家權威，因此以下將翻譯為「審議法院」以為區隔，並兼顧審議庭之拉丁文原意。不過，中世紀所有透過法院進行的審判都必須付費，因此只有擁有資力者方有使用司法的機會[5]。

同時，從 13 世紀起，法國已經有所謂的訴訟代理人 (procuratore)，代理當事人進行訴訟程序，同時扮演辯護人與申告者的角色，直到 15 世紀才將律師與檢察官這兩種角色進行區別[6]。14 世紀國王律令 (L'Ordonnance du 28 décembre 1355) 正式成立「國王檢察官」(Procureur du Roi)。亦即，以往只是領主之訴訟代理人的概念轉變為代表王權與社會利益的檢察官，由於其以往是為了領主訴訟，並未與法官居於同一位置，而是站著與被告同列，至今法國仍然時常稱呼檢察官為「站著的法官」(magistrat debout) 以相對於「坐著的法官」(magistrat siège)。

隨著法國國王對於法國領土越來越有效的控制，各省也紛紛設置地方的「審議法院」，強化王權對地方之司法事務之掌控，由於是代表王權，因此也同時具有上訴法院的功能。其處理事務的範圍包括各種類型的爭議案件，像是同業、教會、社區等民事、刑事爭執，也包括社會秩序等違警案件。另外有別於一般法院者，乃是此些「審議法院」從中世紀以來即具有登錄法令的

4　B. Monteagle, « PARLEMENTS, histoire », Encyclopædia Universalis [en ligne], http://www.universalis.fr/encyclopedie/parlements-histoire/（最後瀏覽日：2022 年 3 月 25 日）。

5　La Justice en France, Publication du ministère de la Justice, Edition Juin 2013, p. 5.

6　R. Perrot, Institutions judiciaires, 13^{e}éd., Paris, Montchrestien, 2008, n° 417.

權限，所有的法令公布前，都必須先將法令送到最高法院進行登錄，最高法院在進行法令登錄前，都會確認法律、相對人與地方習慣之兼容性，類似於當代的合法性控制。這項業務事實上造成後來法國大革命後，重新設計二元審判法院制度的主要原因。因此，從中世紀一直到 1789 年法國大革命之前，各省的「審議法院」事實上都扮演雙重角色，一方面是一般的審判事務，另一方面則是擔負某部分的立法權限。

其中，巴黎「審議法院」從 1661 年路易十四 (Louis XIV) 開始，就成為法蘭西王國的最高法院。到 1789 年時，內部已經分為 5 個庭，以最重要的大法庭 (la Grand-Chambre) 為例，其主要由首席主席、9 名資深主席、25 名世俗審議官與 12 名書記審議官所組成。另外則有具血親的王子、爵士與皇室親戚、大主教、巴黎教廷與 6 位榮譽世俗審議官也是大法庭的附屬成員[7]。而大法庭的主席之職位在支付一定價金的條件下可以買賣與轉讓，可知當時審議法院組成之腐敗與權貴，這也是法國早期普遍不信任司法制度之因。

接著，以下分別再從刑事、民事與行政訴訟制度進行介紹：

二、刑事訴訟制度

自中古世紀至文藝復興時代，法國國王及各地方之領主 (seigneurs) 均自任法官，親自判斷刑事案件，最常被人提出的像是國王聖路易九世 (Saint Louis) 曾親自在橡樹下主持刑事審理[8]。當時由於採取的是世襲政治，國王的權限來自於貴族世家的肯定，因此國王司法權之來源，也是國王司法權最明顯之象徵，乃是「司法權杖」(main de justice)，此權杖是每次國王登基時

---

[7] Histoire du droit français. Le Parlement de Paris et les parlements provinciaux, URL originale : http://www.cosmovisions.com/parlement.htm（最後瀏覽日：2022 年 3 月 25 日）。

[8] M. Boulet-Sautel, « Quelle justice ? Louis IX Roi de France », *in* Université Panthéon-Assas (Paris II), *Clés pour le siècle*, Paris, Dalloz, 2000, p. 1125 ; Y. Sassier, « *Honor regis judicium diligit*. L'exaltation de la fonction judiciaire du roi », *in* O . Cayla, M.-F. Renoux-Zagamé, dir., *L'office du juge : part de souveraineté ou puissance nulle?*, Paris : LGDJ, Bruxelles : Bruylant, 2002, p. 17.

之加冕儀式中，由高等貴族賦予登基之國王[9]。這項國王或各地領主親自擔任刑事案件審判官傳統到文藝復興時，由於案件數量逐漸龐大，漸漸開始轉變為由皇廷任命審判官作為國王之司法代表，並由各該審判官（即法官）在全國各省之審議法院職司審判職務，是以，審判官基本上是由貴族所擔任。而在刑事訴訟程序中扮演重要角色的預審法官 (lieutenant criminel)，最初法國是在 1539 年由法蘭斯瓦一世國王 (François Ier) 所任命[10]，迄今不斷加強與鞏固其司法權威。

　　法國大革命之後，法國於 1790 年成立最早的刑事法庭，專門審判的三種犯罪行為，即違警罪 (contraventions)、輕罪 (délits) 及重罪 (crimes)。法國首部《刑法典》(Code pénal) 於 1791 年頒布，由於拿破崙統一法國全國，並排除地方領主士紳之權力，故其適用地域及於國家全體。

三、民事訴訟制度

　　相同於刑事訴訟法，法國現代民事訴訟法，也是從文藝復興時代起開始發展[11]。自法蘭斯瓦一世國王起，設於全國各省之法院逐漸不再使用拉丁文，改用法文為法庭用語。1667 年國王路易十四執政時，以敕令頒布法國首部《民事訴訟法令》(ordonnance de 1667 relative à la procédure civile)，亦稱為「路易法典」(Code Louis)。此一法令儘管年代久遠，但相關法規範卻已顯現相當之系統化，條文結構也十分進步，因而對日後法國訴訟法之發展有相當影響，一直到法國大革命為止，法國國內各級法院之民事訴訟，皆依《民事訴訟法令》規定[12]。可謂後來《拿破崙法典》若干內容的前身。

---

[9] R.A. Jackson, « Le pouvoir monarchique dans la cérémonie du sacre et couronnement des rois de France », *in* J. Blanchard, dir., *Représentation, pouvoir et royauté à la fin du Moyen Âge*, Paris, Picard, 1995, p. 237.

[10] 參考 1539 年 8 月 10 日之皇室律令，亦稱為「去羅馬化律令」(*ordonnance de Villers-Cotterêts*)

[11] J. Hilaire, « Actes de la pratique et expression du droit du XVIe siècle à la codification », *Droits*, 1988, n° 7, p. 136.

四、行政訴訟制度

　　相對於法國普通法院當中刑事訴訟與民事訴訟起源於中世紀，法國的行政法院與行政訴訟制度，直到法國大革命之後才創立。主要是因為當時的審議法院抗拒登錄革命政府通過的法令，一方面，是為了破除封建制度司法掌控於國王之手；二方面，為了鞏固革命政府的行政權，革命政府提出行政歸行政審判之論述，因而根據法國共和 8 年「霜月」22 日之憲法（le 22 frimaire de l'An VIII；亦即 1799 年 12 月 15 日）第 52 條創設[13]中央行政法院 (le Conseil d'État)[14]。隨後，並依據 1806 年 6 月 11 日敕令 (le décret du 11 juin 1806) 訂定中央行政法院行政訴訟程序規則、1806 年 7 月 22 日中央行政法院管轄事件敕令 (le décret du 22 juillet 1806 « concernant règlement des affaires contentieuses portées au Conseil d'État »)[15]，進一步具體確立中央行政法院之

---

[12] J.-C. Monier, « Note sur les caractères de la procédure civile dans la période 1789–1804 », *in* I. Théry et C. Biet, dir., *La famille, la loi, l'État, de la Révolution au Code civil*, Paris, Imprimerie Nationale, 1989, p. 305.

[13] « Un Conseil d'Etat est chargé de rédiger les projets de lois et de règlements d'administration public et de résoudre les difficultés qui s'élèvent en matière administrative ».

[14] 法文 "Conseil d'État" 一詞，在國內文獻的翻譯並不統一。就其負責行政訴訟之終審任務之角度言，譯為「中央行政法院」，有助於國內瞭解上之便利，如：陳淳文，由新近判例趨勢論法國公法上的「政府行為」概念，人文及社會科學集刊，9 卷 4 期，頁 112，1997 年 12 月。然而，該機關除司行政審判任務外，並兼具諮詢之任務，M. Long, « Le Conseil d'État et la fonction consultative: de la consultation à la décision », *RFDA* 1992, p. 787. 因此，亦有學者取其審判與諮詢雙重功能，翻譯為「諮政院」，如陳世民，中法行政裁量權之比較研究——從實務之觀點，憲政時代，22 卷 1 期，頁 72，1996 年 7 月；或「平政院」，如李鍌濊，法國律師制度，法學叢刊，186 期，頁 109、127，2002 年 4 月。但是若欲對應我國司法組織，翻譯為「最高行政法院」或許更為簡潔。本文暫時以「中央行政法院」一詞翻譯，取其行政訴訟終審任務之意義，並與我國最高行政法院並不具備中央機關法務諮詢功能進行區別。

[15] 甚至法國學界亦有主張該規則係源於 1738 年之 Aguesseau 諮議會。若然，法國行政法之發韌始自君主專制時期。V. B. Pacteau, « Dualité de juridictions et dualité de procédures », *RFDA* 1990, p. 752. 相關歷史背景，中文文獻可參見：城仲模，二十一世紀行政法學發展的新趨勢，法令月刊，52 卷 12 期，頁 6，2001 年 12 月；教授文中表示：「王室顧問性質之閣議 (Conseil du roi) 於王政舊制時早經設置，並依法律受理人民因行政機關違法或不當侵害權利之訴訟案件，這是法國行政訴訟制度的濫觴，亦是後來行政法院 (Conseil d'État) 之先驅。」

管轄範圍；中央行政法院之設立與運作，可視為法國二元審判制度確立之濫觴[16]，並奠定公私二元論以及行政法與私法之分立發展[17]。

　　法國自 1789 年法國大革命後，1790 年 8 月 16 日與後續 8 月 24 日的《司法組織法》(Loi du 16–24 août 1790 sur l'organisation judiciaire)，建立了除法國，也包括今日比利時與盧森堡之基礎司法制度與原則：創設公私二元審判系統、確立司法前平等與無償原則 (le principe de l'égalité devant la justice et de la gratuité)、上訴權 (le droit de faire appel)、刑事案件的陪審制度 (le jury populaire en matière criminelle)、專業化的法官 (la professionnalisation des magistrats)，以及管轄權的確立[18]。至此，法國擺脫以往貴族掌握的司法審判權，廢除實際上對抗立法權的 **"Parlement"**，重新建立法官的選任制度並賦予法官相當的獨立性，可謂現代化的法院系統已然建立。而這樣二元的司法制度，因為拿破崙軍隊當時幾乎橫掃全歐洲，使得歐洲不少國家後來也沿襲了法國所創設的二元審判制度。當然，如今法國的司法制度架構已經與兩百多年前不同，必須重新認識，但其基本架構仍然存在。尤其是法國大革命後首創之普通法院與行政法院分立的司法審判制度，以及各項司法原則，影響多數的歐洲國家，甚至也間接地影響之後採取公私二元制度的東亞國家。

---

[16] 然而，從中央行政法院自法國大革命之後創立，到真正成為獨立的行政審判機關，歷時逾 80 年之久。蓋成立之初，受到國家政體之影響，司法權之實施須為統治者（國王或皇帝）之利益而保留，法官之判決必須在獲得統治者之簽名許可並公布後，方生法律效力，直到 1872 年 5 月 24 日之法方廢除此等許可公布制，中央行政法院才真正具備司法審判性質，並完全獨立於政治力之外；1872 年確認中央行政法院審判性質之法，並於 1980 年，經由憲法委員之決定，肯認為共和國之重要法律原則 (Cons. const., 80119 DC, 22 juillet 1980, *JO*, 24 juillet 1980, p. 1868), V. Ch. Debbasch, *Institutions et droit administratifs*, t. 2, PUF, 1992, p. 395; 但亦有學者認為，即便 1872 年之前，統治者多半尊重法官意見，少有法官意見或判決不獲批准者，因此無須特意強調此過程之重要性，V. G. Braibant, Bernard Stirn, Le droit administratif français, 6ᵉ édition, Dalloz, 2002, pp. 506–507.

[17] 甚至有學者表示，行政法院的審判權範圍決定了行政法制的範圍。V. A. de Laubadère, J-Cl Venezia, Y. Gaudemet, *Traitéde droit administratif*, t.1, 16ᵉ éd., LGDJ, 1999, p. 38.

[18] L'œuvre révolutionnaire : les fondements de la justice actuelle, URL originale : http://www.justice.gouv.fr/histoire-et-patrimoine-10050/la-justice-dans-lhistoire-10288/loeuvre-revolutionnaire-les-fondements-de-la-justice-actuelle-11909.html（最後瀏覽日：2022 年 3 月 25 日）。

貳、司法制度架構

　　法國的司法制度主要分為兩大系統，即普通司法審判系統 (ordre judiciaire) 和行政司法審判系統 (ordre administratif)；前者的功能主要有二：一是裁決私人之間的民事爭議，二則是對刑事案件進行審判。行政司法系統主要是處理人民與行政機關，以及不同行政機關之間發生公法的爭議。不過，在進行對於法國司法制度架構的介紹之前，必須先釐清，以下之論述乃是針對法國國內一般性之所有職司個案審判事務之司法組織進行介紹。換言之，在法國法之體系下，不但存在具有特殊性質之審判機構，也有些地區擁有特殊的司法法制。

　　首先，目前許多國家都予以建置的違憲審查機關，在法國係於 1958 年第五共和憲法當中創設憲法委員會 (Conseil Constitutionnel)，儘管一般而言多數國家均將其定位為司法機關，但在法國，由於 1958 年憲法的特殊考量，其並非是一個純粹的司法組織，故於司法制度架構之介紹與說明中，並不包括憲法委員會，先予敘明。

　　其次，在法國法律制度中有許多，甚至難以詳盡逐項列出之各種特別法制 (régimes dérogatoires)，最主要的，莫過於因為由於該區域之歷史、社會、經濟等因素，迄今仍有保持其特殊法制之必要，因此並未在法制上要求同化，法國三大特殊法制，即亞爾薩斯暨摩澤爾區適用的「亞摩區[19]當地法」(droit local d'Alsace-Moselle)[20]、科西嘉島 (Corse) 相關稅制及海外領地之法律制度，由於與本著作主題較無關，在此也不多做說明[21]。

---

[19]　「亞爾薩斯暨摩澤爾區」，簡稱為「亞摩區」(Alsace-Moselle)。

[20]　J.-P. Niboyet, *Répertoire pratique de droit et de jurisprudence d'Alsace et de Lorraine*, Sirey, 1925；J. Regula, *Le droit applicable en Alsace et en Lorraine*, Dalloz, 1938；G. Struss, *Les lois locales*, Alsatia, 1954；B. Zahra, *À la découverte du droit local : Alsace-Moselle.* Fensch Vallée, 2001；J.-L. Vallens (dir.), *Le guide du droit local. Le droit applicable en Alsace et en Moselle de A à Z*, Institut du Droit Local-Economica, 1997.

[21]　吳秦雯，法國離島治理之法律保障制度──以大溪地（法屬玻里尼西亞 Polynésie française）為例，載：如沐法之春風──陳春生教授榮退論文集，頁 240 以下，2020 年 12 月。

一、前言

　　法國從法國大革命之後，改革以往的一元制司法審判系統，創設二元司法審判系統，不過，並非所有的司法事務都納入此二元系統當中，仍然有相當多二元審判系統外，特別的司法組織與制度。而特殊的司法機構之構成人員，就未必都是專業法官，而且其選任之方式也較為特殊，以下將分別進行介紹。

二、法院組織層級

　　為清楚了解現行法國司法制度體系，以下先以幾張組織圖顯示，以便獲得比較清楚的初步概念。

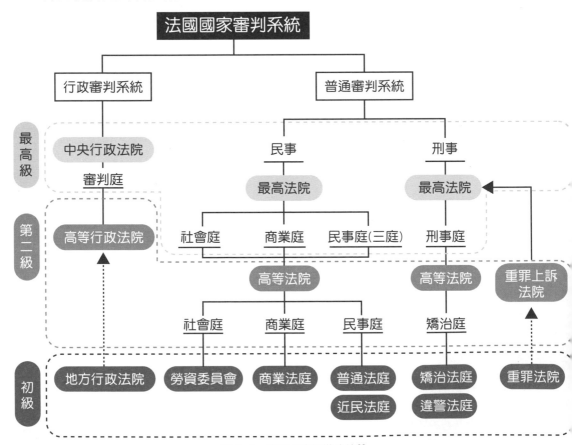

圖 3-1　法國司法組織系統[22]

（資料來源：法國司法部）

　　由圖 3–1 可先得一初步概念，即不論是普通法院或行政法院，目前都相同地採取三級三審之制；不過，在普通法院的審判組織中，依據不同的訴訟事件性質，分由不同的專業法庭加以處理。以下本文將以此一圖示區分為普通與行政法院展開進一步之說明。

（一）普通法院審判系統

　　法國普通法院之設置依據案件性質為民事或刑事而區別管轄，但對於特殊案件之處理，於最終級審判之前，則隸屬於特別管轄之特定法庭。特別管轄之法庭，其組成與審理過程皆與一般普通法院不同。

22　翻譯自法國司法部網頁，瀏覽網址：http://www.justice.gouv.fr/organisation-de-la-justice-10031/（最後瀏覽日：2021 年 12 月 24 日）。

第一審法院(Premier Jugement)		
民事審判 (Juridictions civiles) 訴訟標的金額（10,000歐元）為標準區分成二類管轄法院	特別審判 (Juridictions spécialisées) 依據特殊法律之規定將管轄權指定予特定法庭	刑事審判 (Juridictions pénales) 依據罪之輕重分為不同的管轄法庭
普通法庭 (Tribunal judiciaire)	勞資委員會 (Conseil de prud'hommes)	重罪法院 (Cour d'assises)
近民法庭 (Tribunal de proximité)	商業法庭 (Tribunal de commerce)	矯治法庭 (Tribunal correctionnel)
	社會保險事務庭 (Tribunal des affaires de sécurité sociale)	違警法庭 (Tribunal de police)
	農村租賃契約同數法庭 (Tribunal paritaire des baux ruraux)	

未成年審判(Juridictions pour mineurs)		
兒童法官 (Juge des enfants) 對於陷入危險的未成年人採取保護措施。審理由未成年人構成之違規行為	兒童法庭 (Tribunal pour enfants) 審理由未成年人構成的輕罪，與16歲以下未成年人構成之重罪行為	未成年人重罪法院 (Cour d'assises des mineurs) 審理16歲以上未成年人構成之重罪行為

上訴審(Appel)
高等法院(Cour d'appel)

控制（再審）Contrôle (Pourvoi)
最高法院(Cour de cassation)

圖 3-2　普通法院組織概要圖[23]

（資料來源：法國司法部）

1.普通法院內的一般審判權事務配置

(1)民事審判部分

A.普通法庭 (Tribunal judiciaire)

針對私人之間涉訟之案件，若法律未將該等案件指定給其他法庭，並且訴訟標的金額超過 1 萬歐元以上之事件，則由民事普通法庭予以審理。其審理的事件主要涉及以下四大類：

(A)個人身分關係（état des personnes）：戶籍、親子關係、變更姓名、國籍；

(B)家事事件 (famille)：婚姻關係、離婚、親權、領養、贍養費、繼承等；

(C)不動產法 (droit immobilier)：不動產財產、不動產抵押；

(D)專利權與商標權 (brevets d'invention et droit des marques)；

(E)與「占有」有關的相關行為 (les actions dites "possessoires")，如占有權、地役通行權等。

B.近民法庭 (Tribunal de proximité)

以往普通法庭以外，尚區分為簡易庭 (Tribunal d'instance) 與近民法庭 (Tribunal de proximité)[24]，目前則合併為近民法庭。審理所有訴訟金額 1 萬歐元以下案件，像是有關交通事故之糾紛、支付共有物之維護費用、債務、不完全給付、施工瑕疵、損害賠償或消費糾紛、一般消費紛爭、不動產相鄰關係、少年事件案件、禁制令等之紛爭性較輕微之案件進行類似協調之處理；以及以低於 7 萬 5 千歐元信用貸款 (crédits à la consommation) 方式產生之糾紛。除此之外，以下事件不論金額大小，也

---

[23] 翻譯自法國司法部網頁，瀏覽網址：http://www.justice.gouv.fr/organisation-de-la-justice-10031/lordre-judiciaire-10033/（最後瀏覽日：2022 年 1 月 16 日）。

[24] 近民法庭曾經由非專業法官的近民法官組成，但自 2017 年 7 月後因為司法組織改革而不復存在。http://www.justice.gouv.fr/organisation-de-la-justice-10031/lordre-judiciaire-10033/tribunal-de-proximite-12035.html（最後瀏覽日：2022 年 1 月 4 日）。

由近民法庭處理：

(A)居住、租賃關係之糾紛 (les litiges entre propriétaires et locataires relatifs au logement d'habitation)：像是支付租金、解除租約……。

(B)關於喪葬、學校或寄宿費用 (les contestations en matière de funérailles ou relatives aux frais de scolarité ou d'internat)。

(C)關於修剪樹木與籬笆之爭執，以及經界的行為 (les litiges relatifs à l'élagage des arbres et des haies et les actions en bornage pour fixer les limites de deux propriétés)。

(D)選舉訴訟中關於選民登記與企業中選舉 (les contestations en matière d'élections politiques "établissement des listes électorales" et d'élections professionnelles au sein des entreprises)。

(2)刑事審判部分

在刑事審判部分，法國從 1790 年成立現代化刑事法庭後，即將犯罪行為以其嚴重程度分為三種，即違警罪 (contraventions)[25]、輕罪 (délits) 及重罪 (crimes)，並以不同法庭處理不同的罪。因此，以下介紹的三種法庭都是非特別審判法庭，但其中的重罪法庭並非常設法庭，先予說明。

A.重罪庭 (Cour d'assises)

主要審理 16 歲以上犯法定刑為 10 年以上有期徒刑之重罪案件，但若未滿 16 歲之未成年人與滿 16 歲者為共犯，則重罪庭法官也會出席。如果涉及恐怖攻擊、軍事或毒品運送等重罪，則另外組成特別重罪庭 (cour d'assises spéciale) 處理，亦即法官的組成不同。

B.矯治法庭 (Le tribunal correctionnel)[26]

處理由成年人所構成之最重本刑 10 年以下之輕罪與牽連的違警行

---

[25] 類似於我國從違警罰法轉變而成之社會秩序維護法相關情事。

[26] 關於本法庭之中文翻譯尚未統一，亦有學者翻譯為「輕罪庭」，陳淳文，法國刑事預審制度演變之研究，歐美研究，26 卷 3 期，頁 108，1996 年 9 月。

為，像是：偷竊、詐騙、背信、重傷害等。換言之，如果汽車駕駛人超速駕駛造成行人受傷，超速行為係違警行為，但受傷是輕罪行為，此時合併由矯治法庭審理。

C.違警法庭 (Le tribunal de police)

處理刑事不法行為中的第五級事件，課以 1,500 歐元罰金或剝奪、限制某些行為之處罰（例如吊銷執照、禁止於職業領域的投票），乃是違法嚴重程度較低，但對於社會秩序危害較高的案件，像是擾亂治安、無照狩獵、輕傷害等。

D.近民法官 (Juge de proximité)

處理刑事不法行為中的第一級到第四級事件（已廢除）。此一法庭於 2002 年 9 月 9 日法律 (Loi du 9 septembre 2002 d'orientation et de programmation pour la justice) 所創設，主要目的在「確保公民之間法律關係的安定，判決效能以及保護社會脫免於犯罪與違法」，由政府編列特別預算而設，曾議決自 2013 年 1 月廢止，不過後來又通過法律 (loi du 24 décembre 2012 relative aux juridictions de proximité) 延遲到 2015 年 1 月。根據 2016 年 8 月 8 日建置法第 39 條規定[27]，此法庭自 2017 年 7 月 1 日起被正式廢除。該建制法同時規定近民法官與有限任期的法官 (Magistrat exerçant à titre temporaire, MTT) 的職務合併。

2.地方法院內之一般審判權組織配置

上訴法院每個第一審法院都由數名專業法官所構成，其中包含院長 (président)、副院長、法官，以及書記官長 (greffiers en chef) 與書記官。地方法院的院長相同地必須分案，審理緊急處分 (procédures rapides) 的案件、強制執行的案件等。

---

[27] Loi organique n° 2016-1090 du 8 août 2016 relative aux garanties statutaires, aux obligations déontologiques et au recrutement des magistrats ainsi qu'au Conseil supérieur de la magistrature.

　　依據每個地方法院所承載的案件量差異，每個法院之下又分有不同的庭 (chambre)，例如巴黎地方法院特別說明分有 27 個庭[28]，馬賽地方法院曾經有 11 庭，但在改革後，依現行可尋得之資料無法確定有多少庭。而地方法院又區分為處理民事案件的一般庭、處理刑事案件的矯治法庭，以及處理民事、刑事簡易案件的簡易庭。另外尚有特殊的重罪法庭。自 2020 年截止，法國共有 164 個地方法院。

　　根據經憲法委員會審查後 (Décision n° 2019–778 DC du 21 mars 2019)[29] 於 2019 年 3 月 23 日公布之第 2019–222 號《有關 2018–2022 年司法計畫及改革之法律》(LOI n° 2019–222 du 23 mars 2019 de programmation 2018–2022 et de réforme pour la justice)，法國各法院的設置及職能已有一定程度整併或修改。至 2020 年為止，全法國有 164 所地方法院、125 所上訴法院。

⑴一般民事法庭

　　為地方法院內之法庭，並非獨立法院，每個庭由 3 位專業法官加上 1 名書記官組成，其中一位法官並任審判長。在海外領地與新喀里多尼亞群島，都只設置初級法院 (un tribunal de première instance)，同時審理一般事件與簡易事件，而且在民事與商業領域，都只有獨任法官。

⑵簡易庭

　　由一名或數名專業法官所組成，其中又分為民事簡易庭與刑事違警法庭，所有的案件都採獨任制。

⑶矯治法庭

　　乃是地方法院中的法庭，並非獨立法院，每個庭由 3 位專業法官加上 1 名書記官組成，其中一位法官並任審判長。有些案件則由獨任法官審判。檢

---

[28] 共分為 17 庭 (chambres) 與 10 專股 (pôles)。詳見：https://www.tribunal-de-paris.justice.fr/sites/default/files/2021-10/TJP-Depliants-statistiques%202021-14.pdf（最後瀏覽日：2022 年 3 月 25 日）。

[29] 詳見：https://www.vie-publique.fr/loi/269313-loi-programmation-2018-2022-et-reforme-pour-la-justice（最後瀏覽日：2022 年 3 月 25 日）。

察官在矯治法庭必須蒞庭，或由其代理人出庭。

⑷預審法官

　　預審法官 (juge d'instruction) 乃是法國司法審判制度當中非常特殊職位[30]，有著相當長的歷史演變[31]。法國以外，比利時、瑞士、盧森堡等國，自拿破崙時代迄今，在刑事訴訟中都保留預審階段。預審法官係地方法院之法官[32]，而非檢察官，負責在檢察官起訴之重罪或輕罪後進行預審，亦即預備審判階段[33]，指揮司法警察以進行各種司法上的證據調查。預審法官在預審之審查過程中，得採用各種調查方式，釐清相關事實之真實[34]，像是訊問當事人與相關證人、進行交互詰問、聽證、裁定羈押犯罪嫌疑人，為重罪法庭、矯治法庭製作相關卷宗等[35]。因而相對於其他法官，預審法官擁有相當獨特的地位，並得依據案件的需要，在預審程序中，預審法官對審查手段享有高度之自由。任何司法機關在預審階段中，不得要求或命令預審法官，且不得指導審查。由於預審法官的權力相當大，為了避免獨任預審法官可能導致的濫權或誤判危險，2013 年法律已經規定[36]，只要當事人或法官請求，即應由

---

[30] J. Pradel, *L'instruction préparatoire*, Paris, Cujas, 1990; P. Chambon, *Le juge d'instruction, Théorie et pratique de la procédure*, Dalloz, 4ème éd., 1997; J.-P. Bauvé, « Le juge d'instruction en question », *Gaz. Pal.* 2 mai 1987, I, doctr. p. 334; A. Cadiot-Feidt, « Quelques réflexions relatives à la suppression du juge d'instruction », *Gaz. Pal.* 19–21 avril 2009, doctr. p. 1187; J. Cedras, « La spécificité du juge d'instruction au sein des procédures pénales européennes », *RID pén.* 2010, vol. 81, p. 233; C. Duparc, « Le rôle du juge d'instruction (1808–2008), Actualité et prospective », *in Modèles français, enjeux politiques et élaboration des grands textes de procédure en Europe*, t. II, actes du colloque d'Angers, 18–19 octobre 2007, J. Hautebert et S. Soleil (dir.), EJT éd., 2008, p. 119.

[31] 相關歷史介紹與法國刑事訴訟制度的相關發展，可參陳淳文，前揭註 26 文，頁 95–146，現代化制度的部分特別參照頁 127 以下，不過 2008 年之後，預審法官制度受到很多的檢討，因此相關制度已經與該文章寫作的時空不符，特請注意。

[32] J.-P. Bauvé, '*op. cit.*, p. 334.

[33] 法國《刑事訴訟法》(Code du procédure pénal, CPP) 第 49 條等。

[34] R. Van Ruymbeke, *Le juge d'instruction*, PUF, coll. Que sais-je ?, 5ème éd., 2008.

[35] 相關權限請參陳淳文，前揭註 26 文，頁 130–139。

[36] Projet de loi relatif à la collégialité de l'instruction, Dernière modification: 25 juillet 2013.

3 名預審法官組成預審法官會 (le collège de l'instruction)，合議進行預審程序與相關調查證據之措施[37]，然而這項法律目前因為預審法官是否存廢仍有爭議而一直被延宕實施。

　　預審法官為第一審法院之法官，為專業法官，但在法國司法官職等中是屬於最低職等，因此通常都由年輕剛上任不久的法官擔任，任期 3 年，通常是專門負責預審之職，但少數法官人數較少的地方法院，預審法官也身兼審判工作，但不得審判自己參與預審的案件；預審法官至少有 7 年以上的資歷後，才可能被任命為「首席預審法官」。

⑸重罪庭

　　乃是非常設法庭，一般而言，每 3 個月開庭 15 天。由 3 名職業法官加上一組抽籤選出之人民陪審團 (un jury composé de citoyens tirés au sort)，3 名職業法官當中，審判長由該地方法院之庭長或上訴法院法官擔任，2 名陪席法官由上訴法院法官或該重罪管轄所在地之地方法院法官擔任；陪審團在第一審由 6 位人民組成，上訴審則有 9 位人民[38]。

⑹近民法庭

　　近民法庭與簡易法庭相同皆採獨任制。

3. 上訴法院 (Cour d'appel) 內之審判權組織配置

　　一般普通法事件的二級審判機關，2020 年時全法國有 36 個，也可稱之為高等法院。以下分述其組織配置與人員配置。

⑴內部組織配置

　　每一個上訴法院都分設有數個依據審判事件類別不同的民事庭、社會庭

---

[37] 參閱：https://www.elysee.fr/emmanuel-macron/2019/07/23/conseil-des-ministres-du-mercredi-24-juillet-2019（最後瀏覽日：2022 年 3 月 25 日）。

[38] 只要年滿 23 歲之法國國籍人民，具備讀、寫法文的能力，無擔任陪審團之消極要件，即具備擔任陪審團成員之資格。如果並未具備消極要件而拒絕擔任，將支付 3,750 歐元的罰鍰。http://www.vos-droits.justice.gouv.fr/proces-penal-11923/jure-11933/jure-dassises-20167.html（最後瀏覽日：2022 年 3 月 25 日）。

與商業庭，專門處理前述地方法院內之一般審判權組織當中之一般民事法庭、簡易庭（當中超過 4,000 歐元或金額上不確定之案件）、勞資糾紛委員會、商業庭、社會保險事務庭與農村租賃契約同數法庭所為判決之得上訴案件。在刑事事件部分，則配置矯正上訴庭 (la chambre des appels correctionnels) 審理對於矯治庭與違警法庭所為判決之上訴案件。至於重罪法庭的上訴案件則另設置上訴重罪法庭，而不屬於上訴法院之編制內[39]。不過，上訴法院當中仍然有著不同於地方法院之特殊法庭配置，亦即預審庭 (chambre de l'instruction)[40]。

　　預審庭設於各上訴法院，2000 年前稱為「控告庭」(chambre d'accusation)。預審庭（由 3 位法官組成）監督所有地方法官所採行之審查措施 (décisions des juridictions d'instruction)，並審核其合法性。預審庭負責確保刑事司法系統的流暢運行，並監督預審程序之全面合法性、控制訴訟程序未延遲，預審結束後，預審庭有權續察所有檔案之合法性。

⑵人員配置

　　上訴法院當中均由專業法官所組成，有院長（首席主席 premier président）、各庭庭長 (présidents de chambre) 與法官[41]。每一庭由 3 位專業法官組成，一位是庭長、其於兩位是推事。但若是需經過嚴格聽證的案件（像是被最高法院發回重審的案件），則由 5 位法官合議[42]。另一方面，則有配置於上訴法院的檢察長 (Procureur général)，乃是法國檢察官體系中的最高等級，受司法部部長 (ministère de la Justice) 以及刑事與赦免事務司 (direction

---

[39] 參閱：http://www.justice.gouv.fr/organisation-de-la-justice-10031/lordre-judiciaire-10033/cour-dappel-12026.html（最後瀏覽日：2022 年 3 月 25 日）。

[40] H. Angevin, *La pratique de la chambre de l'instruction*, Litec, coll. Pratique professionnelle, 2ème éd., 2004; Ch. Guéry, « Les pouvoirs de la chambre de l'instruction et la liberté du magistrat instructeur », D. 2007, p. 603.

[41] 但於上訴法院稱呼為「推事」(conseillers)，而非法官 (magistrats)。

[42] 參閱：http://www.vie-publique.fr/decouverte-institutions/justice/fonctionnement/recours/comment-fonctionne-cour-appel.html（最後瀏覽日：2022 年 3 月 25 日）。

des Affaires criminelles et des Grâces) 之指揮[43]。

4.最高法院內之審判權組織配置[44]

最高法院是法國普通法事件司法裁判體系中，層級最高的法院。歷經地方法院的一審判決、上訴法院的上訴判決，或是一審法院的終審判決，如果當事人仍然對於案件中之法律見解不服，則可能上訴到最高法院。

法國的最高法院有兩個特徵：首先，唯一性 (unique)，乃規定在「司法組織法」最高法院相關規定之首，彰顯最高法院是唯一具備統一判例與確保全國境內法律解釋的一致性、不可分離。其次，最高法院並非地方法院與上訴法院之後的第三級法院，其設置目的並非對事實進行判斷，而是確定法律是否正確地獲得適用。因此，最高法院並非對被爭議之判決做出裁決，而是對判決本身進行裁決。以下分述其組織配置與人員配置：

⑴組織配置

除設置 3 個嚴格意義上的民事庭（民事一庭、民事二庭、民事三庭）外，尚設置商事財經庭、社會庭與刑事庭。

每個庭設有庭長 1 名。最高法院院長將法官指派到各庭，各庭人數依據法庭處理的案件數量而定。每個庭內部因為仍然負責大量案件，因而通常會再組織分庭，各分庭的人數並沒有統一，也不一致。

一般的上訴案件若不符合程序要件或不能成立，將被裁定為不受理，或是法律適用相當明確，則由 3 位法官合議進行判決。除此之外，一般案件都由 5 位法官合議組成審判庭進行審理，甚至也可能在庭長裁定下，由全庭法

---

43 依據配置在不同審級的法院，檢察官的名稱因此有所不同。地方法院：共和國檢察官 (Procureur de la République)，共和國助理檢察官 (Procureur adjoint de la République)，共和國副檢察官 (Vice-procureur de la République)，共和國助檢察官 (Substitut du procureur de la République)。上訴法院：檢察長 (Procureur général)，總檢察長 (Avocat général)，助檢察長 (Substitut général)。最高法院：檢察長、首席總檢察官 (Premier avocat général)、總助理檢察官 (avocats généraux référendaires)。

44 關於最高法院的介紹論述，以最高法院官網資料為據，https://www.courdecassation.fr（最後瀏覽日：2022 年 3 月 25 日）。

官參與審理 (formation plénière)，而後者的情況通常發生在審判結果可能推翻前例，或是針對敏感問題進行判決。也包括臨時性質的審判庭，亦即各法庭派員組成的全院合議審判庭 (Assemblée plénière)，以及三庭以上派法官組成的混合庭 (Chambre mixte)，這類臨時性的審判庭，由最高法院院長或是相關庭當中最資深的庭長擔任主席。由於此二審判庭相當特殊，以下略述之：

A.全院合議審判庭

由各庭庭長、首席法官 (doyens des chambres) 與 1 名法官組成，共計 19 人。由院長或受案法庭決定是否需要組成全院合議審判庭審理案件。通常涉及法律原則問題將採取此種審議模式，或是如果原審判決已被撤銷，重審之後的新判決仍基於同樣理由被上訴，必須採用此種審議庭。檢察長在最高法院開啟審議前提出主張，亦採取此審議庭。

B.混合庭

除了院長或其代表外，由每個法庭派出 4 名法官組成（庭長、首席法官與兩名普通法官）；假設混合庭由 3 個法庭的法官組成，人數就為 13 人。某些案件必須由混合庭進行審理，例如同時涉及不同法庭共同管轄的問題，或是不同法庭已經或可能產生判決結論矛盾的情形。混合庭的主要目的在解決法庭間於判例意見上的分歧。

⑵人員配置

最高法院內部分別有法官與檢察官，此二類人員由於職責不同，所以不相隸屬、各自獨立。

A.法官 (magistrats du siège)

最高法院的法官包括院長 (premier président)、各庭庭長、法官（推事）、助理法官（推事）。

(A)院長

身兼司法審判與司法行政二職。院長擔任全院合議審判庭與混合庭之主席，必要時也親自主持其他庭的審理。得如同所有最高法院法官一樣，裁決

當事人一方提出的緊急審理申請、縮短遞交訴狀的期間、對於不受理或移審進行審理等。同時，院長任命 6 個庭的推事、助理推事 (conseillers référendaires) 與書記官。

　　除了在最高法院內部負擔司法和行政的雙重職能外，院長也同時擔負院外的重要職務，像是依據 2008 年 7 月 23 日之法律 (la loi du 23 juillet 2008) 規定院長必須擔任最高法官委員會 (Conseil supérieur de la magistrature) 之主席，其同時也是司法官升遷委員會 (la Commission d'avancement des magistrats)、國家司法官學院理事會 (le conseil d'administration de l'Ecole nationale de la magistrature) 之主席。近年來，最高法院院長每年都召集全體上訴法院院長，會同最高法院代表與司法部代表，針對一級法院和上訴法院遇到的新法律問題進行意見交流。

　　⒝庭長

　　儘管最高法院設置 6 個庭負責審判事務，但還有第 7 個庭是負責文書檔案、研究與報告之庭。每個庭的庭長負責主持各庭的審議庭，當其缺席時，則由每個庭最資深的法官擔任主席，稱為首席法官。

　　⒞推事

　　最高法院的推事[45]共有超過 200 名；其中 35 名分別擔任上訴法院院長與巴黎地方法院院長。乃是總統依據法官最高審議會 (Conseil supérieur de la magistrature) 之推薦後任命。原則上是選自專業法官，但也有法學教授與中央行政法院、最高法院之律師獲得任命。此外還有 10 名特別職務之法官 (conseillers en service extraordinaire)，行使與其他最高法院法官相同的權限，任期 5 年，因為其經驗與能力而獲選任。

---

45 此處與上訴法院相同，法文不使用 magistrat 或是 juge，而是 "conseiller"。這樣的名詞源於法國大革命前的王政時期，國王為了掌握最終審判權，設立 "Conseil du Roi" (國王顧問委員會)，審理對於高等法院判決的上訴。委員會的委員即為 conseiller，也因此，得應訴於最高法院的律師稱為 "avocat aux Conseils"。

⒟助理推事

助理推事人數 70 名（目前的官網似乎沒有這邊的資料），由事實審法院的在職法官選任，任期最長不超過 10 年。主要配合第七庭，負責研究與初擬判決，除非擔任報告官 (rapporteur)，否則在合議庭當中無法表達意見，但均不具表決權。

另外必須特別介紹最高法院檢察署 (Le Parquet général)，並非職司審判職務，但最高法院檢察署由檢察長主導，以下有 6 名首席總檢察官 (Premier avocat général)，另有 36 名總檢察官與 13 名總助理檢察官 (avocats généraux référendaires)；然而檢察長與首席總檢察官並不具備上下監督關係。其主要功能也在確保法律解釋的一致性，並與立法原意、社會利益與公共秩序相符，不但要確保最高法院的法律見解一致，也要在地方各級法院確保判例的統一。

檢察長得向最高法院提出再審的請求 (pourvois en révision)、以合法性疑義或公共安全的理由請求廢棄裁判 (renvoi d'une juridiction)、管轄權確認 (règlement de juges)、預審法院的解職或請求對於構成刑事犯罪的法官或司法人員究責。依據 2008 年 7 月 23 日之法律規定檢察長必須擔任最高法官委員會審議檢察官案件之主席。

相對於普通法院的審判系統、組織與人員，由於法國首創並採取審判二元制，行政法院審判自成系統，不論是組織、權責或人員的構成。

（二）行政法院審判系統

基本上，法國行政法院系統的組織與普通法院審判系統相同，都是三級三審，最終審的中央行政法院也是唯一、最高但非案件事實的第三審，因為相同地也是進行法律審查。但因為歷史發展的因素，中央行政法院與最高法院有著相當大的職務內容差異。以下相同地先以圖表顯示行政法院的審判系統。接著介紹行政法院審判系統內的一般管轄權限、組織配置與人員。

第一級
地方行政法院(Tribunal administratif) ・人民與公權力機構間之爭訟事件，所謂公權力機構包括：國家行政機關、 　大區、省、市鎮與公營企業。 **特別審判機構(Juridictions spécialisées)** ・國家庇護法院(Cour nationale du droit d'asile) ・省級社會救助審議委員會(Commission départementale d'aide sociale) ・職業紀律法庭(Section disciplinaire des ordres professionnels)

上訴
高等行政法院(Cour administrative d'appel)

監督(Contrôle)
中央行政法院(Conseil d'État)

圖 3-3　行政審判系統圖

（資料來源：法國中央行政法院官網）

1.一般行政審判權事務配置

⑴地方行政法院

　　地方行政法院管轄所有針對行政機關決定與行為之爭執，除了法律特定給其他行政法院進行初級管轄的案件外，地方行政法院為行政審判的第一審法院。

　　所有國家、省、市鎮所為之行政行為，行政公務法人所應負擔或因行政活動所造成之國家賠償或補償責任、行政契約、公法上金錢給付、直接稅(impôts directs)、地方選舉、外國人居留、公務員涉訟等事件皆由地方行政法院管轄。

全法國境內共有 42 間地方行政法院，其中 31 間位於法國本土，另有 11 間位於海外領地。

(2)高等行政法院

在行政審判體系中最晚設置的一級，乃是為了因應行政訴訟事件的大量發生，創設於 1987 年，目前全法國有 8 個高等行政法院：Bordeaux、Douai、Lyon、Marseille、Nancy、Nantes、Paris 以及 Versailles。

除了合法性問題的審議、市鎮選舉訴訟、對於行政命令行為的越權訴訟外，其餘對於地方行政法院判決的上訴案件皆由高等行政法院審議。大約有 16% 的地方行政法院案件上訴到高等行政法院，審議案件的平均時間約為 13 個月[46]。

(3)中央行政法院

誠如一開始介紹法國司法制度簡史時所云，法國的中央行政法院一方面為法國行政訴訟的最高級審議機關，另一方面也是國家的最高法律諮詢機關。

就行政訴訟的最高審議機關言，所有與公法人（國家、地方自治團體、公務法人，或是受託行使公權力的個人）有關的行政訴訟案件之最高司法機關。如同最高法院所扮演之統一普通法裁判功能，中央行政法院也相同地擔負統一行政訴訟裁判見解一致的功能。在法律規定的情況下，中央行政法院乃是如對部會頒布命令不服、大區或歐洲議會選舉訴訟等特定案件的第一審與終審法院。大約有 25% 是屬於此種類型[47]。

就國家最高法律諮詢機關言，其負責所有的法案、行政命令的草擬。也相同地處理國家提出疑義的回覆與準備各種研究報告。依據 2008 年 7 月 23 日修憲改革，其同時也受理兩院國會議長對於在議會審議中案件的法律疑義。

---

[46] 參閱：https://www.conseil-etat.fr/qui-sommes-nous/tribunaux-et-cours/missions#anchor2（最後瀏覽日：2022 年 3 月 25 日）。

[47] 參閱：http://www.conseil-etat.fr/Conseil-d-Etat/Missions/Juger-l-administration（最後瀏覽日：2022 年 3 月 25 日）。

又依據 1999 年 3 月 19 日建置法 (la loi organique n° 99–209 du 19 mars 1999)，中央行政法院也受理關於新喀里多尼亞群島法的相關疑義。

2.一般行政審判權組織配置

原則上，行政審判權組織內之司法官，儘管名稱不同，都是專業的行政法官。

(1)地方行政法院

每個法院依據規模大小不同，配置 1 到 17 個庭，每個法院都有 1 個院長與至少 2 名行政法官或初級行政評事 (premiers conseillers)。

(2)高等行政法院

每個高等行政法院由評事官 (conseiller d'État) 擔任院長，並配置 3–4 庭。每個案件之審議由 5 位法官共同做成：庭長擔任主席、2 位本庭行政法官、1 位他庭的行政法官與 1 位擔任報告官的行政法官 (conseiller rapporteur)。

(3)中央行政法院

中央行政法院有 231 名成員與 430 名行政人員。三分之二的人員都於最高法院巴黎院址 Palais-Royal 辦公，並負責三種職務：提供政府與議會法律意見、對行政行為進行判決 (juger les actes des administrations)、審理行政訴訟 (gérer la juridiction administrative)。另外三分之一則分配至公務部門進行協助，甚至在有限的期間內派駐到私部門[48]。

231 名成員除了專屬於中央行政法院的高等職務，像是：副院長、各司 (section) 司長、訴訟司下之處長 (présidents de sous-section au sein de la section du contentieux)，均為行政法官，依據年資不同區分為三級：評事官 (conseiller d'État)、主事官 (maître de requête)、編審 (auditeur)[49]，儘管級別不

---

[48] 參閱：https://www.conseil-etat.fr/qui-sommes-nous/tribunaux-et-cours/organisation（最後瀏覽日：2022 年 3 月 25 日）。

[49] 翻譯參考：Jean-Marie Pontier 著，吳秦雯譯，法國審判權衝突解決機制（上），司法周刊，1964 期，2 版。

同，但職權上並無上下服從之隸屬關係。

由副院長擔任主席，內部分為以下三種組織：

A.秘書長 (le secrétariat général)：確保中央行政法院與所有行政訴訟行政作業之運作。中央行政法院必須處理轄下有 8 個高等行政法院、42 個地方行政法院與國家庇護法院之訴訟行政事務。

B.訴訟部門 (la section du contentieux)：確保行政訴訟的審判功能。

C.5 個諮詢、報告與研究部門：分別為內政司 (La section de l'intérieur)、社會司 (La section sociale)、財政司 (La section des finances)、行政司 (La section de l'administration)、公共工程司 (La section des travaux publics) 完成個別職務分工內之法律與命令草案、研究報告等文書[50]。

三、法院專業分工

考慮到各種不同專業領域的需求，法國在一般法院外又設置各種專業法院的組織體系與權限。

（一）普通法院內的特別管轄

以下區分為針對不特定之一般人，但涉及特殊事件，與具有特定身分、資格之人，而進行分類之一般特殊事件與專屬法庭事件。

1.一般特殊事件

目前法國普通法院內針對特殊事務，因為法律之特別規定，因此由特別審判機關進行審理。

(1)勞資糾紛委員會 (Conseil de prud'hommes)

審理因為私法性質的勞動契約產生之勞資糾紛爭議案件。委員會只針對

---

[50] 由中央行政法院之組織配置確實可見其所擔負的重要國家法務功能，相對之下，訴訟職能似較法案諮詢職能薄弱，但在司法制度與組織上，中央行政法院仍相當於其他國家之行政審判機關，只是其又兼具法案諮詢與草擬的立法參與功能。是故在介紹司法制度時，仍然翻譯為中央行政法院，以凸顯其行政訴訟最終審與最高審級之功能與組織意義。

個案進行審理，涉及集體利益衝突的案件（例如：罷工中斷、職業選舉、集體協議或工會和雇主等之間的集體協議解釋問題）則不在其審理範圍內。在案件中也扮演協調者的角色，於緊急情況也得為相關的緊急處分。向該委員會提出爭議請求不需繳交任何裁判費用。

A.審理之案件類型：主要分為三大方面：

(A)確認勞動契約之存在與效力；

(B)契約履行期間內之各種爭議，例如：薪資、工時、懲戒、工作場所之衛生安全環境、休假、勞資之間或勞方之間的騷擾等；

(C)違反契約的各種爭議，例如：解雇、賠償、競業禁止條款、法定解約之預告期間。

由於勞資糾紛委員會之委員都是非專業法官，而且是分別由勞方與資方選舉出來的代表。組織特殊，以下分別介紹其委員之審議方式與選任方式：

B.委員會之審議

每次審議由兩位勞方選出之委員與兩位資方選舉之委員擔任。委員會依據職業別自動分為 5 組：工業、商業、農業、人事管理、其他產業（自由業、家事服務、門房管理）。每年選任主席與副主席處理組內事務，並由勞方委員與資方委員交替輪流擔任主席、副主席之職。其中的行政辦公室由 5 組之主席與副主席共同組成。

每一組下又設置三類的辦公室，分別負責以下事務：

(A)調解事務辦公室 (le bureau de conciliation)：負責謀求勞資雙方之協議或和解方案，由 1 名勞方委員與 1 名資方委員組成。

(B)裁判辦公室 (Le bureau de jugement)：對於調解失敗之案件，移到本辦公室裁決，雙方當事人得聘請律師代理，必須經過絕對多數的方式取得決議。倘若獲得同票，則案件移轉於簡易庭，由簡易庭法官裁決。

(C)緊急事務辦公室 (La formation de référé)：由當事人主張希望進行緊急處理的事務，且事務本質不具備嚴重違反性。受理之委員得進行保全

證據、指示各種必要行為、提交文件、一定金額之給付、撤銷懲罰等行為。

⑵商業法庭 (Tribunal de commerce)

商業庭處理的案件是所有商人與商人之間，或是商業與公司各種行為間的爭議。其組成員並非專業法官，乃是選任出來的志願者。目前，全法國有1,300 位商業法官，135 個商業庭。

A.審理權限

主要有以下幾種案件類型：

⒜企業間之爭議，諸如證券與財稅法、商業與競爭之內國法與國際法。

⒝私人之間商業活動的爭議。

(C)票據爭議。

⒟私人對於公司或貿易商執行之商業活動之爭議。

(E)股東與公司間爭議。

(F)公司營運困境：紓困、重整、清算。

B.商業庭之組織

商業庭的法官並非專業法官，而為「商業法官」(Les juges consulaires)[51]，選任方式將於後述。

⑶社會保險事務法庭 (Tribunal des affaires de sécurité sociale, TASS)

此法庭於 1958 年司法制度改革時，從初級社會福利委員會與省級上訴社會福利委員會改制而來，初級社會福利委員會之功能與組織轉為社會保險事務法庭，而省級上訴社會福利委員會之管轄權限併入上訴法院，但目前社會保險事務庭的名稱係由 1985 年之法律所確定 (Loi n° 85–10 du 3 janvier 1985 portant diverses dispositions d'ordre social)。

---

51 商業法官之字義為「諮詢、商議、顧問」，因此也可以翻譯為諮詢法官或顧問法官，但若按照字面意義翻譯，似乎無法顯現其於商業法庭的特殊性，故仍翻譯為商業法官。

　　該法庭處理有關社會安全機構與被保險人間，經由社會安全委員會（la commission de la sécurité sociale; la commission de recours amiable，簡稱為 CRA）協議不成立之爭議案件，只要與社會福利繳款、社會福利之負擔計算、保險範圍、保險醫療費之退還等相關案件皆屬於本庭審理。乃是社會福利爭議的初級審法院，同時也是地區委員會之上訴審級。

　　自 2019 年 1 月 1 日開始，過去由社會保險事務庭 (TASS)、無行為能力訴訟庭 (les tribunaux du contentieux de l'incapacité, TCI) 以及縣市級社會救助委員會 (les commissions départementales d'aide sociale, CDAS) 分別審理之社會事務合併由各地方法院之社會專股 (pôle social) 一同審理。社會保險事務庭因此不復存在[52]。

　A.以往之審理權限

　　以地方法院之地域管轄範圍為其管轄範圍依據。審理事件包括：社會保險之被保險人身分認定、社會保險費用之繳納計算與收取、家庭津貼的領取資格與額度、各種疾病或是生育補助、退休養老保險金、因工傷事故與職業損害而能領取的津貼、雇主的重大過失行為認定等爭議。

　B.以往之社會保險事務庭之組織

　　採取合議制，由 1 名地方法院之法官擔任審判長，另外兩位陪審人員 (assesseurs) 為非專業法官，1 名代表雇主，1 名代表受僱者。由於陪審人員係上訴法院首席院長從最具代表性的受薪者工會當中選任 1 位，再由農業與非農業雇主產業工會中最具代表性者選任 1 位，任期均為 3 年。法庭之下又分設兩個分庭 (section)：

　　⒜「一般庭」(générale)，除了審判長之外，必須有兩位非從事農業產業的陪審人員，一位是一般產業的受薪者，另一位必須是雇主，或是自

---

[52] 參　閱：http://www.justice.gouv.fr/organisation-de-la-justice-10031/lordre-judiciaire-10033/tribunal-des-affaires-de-securite-sociale-12032.html（最後瀏覽日：2022 年 3 月 25 日）。

由業、自營商。

(B)「農業庭」(agricole)，除審判長外，兩名陪審人員必須是來自農業界，一位是農作受薪者，1 位是農業開發主。

⑷農村租賃契約同數法庭 (Tribunal paritaire des baux ruraux)

審理針對土地開發者、地主或農業建築所有權人間之爭議。像是農業租賃契約之存在、農場租金金額、開發土地期間。法庭組織設置於普通法院簡易庭之下。訴訟程序皆採言詞辯論方式進行，依據訴訟金額的不同而有不同的審級角色，低於 4,000 歐元的案件該法庭為第一審同時也是終審法院，若是超過 4,000 歐元或是損害金額尚未確定之案件，則得為上訴法庭。

由 1 名簡易庭法官主持案件進行，4 名非專業法官協審，4 名法庭成員當中必須是兩名土地所有權人、兩名承租人。具有土地所有權人與土地承租人身分者，向自己省的中央派駐長官辦公室登記候選資格，並經選任後擔任。

2.專屬法庭 (juridictions spécialisées)

法國之若干專屬法庭 (juridictions spécialisées) 可分為三種。專門審判青年人士之法庭為青年事務法官 (juge des enfants)、青年事務法庭 (tribunal pour enfants) 及青年事務重罪法庭 (cour d'assises des mineurs)。政治犯由最高司法院 (Haute Cour de justice) 及共和司法院 (Cour de justice de la République) 審判。最後，軍事犯罪行為，由軍事法庭 (juridictions militaires) 審理。

（二）行政法院內的特別審判機構

1.國家庇護法院 (Cour nationale du droit d'asile, CNDA)[53]

管轄申請庇護之案件。乃是一個受理不服法國難民與無國籍保護署 (l'Office français de protection des réfugiés et apatrides, OFPRA) 所為決定之第一審與終審判決之特殊行政訴訟法院。但本法院之判決仍受中央行政法院之合法性監督。該法院對於庇護事件擁有完全的管轄權與審判權，並不只限於

---

53 相關資料翻譯自 http://www.cnda.fr（最後瀏覽日：2022 年 3 月 25 日）。

受理撤銷訴訟[54]；亦即庇護法官 (le juge de l'asile) 並非限於只能撤銷法國難民與無國籍保護署的決定，而能夠以自己的決定取代該署的決定。儘管其為特殊的行政法院，但仍然與所有的行政法院相同，除了行政審判事務外，也同時兼具行政法務諮詢的功能。

　　法院的審判活動區由各處 (divisions) 擔任以及 1 個獨任法官程序服務處 (service des procédures à juge unique (SPJU))，並設有各種司法行政單位：總登錄處 (service central d'enrôlement (SCE))、研究檔案中心、當事人與律師服務處 (le service d'accueil des parties et des avocats (SAPA))、翻譯處與訴訟扶助辦公室等。

　　獨任法官程序服務處是其中的一個簡易組織，由 1 位法官處理由《庇護法與外國出入境法典》(Code de l'entrée et du séjour des étrangers et du droit d'asile) 第 733-4 條行政命令 (l'article R. 733-4) 所設定的案件範圍。

　　一般的案件都由各處以合議庭的方式處理。每一個處有 1 位處長、行政或普通法院法官、秘書長、15 位報告官與數位秘書。處長應主持一部分審判庭並應參與審判權爭議的案件。報告官負責分析案件並釐清判決的脈絡，但不能參與審判評議，審判時報告官僅能在提出報告後旁聽，最後負責撰寫決定。所有的案件由 3 位成員合議做成：

A.主席

　　每個案件的主席乃是榮譽職，有三種任命方式：

(A)由中央行政法院副院長自中央行政法院、高等、或地方法院成員中任命；

(B)審計院院長從審議院或地區審計院成員中任命；

(C)由司法部部長自現任法官與普通法院中優遇法官中任命。

---

[54] CE, 8 janvier 1982, M. Aldana Barrena.

B.陪審官 (assesseur)

一名由中央行政法院副院長在法國難民與無國籍保護署所屬部會之部長建議下任命；另一名則由聯合國難民署 (le Haut-commissaire des Nations unies pour les réfugiés (HCR)) 在獲得中央行政法院副院長同意之下任命之。因為這項官定，國家庇護法院是法國唯一一個司法機關，成員代表包含國際組織代表者，不過該位成員必須擁有法國籍。

各處都必須採取相同立場的案件由聯合處 (sections réunies) 做成，該處必須有 9 名成員出席共同做成決定，其中包括 3 位該法院中的處長、3 位由中央行政法院副院長任命的陪審官、3 名由聯合國難民署任命的陪審官，並由法院院長擔任主席。

2.省級社會救助審議委員會 (Commission départementale d'aide sociale) 與中央社會救助委員會 (la commission centrale d'aide sociale)

為特殊行政訴訟審議機關，為下列案件的第一審法院：老人社會救助：包括行動不便者之居家或機構扶助、家事協助、移置費用；身心障礙者的家事協助；普遍醫療保險 (couverture maladie universelle complémentaire (CMU-C))；取得補充健康保險 (d'aide à l'acquisition d'une assurance complémentaire santé (ACS))；國家的醫療協助；社會救助債權追繳。

依據《社會與家庭行動法典》(Code de l'action sociale et des familles) 法律第 134-6 條的規定，該委員會由地方法院院長擔任主席，或由法官代理之。請求權人得在其指定之自然人或機構的協助下，向該委員會與中央社會救助委員會提出請求。對於省級社會救助審議委員會之決定不服，得向中央社會救助委員會提出上訴。而中央社會救助委員會所為之決定，得再上訴中央行政法院以為救濟。

中央社會救助委員會之成員組織如下：委員會主席由負責社會救助之部會首長於徵詢中央行政法院副院長之意見後，在中央行政法院之榮譽評事官 (conseillers d'Etat en activité ou honoraires) 中選任。委員會內設置各分庭，由

人數相同的兩方面人員構成：一方面是中央行政法院的成員、審計法院之法官或普通法院之優遇法官，以作為中央行政法院副院長、審計院院長與司法部部長之代表；另一方面，由負責社會救助之部會部長自具備社會救助或社會事務處理資格之專門人員中指定。任命後之任期 4 年，得連任[55]。

3. 職業紀律庭 (Section disciplinaire des ordres professionnels)

此一法庭並非設於每一個地方法院內，並且主要針對特定的職業類別，一般適用勞動契約的勞動者，若因為違反勞動契約而遭到職務上的懲戒，是向普通法院的勞資糾紛委員會提出救濟，且需遵守《勞動法典》(Code du travail) 第 1332–1 條之要件規定。故而，職業紀律法庭適用的職業別，乃是特定的專門職業：像是律師、建築師、醫師、藥劑師、獸醫師[56]。此類特定職業別都是國家特許的特殊職業 (professions réglementées)，因此有若干相同的職業規範，不過，因為分別適用特定職業的法令，故乃是以各自獨立的紀律委員會或紀律庭的方式審理各自的違反職業規範行為。

醫師類別設有「全國醫師公會理事會」(conseil national de l'ordre des médecins) 以及每個大區中的「大區醫師公會理事會」(conseils régionaux de l'ordre des médecins)。各大區之理事會係依據 2002 年 3 月 4 日健康系統品質與病患權利法 (la loi du 4 mars 2002 relative aux droits des malades et à la qualité du système de la santé) 所設立，由 1 位行政法院的法官擔任主席，成員為大區議會選舉之 8 名正式委員與 8 名增補委員，皆為醫師；16 位成員區分為兩個審議會，內部審議會是大區議會選任之 4 名正式委員與 4 名選出的增補委員組成，外部審議會則由 4 位正式委員與 4 名由以往曾任大區醫師行為準則委員會之委員中選任，另外還有 2 名諮詢委員，分別由大區內的公共衛生調查醫師與大區內醫療研究與養成科系的教授擔任[57]。所有的審議過程以

---

55 《社會與家庭行動法典》法律第 134–2 條。

56 P. Corvilain, *Le droit disciplinaire des ordres professionnels*, Larcier, 2004.

57 http://www.crommp.fr/crom/chambre-disciplinaire（最後瀏覽日：2022 年 3 月 25 日）.

書面為之。

　　律師紀律懲戒部分，依據 1971 年 12 月 31 日所公布之《司法與法律職業改革法》(Loi n° 71–1130 du 31 décembre 1971 portant réforme de certaines professions judiciaires et juridiques) 進行規範。每個大區都設有律師公會 (barreau)，公會當中設有「公會理事會」(Le Conseil de l'Ordre)，由該區律師公會會長擔任主席，設置 42 名由公會成員律師選出之理事，紀律委員會 (Conseil de discipline) 的成員由公會理事會指派。其中包括一個檢察機構 (une autorité de poursuite)，對公會律師會員違反職業規範的行為提出論告；調查機構 (une autorité d'instruction)，負責對檢查機構提出的情狀進行事實調查，大區律師公會所為之懲戒得向上訴法院提出上訴[58]。

　　事實上，行政審判體系因為行政事務繁雜多元，各種特殊的司法審判機關因為有其特殊性（像是遣返賠償委員會、審計院、省級戰爭受害者與軍事補償法庭 (tribunal départemental des pensions militaire d'invalidité et des victimes de guerre))，選任相關審判人員的方式也因而不同，在此先不全數列舉，如於以下法官選任制度中有必要說明者，再一併介紹說明。

參、法官選任制度

一、前言

　　法國從 1958 年之後，都是透過公開考試競爭 (concours public) 的方式以篩選菁英的方式選任法官，不論是普通法院或行政法院；但同時也普設特殊審判法庭或機構，以處理專門領域的法律糾紛，這樣的選任程序，與法國法官選任發展歷史有關。

　　首先與 1789 年廢除帝制後建立新司法制度之思潮有關。法國大革命之

---

[58] 參閱：https://www.avocatparis.org/qui-sommes-nous（最後瀏覽日：2022 年 3 月 25 日）。

後，確認司法制度不再是為了皇室服務，法官必須遵循於立法者，尤其是法律；而人民就是所有司法、正義、法律之源頭，新的司法機關有利於人民透過這樣的機制與程序，控制人們的正義，甚至直接行使之[59]。由於當時已經設立人民議會，加上當時人民對於拿破崙所掌握的政權感到信任，因而法官仍然維持由掌握權力者任免，而檢察機關被定位建構為「政府的單位」(agence du gouvernement)。

其次，與 1870 年開始的第三共和時期法官的角色定位有關。此時期的法官，絕大部分係自願並受到權力者的招募而擔任，因此基本上將自己定位於社會的控制者 (contrôle de la société)，以所有權與自由主義之名抗拒社會主義，但也特別關注社會邊緣人與勞動市場，以便防禦「良好社會」的價值[60]，並且以慈善的角度解決社會問題，因而創設兒童法庭 (tribunaux pour enfants)。但當時法院法官的選任，基本上仍然無法避免政治對於司法的影響，當權者上臺時即選任親近自己意識型態與價值觀的法官，並排除對手；更頻繁地透過各種手段影響檢察官。不過，由於高度工業化發展牽連著資本主義的思想，當時的議會開始發現法院必須要適當地與教會勢力分離，1880 年先有反教會組織的命令 (décrets anti-congréganistes)，接著 1883 年廢除只從一定階級招聘法官的方式，但仍然無法完全改採公開會考的方式選任法官；當時選任法官仍然維持著明顯的社會階層與政治推薦，主要服膺於議會與政權當權者。另外值得注意者，當時法國在殖民地所建構的司法制度，與法國本土並不相同，甚至有許多新的司法制度都先在殖民地進行「實驗」[61]。

兩次世界大戰期間，由於長期以來法官與政治相當緊密的關連，使得司

---

[59] J.-Cl. Farcy, « Quelle histoire pour la Justice? », *Criminocorpus* [En ligne], Varia, mis en ligne le 06 novembre 2012, URL originale: http://journals.openedition.org/criminocorpus/2096（最後瀏覽日：2022 年 3 月 25 日）.

[60] J-Cl Farcy, *ibid*.

[61] B. Durand, *Introduction historique au droit colonial*, Economica, 2015.

法制度與威信遭受到相當的影響。1946 年第四共和憲法首創最高司法委員會 (Conseil supérieur de la magistrature)[62] 的制度，企圖將法官與政治拉遠，建立法官為國家法治正當性延續之獨立性，但又遭逢殖民地獨立運動與戰後的納粹審判事件影響，仍然無法使法官與政治區隔。之後爆發阿爾及利亞內戰，促使第五共和憲法制度創設者建立新的司法架構，以及透過專業的訓練與公開的招募過程，以開創法官新的法定地位，呼應法律之前人人平等的要求。因為公開考試競爭的方式憑藉的是個人功績，而不論應考人的家世背景為何，也能夠較有效地使法官與政治保持一定的距離。這事實上也是法國公務體系選才的基本方式與邏輯：考量的是個人功績、動機、任務、合法性、科層組織[63]。

從以上法國司法制度之介紹與前述法官選任，尤其是與政治掌權者之關聯性可知，法國法官選任制度與司法制度之建構相同，整體國家發展歷史事實上強烈影響司法制度與司法官選任方式，並且在國家進入現代化之憲政體制後，司法制度強調與政治分離，更趨向獨立，而司法官選任則以客觀、公開、獨立的方式進行。

二、選任資格條件

法國的法官選任方式，從前述對於法國司法制度的介紹，可獲得初步印象：儘管基本上不論是普通法院或是行政法院，皆透過公開考選的方式選擇出專業法官，但是兩者的公開考選方式並不相同；至於特殊審判法院因為允許非專業法官的參與，故其選任方式更是依據審判性質而有相當大的歧異。

---

[62] 儘管此一委員會並非一般業務機構，但為一定任期之會議型態之組織，故本文譯為委員會；惟亦有學者譯為「最高司法會議」，參蘇永欽，法國最高司法會議簡介，收錄於氏著，司法改革的再改革，元照，頁 279 以下，1998 年。

[63] F. de Castro Fontainha, *Les* (*en*)*jeux du concours: une analyse interactionniste du recrutement à l'Ecole national de la magistrature*, thèse, Université de Montpellier I, 2011, p. 25.

故而，簡單可歸納為：普通法院與行政法院分流，特殊審判法院容納百川。因而以下分由普通法院、行政法院與特殊審判法院分別論述之。

（一）普通法院法官之資格條件

　　法國的法官制度在 1958 年第五共和憲法制定後，於 1958 年 12 月 22 日以第 58–1270 號律令公布之《法官地位建置法》(Ordonnance n° 58–1270 du 22 décembre 1958 portant loi organique relative au statut de la magistrature) 中詳細規定其要件。不過該法律經過多次修訂（最後一次修訂為 2014 年[64]），依據法國法官學校 (Ecole Nationale de la Magistrature) 的官方網站資料整理[65]，有助於較清晰地理解普通法院法官之資格主要可以分為三大類，一為大學畢業生，其次為已經公部門在職者，最後則為於私人企業任職者，故以下區分此三部分論述之。

1. 大學生畢業生

　　大學生畢業生得經由第一途徑會考 (1er concours) 成為司法官學院學員。此一會考每年的錄取名額由司法部長決定之。2021 年時為 150 人；2018 至 2020 年間則皆為 192 人。此途徑的申請者需接受 31 個月的帶薪培訓。

⑴國籍限制：必須具備法國國籍。

⑵年齡限制：參與考試當年的元旦不得超過 31 歲；然而，設有若干的例外規定[66]：

　A.曾任特定公職

　　　依據《國家職務法典》第二部法律第 64 條 (l'article L.64 du livre II du code du service national)、第一部第 1Bis 編法律第 120–33 條 (l'article

---

[64] La loi n° 2014–1654 du 29 décembre 2014 de finances pour 2015.

[65] 以下關於選任資料若無特別註明，皆參考自 https://www.enm.justice.fr/（最後瀏覽日：2022 年 3 月 25 日）。尤其是其中 "devenir magistrat"。

[66] 參閱：http://www.metiers.justice.gouv.fr/art_pix/limites_age_dec_2014.pdf（最後瀏覽日：2022 年 3 月 25 日）。

L. 120–33 du titre 1er Bis du livre Ier)、第一部第 2 編法律第 122–16 條 (l'article L. 122–16 du titre II du livre 1er) 等法條之規定，如果參與考試者曾擔任國家、地方自治團體、公務機構與國營企業內之軍事、國家警察、安全維護、技術支援、跨國合作服務與良心替代役 (service des objecteurs de conscience) 職務，其擔任前揭職務的年限得作為延長應考的年限（亦即，若其擔任軍人 2 年，則其報考年限得延長 2 年）。

B. 負擔照護家庭之職

依據《社會行動與家庭法典》(Code de l'action sociale et des familles) 法律第 215–3 條 (l'article L.215–3) 規定，一方面，如果有 1 個小孩要照顧或是照顧領取津貼的身心障礙者，得延後 1 年；另方面，若是在符合《社會救助法典》(Code de la sécurité sociale) 法律第 342–4 條之情況下，撫養小孩也可以延長 1 年。此一照顧家庭之例外延長年限的規定，不分性別皆可適用。

C. 不受年齡限制的情況

依據 2005 年 7 月 26 日第 2005–843 號法律第 2 條修訂 1975 年 1 月 3 日第 75–3 號法律第 8 條規定 (l'article 8 de la loi 75–3 du 3 janvier 1975 modifié par l'art 1er de la loi 2005–843 du 26 juillet 2005)，撫養 3 個以上孩子的母親、父親，或是單親撫養 1 名或多名子女者。

(3) 符合《國家職務法典》法律第 114–6 條之規定：小於 25 歲之報名人需完成參加國防與公民日 (Journée défense et citoyenneté, JDC) 的義務。該活動係為期半天左右（受新冠肺炎疫情影響，縮短為 3.5 小時），旨在給予年輕世代基礎國防資訊、法國公民權利與義務章程 (La charte des droits et devoirs du citoyen français) 以及兩性平等知識。參與完活動後，相關機關將頒發參與證明[67]。

---

[67] 參閱：https://www.service-public.fr/particuliers/vosdroits/F871（最後瀏覽日：2022 年 3 月 25 日）。

⑷必須大學畢業：亦即擁有高中會考資格 (le baccalauréat) 後再繼續接受 4 年教育之文憑證明，但不限制科系。該文憑證明必須國家承認，或歐盟會員國國家核發的國家文憑，且後者之文憑必須由司法部依據 1972 年 5 月 4 日第 72–355 號敕令第 17–1 條 (l'article 17–1 du décret n° 72–355 du 4 mai 1972) 之委員會意見後確認該當同等學歷資格，或由政治學院 (institut d'études politiques) 頒發之文憑，或得到師範學院認證具備學員資格之證明。

⑸擁有健全心理狀態 (bonne moralité) 並未被褫奪公權 (jouir de leurs droits civiques)。

⑹該當執行職務必須的生理要件。依據 1986 年 3 月 14 日命令第 86–442 號第 20 條以降規定，唯有經過政府授權之醫療院所開出相關證明後，始得被賦予公職。

2.在職者

⑴現任公務員 (fonctionnaire)

符合資格的現任公務員得經由第二途徑會考 (2e concours) 成為司法官學院學員。此一會考每年的錄取名額同樣由司法部長決定之。2021 年時為 35 人；2018 至 2020 年間則皆為 45 人。此途徑的申請者需接受 31 個月的帶薪培訓。

資格限制如下：

A.國籍限制：必須具備法國國籍。

B.身分限制：必須為國家、地方自治團體、公務機構 (établissement public) 或公立醫療院所之公務員或員工 (agent)。

C.年齡限制：在應試當年的元旦不得超過 48 歲又 5 個月，但此年齡限制與大學畢業生報考者相同地適用前揭排除規定。

D.4 年以上的公務員年資證明。

E.擁有健全心理狀態，未被褫奪公權。

F.該當執行職務必須的生理要件。

⑵私部門任職者 (salarié du secteur privé)

　　符合資格的私部門任職者得經由第三途徑會考 (3e concours) 成為司法官學院學員。此一會考每年的錄取名額由司法部長決定之。2021 年時為 195 人；2018 至 2020 年間則皆為 250 人。此途徑的申請者需接受 31 個月的帶薪培訓。

　　A.國籍限制：必須具備法國國籍。

　　B.身分限制：必須證明有 8 年整，從事於一個或數個私部門職務，或是擔任一次或數次地方議會議員，或以非專業身分 (à titre non professionnel) 從事司法職務工作。

　　C.年齡限制：在應試當年的元旦不得超過 40 歲，但此年齡限制與大學畢業生報考者相同地適用前揭排除規定。

　　D.擁有健全心理狀態，未被褫奪公權。

　　E.該當執行職務必須的生理要件。

⑶任職 10 年以上之專業人員 (professionnel depuis plus de 10 ans)

　　此等類別者參與額外的會考 (concours complémentaires)，區分為兩個級別 (grade)。每年由司法部部長決定額外會考是否舉行，以及其錄取人數。近幾年間，僅有第二級別的名額曾被開放以供考選。2021 年時為 40 人；2019 與 2018 年則為 80 人。此途徑的申請者需接受 7 至 9 月的帶薪培訓。

　　A.第一級別

　　　⑷國籍限制：必須具備法國國籍。

　　　⑻身分限制：具備 15 年以上於法律、行政、經濟或社會領域之專業工作經驗，證明具備擔任司法職務工作能力者。

　　　⑻學歷限制：擁有高中會考資格 (le baccalauréat) 後再繼續接受 4 年教育之文憑證明，相當於碩士一年級結束。

　　　⑷年齡限制：報考當年元旦前至少 50 歲。

(E)於應考第一天起具備正常工作活動的身心狀況。

B.第二級別

(A)國籍限制：必須具備法國國藉。

(B)身分限制：具備 7 年以上於法律、行政、經濟或社會領域之專業工作經驗，證明具備擔任司法職務工作能力者。

(C)學歷限制：擁有高中會考資格 (le baccalauréat) 後再繼續接受 4 年教育之文憑證明，相當於大學畢業。

(D)年齡限制：報考當年元旦前至少 35 歲。

(E)於應考第一天起具備正常工作活動的身心狀況。

(4)其他特殊情況：透過遞交文件方式獲選任職[68]

依據《法官地位建置法》命令第 18–1 條與第 18–2 條之規定，該當下列條件者無需參與前述會考，得以遞交相關文件到其居住所之上訴法院檢察署，之後再由司法官晉升委員會 (la commission d'avancement) 決定錄取與否。分為幾種情形，必須符合個別設定之條件[69]：

A.直接成為司法官學院之學員 (Nomination directe en qualité d'auditeur de justice à l'ENM)

符合條件之申請者得透過此一途徑成為司法官學院學員。此一不需通過會考方式而任職之途徑，每年的錄取名額由司法部長決定之。2020 年時為 46 人，2019 年為 59 人，2018 年則為 71 人。此途徑的申請者需接受 31 月的帶薪培訓。

(A)年齡限制：文件送達晉升委員會當年之元旦，至少滿 31 歲且不得超過 41 歲（此一年齡限制由中央行政法院以命令方式決定，每年的年齡限

---

68 參閱：https://lajusticerecrute.fr/actualites/devenez-magistrat-sans-passer-le-concours（最後瀏覽日：2022 年 3 月 25 日）。

69 參閱：https://lajusticerecrute.fr/actualites/devenez-magistrat-sans-passer-le-concours（最後瀏覽日：2022 年 3 月 25 日）。

制有若干不同）。

(B)學歷限制：

a.擁有高中會考資格後再繼續接受 4 年法學領域教育，抑或是擁有經由中央行政法院所制定之命令所承認同等學歷；並具備 4 年於法律、經濟、人文或社會領域之專業工作經驗。

b.擁有法律博士文憑，並取得另一個相當於高級學歷文憑 (diplôme d'études supérieures) 之學歷。

c.擁有法律博士文憑，並擔任依據《司法機構法典》法律第 123-4 條所規定之助理法官 (juriste assistant) 最少 3 年。

d.取得法學碩士(擁有高中會考資格後再繼續接受 5 年法學領域教育，亦或是擁有經由中央行政法院所制定之命令所承認同等學歷)文憑，並擔任助理法官最少 3 年。

e.取得法學碩士文憑，並於高等教育公務機構 (établissement public d'enseignement supérieur) 從事法學教學或研究工作至少 3 年。

(C)工作經驗限制：在法學、經濟、人文與社會科學領域之司法職務經驗至少 4 年。

B.直接任命為具級別之司法官 (être nommés directement aux fonctions de la hiérarchie judiciaire)

依據 1958 年《法官地位建置法》第 22 條與第 23 條規定，其中又依據提交文件者之資格不同，任命之司法官職等不同而區分為兩種級別。此一招聘方式每年的錄取名額由司法部長決定之。2019、2018 年均為 43 人；2017 年則為 73 人。此途徑申請者之帶薪培訓期間縮短為 12 個月。

(A)任命為第二級別 (second grade)

a.年齡限制：至少年滿 35 歲。

b.資格限制：

(a)擁有碩士 M1 文憑 (4 年)，並擁有至少 7 年擔任司法工作職務之

經驗。

(b)擁有於司法書記處工作 7 年以上在職證明。

(c)擁有 7 年以上，不該當 1958 年司法官地位法第 16 條第 1 項要件（擁有至少碩士 M1 文憑）之司法部 A 級別公務員 (fonctionnaires de catégorie A) 的在職證明，具備足以執行司法職位之能力或專長者。

(B)任命為第一級別

　a.年齡限制：至少年滿 50 歲。

　b.資格限制：

　(a)擁有碩士 M1 文憑，並具至少 15 年擔任司法工作職務之經驗。

　(b)曾任司法書記處書記官長職位，具備足以執行司法職位之能力或專長者。

C.借調進司法官體系 (Détachement dans le corps judiciaire)[70]

此一類型規定於 1958 年司法官地位法第 41 條以下。依據年資，受借調者將擔任不同級別之司法官。如果年資為 4 年，擔任第 2 級別司法官；年資為 10 年，擔任第 1 級別第 2 類 (premier groupe du premier grade) 司法官；年資為 12 年，擔任第 1 級別第 1 類司法官。受借調者的任期為 5 年，不得連任。被借調前將進行 6 個月的培訓。依據第 41 條規定，符合以下其中之一資格者得借調進司法官體系：

(A)國家高等行政學院畢業生。

(B)大學教授（不論級別）[71]。

D.任命為有限任期的法官 (Magistrat exerçant à titre temporaire)[72]

---

[70] 參閱：https://lajusticerecrute.fr/sites/default/files/2020-10/DETACHEMENT%20DOSSIER%20D%27IN FORMATION%202021.pdf（最後瀏覽日：2022 年 3 月 25 日）。

[71] 法國大學教授僅分為兩個級別：教授、副教授 (professeur, maître de conférences)。

[72] 參閱：https://www.vie-publique.fr/fiches/38257-quest-ce-quun-magistrat-exercant-titre-temporaire（最後

依據 2016 年 8 月 8 日建置法與 2016 年 11 月 18 日第 2016–1547 號《有關 21 世紀司法現代化》法律之規定，有限任期法官與近民法官之職務相合併，以此簡化司法結構[73]。同時為貼近於社會並補充專業法官的不足，法國於 1995 年以降開始從一般民眾中選取符合以下其中之一資格者得被任命為有限任期之法官：

　⒜年齡限制：需為 35 至 75 歲之間，具法國公民身分者。

　⒝學歷限制：

　　a.具法學碩士文憑，並擁有至少 7 年擔任司法工作職務之經驗。

　　b.曾任司法機關行政人員（書記處或司法部 A 級別公務員）。

　　c.於司法或法律領域擔任自由職業至少 5 年。

　E.直接任命為不具級別的司法官 (Nomination directe aux fonctions de magistrats hors hiérarchie)[74]

1958 年司法官地位法第 40 條規定此一類型的認明。受此任命方式者，必須具備以下經歷資格之一：

　⒜現任評事官。

　⒝借調至司法部擔任司長或處長或司法官學院處長；然而，如果擔任最高法院級別外之行政職務，必須具備 5 年以上擔任管理職副手之證明。

　⒞中央行政法院任職 10 年以上之主事官。

　⒟國家設立之法學院教授具有教授或資深資格者，且至少教授 10 年。

　⒠中央行政法院與最高法院之律師，或為公會理事會的成員或前任成員，至少有 20 年以上的職業經驗。

　⒡登錄於律師公會之律師，至少有 25 年以上的職業經驗。

此一等級者除經歷要求外，亦有學歷資格要求，必須具備以下其中一種

瀏覽日：2022 年 3 月 25 日）；V. aussi L. Belfanti, *Magistrat*, Edition Dalloz, 2019, p. 90, n[os] 224.

[73] *Ibid.*, p. 90, n[os] 225.

[74] 參閱：https://www.senat.fr/rap/r06-383/r06-3833.html（最後瀏覽日：2022 年 3 月 25 日）。

學歷資格：

　　⑷擁有高中會考資格後再繼續接受 4 年教育之文憑證明，但不限制科系。該文憑證明必須國家承認，或歐盟會員國國家核發的國家文憑，且後者之文憑必須由司法部依據 1972 年 5 月 4 日第 72–355 號命令第 17–1 條之委員會意見後確認該當同等學歷資格。

　　⑻由政治學院頒發之文憑。

　　⑼師範學院核發具備畢業生資格之證明。

　　由以上的分析介紹可觀察出：法國司法官之選任資格設定多元，不論是學歷、工作經驗、年齡等限制，都有不同的規定。而且因為憲法第 64 條第 3 項明確規定「司法官地位以建置法定之」(Une loi organique porte statut des magistrats)，因此國會必須依據憲法第 46 條之程序通過建置法方式設定司法官地位架構，再由行政權發布行政命令 (Ordonnance) 以精細其中內涵。

（二）行政法院法官之資格條件

　　與普通法院法官相同，行政法院法官包含各種不同的選任來源，首先可區別為進入國家行政學院 (École nationale d'administration) 之選任途徑，其次則為高等行政法院與地方行政法官之選任途徑。不過，一方面規範的法制主要適用公務員招聘相關法令[75]，再以行政命令規範細節[76]；另方面資格類型不如司法官般類型如此多元，僅分為三種資格要件。最後，在資格設定上，首先並無年齡限制，其次，也無嚴格的國籍限制。依據 2005 年 7 月 26 日法律第 2005–843 號 (loi n° 2005–843 du 26/07/2005) 規定，只要具有歐盟會員國或歐洲單一市場協議 (l'accord sur l'Espace économique européen) 會員國之國籍者亦具備選任資格[77]。

---

[75] L'ordonnance n° 45-2283 du 9 octobre 1945 modifiée relative à la formation, au recrutement et au statut de certaines catégories de fonctionnaires et instituant une direction de la fonction publique.

[76] 近期係以 2002 年 1 月 10 日之國家行政學院入學資格敕令 (Décret n° 2002–50 du 10 janvier 2002 relatif aux conditions d'accès et aux régimes de formation à l'Ecole nationale d'administration) 為據。

以下依據不同的選任途徑而分別介紹其選任資格：

1. 透過國家行政學院入學考選任者

欲進入國家行政學院有不同的選任方式，選任資格也跟著不同的選任方式而變動。

⑴外部入學會考 (Concours externe)[78]

報考資格：只要具備高等教育就讀 3 年以上之畢業文憑 (diplôme national sanctionnant au moins trois années d'études supérieures) 即可。

此一文憑依據 2002 年 1 月 10 日之國家行政學院入學資格命令第 9 條之規定，除由法國所頒發者外，亦得由歐盟或歐洲單一市場會員國所頒發，或是其他經由 2007 年 2 月 13 日命令 (décret n° 2007–196 du 13/02/2007) 第 1 條所設定之程序認證之同等學歷或資格證書者。

⑵內部入學會考 (Concours interne)

應考當年至 12 月 31 日，具有 4 年於國家、地方自治團體、公立醫院、公務機構或跨政府國際組織之公職工作經驗證明。

⑶第三輪入學會考 (troisième concours)

8 年以上，任職於私部門、地方自治團體之議員、一個或數個擔任負責人之職務，其中包括在社團中擔任志願工作者。工作年資之計算不以單一職務為限。

2. 借調於地方行政法院與高等行政法院

依據《行政救濟法典》(code de justice administrative) 法律第 233–5 條，通過國家行政學院選任之公務員、普通法院法官、大學教授、副教授、議會行政主管、傳播郵政行政主管、國家一般或軍事機構之公務員、地方或公立醫院公務員，職等相當於地方與高等行政法院評事官與初級評事官者，得借

77　參閱：https://www.ena.fr/Concours/Concours-externe（最後瀏覽日：2022 年 3 月 25 日）。

78　參閱：https://www.ena.fr/Concours/Concours-externe（最後瀏覽日：2022 年 3 月 25 日）。

調至地方行政法院與高等行政法院。

3.外部任命 (Nomination au tour extérieur)[79]

依據《行政救濟法典》法律第 233-3 條與第 233-4 條之規定，以及選任意見 (l'avis de recrutement) 之具體化，國家一般或軍事機構之公務員、地方或公立醫院公務員，該當於 A 等級[80]，並證明一定年資與職等，得透過遞交文件後，外部任命方式，升任或擔任地方與高等行政法院評事官與初級評事官。

其詳細資格可依據表 3-1 所示[81]：

表 3-1　外部任命資格表

候選人資格要件	任命為評事官	任命為初級評事官
原始資格要件	1.國家公務員 2.地方公務員 3.醫事機構公務員 4.普通法院法官	
升任要件	1.本為公務員者：取得 A 等級或同等級公務員職等 2.本為法官：無任何要件	1.本為公務員者：取得 A 等級公務員職等，且該當以下條件之一： ⑴通過國家行政學院選任 ⑵未通過國家行政學院選任，但證明已經有相當級俸者 ⑶大學教授、副教授 ⑷地方行政主管 ⑸醫療醫事機構主管

79　參閱：https://www.conseil-etat.fr/recrutement-et-carrieres/dans-les-tribunaux-administratifs-et-cours-administratives-d-appel/recrutement-des-magistrats/nomination-au-tour-exterieur（最後瀏覽日：2022 年 3 月 25 日）。

80　A 等級之公務員大約相當於我國高考等級之公務員。

81　參閱：https://www.conseil-etat.fr/recrutement-et-carrieres/dans-les-tribunaux-administratifs-et-cours-administratives-d-appel/recrutement-des-magistrats/nomination-au-tour-exterieur（最後瀏覽日：2022 年 3 月 25 日）。

		2.本為法官：無任何要件
年資要件 (Conditions d'ancienneté)	擔任 A 等級或同等級公務員 10 年以上	擔任上述公職 8 年以上但對法官無此限制
學歷限制	無	未通過國家行政學院選任者：取得參與國家行政學院外部會考之學歷資格

（資料來源：法國中央行政法院官網）

4.額外的外部與內部會考

　　此等考試是針對近年行政訴訟案件增加，特別增列的額外的外部與內部會考 (Le recrutement direct par voie de concours externe et interne)，依據《行政救濟法典》法律第 L. 233–6 條規定，此等方式招考的名額，不得超過國家行政學院畢業生分配至地方與高等行政法院任職者人數之 3 倍；且選任資格為：

(1)外部考試：相當於得應考國家行政學院外部入學會考資格者。

(2)內部考試：法律領域的公務員、普通法院法官、具有 A 等級職務之文武官，且在應考當年年底前，擁有 4 年年資。

　　從行政法院法官之選任資格可知，擔任行政法官者，事實上與法國 A 職等公務員有一定的流通可能。這主要與行政法院設置之本旨，乃是以行政「控制、監督」行政有關。

　　值得注意的是，自法國現任總統馬克宏於 2021 年 4 月 8 日會議中宣布國家行政學院將於 2022 年 1 月起為國家公共服務機構 (Institution nationale du service public, INSP) 所取代。該新機構將整合既有 13 間與公共服務相關之學院，以整合彼此之間的課程目標。有關該新機構的規定目前只可於 2021 年 6 月 2 日第 2021–702 號有關行政司法與金融司法規範之律令 (l'ordonnance du 2 juin 2021 de dispositions relatives aux juridictions administratives et aux juridictions financières) 第 5 條之中看到簡略的組織架構及目標。至於具體的

規劃則仍有待中央行政法院作出新的命令完善之。

在該命令中，最受矚目改革之一為廢除既有國家行政學院學生畢業即可任職高級公務員或中央行政法院法官的途徑，改為要求畢業生需先行於非中央之行政部門培養經驗後，始得向上晉升[82]。另一飽受爭議的改革為《金融司法法典》法律第 221-10 條，其將承認部分地方審計法官職責得由具有地方審計法庭事務及任務專業經驗之契約當事人承擔 (« des agents contractuels justifiant d'une expérience professionnelle compatible avec les activités et les missions des chambres régionales des comptes »)[83]。後者尤其引發當前行政法院的公開辯論，現任中央行政法院副院長 Bruno Lasserre 認為行政司法的獨立性及規範層級將受到更完善的保障[84]；但另有其餘法官「在閱讀到此一規定時差點嚇到將咖啡吐出來」[85]。

循此，2022 年以後之行政法院法官選任將改為透過特殊考試或從未來國家公共服務機構學生中選出[86]。行政法院法官的地位因此也再次備受討論。這點尤其於前述 2021 年命令的頒布後更顯重要。簡言之，該法案不只調整上述行政法院法官的選任程序，同時也改變部分中央行政法院法官的身分地位（特別是其第 7 條第 1 項及第 7 項）。對於部分論者而言，這是對於 1945 年體制，甚至是拿破崙式中央行政法院體制的根本動搖[87]。

---

[82] 參閱：https://www.vie-publique.fr/en-bref/279359-suppression-de-lena-reforme-de-la-formation-des-cadres-de-letat（最後瀏覽日：2022 年 1 月 4 日）。

[83] M.-Ch. de Montecler, *Une transformation profonde de la haute fonction publique*, Dalloz actualité, le 04 juin 2021.

[84] B. Lasserre, Que reste-t-il du Conseil d'État napoléonien?, 2021, URL originale: https://www.conseil-etat.fr/actualites/actualites/que-reste-t-il-du-conseil-d-etat-napoleonien-par-bruno-lasserre-vice-president-du-conseil-d-etat（最後瀏覽日：2022 年 3 月 25 日）.

[85] M.-Ch. de Montecler, *op. cit.*, n° 91.

[86] *Ibid*.

[87] P. Delvolvé, « Le Conseil d'État » *RFDA*, 2021, n° 874, p. 2; B. Lasserre, *op. cit.*, n° 92.

（三）特殊審判法院法官之資格條件

　　第一部分介紹的各種特殊審判法院當中，可知有數種法院的「法官」並非全由專業的司法官擔任，或是透過特殊的選任方式，於此一併介紹此類法院成員之選任資格與選任方式。

1.勞資糾紛委員會委員選任[88]

⑴資格

　　只要是法國國籍，年滿 21 歲，無該當《選舉法典》(Code électoral) 第 6 條之消極要件者，不論是受薪者或支薪者，基本上都能夠被列入候選名冊當中。而只要年滿 16 歲，執行《勞動法典》上之工作，就有投票權，沒有國籍的限制。

　　就受僱者而言，只要其擁有私法性質的勞動契約，不論是正在履行階段，或是中斷中（因為產假、育嬰假或是休假），甚至在一定條件下的待業者、接受職業訓練者、退休 10 年內者都有資格被列入選舉名單中。

　　根據《勞動法典》法律第 1441–6、1441–7 條規定，任何在職或退休受薪者、支薪者或待業者，只要擁有法國國籍、無該當《選舉法典》第 6 條之消極要件，且於選舉日 10 年內曾有至少 2 年在職，即可被列入候選名冊當中。

⑵方式

　　現有委員（2021 年）係透過全國性的選舉方式產生，5 年一任，得連選連任，目前法國約有 1 萬 5 千名勞資糾紛委員。依據擔任職業別之不同，區分成五種類別 (section)：工業、商業、農業、人事、其他產業，然後依據執業地點確認選舉區域並分別依據係雇主或受僱者進行區別投票。擔任勞資糾紛委員會期間之勞工，擁有不被任意解聘、免職的權利。但之前通過一部新

的法律，授權政府在一定的情況下，免職勞資糾紛委員會之權力，將於 2016 年 6 月 18 日生效。

自 2018 年 1 月開始，由於 2015 年 8 月 6 日有關成長、活動與經濟機會平等——又稱馬克宏法 (La loi du 6 août 2015 pour la croissance, l'activité et l'égalité des chances économiques (loi Macron)) 的生效，勞資糾紛委員會委員改由勞動部長與司法部長從雇主與勞工工會所提出之候選人名單中選出。其任期改為 4 年一任，並需尊重兩性平等。

2.商業庭之商業法官

⑴資格

從事商業者，以個人名義擔任企業主、或是高階的領導職務，即有被選任之資格。

⑵方式

被其他法官或其他商業界之代表選任，自願地擔任商業案件審理職務者。第一任任期為 2 年，得再續任 4 年，最長到 14 年。

三、選任方式與程序

所謂法官選任，事實上必須歷經數個階段。首先，是透過一定的選任方式進行法官候選人的篩選，接著，再從法官候選人當中，確立哪一個法院選用哪一名法官人選。因此，選任方式論述者係篩選適當的法官候選人。而選任程序，則指經由一定方式篩選後，再透過相當之程序予以任命。基本上，法國目前所有法官的選任過程，絕大部分是經過公開考試[89]、由國家司法官學院或國家行政學院培訓，最後再由行政權進行任命。

詳言之，法官選任方式，不論是普通法院體系，或是行政法院體系，為

---

[89]　以普通法院體系的法官為例，二分之一的法官都是通過公開考試的方式選任。V. Ph. Astruc, *Devenir Magistrat aujourd'hui*, Gazette du Palais, Lextenso éd., 2010, p. 5.

了顧及多元的選任管道，目前儘管主要仍是以公開考試 (concours) 之方式為主軸，但都保留並增加相當多元的方式進行選任。

　　然而，法國司法制度建置數百年以來，法官的選任方式與程序，向來是依存於君王的推薦與喜好；即使 1789 年推翻帝制後，歷經期間國家政府體制的多次變動，行政權自行選定選任方式並進行任命仍然為最常見的法官選任模式，即使曾經也實施過人民選舉法官以避免行政權對於法院的掌握，但最後主要仍是法院內部逐步透過法官自身確立對於法規範之尊重，尤其是 1790 年成立最高審判機構：廢棄法庭 (Tribunal de cassation) 之後[90]，法官開始逐步建立司法權的威信，即使仍然無法完全擺脫行政當權者的控制。

　　其中，曾首次於 1906 年 8 月 21 日透過 décret Sarrien 進行公開考試，但卻因為缺少足夠的應考人而失敗。1908 年又再次進行公開考試，以筆試測驗司法實務，以口試測驗民法、刑法與行政訴訟；考試委員由最高法院院長、司法部司長與 3 位普通法院法官擔任，最後依據考試成績與姓名順序排序。再由司法部部長依據該名單進行選擇任命。接下來若干年，都是由司法部長透過命令的方式調整考試科目與方式[91]。最終，法國法官之選任制度，於 1958 年先透過憲法確認法官的任命方式，再由憲法所授權的建置法，確認公開考試的途徑。

　　而法國行政法院審判體系之法官，儘管也是採取公開考試方式進行選任，但與普通法院之法官選任途徑截然二分，主要由 1945 年二次大戰後臨時政府總理令[92]，為了招聘國家文官所設立的國家行政學院負責。也就是說，行政法院體系的法官，一開始並不被認為是法官，而是公務員；當然現今已經承

---

[90] 參閱：http://www.vie-publique.fr/decouverte-institutions/justice/approfondissements/justice-depuis-revolution-francaise.html（最後瀏覽日：2022 年 3 月 25 日）。

[91] Ph. Astruc, *op. cit.* n° 99, pp. 3–4.

[92] Ordonnance n° 45–2283 du 9 octobre 1945 relative à la formation, au recrutement et au statut de certaines catégories de fonctionnaires et instituant une direction de la fonction publique et un conseil permanent de l'administration civile.

認其亦相同受到法官獨立審判之憲法保障[93]。

綜言之,法國目前的司法官選任方式與程序,仍然與司法審判制度相同,採取普通法院與行政法院分立選任之方式與程序。雖然行政法官也相同地被承認該當為法官,但是選任程序直接受憲法條文明文保障者,僅有普通法院法官,故以下分別從普通法院與行政法院體系予以介紹分析。

(一) 普通法院法官之選任方式

於前述普通法院法官選任資格時已經提及,主要區分為一般大學畢業生與在職者,由於前者並未有工作經驗,因此選任方式採取公開考試的方式,後者雖然也以公開考試為主,但資格篩選亦相同重要。以下先介紹其共同之一般性規定,再個別依照不同的考試項目與內容分別介紹。

1. 一般性規定

此部分的規定主要依據總理頒布之 2008 年 12 月 31 日第 2008–1551 號敕令:《修正 1972 年 5 月 4 日關於國家司法官學院之敕令》(décret n° 2008–1551 du 31 décembre 2008 modifiant le décret n° 72–355 du 4 mai 1972 relatif à l'Ecole nationale de la magistrature) 以及司法部部長 2008 年 12 月 31 日《關於組織方式、紀律規定、三種進入國家司法官學院會考之計畫、進度與批閱》之命令 (l'arrêté du 31 décembre 2008 relatif aux modalités d'organisation, règles de discipline, programme, déroulement et correction desépreuves des trois concours d'accès à l'Ecole nationale de la magistrature) 而來。

選任方法與後續的職前培訓,都是為了使法官養成當下與未來可預期的技能與能力 (compétences et capacités)[94]。法官職業的基礎能力構成司法官學院當中 4 個主要的設計原則:

---

[93] P. Terneyre et D. de Béchillon, « Le Conseil d'Etat, enfin juge! », *Pouvoir*, n° 123, 2007, p. 123 et s.

[94] Direction des recrutements, de la formation initiale et de la recherché, *Concours d'accès à l'école nationale de la magistrature, 2011,* p. 3. URL originale : https://www.enm.justice.fr/devenir-magistrat/preparer-les-concours/epreuves-et-programmes(最後瀏覽日:2022 年 3 月 25 日).

首先，入學會考必須能夠辨識應考人是否已經具備基礎技能；其次，職前培訓 (formation initiale) 必須獲得擔任法官之技能；接著，評估、能力測驗與分級測驗必須能夠確認其所獲得的技能；最後，在職訓練必須能夠強化其技能。

儘管有三種會考途徑，但其皆以達到以下目標為務，參見表 3–2 說明：

表 3–2　法國司法官入學會考測驗科目表與核心測驗能力

測驗科目 (Épreuves)	法官的基礎能力 (Capacités fondamentales du magistrat)	候選人展現之特質 (Qualités recherchées chez le candidat)
當代世界之了解與知識	• 分析、整合情況或文件的能力 • 從文本當中形成決定的能力 • 於決定中解釋、形塑並說明理由的能力	■了解法國社會與法官介入背景之能力 ■以嚴密方式進行分析與推理之能力 ■客觀與嚴謹進行推論、陳述之能力 ■掌握法文之能力 ■寫作能力
民法或民事訴訟法	• 區辨程序架構之能力 • 依據法律做出裁判之能力	■法律知識 ■履行能力 ■分析能力 ■掌握法文之能力 ■寫作能力
刑法或刑事訴訟法	• 區辨程序架構之能力 • 依據法律做出裁判之能力	■法律知識 ■履行能力 ■分析能力 ■掌握法文之能力 ■寫作能力

國家組織、司法組織、人民權利與公法	● 依據法律做出裁判之能力 ● 在國家制度環境內進行主張之能力	■法律知識 ■分析能力 ■掌握法文之能力 ■寫作能力
綜合摘要 (Note de synthèse)	● 分析並摘要情況或文件之能力 ● 於決定中解釋、形塑並說明理由的能力 ● 考量國內與國際制度環境之能力	■複雜要素中進行簡化之能力 ■將資訊階層化之能力 ■綜合能力 ■掌握法文之能力 ■寫作能力
面對情況與面試	● 接受能力 ● 分析並摘要情況或文件之能力 ● 連結、傾聽與交換意見之能力 ● 促成共識與和解之能力 ● 做成判決、文本註記與標記重點之能力 ● 解釋判決之能力 ● 團體工作之能力	■掌握法文之能力 ■口語表達能力 ■形成判決、建議解決方案、選擇或方向之能力
歐洲法與國際私法	● 依據法律做出裁判之能力 ● 在國際制度環境內進行主張之能力	■法律知識 ■口語表達能力
社會法與商業法	● 依據法律做出裁判之能力	■法律知識 ■口語表達能力
當代語文 (Langues vivantes)	● 在國際制度環境內進行主張之能力	■使用其他外國語文之口語能力

（資料來源：法國司法官學院網站）

2. 第一級會考 (premier concours d'accès)[95]

　　區分為第一試 (épreuves d'admissibilité) 與第二試 (épreuves d'admission)[96]。

⑴第一試（2020 年）

表 3-3　法國司法官學院入學第一試測驗科目

考試科目	考試時間／比重	考試內容	考試方式
現代世界之了解與知識	5 小時／4	對當代法國社會中有關司法、法律、社會、政治、歷史、經濟、哲學和文化領域的問題作答	申論
（一）民法與民事訴訟法或（二）刑法（普通與特別）與刑事訴訟法	5 小時／4	由考官選題	申論
（一）民法與民事訴訟法或（二）刑法（普通與特別）與刑事訴訟法	3 小時／4	前一申論題未被選擇之領域	實例
綜合摘要 (Note de synthèse)	5 小時／3	對於一司法、法律或行政文件作答	綜合摘要
公法	3 小時／2	一個由兩問題所組成的測驗	簡答題

（資料來源：法國司法官學院官網）

---

[95] 參閱：https://www.enm.justice.fr/devenir-magistrat/preparer-les-concours/epreuves-et-programmes（最後瀏覽日：2022 年 3 月 25 日）。

[96] *Ibid.*

⑵第二試（口試）

表 3-4　法國司法官學院入學第二試測驗科目

考試科目	考試時間／比重	考試內容
英文	30 分鐘／2	由一篇文章與對談所組成的測驗
歐盟法或國際私法或行政法	25 分鐘／4	報考者於報考時選擇領域
社會法或商法	25 分鐘／4	考生於報考時選擇領域
實例面試	30+40 分鐘／6	分為兩部分（任一部分低於 5 分即淘汰）： （一）團體面試： 在無準備時間的情況下，由 3 位考生組成小組對一實際案件分析 （二）單獨面試： 獨自一人就一法國當前議題、司法或一般文化議題進行陳述。隨後依據書面資料，考察考生之性格、背景與動機
自選加分（第二外語）	30 分鐘／1	自選德文、西班牙文、義大利文或書寫阿拉伯文。最高加 10 分

（資料來源：法國司法官學院官網）

3.第二級與第三級會考 (deuxième et troisième concours)

　　由於第二級與第三級會考係招聘已經有工作經驗者，亦即前述之除大學畢業生外者，目的在於充實司法人員，因此在考試安排的內容上並不完全相同於第一級會考。不過，仍然相同地區分為第一試與第二試。

　　第一試的應試科目與第一級大致相同，只是題目方向著重在測試個人狀

況以確保具備擔任法官之特質。其中刪除公法的簡答題部分，以及刑事與民事的實體法與訴訟法皆以實例題作答。

第二試大體上亦與第一級會考相同。除了不強制考英文能力外（被列入外語考試選項之中），亦刪除歐盟法與國際私法的考試項目。

4.**額外會考**

參與額外會考者誠如前述，皆為具備 10 年以上工作經驗者，依據其工作年資與年紀，報考不同等級的司法官，由於其已經具備相當豐富的工作經驗，選任方式自有若干差異。但因為仍為公開考試，因此一樣區別為第一試與第二試。

⑴第一試（三科考試占分相同）

表 3–5　法國司法官學院入學額外會考測驗第一試科目表

考試科目	考試時間／比重	考試內容	考試方式
民法	5 小時／4	給予一份與民法相關文件，由候選人提出諮詢建議或法律研究。以了解候選人適用法律之能力	申論
公法或刑法	5 小時／4	針對一個候選人自己選擇的領域給予一個主題進行一篇論文之撰寫	申論
摘要評析 (note de synthèse)	5 小時／4	一份法律文件由候選人進行摘要評析	摘要評析

（資料來源：法國司法官學院官網）

⑵第二試

表 3-6　法國司法官學院入學額外會考測驗第二試科目表

考試科目	考試時間／比重	考試內容
民法或刑法	1 小時準備，30 分鐘口試／5	就一民法或刑法領域的實際案件進行 10 分鐘陳述，以觀察考生之判斷能力；隨後與考官進行 20 分鐘面試，以檢視考生對先前職務的理解程度，以及對於新職務的開放程度。
刑法或公法	15 分鐘／3	就筆試中刑法或公法類別中，未選取的進行 15 分鐘的口試。

（資料來源：法國司法官學院官網）

5.遞交文件

　　此程序雖然不需經過公開考試，但是仍然需要經過相當的篩選程序[97]：

⑴遞交文件

　　依據司法部命令[98]，目前透過此一方式選任者不需通過公開考試，但必須在每年 1 月 15 日前直接遞送文件或以雙掛號郵寄文件至其居住地之上訴法院檢察署，不居住在法國境內者則將文件寄送到巴黎上訴法院檢察署。若為國家公務員則將其文件遞交其直接上級機關，由上級機關連同附具理由之意見與最近 3 年之專業考績 (notations professionnelles)，寄送至機關所在地之高等檢察署。

　　接著此些文件之複本將被直接寄送到司法部所屬之法官人力資源司內之司法官招募、訓練與一般事務辦公室（ressources humaines de la magistrature,

---

[97] 主要參考司法部網站資料，http://www.metiers.justice.gouv.fr/art_pix/dossier_de_candidature_auditeur_de_justice_2015.pdf（最後瀏覽日：2022 年 3 月 25 日）。

[98] L'arrêté du 15 avril 2008 modifiant l'arrêté du 24 février 1994 relatif au recrutement des auditeurs de justice en application de l'article 18-1 de l'ordonnance n° 58-1270 du 22 décembre 1958 modifiée portant loi organique relative au statut de la magistrature.

bureau du recrutement, de la formation et des affaires générales des magistrats，簡稱 RHM2）。

(2)檢察官行政調查以查驗文件並加註意見

　　依據法令規定[99]，除所有文件必須經過檢察官的行政調查程序以確定其真實性，檢察官並對每位遞交文件者進行個人資料的查核。在檢察官調查的範圍內，檢察官除得提供其所查詢得知之所有資料，亦得對於候選人之條件提出意見。受理文件之上訴法院院長或其代理人也得舉行聽證 (audition)，以對候選人之優劣提出意見。經過檢察官之調查後，將文件傳送到司法部。

(3)委員會審查

　　依據法官身分法第 34 條規定，由晉升委員會 (commission d'avancement) 審查經檢察署查驗後並註記意見之文件，必要時委員會也將安排對一名或多名候選人之聽證會。

　　在候選人於當年 1 月 15 日遞交文件後，晉升委員會最遲在同年 12 月召集會議審查。若於 1 月 16 日之後遞送文件，則將於次年的 12 月召集之會議進行審查。

　　晉升委員會除法定委員外，另由不同職級的司法官組成委員，合議方式共識決定進用與否，對於不予晉用者必須提出附理由的意見。採取此途徑進用之法官人數，不得超過以公開考試方式進用者之三分之一。

（二）普通法院法官之選任程序

　　普通法院法官之選任，向來基本上是總統在司法部部長的建議下進行任命，而司法部部長係於參酌最高司法委員會之意見後提出建議。形式上，此等任命措施保留給行政權相當大的任命空間，也因此曾遭到非議，認為仍然有可能使得法國重回中古世紀那樣封閉的司法社會集團[100]。為了避免這樣的

---

[99] décret n° 2005–1124 du 6 septembre 2005 pris pour l'application de l'article 17–1 de la loi n° 95–73 du 21 janvier 1995.

[100] http://www.vie-publique.fr/decouverte-institutions/justice/personnel-judiciaire/magistrats/comment-sont-

疑慮，關於法官選任機關——最高司法委員會——的地位，向來法國直接以憲法明定，儘管有學者認為最高司法機關仍然只是總統的幕僚單位[101]。一開始 1958 年第五共和憲法第 8 章司法機關當中之規定，保留行政權對於司法人事的任命權，不但以總統作為司法機關之最高負責者[102]，同時最高司法委員會之人員全由總統任命；為了強化司法權的獨立性，法國於 2008 年修憲時，修訂憲法條文，以確保司法人事權更多的獨立性，也因此影響變動法官之選任程序。

1.修改憲法與相關法令對於最高司法委員會之組織規定

原來憲法第 65 條規定如下：「最高司法委員會由共和國總統為主持。司法部部長為當然副主席，得代理總統為主席。最高司法委員會置委員 9 人，由共和國總統依組織法規定任命之。最高司法委員會對最高法院各級法官及上訴法院首席院長之任命提出人選。該會議得依據組織法之規定，對司法部所提有關其他各級法院法官之任命，表示意見。有關特赦事宜，應依組織法之規定，諮詢最高司法會議之意見。最高司法會議設置司法官懲戒委員會，由最高法院院長擔任主席。」

由條文可知，總統是最高司法委員會的當然主席，並由總統決定委員的組成，在這樣高度受制於行政權的組織成員下，最高司法委員會決定法官的選任因此受到行政權高度的影響。這樣的憲法秩序受到挑戰，因而在 1993 年與 2008 年歷經兩次重大修改，目前憲法第 65 條的規定已與原條文規定相去甚遠。

現行憲法第 65 條是 2007 年薩科齊總統 (Nicolas SARKOZY) 主導下，依據前總理巴拉度 (Édouard BALLADUR) 擔任主席所提出的制度設計報

---

recrutes-magistrats.html（最後瀏覽日：2022 年 3 月 25 日）。

[101] 蘇永欽，前揭註 62 文，頁 280。

[102] 法國第五共和憲法第 64 條第 1 項與第 2 項：「共和國總統保障司法機關之獨立。總統由最高司法委員會裏贊處理司法事務。」

告——邁向更民主的第五共和 (Une Ve République plus démocratique－Comité de réflexion et de proposition sur la modernisation et le rééquilibrage des institutions de la Ve République) 當中之建議，提出修憲案，最後於 2008 年 7 月 23 日通過修憲案，並依據 2010 年 7 月 22 日制定之建置法 (loi organique n° 2010–830 du 22 juillet 2010 relative à l'application de l'article 65 de la Constitution réforme une nouvelle fois le Conseil supérieur de la magistrature)，進行新的最高司法委員會組織。

其繼續 1993 年修憲條文內容，將最高司法委員會依職務性質分為法官及檢察官二部門，也維持最高司法委員會法官部門對最高法院法官、高等法院首席院長及初審法院院長之任命提出建議；其他法官之任命，皆須徵詢其意見並獲同意。而最高司法委員會檢察官部門對檢察官之任命表示意見。為了落實憲法第 65 條而制定之《最高司法委員會建置法》(Loi organique n° 94–100 du 5 février 1994 sur le Conseil supérieur de la magistrature) 於 2011 年 3 月 31 日也進行修正。

構成員組織最大的變動有三：

⑴委員會主席由司法專職人員擔任

總統不再擔任委員會主席，最高司法委員會法官部門以最高法院首席院長為主席，而最高司法委員會檢察官部門以最高法院檢察總長為主席。

⑵委員會成員之外部人員占過半比例

最高司法委員會法官部門成員包括法官 5 人、檢察官 1 人、中央行政法院指派該院法官 1 人、執業律師 1 人，以及非屬國會議員、司法人員或行政官員之適格專業人士 (personnalités qualifiées) 6 人。適格專業人士由總統、國民議會議長及參議院議長各指派 2 人。適格專業人士之任命，適用第 13 條第 5 項所定程序。國會兩院議長所為任命，僅須諮詢各該議院相關常設委員會。

最高司法委員會檢察官部門成員包括檢察官 5 人、法官 1 人，以及前項之國家諮議院諮議委員、執業律師，和適格專業人士 6 人。

⑶委員會成員經選任後任命

依據最高司法委員會建置法之規定，最高司法委員會之法官代表，不論是普通法院或是行政法院系統，皆由同級法官自行選任後任命[103]。

其中的律師代表由全國律師委員會 (Conseil national des barreaux) 主席參照常務委員會 (l'assemblée générale) 意見後任命[104]。

適格專業人士則分別由憲法第 65 條所提及之機關，任命性別同數之代表；兩院提出之人選應由負責司法事務之常任委員會依法進行任命[105]。

最高司法委員會委員任期 4 年不得連任，任職期間內不得從事不論是行政或是民意公職職務、除原本即擔任律師者外，不得擔任辯護人。

2. 法官的選任程序

最高司法委員會擁有最高法院之院長、庭長與各法官，高等法院院長與地方法院院長，大約 400 名法官的任命建議權 (pouvoir de proposition)。亦即由最高司法委員會確定最初的候選人、檢視其資料、進行必要的面談並提出建議[106]。其餘法官的任命建議權則由掌璽官 (garde des Sceaux)，亦即司法部部長 (ministre de la Justice) 負責，但最高司法委員會對於提名計畫得提出符合或不符合 (« conforme » ou « non-conforme ») 意見。

檢察官部分，儘管最高司法委員會檢察官部門也有建議權，但此一建議權僅有推薦或不推薦 (« favorable » ou « défavorable ») 此二差別，且對於司法部部長並不具拘束力；不過 2008 年修憲後，最高司法委員會對於檢察官任命計畫之意見得送交部長會議決定。

因此，最高司法委員儘管擁有任命建議權，但司法部部長並不完全受最高司法委員會之限制，仍擁有提交總統任命人選的最終建議權。

---

[103] 《最高司法委員會建置法》第 1 條到第 4 條。
[104] 同法第 5–1 條。
[105] 同法第 5–2 條。
[106] 最高司法委員會網站，http://www.conseil-superieur-magistrature.fr/missions-et-attributions（最後瀏覽日：2022 年 3 月 25 日）。

(三) 行政法院法官之選任方式與程序

關於行政法院法官之選任方式，原則上係以《行政救濟法典》法律部分進行詳細規範，亦即是由立法者透過立法的方式確定其選任。目前於《行政救濟法典》法律第 233-2 條規定：「除第 233-3 條到第 233-6 條特別規定外，地方與高等行政法院之法官皆自國家行政學院之畢業生選任。」因此，行政法院法官的選任方式主要分為通過國家行政學院考試與訓練程序，以及法定例外程序，悉如下述；惟 2022 年起法國就國家行政學院將有重大變革，而將以「公共服務機構」(Institute du service public) 替代之，以下相關資訊或已非現狀，還望留意。

1. 國家行政學院之公開考選程序

儘管有三種類型的公開會考，其考試時間、程序與科目基本上並無重大不同，只有在考試內容的要求上有些微差異。必須先通過資格考試 (épreuves d'admissibilité)，再進行入學考試 (épreuves d'admission)。

⑴資格考試

每年 7 月底之前，參與外部考試之應考人將收到准考證，接著於 8 月底先在分布於各都會區或是海外的考試中心 (centres d'épreuves) 進行 5 科資格考試，以往其中一科是選考科目，另包含有語文考試，但因為 2014 年 4 月 16 日，職掌公務員之部長以部長命令變更 2015 年 5 科資格考試的考試科目、時間與內容 (Arrêté du 16 avril 2014 fixant la nature, la durée et le programme des épreuves des concours d'entrée à l'Ecole nationale d'administration)，自 2015 年起，考試科目與內容變更如下：3 科 5 小時的筆試，對於以下三領域：公法、經濟、當代問題中的公共權力角色與社會關係 (question contemporaine d'ordre général portant sur le rôle des pouvoirs publics et leurs rapports à la société)，進行最多 10 頁的分析寫作[107]；社會問題科相同是 5 小時筆試，但必

---

[107] 舉例而言，2014 年資格考試的公法題目為：「行政法官，經濟的法官」(Le juge administratif, juge de l'économie)；經濟題目為：「我們是否應擴大舉債？」(Faut-il s'endetter pour croître?)；當代問題中的

須進行分析與建議 25 頁較大篇幅的文件書寫；以上 4 科各占分 4/19。最後一科進行 3 小時，以公共財政的角度，對於考題所附的文章、圖像、統計報表進行解釋、分析之綜合回答，占分 3/19[108]。

　　對於參與內部考試與第三輪考試者，僅在其考試內容要求略有不同，第 1 科與第 2 科篇幅增長為 25 頁，其餘並無不同。

⑵入學考試

　　通過第一階段筆試後，第二階段的入學考試以口試為主，考試科目與進行方式相同地是由部長頒布命令確定之[109]。

表 3–7　法國國家行政學院之入學試驗測驗科目

科目	進行方式	占分比率
歐盟議題	在得參考歐盟條約與歐盟判決之情況下準備 1 小時後，進行 30 分鐘口試。先 10 分鐘口述，接著由口試委員交叉提問	3/18
國際問題	10 分鐘準備後，進行 30 分鐘口試，先 10 分鐘口述，接著由口試委員交叉提問	3/18
一般面試	針對應考人之個性、動機與規劃進行面試。45 分鐘，其中應考人自述最長 10 分鐘	6/18
集體面試	扮演不同角色，以測試應考人之舉止與人際關係行為。包括準備時間，最長 1 小時	3/18
外語口試	在 15 分鐘的準備時間內，閱讀 600 字左右的文章節錄與評論後，與考官進行 30 分鐘口試 得應試之語言：德文、英文、阿拉伯文、中文、西班牙文、義大利文、葡萄牙文、俄文	3/18

（資料來源：法國國家行政學院官網）

　　公共權力與社會關係在給予一段提示文字後，題目為：「抵抗運動於 21 世紀是否為一典範？」(La Résistance est-elle un idéal du XXIe siècle?)。

[108] 參閱：https://www.ena.fr/Concours（最後瀏覽日：2022 年 3 月 25 日）。

[109] Arrêté du 16 avril 2014 fixant la nature, la durée et le programme des épreuves des concours d'entrée à l'Ecole nationale d'administration.

2.法定例外程序

正如前述關於行政法官之選任資格所言，除了國家行政學院的畢業生之外，行政法官尚有外部任命與額外的外部、內部會考。此些差異選任資格均來自行政救濟法之明文規定，亦即立法者的決定。

⑴外部任命 (Nomination au tour extérieur)

應試者必須自己注意法國政府公報或刊載於中央行政法院網站之當年度招募訊息 (l'avis de recrutement organisé au titre de l'année en cours)，並依據招募條件遞交應試文件，所有的文件一律在公開考試開始後方進行審查。由地方與上訴行政法院最高委員會（Conseil supérieur des tribunaux administratifs et des cours administratives d'appel，簡稱為 CSTACAA）進行應試篩選。

該委員會組織成員依據《行政救濟法典》法律第 232–2 條規定組成：由中央行政法院副院長擔任主席，而非內政部長或是管理公務員之部會部長，代表行政法院體系之獨立性，並由以下成員組成：

A.評事官，中央行政法院終身調查職主任 (le chef de la mission permanente d'inspection des juridictions administratives)；

B.掌理公務員之部會中之公務員管理司司長；

C.中央行政法院秘書長；

D.法務部司法司司長；

E. 5 名地方與高等行政法院代表，該代表由所有地方與高等行政法院成員，以及於該法院任職 2 年以上的公務員登記於候選名單中選舉產生。候選名單無需完整；

F.總統、國民議會議長、參議會議長直接任命之代表，任期 3 年，不得連任。

依據《行政救濟法典》法律第 232–1 條的規定，地方與高等行政法院最高委員會相當於普通法院體系下之最高司法委員會，係地方與高等行政法院之最高人事與紀律機構。為所有地方與高等行政法院之成員執行 1984 年 1 月

11 日第 84-16 號關於國家公務員之法律第 14 條與第 15 條,關於行政同數委員會、技術同數委員會提供意見外聘徵審委員會、臨時調動、調動後之回任、額外增聘之職權。此外,該委員會擁有同《法典》法律第 233-3、233-4 與 233-5 條所規定之任命、臨時調動、回任之意見權。

⑵額外的外部、內部公開考試

此一選任方式原本是因應國家行政學院畢業生人數不足擔任所有的行政法院職缺而開放,但目前透過國會修改《行政救濟法典》以及總理發布命令制定《行政救濟法典》中的相關命令,已經成為一般的選任方式[110],此等考試方式有應考次數之限制,任何人皆不得應試超過 3 次[111]。

此類考試通常以登載於政府公報的方式進行公告,此公告在筆試舉行前一個月為之,公告中載明考試的日期、應考期限與遞交文件地點。內部考試與外部考試之錄取人數與比率由中央行政法院副院長以命令方式決定,每一個考試的錄取人數不超過所有職缺總額的 60 %。個別考試之考試委員不得補齊所有職缺名額,然而得列不超過 20% 的候補人選[112]。

A.考試委員之組成

考試委員由中央行政法院終身調查職主任擔任,其中包括 1 名中央行政法院成員、2 名大學教授、2 名地方與上訴行政法院法官,以上人員由中央行政法院副院長任命,另外包括 1 名最高法院首席院長指定之普通法院法官。中央行政法院副院長任命地方與上訴行政法院法官之前,必須徵詢地方與高等行政法院最高委員之建議。中央行政法院副院長並得指派數名閱卷助理 (correcteurs adjoints) 協助考試委員進行筆試閱卷。

B.資格考試

三科筆試:

---

[110] 《行政救濟法典》法律第 233-6 條、命令第 233-8 條到第 233-14 條。
[111] 《行政救濟法典》命令第 233-10 條。
[112] 《行政救濟法典》命令第 233-8 條。

表 3–8 國家行政學院額外公開考試測驗科目

科目	時間	占分比例
行政訴訟案件研究	4 小時	3/5
以司法、制度或行政為主題之短問題	1.5 小時	1/5
外部考試：公法主題的論述	4 小時	1/5
內部考試：實例題之行政評述	4 小時	1/5

（資料來源：法國國家行政學院官網）

C.入學考試

首先為針對公法主體之問題進行口試，然後再針對司法問題與考試委員進行討論，抽籤決定題目後，30 分鐘準備，接著進行 30 分鐘口試。

接著進行應試人之生涯與動機之面談，應試人必須先完成個人相關問題之書面資料，考試委員透過此一程序了解應試人是否有能力擔任行政法官之職業，並且尊重道德能力。時間 20 分鐘。

兩階段考試之相關安排由法務部與職掌公務員之部會共同以命令方式發布[113]。以 2021 年為例，通過資格考試者有 42 名透過外部考試、32 名透過內部考試。筆試於 2021 年 9 月 7 日到 8 日舉行，口試則於 11 月開始舉行[114]。

D.考試結果與選任

依據考試成績進行排名，內部考試與外部考試之成績名單進行交錯排名，以抽籤的方式決定何者優先排序。經由此方式選任之地方與上訴行政法院法官將被任命為初級職級之評事官 (1er échelon du grade de conseiller)。

地方與上訴行政法院法官若證明之前有一個或數個專業的全職工作經驗，其職務相當於 A 職等的公務員、或為應訴於中央行政法院與最高法院之律師、公證人，得依據其年資，擔任較高職級之評事官，但年資之採記不得超過 7 年。

---

[113] 《行政救濟法典》命令第 233–11 條。

[114] 參閱：https://www.conseil-etat.fr/pages/recrutement-et-carrieres （最後瀏覽日：2022 年 3 月 25 日）。

（四）中央行政法院法官之選任程序

經由上述對於行政法院法官選任方式介紹後，已經將地方與上訴行政法院法官之選任程序一併說明，此部分因而僅介紹中央行政法院法官之選任程序。

1.概說

所有中央行政法院之法官成員依據年資長短區分為不同的職別：評事官 (conseiller d'Etat)、主事官 (maître de requête)、編審 (auditeur)。年資最淺的編審都是透過公開考試的方式選任，亦即國家行政學院之考試，因此，每年都會保留 4 到 6 名編審職缺給國家行政學院的畢業生。國家行政學院之畢業生依據學院當中兩年的成績表現進行排名，依據名次與志願進行選擇，基本上成績表現優良且有意願任職於中央行政法院者有機會擔任編審。

主事官則有四分之三由年資較長（至少 3 到 4 年）的編審中選任，另外四分之一的職缺則透過外部任命之方式選任(其資格即為年滿 30 歲且證明有 6 年的公共服務經驗)。評事官有三分之二從年資較長的主事官中選任，另外三分之一則透過外部任命方式選任（此部分之資格僅有年滿 45 歲）。此即依據《行政救濟法典》法律第 133–3 條規定「評事官之職，三分之二由國家行政學院之畢業生擔任，另三分之一得自以下人員進行提名：1.擔任普通職或軍事職國家公務員、地方或醫事公務員，其證明迄至當年 12 月 31 日，於 A 等級或其他相等等級任滿至少 6 年；2.普通法院法官。」之規定而來。

值得注意的是，隨著 2021 年 6 月 2 日有關行政司法與金融司法規範之命令的頒布，《行政救濟法典》將自 2022 年開始有大幅度的調整。基於行政法院法官屬性的調整目標（見前文介紹行政法院的部分），首先於《行政救濟法典》法律第 133–12–1 條創設諮詢委員會 (comité consultatif)，其司職從國家行政機關中提名適合編審人選的任務（提前自 2021 年 9 月 1 日即生效）。該委員會組成方式如下：（一）兩位由中央行政法院副院長所任命之中央行政法院成員；（二）兩位具有法律以及人力資源領域能力者，由內政部部長

(ministre chargé de la fonction publique) 提名人選，分別再由中央行政法院副院長以及總理所任命。

主事官一職也不在保留名額給編審晉身，而是由掌璽官（司法部部長）提名，由命令任命之（第 133-4 條）。年資最長的評事官同樣由掌璽官提名，由命令任命之（第 133-3 條）。不同於主事官，評事官一職仍維持保留名額的設計：五分之四的名額將保留給已完成職務輪替 (mobilité statutaire) 之主事官晉升。前述職務輪替的方式未來將由中央行政法院以命令定之。

除了前述的一般成員 (membres ordinaires) 外，依據《行政救濟法典》法律第 121-4 條之規定，中央行政法院尚包括 12 名特殊成員 (membres extraordinaires)，由政府透過部長會議之命令任命，任期 4 年，只參與中央行政法院的法案審議活動[115]。

2. 中央行政法院諮詢委員會與整合委員會

依據過往《行政救濟法典》法律第 132-3 條（已於 2016 年 10 月 13 日廢除）規定，所有與中央行政法院成員身分相關之問題均諮詢中央行政法院內諮詢委員會 (La commission consultative)，委員會對於法院成員之個別懲戒、升遷措施提供意見。依據《行政救濟法典》法律第 132-1 條規定，諮詢委員會隸屬於中央行政法院副院長之下，並以其為主席。委員會之組成，以 7 庭庭長與中央行政法院成員選出之代表各占半數。不過此一諮詢委員會之意見並不具備拘束力，僅具諮詢性質[116]。

於 2021 年 9 月 1 日後，如同前述，諮詢委員會改為負責為新進編審候選人提出意見（第 133-12-2 條）。整合委員會 (commission d'intégration) 則自 2022 年 1 月 1 日起，將擔負起對特別職務法官評選提出意見的職責。

---

[115] 參　閱：http://www.vie-publique.fr/decouverte-institutions/institutions/fonctionnement/autres-institutions/conseil-etat/comment-est-compose-conseil-etat.html（最後瀏覽日：2022 年 3 月 25 日）。

[116] P. Delvolvé, *op. cit.*, p. 2.

3.中央行政法院各種法官職務之任命

　　中央行政法院自副院長以降，包括各庭庭長、不同職級之評事官、主事官與編審之任命程序皆明定於《行政救濟法典》，但實際之任命權掌握在法務部。有關當前制度與 2023 年以後新制之內容，以表格（參見表 3-9）方式說明如下：

表 3-9　中央行政法院各種法官任命程序新舊制比較

條文	當前制度	2023 年新制
法律第 133-1 條	中央行政法院之副院長，經司法部部長推薦，以部長會議所發布之命令予以任命。副院長由各庭庭長或一般職評事官中選任。	
法律第 133-2 條	各庭庭長經司法部部長推薦，以部長會議所發布之命令予以任命，且一般職評事官中選任。	
法律第 133-3 條	一般職評事官經司法部部長推薦，以部長會議所發布之命令予以任命。 至少三分之二之評事官職位保留予主事官。 非主事官者，必須年滿 45 歲方得被任命為一般職評事官。	一般職評事官經司法部部長推薦，以部長會議所發布之命令予以任命。 至少五分之四之評事官職位保留予已完成職務輪替之主事官。
法律第 133-3-1 條	未來新增	每年至少任命 1 名特別職務評事官。此人應在 1983 年 7 月 13 日法律第 83-634 號第 5 條所定權利與義務下，具備法律或公共事務相關能力，並有至少 20 年之專業經驗。此一任命應由中央行政法院副院長評估《行政救濟法典》法律第 133-12-3 條之整合委員會的意見後做成。 適用同《法典》法律 133-3 條第 2 項規定之任命無需適用本條規定。

法 律 第 133-3-2 條	未來新增	非主事官者，必須年滿 45 歲方得被任命為一般職評事官。
法 律 第 133-4 條	主事官經司法部部長推薦，以命令予以任命。 此職位每年度的任命額度由中央行政法院副院長以命令定之。	
法 律 第 133-5 條	編審由中央行政法院副院長以命令任命，司職諮詢與司法工作。該職務任期 3 年，不得連任。 在同《法典》法律第 133-12-1 條諮詢委員會提出意見後，編審由中央行政法院以命令做成之名單中選出。編審候選人必須選自國家行政或類似機關，並有至少 2 年專業經驗。 編審職務只能基於紀律理由，並需經同《法典》法律第 132-1 條中央行政法院最高委員會 (la commission supérieure) 之提議為之	
法 律 第 133-6 條	二級編審依據國家行政學院排名規則，自該學院高年級學生中選任。	廢除
法 律 第 133-7 條	中央行政法院評事官與主事官之外部選任，經諮詢該法院副院長之意見後公告。 該意見應考量有意願者以往曾擔任之職務、其經驗與相應之職等，每年由中央行政法院副院長說明；該選任意見與選任行為同時公告於政府公報。 中央行政法院副院長之意見經請求得被傳送予有意願者。 前述條文不適用於依據前章第 2 節任命之評事官與主事官。	特別職務評事官之任命應於收到同《法典》法律第 133-12-3 條整合委員會的意見後作成。 前述意見應參考當事人能力、經驗以及機關之需要，並每年由中央行政法院副院長發布。任命之發布應隨同意見內容，於任命之際公布於政府公報上。 前述意見得依當事人之請求送達當事人處。 本條規定不適用於本章第 2 節評事官的任命。
法 律 第 133-7-1 條	中央行政法院成員達到 1984 年 9 月 13 日法律第 84-834 號有關公領域與公部門年齡上限規定之年齡限制時（一般為 65 歲），得應其要求，維持其職位直到 1986 年 12 月 23 日法律第 86-1304 號有關部分公務員年齡限制與選任規定第 1 條的最高年齡限制（68 歲）。	

	前述請求將提交給最高委員會，由其評估機關利益與當事人能力。 本《法典》法律第 133–8 條之規定適用本條規定。
法 律 第 133–8 條	每年應至少有 2 名來自行政法院或高等行政法院達第一級法官級別之成員被任命為中央行政法院主事官。受任命人應年滿 35 歲並至少有 10 年實際公共服務經驗。 本條之任命應由中央行政法院副院長提名，經地方行政院及高等行政法院最高委員會提出意見後，由中央行政法院各庭集體會議後作成。

（資料來源：法國中央行政法院官網）

肆、法官培養制度

一、前言

　　法國的法官培養制度，與其選任方式與程序密切相關。除一定比例的外部選任者外，擔任法官或行政法官者，係通過公開會考，之後進入法官學校或國家行政學院，經過此二專職教育培訓機構進行職前教育的方式，獲得擔任法官之能力。縱然是經由其他選任方式擔任法官或行政法官者，其任職前亦將由此二專職教育培訓機構進行職前教育，只是時間較短。

二、職前教育

　　普通審判體系之各種法官，不論是透過公開考試，不分第一級到第三級會考選任者，或是以遞交文件方式而被選任，都相同地接受司法官學院負責的職前教育；相對地，行政審判體系之各種法官，一般而言由國家行政學院負責，但若是例外進行公開考試選任的地方、上訴行政法院法官則直接由中央行政法院負責職前教育。

（一）司法官學院

1.通過一般考試之普通職法官[117]

　　職前訓練為期 31 個月，實習期間已經被認定為司法人員之一員，因而擁有薪俸、必須遵守公務保密義務，入學後有擔任公職至少 10 年的義務。訓練內容分為三大部分：基礎課程研習、法院實習與法院外其他機構實習[118]。基礎研習部分於波爾多 (Bordeaux) 進行，將受訓的法官分為小組，以利彼此之間互相討論。司法官學院內置 8 個培訓中心，尋找適當講座教員，監督並編寫相關教學資料與手冊以利教學。其中配置 1 名教學主任、心理學家與語言教授以充實團體事務。

⑴課程內容與時間安排[119]

　　對於未來的法官先給予 25 週的跨領域課程，使其得預備未來的職涯。

　　A.開學預備與基本學習：1 週。

　　B.律師實習：12 週。

　　律師實習係為使學習法官理解律師事務所之實況。相同地也有機會進行諮詢或是參與訴訟中的所有程序。

　　C.地方法院見習：2 週。

　　確保學習法官得以掌握司法文化、反思自己的角色、地位以及正義的需求。必須分別到刑事案件系統與民事訴訟系統擔任相關見習工作，像是文件歸檔整理。

　　D.課程研習 (la période d'études)：32 週。

　　以獲得法官職業基本能力為主軸的課程，學習法官必須熟悉各種一般與特殊法院之職業技能，像是製作判決、審判文書、審判言詞等，另外也進行

---

[117] 參閱：https://www.enm.justice.fr/formation-initiale-francais（最後瀏覽日：2022 年 3 月 25 日）。

[118] 參閱：https://www.enm.justice.fr/formation-initiale-francais（最後瀏覽日：2022 年 3 月 25 日）。

[119] 參閱：https://www.enm.justice.fr/sites/default/files/sequencage_fi.pdf（最後瀏覽日：2022 年 3 月 25 日）。

語言課程。

　E.偵查實務見習：2 週。

　　對於所有刑事偵查程序中的相關程序、書狀、警察實務與技巧等之學習。

　F.監所見習：2 週。

　　對於所有限制人身自由之環境、處所見習，以了解監獄的日常生活、組織、功能，與不同人員所扮演的角色。

　G.法院實習 (le stage juridictionnel)：38 週。

　　地方法院與簡易庭進行法院實習，於各該法院法官的監督與建議下實際參與審判活動，實際運用學院學習過程中習得之知識與技巧。

　　其中分為：

　　(A)書記處：3 週，其中 2 週為各處室的實習，每處室各 3 天。

　　(B)民事法庭：5 週於地方法院；8 週於上訴法院 (其中 3 週於家事法庭)。

　　(C)刑事法庭：6 週學習起訴；5 週學習預審；3 週於主要刑事法庭中學習拘留相關事務；5 週學習刑事執行。

　　(D)少年法庭：5 週學習兒少事件。

　H.少年事件／法律執行 (huisser)／司法矯正之實習：3 週。

　I.外部實習：7 週。

　　中央派駐地方之機構、地方政府、社團或企業進行外部實習，讓學習法官了解司法機構的協力者或是社會經濟生活中的各行業。

　　包含 3 週的海外實習。

　J.海外實習：3 週。

　　於法國的外國司法機關或是位於外國的歐盟或國際司法機關，1 個國際司法合作組織、國際機構、大使館等，在 1 位法官的指導下進行。

　K.自選職務：1 週。

　L.未來職務理論準備：4 週。

　M.上訴法院實習：1 週。

N.未來職務實習：11 週，其中包含 1 週的正式入職準備期。

O.假期與請假：19 週。

⑵司法官學院中的考試

　　學院中的考試主要是了解學習法官於其中的學習狀況是否已經達到任職法官所應具備之能力。在不同的階段進行，共有 9 次考試，分為三階段測試。

　　A.課程研習後

　　3 個筆試在課程研習後進行：民事、刑事與交錯領域之職業技術。

　　B.法院實習後

　　矯正庭之主持、進行刑事庭。

　　C.所有學院課程結束後（期末考）

　　與考官面試，撰寫民事判決、撰寫公訴狀。同時也對外文進行測驗。

　　最高法院法官得以學習法官之考試結果，判斷學習法官應該重新再進行法院實習或限制其擔任特定職務之機會。因此，司法官學院之職前訓練可謂具備試用的性質 (caractère probatoire)。考試結束後，會再進行 12 週的預備實習 (stage de préparation)，以確定每位學習法官都已經具備良好的任職能力。

2.通過額外考試之司法官

　　儘管相同由位於波爾多之司法官學院安排職前理論教育，但期間只有 4 個月，此一教育宗旨與接受 31 週訓練並無不同，都是具備試用的性質，以使每位學習法官具備良好的任職能力；接著於將來任職之職務再進行 2 個月的實習[120]。

3.特別審判職法官

　　依據總理所頒布之 1972 年 5 月 4 日第 72–355 號命令第 1–1 條（最新修訂日期為 2011 年 6 月 22 日）的規定，司法官學院負責非專職法官者從事司

---

[120] 參閱：https://www.enm.justice.fr/devenir-magistrat/decouvrir-le-metier/un-metier-pour-moi（最後瀏覽日：2022 年 3 月 25 日）。

法審判職務之在職訓練。從 2009 年 1 月起，此一職務由司法官學院設於特別職業培訓中心 (département des formations professionnelles spécialisées, DFPS) 負責。依據不同特別審判職法官而有不同的職前訓練日程與內容。

⑴商業法官[121]

　　任職於商業法庭之商業法官並非專職法官，係商人背景。自 2003 年開始，商業法官的職前及在職訓練交由司法官學院之特別職業培訓中心負責，並與法國商業法官大會 (Conférence Générale des juges consulaires de France) 一同辦理每年的培訓。由於商業法官任職之法庭位於法國本土或海外領地各地，因此其職前訓練並非集中於波爾多，而是在各上訴法院所在地之教育訓練中心進行。自 2018 年 11 月 1 日開始，商業法官之職前及在職訓練成為強制性規定。

　　職前訓練的目的在於教育新入職商業法官有關義務倫理學 (déontologie)、司法組織、程序、法律論證、一般性訴訟（債法、擔保及商業行為）以及集體程序之認識。根據 2021 年的課程大綱，從 2 月到 6 月期間，新入職者將於各地上訴法院中學習該些課程。課程總長為 8 日，每天分別涵蓋 8 項既定領域。

　　在職訓練之目的則在於深化各法律子領域的認識，諸如勞動契約與困境企業 (entreprises en difficulté)、經濟與金融刑法處理、歐盟競爭法的改革、歐洲破產程序、國際性質的訴訟、商事簡易程序、不正當競爭或寄生行為 (la concurrence déloyale et le parasitisme)[122]。該訓練時長為每年 2 日。商業法官得

---

[121] 參閱：http://www.metiers.justice.gouv.fr/magistrat-12581/le-metier-12582/juge-au-tribunal-de-commerce-26225.html（最後瀏覽日：2022 年 3 月 25 日）， https://www.enm.justice.fr/formation-juges-consulaires（最後瀏覽日：2022 年 3 月 25 日）。

[122] 寄生行為原為隸屬於不正當競爭之下的附屬概念，但隨後與後者分離出來。根據最高法院於 2016 年的定義，寄生行為係「從一公司不當獲取技術、人力資源及金融利益」。« tirer indûment profit du savoir-faire et des efforts humains et financiers consentis par une entreprise » (Cour de cassation, civile, Chambre commerciale, 5 juillet 2016, 14–10.108).

從司法官學院所主辦之會議中選擇參與以完成培訓。

(2)有限任期法官[123]

　　有限任期法官的培訓同樣由司法官學院負責，並同樣分為職前與在職訓練兩類。該培訓旨在養成學員對於訴訟中專業技術的理解，諸如民刑事合議、地方法院初審與違警法庭的審理能力等。同時培訓也包含「有限任期法官職能實踐」等課程，以強化有限任期法官整體能力及應對專業實踐。

　　對於任期為 5 年的有限任期法官而言，學員將於司法官學院接受強制職前訓練：總計 10 日的理論教育及法庭實習。

　　對於在職訓練而言，有限任期法官於第 1 年入職時需再接受 5 日培訓，往後任期則只需每年接受 3 日培訓。此些在職訓練皆於巴黎舉行。

（二）國家行政學院[124]

　　整個職前教育的時間為 3 年，區分為 3 個主題：歐洲、地方與公共行政與管理。職前教育當中一半時間進行實習，以使得學員有機會實際體驗公務機關的運作情形。職前訓練為免費，而學員自進入學院起即具備實習公務員之身分，因此由國家支薪，並遵守所有公務員之義務。學員自學校畢業後，必須至少擔任 10 年公職[125]。因為國家行政學院之入學管道區分為外部、內部與第三次會考，其敘薪之起薪亦不相同。國家行政學院並非單以訓練行政法院法官為目的，其畢業生亦可選擇任職於其他類型之行政機關，像是審計院、外交部等。因此其課程設計並不侷限在法律課程。

　　考量到國家行政學院學員個人的性向與未來就職的多樣性，國家行政學院與司法官學院主要以名次決定未來任職之方向並不相同，儘管也是依據整

---

[123] 參見：https://formation.enm.justice.fr/Pages/magistrat-titre-temporaire.aspx（最後瀏覽日：2022 年 3 月 25 日）。

[124] 以下相關資料皆參考自國家行政學院網頁：https://www.ena.fr/Formation/Formation-Fonction-Publique/Formation-initiale（最後瀏覽日：2022 年 3 月 25 日）。

[125] 2005 年第 843 號法律第 3 條規定 (article 3 de la loi 2005–843)。

個學習情況之排名選填志願，但國家行政學院更強調學員對於未來職務之理解與興趣。因此在整個學習過程中，國家行政學院首先在史特拉斯堡安排職業博覽會，接著安排先前畢業的學長姊到學院中與學院進行會談，最後，從2015 年 1 月起，進行職業別之進一步媒合。

　　學員在學期當中必須撰寫自己的履歷，準備與期待中的雇主（各行政機關）進行面試，各候選行政機關給予正面或保留意見，若確定行政機關錄取，則由學院之委員會接續其後相關法定程序。

（三）中央行政法院[126]

　　對於透過額外的外部與內部會考而任職於地方、上訴行政法院之行政法院法官，並不接受國家行政學院之職前教育，而是由中央行政法院自行辦理職前教育。額外的外部或內部會考之考試公告都明示通過考試者自考試後隔年之 1 月 1 日接受正式任命成為行政法院之成員，接著在位於巴黎郊區Montreuil 之 行 政 審 判 教 育 中 心 (Centre de formation de la juridiction administrative) 接受為期 6 個月的全職教育。依據考試成績之排名，通過考試者依序選擇職缺，並於實習期間至職缺機構進行實習。

三、在職教育

　　就此部分，儘管法官與行政法官都被賦與依據法律獨立行使職權之獨立審判權，但受到法官身分法拘束，負有在職教育義務者僅有法官，因此行政法官並無接受在職教育之義務，若依據公務員相關法令，行政法官擁有接受在職教育之權利而非義務[127]，而國家行政學院也提供許多在職教育的課程。

---

[126] 此部分的資料係作者詢問現任馬賽上訴行政法院法官 Samuel Deliancourt，並參酌中央行政法院官方網站，參見：https://www.conseil-etat.fr/pages/recrutement-et-carrieres（最後瀏覽日：2022 年 3 月 25 日）。

[127] 2007 年 2 月 2 日第 148 號法 (loi n° 2007–148 du 2 février 2007)。

（一）司法官學院

　　在職教育儘管仍然由司法官學院主導並提供財源與課程，相同地區分為普通審判事件的專職法官在職訓練教育，以及特殊審判職務的非專職法官。就前者之教育部分，又區分為中央主辦與地方分工兩種態樣。

1.普通審判事件之專職法官

(1)中央主辦

　A.法源依據

　　由司法官學院負責法官之在職訓練，源自於總理發布的 1972 年 5 月 4 日命令，加上司法官地位法 (ordonnance du 22 décembre 1958) 第 14 條第 2 項課與法官自 2008 年 1 月起，具備接受在職訓練之義務[128]，相關規定由中央行政法院法發布；因此由司法官學院辦理相關在職訓練。換言之，在職訓練乃是國會課與法官之法定義務，並由行政機關予以落實。

　B.訓練目的

　　在職訓練目的在於使現職法官能夠解決並理解當今世界與歐盟的問題，以提升司法素質。循此，司法官學院列出 7 項培訓重心：（一）立法、規範及判決發展的改革；（二）職務變革與實踐；（三）為職務管理建立框架並促進之；（四）促進知識、方法論工具交流以及優良職業實踐的擴散；（五）促進法院於經濟、社會與文化環境上的開放；（六）深化法官對於歐盟法與國際法的認識；（七）確保對於審理之案件的多元領域性。

　C.訓練方式

　　年度訓練課程與方式經過司法官學院內部的審議、討論，教育委員會之意見諮詢後，由行政委員會 (Conseil d'administration) 於實施訓練年度的前一年 6 月確定。

---

[128] "Les magistrats sont soumis à une obligation de formation continue. La formation continue est organisée par l'Ecole nationale de la magistrature dans les conditions fixées par un décret en Conseil d'Etat."

區別為兩種形式：一方面，由學院協助數名法官組成小組於合作機構的場地進行一段時間的課程研習；另方面，前往由學院安排的機構進行實習。不論採取何種方式，都由學院選任之該領域專業人員進行課程輔助。

(2)地方分工[129]

A.法源依據

總理發布的 1972 年 5 月 4 日命令相同地賦予地方分工進行在職訓練之職。此一在職訓練事務由個別或數個高等法院舉辦，或由最高法院為之，其訓練對象以隸屬於該審級之法官為限。

B.訓練方式

最高法院與每一個高等法院設置 1 個由法官共同組成之在職訓練委員會，其中包括院長與副院長，並由被指定擔任訓練之法官擔任秘書，該法官由法院指定，以兼職的方式進行相關職務。每年由委員會秘書提出訓練計畫，經由在職訓練委員會之審議後由法院院長依據審判權範圍之職務需求決定之。訓練計畫之教案與經費必須送交司法官學院審查並核准。訓練計畫包括各種法律從業機構（律師、公證人、國家警察、地方警察等）之協力與配合。

地方辦理的訓練方式通常採取較短時間的方式進行，基本上不會超過 1 天，經常以研討會的方式進行。

2.**特殊審判事件之非專業法官**

(1)商業法官

在職訓練的目的則在於深化各法律子領域的認識，諸於勞動契約與困境企業 (entreprises en difficulté)、經濟與金融刑法處理、歐盟競爭法的改革、歐洲破產程序、國際性質的訴訟、商事簡易程序、不正當競爭或寄生行為 (la concurrence déloyale et le parasitisme)[130]。該訓練時長為每年 2 日。商業法官得

---

[129] 參見：https://www.ena.fr/Formation/Formation-continue/Offre-de-formation-continue-2021（最後瀏覽日：2022 年 3 月 25 日）。

[130] 寄生行為原為隸屬於不正當競爭之下的附屬概念，但隨後與後者分離出來。根據最高法院於 2016

從司法官學院所主辦之會議中選擇參與以完成培訓。

⑵有限任期法官[13]

　　除了最初的職前訓練外，有限任期法官於第 1 年入職時需再接受 5 日培訓，往後任期則只需每年接受 3 日培訓。此些在職訓練皆於巴黎舉行。

（二）國家行政學院

　　目前國家行政學院除了設有各種主題的在職教育課程外，也設置碩士學程的學位課程，供有興趣並符合各該課程資格者參與。

伍、法官晉升制度

一、前言

　　在法國不論是擔任普通法院或是行政法院之法官，職務的調動與升遷，都以法律加以明定；普通法院主要規定於 1958 年司法官地位法，行政法院法官主要規範於《行政救濟法典》。而法官之晉升又依據初任法官與非初任法官而有不同。

二、初任法官

　　初任法官的派任依據選任途徑而異，如果是依照一般的外部公開考試進入司法官學院或國家行政學院者，基本上都是在完成學院內的學業後，經過整體成績表現，依據選填志願分別予以任命而初任法官。若是非經過入學考試而是其他考試或選任方式之法官，則依照個別考試或選任規定進行初任任命。

年的定義，寄生行為係「從一公司不當獲取技術、人力資源及金融利益」« tirer indûment profit du savoir-faire et des efforts humains et financiers consentis par une entreprise » (C. Cass., civile, Chambre commerciale, 5 juillet 2016, 14–10.108)。

[13] 參閱：https://formation.enm.justice.fr/Pages/magistrat-titre-temporaire.aspx（最後瀏覽日：2022 年 3 月 25 日）。

（一）司法官學院畢業生

1.依據司法官學院成績表現決定派任

　　司法官學院期末考試結束後，對所有的應屆畢業生依據其成績表現進行排名；新任法官依據法務部提供的職缺列表，依據名次順序選擇自己的職位志願。當預備實習期間結束後，學習法官將被安排到其任職之法院。形式上在參考最高司法委員會之建議後由共和國總統以命令任命之。

　　由於司法官學院的學習成果對於初任法官之職位與任命具有相當影響力，司法官學院之組成如何即有略微介紹之必要。

2.司法官學院之組織

⑴院長

　　依據總理所頒布之 1972 年 5 月 4 日第 72–355 號命令第 2 條規定，學院院長由法務部部長建議後由總理任命。院長負責學院教育事務，並為教育委員會之主席；執行行政委員會之指示，負責學院運作與內部紀律。

⑵行政委員會 (conseil d'administration)

　　A. 4 名法定成員：最高法院院長，並為主席；最高法院檢察總長，為副主席；法務部審判司司長 (directeur des services judiciaires) 或其代表；公務員與行政司司長或其代表[132]。

　　B. 9 名法務部部長任命之成員：法務部中央行政事務司司長或其代表；上訴法院之院長或檢察長；巴黎上訴法院或巴黎、巴黎近郊之 Nanterre、Bobigny 或 Créteil 地方法院第一級或階級外之法官；地方法院院長或檢察官；至少有 7 年以上年資之資深法官；司法事務成員；3 位專業人士。

　　C. 2 名法務部長與教育部長共同任命之成員：大學當中之司法研究中心主任[133]、大學教授。

---

[132] 此一職務係直接隸屬於總理，不過一般設置於掌理公務員之部會內。

[133] 法國的司法研究中心 (instituts d'études judiciaires, IEJ) 附屬於大學，乃是準備律師考試、司法官考試、國家行政學院等司法職業考試的教學中心。

D. 1 名職業教育協調員 (coordonnateur) 或是大區內的職業教育協調員，經由所有協調員與註冊登錄教員以無記名、秘密投票、多數決方式產生。

E. 1 名擔任職業訓練職務之法官與 1 名培訓中心主任或其代理者，經由所有擔任此職務者，透過無記名、秘密投票、多數決方式產生。

F. 1 名行政技術人員代表，由所有擔任此職務者，透過無記名、秘密投票、多數決方式產生。

G. 2 名學習法官代表，由所有接受訓練之第 2 年、第 3 年者無記名、秘密、多數決方式產生。

（二）國家行政學院畢業生

2023 年 1 月 1 日以前，國家行政學院畢業生若有意擔任中央行政法院或地方、上訴法院之行政法官職務，除依據其於學院排名進行選擇外，還需要個別向中央行政法院或地方、上訴法院提出自己的履歷並進行面試。

在此也一併介紹國家行政學院組織。中央行政法院院長與主要的決策機構：行政委員會，皆由總理任命，也因此曾被批評是政治性的任命選擇[134]。行政委員會之成員包含：

- 3 名法定成員：中央行政法院副院長，並為行政委員會主席；內閣秘書長；公務暨管理署署長 (la direction générale de l'Administration et de la Fonction publique)。

- 6 名教育養成與人力資源管理相關專家：目前為外交暨國際發展部秘書長、經濟部秘書長、內政部秘書長、社福部秘書長、內政部平權司專員、法國英國大使館委員。

- 1 名國家行政學院畢業學員。

- 1 名國家行政學院國際學程之畢業學員。

---

[134] B. Stirn et Ed. Crepey, Rapport sur le Statut de l'école nationale administration, 2004, p. 8, URL originale: http://www.ladocumentationfrancaise.fr/var/storage/rapports-publics/044000617.pdf（最後瀏覽日：2022 年 3 月 25 日）.

- 4 名國家公務最高委員會代表之工會建議代表。
- 3 名分別由歐洲議會、參議院、國民議會議長任命之代表。
- 5 名選任代表：3 名自學員中選任、2 名由職員中選任。

　　2023 年以後，如同前述，國家行政學院將為國家公共服務機構所取代。然而至本文作成之際，有關新機構的條文仍尚未全數出爐。於此只將先行討論其組織架構：根據 2021 年 6 月 2 日第 2021–702 號有關行政司法與金融司法規範之命令第 5 條規定，國家公共服務機構將由 1 行政委員會管理。委員會由 1 位主席主持，委員會組織人員如下：

- 國家代表數名。
- 專業人士數名。
- 教職員工會代表數名。
- 學生當選代表數名。
- 1 位參議員。
- 1 位國會議員。
- 1 位歐洲議會法國議員。

（三）其他選任方式

1. 額外考試選任之普通法院法官

　　額外考試選任之普通法院法官依選任管道的不同，將接受 7 至 31 個月不等的職前教育。考試通過後，再依據考試成績之排名依序選擇有職缺之行政法院任職，並於實習期間至職缺機構進行實習。

2. 額外考試選任之地方、上訴行政法院之法官

　　在通過考試的當年，即依據考試成績之排名依序選擇有職缺之行政法院任職，並於實習期間至職缺機構進行實習。

三、晉升資格條件

　　法國法官只要正式任職、分派於各法院後，即該當晉升之可能，其晉升

條件雖以年資作為首要考量，但並非單以年資為標準，且普通法院與行政法院的晉升方式並不全然相同，以下依據普通法院與行政法院分別論述之。

（一）普通法院法官

進入晉升要件之前，先對一般性的規範進行介紹。

1.一般性規範

在一般性規範中，有 4 個重點：首先，司法官的晉升必須先理解，法官與檢察官相同接受司法官學院之考選與職前教育，正式任職後，其所適用的職務身分保障雖然並不相同，但晉升條件與程序並無不同。法官獨立性之確保明定於司法官地位法第 4 條之規定：「法官為終身職。因此，未得到法官同意，不得將其調職，晉升亦然。」但檢察官並不受到相同的保障，司法官地位法第 5 條規定：「檢察官受上級首長與法務部之指揮監督。於言詞辯論時，其得自由論述。」故而，檢察官之執行職務與法官不同，晉升調任方面雖然適用相同程序，但無可諱言受到比較多的行政監督。

其次，依據 1958 年司法官地位法第 2 條與第 3 條規定，普通法院體系內之法官，除了最高法院、上訴法院院長、庭長與檢察長外，皆又分為第一級與第二級兩個層級，第二級法官如欲晉升為第一層級，必須先列入由晉升委員會 (commission d'avancement) 製作之晉級表 (tableau d'avancement)，且必須有至少 5 年年資，而每個層級內之順序先以年資進行排序。

第三，依據 1958 年司法官地位法第 12-1 條之規定，司法官的職業活動每 2 年進行 1 次評估。對於已經分派至法院任職之司法官，由其擔任職務之主管 (chef du service) 進行評估，評估結果將通知受評法官。對於評估結果不服的司法官得向晉升委員會提出異議，並由晉升委員會對其異議提出附理由之意見。

第四，所謂晉升，主要影響到法官之薪資，而此一薪資相同地也有法令為明確規定，依據年資與職級之不同而有司法官年資薪資對照表[135]。

由以上之介紹可知，司法官之晉升主要由晉升委員會依據年資與職業表

現，將司法官納入晉級表。

2.晉升委員會

　　司法官地位法第 4 章全章共 5 條文用來規範晉升委員會。首先，晉升委員會之組成員係法官與檢察官各半。其中包含 4 位法定委員：最高法院院長（並為主席）、最高法院檢察長、司法服務司司長與首席檢察官；與其他受選任之委員：2 名非最高法院體系之司法官，1 名法官、1 名檢察官，由所有司法官當中選出；2 名高等法院院長與 2 名高等法院檢察長，由所有擔任高等法院院長與檢察長選出；10 名地方法院與法庭選出之司法官代表，7 名第一職級，3 名第二職級。任期 3 年，不得連任。

　　晉升委員會要求評估司法官職業活動之各有權機關對於候選晉升者進行評估，以評估資料決定是否將其列入晉級表。或是向評估機構請求相關評估資料。晉升委員會每年公開提出活動報告。

　　依據司法官地位法第 27 條規定，晉升委員會將推薦晉升之法官列入晉級表後，再將晉級表送交於法務部。此一晉級表也同時會向法官通知，若法官對於未被列入晉級表表示不服，其得向法務部長提出列入晉級表之請求。提交於法務部之後，此晉升委員會製作之晉級表必須先送交予最高司法委員會之各成員，再由總統進行簽署。

（二）行政法院法官

　　行政法院法官之晉升區分為中央行政法院與地方、高等行政法院，中央行政法院不設晉級表，而以年資為主要考量；後者則與普通法院類似，必須當年被列入晉級表後，才有可能當年受到晉升。

1.中央行政法院

　　直至 2021 年，中央行政法院法官之晉級仍主要以年資為考量。其法官職

---

135 參閱：http://www.jeunesmagistrats.fr/v2/IMG/pdf/Grille_indiciaire_des_magistrats.pdf（最後瀏覽日：2022 年 3 月 25 日）。

稱依年資依序分為評事官、主事官與編審，評事官內分為二等職級，主事官分為 8 級，一級編審內分 4 級，二級編審內分 7 級。依據《行政救濟法典》命令第 134–1 條，二級編審內之前三級逐年晉升，後四級則是每 2 年晉升一級；但如果二級編審的表現特別優異，2 年晉升一級的規定得以中央行政法院副院長之命令縮短為 1.5 年。一級編審內與前五級主事官之晉升級別係每 2 年晉升一級，若表現特別優異得以中央行政法院副院長之命令縮短為 1 年。晉升第 7 級主事官必須擁有 12 年的主事官年資，且必須已經擔任至少 1 年的第 6 級主事官；或是已經擔任 16 年主事官。晉級第 8 級主事官必須擁有 14 年的主事官年資，且必須已經擔任至少 1 年的第 6 級或第 7 級主事官；或是已經擔任 19 年主事官。評事官從第一級晉升到第二級必須擁有至少第一級評事官 5 年年資。

2. 地方、高等行政法院

任職於地方、高等行政法院之行政法官，其晉升 (Avancement) 依據《行政救濟法典》法律第 234–2 條到第 234–6 條之規定辦理，但細節部分則透過同一法典的命令第 234–1 條到第 234–6 條進行補充規定，相關規定近 5 年有若干調整，也不排除未來變動的可能性，法律部分對於擔任院長、副院長、庭長等職務亦有所規定。晉升原則規定於《行政救濟法典》法律第 234–2 條，所有地方與高等行政法院之法官於列入晉級表後，依職級逐階升遷。此晉級表依地方與高等行政法院高等委員會之建議編定，委員會考量相關法官之能力、態度、貢獻，並參考該法官所屬法院院長之附理由之建議。

3. 2022 年改革

儘管前述《行政救濟法典》各條文皆未及修改，法國當前的高等行政改革 (réforme de la haute fonction publique) 會對於包含中央行政法院組織、選任及晉升制度有重大調整，然截至截稿前尚未完全立法通過。從 2021 年至 2023 年期間，預期將會是法國高等行政體系的改革過渡期。於此，本文只能就法國中央行政法院已知改革方向進行介紹。

　　本次改革最為核心的目的在於：「除非曾於行政體系任職過，不然任何人皆無法從事金融或行政司法的工作。」[136]基於此一目的，首先受影響的職位便是編審。除了刪除一、二級類別編審的區分外，他們也不再「作為中央行政法院的成員，而止於其中執行 3 年的行政職務而已」[137]。2021 年 6 月 2 日第 2021–702 號有關行政司法與金融司法規範之命令第 13 條因此將中央行政法院人員改為只有 7 級編審。儘管此一命令尚未正式生效，同時即使行政法院方對於新法種種變革仍有一定疑慮，中央行政法院副院長仍於 2021 年起決定先行開始適用新式聘任程序：編審必須先有 2 年以上於其餘行政機構工作之經驗，始得申請[138]。

　　主事官的名額將於每年由中央行政法院副院長定之。同時，主事官不再是編審得於內部直接晉升的途徑，而是有待新創設之整合委員會給出意見後，始得另行聘任。基本上，除了《行政救濟法典》法律第 133–8 有關從地方行政法院與高等行政法院晉升法官為主事官外，其餘名額將會保留給已於中央行政法院具工作經驗者（3 年任期結束後之編審或任期結束之特殊主事官）。

　　評事官的改革相較前二職位而言變化較少。選任評事官仍有三種途徑：從主事官中晉升、外部任命以及從地方行政法院與高等行政法院中選擇的任命。第一種途徑中，主事官的保留額度從既有三分之二提高為五分之四，但同時加上需完成「職務輪替」之資格。換言之，主事官除了中央行政法院的職務外，同時也要具備其餘行政機關之實務經驗，始得具備晉升評事官之資格。後兩種任命則分別訂於《行政救濟法典》法律第 133–3–1 條與第 133–8 條：中央行政法院應於每年接受至少 1 位特別職務評事官，其「具備法律或公共事務相關能力，並有至少 20 年之專業經驗」；以及各 1 位來自於兩層級

---

[136] P. Delvolvé, *op. cit.*, n° 95, p. 2.

[137] *Ibid*.

[138] 參閱：https://www.conseil-etat.fr/actualites/actualites/lancement-d-une-nouvelle-modalite-de-recrutement-des-auditeurs-au-conseil-d-etat（最後瀏覽日：2022 年 3 月 25 日）。

行政法院之特定身分法官得以晉升為一般職務評事官。

陸、從律師及其他法律專業人士選任法官制度

一、前言

由前述關於法國法官之選任途徑可知，法國的法官選任途徑相當多元，並不限制於一般的大學畢業生，若是已經具備法律實務工作經驗者，得參與不同的選任途徑而成為法官的一員。由於前面各節已經進行詳細的解釋，因此本節不再複述法國此部分之規定。由於法國的律師考選制度亦相當具有特色，因此以下將集中介紹法國律師的考選制度。

二、律師證照考試資格條件

在法國欲擔任律師，必須獲得律師的職業證照，即律師職業資格證明（certificat d'aptitude à la profession d'avocat，一般簡稱為 CAPA），此一證照之取得依據法國律師法 (Loi n° 71–1130 du 31 décembre 1971 portant réforme de certaines professions judiciaires et juridiques)[139]第 11 條規定取得之資格要件如下：

（一）國籍要件

具備法國國籍，或歐盟會員國之國民，或歐洲經濟空間協議成員國 (États parties à l'accord sur l'Espace économique européen) 之國民；或非歐盟國家國民，亦非歐洲經濟空間協議成員國國家之國民，然該國或該領域實體 (unités térritoriales) 與法國互有協議，得讓法國人以相同條件在該國內，執行律師業務之該國國民者；或經「法國保護難民與無國籍人委員會」(l'Office français de protection des réfugiés et apartrides) 認可之難民，或無國籍者。但歐

---

[139] 本法近期最後一次修訂為 2015 年 2 月 18 日。

盟執委會 (Conseil des Communautés européennes) 所頒布之有關歐盟與歐盟海外屬地職業團體之規章別有規定者，從其規定。

（二）**學歷要件**

原則上至少具備碩士一年級資格（意即修畢法學碩士課程 60 學分），或具有其他經認可之同等學歷證書。根據 1998 年 11 月 27 日第 91–1197 號行政命令第 52 條之規定，原律師資格的學歷要件為大學 4 年法學士（maîtrise en droit，即目前的碩士一年級）。然而全國律師公會大會已於 2018 年 11 月 16 日投票通過將門檻提高為完整碩士文憑（意即高中會考後 5 年的高等教育）。惟該決定尚需等待立法者正式通過，故而於此之前仍適用當前的碩士一年級規定[140]前述同等學歷證書需符合歐盟 2005 年 9 月 7 日 2005/36/CE 指令 (directive 2005/36/CE du Parlement européen et du Conseil du 7 septembre 2005)，以及法國司法部長與教育部長會銜發布之關於此等職務的 1998 年 11 月 25 日行政命令 (Arrêté du 25 novembre 1998 fixant la liste des titres ou diplômes reconnus comme équivalents à la maîtrise en droit pour l'exercice de la profession d'avocat)。

但如若擁有由地區律師專業培訓中心 (centre régional de formation professionnelle d'avocats, CRFPA) 所頒發之律師證照考試 (certificat d'aptitude à la profession d'avocat, CAPA) 亦可。

（三）**次數要件**

每個人最多只能應考 3 次。

（四）**消極資格要件**

此部分又因為消極資格性質不同而可再為區分，但都不得該當。

1.刑事犯罪宣告

不得因行為違反榮譽 (l'honneur)、正直廉潔 (la probité)、公序良俗 (aux

---

[140] 參閱：https://www.cnb.avocat.fr/fr/node/732（最後瀏覽日：2022 年 3 月 25 日）。

bonnes moeurs)，而受刑事犯罪之宣告者。

2.行政處罰

不得曾因行為違反職業紀律規範，而受其他懲戒或行政之處分，而致受有撤職 (destitution)、註銷資格 (radiation)、免職 (révocation)、撤銷資格考試或撤銷資格證明 (retrait d'agrément ou d'autorisation) 之情事。

3.信用資格要件

不得曾受有依照 1985 年 85–98 號「企業重整與司法清算法」第 6 章之規定，而導致之個人破產之宣告者；或依照該法舊法制 1967 年 67–563 號「所有物與銀行帳戶清算及個人破產法」法律，而受有破產或其餘制裁之宣告者。

三、律師資格取得方式與程序

依據法國律師法第 12 條之規定，必須通過兩階段的考試。但此二階段之考試並非由國家統一進行，而是由各地方的律師公會個別為之。而各地方之律師公會之所以擁有如此權限，係因律師法第 21–1 條規定，全國律師公會 (Conseil national des barreaux)，為一具有法人資格之「公共用益公務法人」(établissement d'utilité publique doté de la personnalité morale)，負責代表律師職業。在遵守現行有效的法令規定下，全國律師公會透過一般性規定以統一對於律師職業之管理與運用。另外，律師公會也負責決定與協調律師培訓組織的原則，協調並監督各地區律師專業培訓中心之教學行為，設定取得律師專業特殊職銜之條件，與分配律師養成教育之經費。

（一）第一階段律師學校入學考試

第一階段是通過地區律師專業培訓中心的入學考試 (L'examen du CRFPA)，此一考試又被稱為律師證照考試事前測試 (pré-CAFA)。此一大區律師專業培訓中心於 2004 年在全國律師公會 (Conseil national des barreaux) 的建議下依總理發布之律師職業教育命令 (Décret n° 2004–1386 du 21 décembre 2004 relatif à la formation professionnelle des avocats) 更名為律師學

校（l'École d'avocats，縮寫為 EDA）。

目前在法國本土有 11 所律師學校，海外領地則有 5 所律師學校，總共 16 所的律師學校，並非由國家或地方自治團體設立，而是由法國 161 個獨立的律師公會共同主持，依據律師法第 21 條規定，每一個律師公會之法律性質為私法人 (personnalité civile)。但因為律師公會無力單獨承擔入學考試的大量考務職務，因此又把律師學校入學考試之工作委託給大學的「司法學習中心」(Institut d'Etudes Judiciaires，簡稱 IEJ)。故而，法國律師學校入學考試乃是各大學辦理，考試合格率有相當大的差異，但多半在 25%–45% 之間。

入學考試分成筆試及口試二階段。先進行筆試，及格者才能參加口試。筆試將於 9 月上旬開始舉行。具體日期將於每年由司法部長與教育部長會銜發布。考試將分為兩大部分：第一部分為統一測驗，其中包含一摘要考試 (note de synthèse) 與一債法測驗；第二部分則為考生自選的兩專長法學領域（民法、商法、社會法、刑法、行政法、國際法與歐盟法以及稅法）進行測驗：其一為實例題，另則為相關訴訟法的測驗。在滿分為 20 分的條件下，考生必須至少拿到 10 分平均分數才得及格筆試部分。口試則於 11 月上旬開始舉行。具體日期由舉行測試之各大學校長通知地區律師專業培訓中心後決定。口試同樣分為兩大部分：第一部分為基本面試，以了解考生之知識與談話能力；第二部分則為英文測驗。在滿分為 20 分的條件下，考生必須在筆試與口試皆至少拿到 10 分平均分數才得通過入學考試。

然而，若取得法國大學法學博士之文憑，得免除律師學校入學考試，直接進入第二階段的實習與訓練。

除此之外，根據 1991 年 11 月 27 日第 91–1197 號命令第 97 條 (l'article 97 du décret n° 91–1197 du 27 novembre 1991) 規定，具備身分者得直接向特定律師公會提出申請，並於宣誓後即可被列入律師清冊之中 (tableau de l'Ordre)：

● 中央行政法院、高等行政法院和地方行政法院成員或前成員。

- 審計法院 (Cour des comptes)、地方審計分庭和法屬玻里尼西亞與新喀里多尼亞所管轄之地方審計分庭法官或前法官。
- 於 1958 年 12 月 22 日第 58–1270 號命令 (ordonnance n° 58–1270 du 22 décembre 1958) 規範下之法官或前法官。
- 法律領域之大學教授。
- 中央行政法院或最高法院律師。
- 曾任上訴法院律師。
- 曾登記於法國律師公會之前律師,或前法律顧問。

　　第二種免試即可成為律師的途徑為外國律師在特定條件下、並經法國法知識測驗及認知測驗後,得獲得法國律師資格。總計得再分為四種類型:

1. 歐盟成員國律師

　　1991 年 11 月 27 日第 91–1197 號命令第 99 條 (L'article 99 du décret n° 91–1197 du 27 novembre 1991) 規定來自其他歐盟成員國、歐洲經濟區或瑞士之律師得向地區律師專業培訓中心申請成為法國律師。培訓中心將於審核申請人資料後,決定其將接受 1 到 4 類測試。每類測試為時長 20 分鐘的面試,然而如若被認定需參加 4 類測試,則改為時長 4 小時的筆試。測驗合格的標準為平均分等於或高於 20 分中的 10 分。

2. 非歐盟成員國律師

　　根據前述命令第 100 條規定,不符合第一類條件之外國律師若要取得法國律師資格,不論其學經歷皆應接受法國法測驗。該測驗包含筆試與口試兩階段。筆試部分包含民事領域判決書寫作,以及行政法、商法、勞動法或刑法領域之判決書起草測驗。兩項筆試測驗皆為 3 小時。口試部分則為時長 20 分鐘,隨機自民事訴訟、刑事訴訟、行政訴訟或法國司法組織等四領域中抽選題目介紹,以及時長 15 分鐘,考驗對於職業倫理及規範之理解的面試。測驗合格的標準同樣為平均分等於或高於 20 分中的 10 分。

3.魁北克律師

　　根據 2009 年 5 月 30 日（法國）全國律師公會與魁北克律師公會所作成之律師資格相互承認計畫，魁北克律師得在歷經時長 15 分鐘，有關律師職業倫理及規範之面試合格後（等於或高於 20 分鐘的 10 分），即可獲得法國律師資格。

4.成為法國的外國法律顧問 (consultant juridique étranger en France)

　　如所屬國家與歐盟有相關協議，外國籍律師亦得成為法國的外國法律顧問。此一顧問具有就國際法或其專長之法律領域內，於法國境內為他人起草民事契約或提供法律諮詢服務的權能。

　　外國法律顧問得分為有限任期 (à titre temporaire et occasionnel) 或永久任期 (à titre permanent) 兩類。無論哪種都必須在申請時證明自己未曾受到刑事、行政處罰，或受到個人破產之宣告。

（二）第二階段律師證照考試

　　進入由律師公會所舉辦的律師學校之後，必須先於上訴法院進行宣誓，並在接受為期 1 年半的實習及訓練後，才能參加第二階段的律師證照考試。通過律師證照考試後，才取得律師職業資格執照。

四、執業前訓練與證照考試

（一）三階段之實習與訓練

　　1 年半的實習與訓練分為三階段 (trois périodes de formation)：律師學校的課程、律師自訓計畫（Projet Pédagogique Individuel，簡稱 PPI）與事務所實習 (stage en cabinet d'avocats)，每個階段均為 6 個月，總共 18 個月。在律師學校接受培訓的期間必須繳納註冊費，以巴黎律師學校為例，2022 年度之註冊費為 1,825 歐元[141]，6 個月律師學校的課程接近 350 小時。此三階段的律師

---

[141] 參閱：http://www.efb.fr/EC-admission.php（最後瀏覽日：2022 年 3 月 25 日）。

學校課程與律師自訓計畫可以自行調整先後，但實習與訓練必須以事務所實習為終。

　　所謂律師自訓計畫事實上也是一種實習，但以在非法國律師公會轄下的律師事務所為限。因此，必須到其他國家尋找實習機會，或是在法國法律事務所以外的法律相關行業進行實習。乃為了讓準律師理解不同的社會階層與不同的職業，以提供對職業市場的現實體會。準律師可以選擇擔任法官助理、擔任企業法務人員、到國際組織擔任實習生、甚至再去念個文憑等等。

　　值得關注的是，全國律師公會作成之 2020–001 號新決議將於 2022 年時正式取代 2015 年 1 月 7 日之 2014–003 號決議。根據新決議的內容，除了大幅調整律師自訓計畫的相關框架外，該自訓計畫的時數也調整為 250 小時作為下限，以及 320 小時作為其上限[142]。

（二）律師證照考試

　　原則上，若未獲得律師學校行政委員會之特許，必須完成三階段的實習與訓練後，方得應試律師證照考試。CAPA 考試相同分為筆試及口試，必須兩者都通過，但並無先後順序。考試內容皆由 2005 年 12 月 7 日有關律師執照取得方案與途徑之命令 (Arrêté du 7 décembre 2005 fixant le programme et les modalités de l'examen d'aptitude à la profession d'avocat) 規定之。

1. 筆試

　　5 小時的法律意見書與實體或程序書狀撰寫（占 20 分），有些律師學校允許筆試不在律師學校的地點舉行，得在先前舉行律師學校入學考試的大學進行。

2. 口試

　　口試都在律師學校的地點進行，科目包括：

---

[142] 參 閱：https://www.cnb.avocat.fr/fr/actualites/formation-des-eleves-avocats-adoption-dune-nouvelle-decision-caractere-normatif（最後瀏覽日：2022 年 3 月 25 日）。

⑴模擬法庭之陳述：3 小時準備後進行 15 分鐘的陳述（20 分）。

⑵律師倫理（30 分）：現場抽題後 1 小時準備。

⑶法學外文：20 分鐘準備後進行（30 分）。

⑷PPI 實習報告的口頭答辯 20 分鐘（10 分）。

⑸律師實習報告的口頭答辯 20 分鐘（20 分）。

　　筆試加口試獲得過半分數者即為及格，如果不及格，未獲得及格分數的準律師，得參加學校針對未達標科目之補考。順利通過 CAPA 考試者則獲得法國執行律師職業之資格。

柒、評析與建議

　　綜上所論，法國之司法制度依據不同事務領域而有著不同訴訟設計是其最大的特色。首先是審判系統的二元化；其次，分立的普通與行政審判系統又有各自的特殊審判機制。在這樣分立、特殊化的審判制度下，選任法官的基本模型也相同地呈現此等特色。亦即，普通法院與行政法院各自選任，雖然都公開選考，但行政法院不再與普通法院法官相同，以進入特定培訓機構進行專業職業養成教育為主幹；公開選考的方式當中，也因應不同背景者設定不同的應試內容與科目，並限制應考次數。同時，為了增強法官來源的多元性並因應社會事務的多樣化，一方面開放非專業法官擔任特殊法庭之職務，另方面，也增加以遞交文件、轉任比敘等方式，讓非專業法官擔任一般法院之司法官職務。

　　法國自 1958 年以後，採取以公開考試並集中由單一訓練機構培訓養成為主的司法官選任制度，使得司法官基本上具有相當高度的同質性，縱然有非歷經公開考試方式選任而來的司法官，但一方面人數比例較低，約占同年度新任司法官人數 10% 左右。舉例來說，2011 年度提出者為 215 名，2012 年度提出者為 166 位[143]，48 位經過最長 6 個月的準備培訓課程 (Formation probatoire) 後，得擔任司法官（32 位第一職級，16 位第二職級）（2011 年為

41 名），其中包括 17 名律師、8 名訴狀代理人[144]、7 名近民法官、2 名書記官長 (greffier en chef)[145]、2 名醫事機構主管、1 名獨立行政機關委員、1 名民間協會主管、1 名公司法務、3 名警官、1 名少年保護官、1 名商人、1 名法律雜誌編輯、1 名稅務官、1 名公證人、1 名法律主管。0 位直接可擔任司法官（2011 年為 1 名）。62 名內有 14 名在經過準備培訓課程後未被選任（2011 年為 45 名內有 4 名）。40 名被允許進入準備培訓課程。亦即，透過文件遞送得直接成為司法官者比率甚低，而經過準備培訓課程後即可擔任司法官者的比例約為 50%，因此約為 80 人左右。相較於同年度透過公開考試選任之司法官人數為 616 名，大約為 12%，此一比例每年並不相同。

　　二方面，來源並不局限於律師，也包括其他法律相關專業人員，類型多元。截至目前為止，並未對於整體司法訴訟制度產生明顯的影響。但是，至少在法國現制下，從律師及其他法律專業人士選任法官，已經有著相當完整的法令規劃與途徑。

　　當然，每一個國家、每一個區域的法律制度都與當國、當地的歷史文化、社會經濟情況、制度架構設計與人民的法治觀息息相關，而此等因素所形成、所能支持的法官制度也因此會有若干差異。法國目前之法官選任方式，有其長久以來制度演進的歷史發展因素，加上法國人口組成、地域環境的個別差異，其制度儘管在二次大戰後成為許多歐陸國家仿效的對象，但各國仍因應其各國需要而有若干調整。

---

[143] 以下資料參見 2012 年度的晉升委員會晉升報告書。參閱：http://www.metiers.justice. gouv.fr/art_pix/rapport_activite_2012_2013_avec_tableaux.pdf（最後瀏覽日：2022 年 3 月 25 日）。

[144] 訟狀代理人 (avoué)，實屬廣義律師之一種。緣自 15 世紀起，法國出席於法庭之法律人士，逐漸分成二種：一種為「律師 (avocat)」，專攻言詞辯論，彼時應稱為「言詞辯護人」較妥；另一種即為「訟狀代理人 (avoué)」，專精於訴訟文書之寫作，兩者涇渭分明，互不統屬。故而完成一訴訟，需要兩隊人馬合作，所費不貲，構成當事人嚴重之負擔。1971 年律師制度改革，雖將地方法院訟狀代理人職業予以廢除，但「高等法院訟狀代理人」職業，仍保留迄今。相關說明參見：李鍾澍，法國律師法（中譯），法務部，頁 10，2002 年 11 月。

[145] 參閱：http://www.metiers.justice.gouv.fr/greffier-en-chef-12573/le-metier-12574/（最後瀏覽日：2022 年 3 月 25 日）。

因此，法國目前由律師或其他法律專業人士選任法官的制度，可能可提供以下建議：

首先，維持司法官與律師的分立考試。

司法官與律師擔負不同法律功能角色的觀念深植於心，將司法官與律師合一考選，未必符合我國制度對於不同職務內容與扮演角色之需要。因此在法律從業人員對於職業角色之認知尚未轉換前，維持現今司法官與律師分立的考試制度，並由不同的機構負責其選考程序，並無不可。畢竟律師行業必須具備對於市場環境之熟悉、多元社會角色扮演之關照與維護客戶利益與司法制度間之衡平功能，並非具有公權力之角色，由律師此一專門職業公會設定此職業之需求，理論上並無衝突；法國長期以來也採行這樣的制度，並未引起職業運作上的困難。

然而，倘若日後社會對於律師之功能角色有所轉變，甚至賦與更多公權力色彩或公益價值，在選任上將其視為與司法官工作同等之法律工作之一種，再將司法官與律師合一考選，並由司法官培訓中心與律師公會共同考選，亦非未來不得改變之方向。

其次，建立律師與其他法律專業人才轉任法官的正式程序。

儘管目前我國雖有司法信任度不高之問題，然法官人數不足、訴訟案件延遲或人民對司法官不信任之負面現象應在可忍受範圍，但考慮到單一的考選管道容易造成法院系統的封閉，較不易與社會產生理性對話，適當地建立律師或其他法律專業人才轉任法官的正式程序，讓不同專業工作經驗者投入司法官之工作，應有助於因應當今社會多元問題層出不窮，與社會階級對立日益明顯之現象。不過此一程序應與公開考試方式一致，遵循公開、透明與公平之機制，方有助於維護司法公正之形象，避免各種勢力的任意侵入，影響司法獨立。

參考文獻

一、中文

1. 李鍌澂，法國律師制度，法學叢刊，47 卷 2 期，頁 107–130，2002 年 4 月。

2. 李鍌澂，法國律師法（中譯），法務部，2002 年 11 月。

3. 吳秦雯，法國離島治理之法律保障制度——以大溪地（法屬玻里尼西亞 Polynésie française）為例，載：如沐法之春風——陳春生教授榮退論文集，頁 237–258，2020 年 12 月。

4. Jean-Marie Pontier 著，吳秦雯譯，法國審判權衝突解決機制（上），司法周刊，1964 期，2–3 版，2019 年 8 月。

5. 城仲模，二十一世紀行政法學發展的新趨勢，法令月刊，52 卷 12 期，頁 3–50，2001 年 12 月。

6. 陳世民，中法行政裁量權之比較研究——從實務之觀點，憲政時代，22 卷 1 期，頁 70–87，1996 年 7 月。

7. 陳淳文，由新近判例趨勢論法國公法上的「政府行為」概念，人文及社會科學集刊，9 卷 4 期，頁 111–142，1997 年 12 月。

8. 陳淳文，法國刑事預審制度演變之研究，歐美研究，26 卷 3 期，頁 95–146，1996 年 9 月。

9. 蘇永欽，法國最高司法會議簡介，載：司法改革的再改革，頁 279–282，1998 年。

二、法文

1. ANGEVIN, (H.), *La pratique de la chambre de l'instruction*, Paris, LGDJ, 2e éd., 2004.

2. ASTRUC, (Ph.), *Devenir Magistrat aujourd'hui*, Gazette du Palais, Lextenso éd., 2010.

3. BAUVÉ, (J.-P.), « Le juge d'instruction en question », *Gaz. Pal.* 2 mai 1987,

p. 334.

4. BELFANTI, (L.), *Magistrat*, Paris, Dalloz, 2019.

5. BOILLOT-BURG, (Ch.), *La décentralisation coopérative ─ Contribution à l'étude des rapports des personnes publiques territoriales en droit public français*, thèse, Université de Bourgogne, 2002.

6. BOULET-SAUTEL, (M.), «Quelle justice? Louis IX Roi de France», *in* Université Panthéon-Assas (Paris II), *Clés pour le siècle*, Paris, Dalloz, 2000, p. 1125.

7. BRAIBANT, (G.), STIRN, (B.), *Le droit administratif français*, 6ᵉ éd., Paris, Dalloz, 2002.

8. CADIOT-FEIDT, (A.), «Quelques réflexions relatives à la suppression du juge d'instruction », *Gaz. Pal.* 19–21 avril 2009, p. 1187.

9. CEDRA, (J.), «La spécificité du juge d'instruction au sein des procédures pénales européennes », *RID pén.* 2010, vol. 81, pp. 233–245.

10. CHAMBON, (P.), *Le juge d'instruction, Théorie et pratique de la procédure*, Paris, Dalloz, 4e éd., 1997.

11. CORVILAIN, (P.), *Le droit disciplinaire des ordres professionnels*, Bruxelle, Larcier, 2004.

12. DE CASTRO FONTAINHA, (F.), *Les (en)jeux du concours: une analyse interactionniste du recrutement à l'Ecole national de la magistrature*, thèse, Université de Montpellier I, 2011.

13. DE LAUBADÈRE, (A.), VENEZIA, (J.-C.), GAUDEMET, (Y.), Traité du droit administratif, Tome 1, Paris, LGDJ, 1999.

14. DELVOLVÉ, (P.), « Le Conseil d'État », *RFDA* 2021, n° 5, pp. 874–881.

15. DEYON, (P.), *L'Etat face au pouvoir local: un autre regard sur l'histoire de France*, Paris, Éditions Locales de France, 1996.

16. DURAND, (B.), *Introduction historique au droit colonial*, Paris, Economica, 2015.

17. DUPARC, (C.), «Le rôle du juge d'instruction (1808–2008), Actualité et prospective », *in Modèles français, enjeux politiques et élaboration des grands textes de procédure en Europe*, t. II, actes du colloque d'Angers, 18–19 octobre 2007, J. Hautebert et S. Soleil (dir.), EJT éd., 2008.

18. GUÉRY, (Ch.), « Les pouvoirs de la chambre de l'instruction et la liberté du magistrat instructeur », *D*. 2007, p. 603

19. HILAIRE, (J.), « Actes de la pratique et expression du droit du XVIe siècle à la codification », *Droits*, 1988, n° 7.

20. JACKSON, (R.-A.), « Le pouvoir monarchique dans la cérémonie du sacre et couronnement des rois de France», *in* J. Blanchard, dir., *Représentation, pouvoir et royauté à la fin du Moyen Âge*, Paris, Picard, 1995.

21. LONG, (M.), «Le Conseil d'État et la fonction consultative : de la consultation à la décision », *RFDA* 1992, p. 787.

22. MÉTHIVIER, (H.), *L'Ancien Régime*, Paris, PUF, 1974.

23. MONIER, (J.-C.), «Note sur les caractères de la procédure civile dans la période 1789–1804 », *in* I. Théry et C. Biet, dir., *La famille, la loi, l'État, de la Révolution au Code civil*, Paris, Imprimerie Nationale, 1989, pp. 305–311.

24. NOBOYET, (J.-P.), *Répertoire pratique de droit et de jurisprudence d'Alsace et de Lorraine*, Paris, Sirey, 1925.

25. OLIVER-MARTIN, (F.), *L'administration provinciale à la fin de l'Ancien Régime*, Rééd. des cours de François Olivier-Martin donnés entre 1921 et 1951, Paris, LGDJ, 1997.

26. PACTEAU, (B.), « Dualité de juridictions et dualité de procédures », *RFDA* 1990, p. 752.

27. PERROT, (R.), *Institutions judiciaires*, 13ᵉ éd., Paris, Montchrestien, 2008.

28. PRADEL, (J.), *L'instruction préparatoire*, Paris, Cujas, 1990.

29. REGULA, (J.), *Le droit applicable en Alsace et en Lorraine*, Paris, Dalloz, 1938.

30. RIVERO, (J.), « L'administré face au droit administratif », AJDA 1995, pp. 147–150.

31. SASSIER, (Y.), «*Honor regis judicium diligit*. L'exaltation de la fonction judiciaire du roi », *in* O. Cayla, M.-F. Renoux-Zagamé, dir., *L'office du juge: part de souveraineté ou puissance nulle?*, Paris, LGDJ, 2002, pp. 17–33.

32. STRUSS, (G.), *Les lois locales*, Colmar, Alsatia, 1954.

33. SUEUR, (P.), *Histoire du droit public français. XVème-XVIIIème siècle*, Paris, PUF, 1989.

34. TERNEYRE, (P.), DE BÉCHILLON, (D.), « Le Conseil d'Etat, enfin juge! », *Pouvoir*, n° 123, 2007, pp. 61–72.

35. VALLENS, (J.-L.) (dir.), *Le guide du droit local. Le droit applicable en Alsace et en Moselle de A à Z*, Strasbourg, Institut du Droit Local-Économica, 1997.

36. VAN RUYMBEKE, (R.), *Le juge d'instruction*, Paris, PUF, 5ᵉ éd., 2008.

37. ZAHRA, (B.), *À la découverte du droit local: Alsace-Moselle*, Knutange, Fensch Vallée, 2001.

三、網路資料

FARCY, (J.-Cl.), « Quelle histoire pour la Justice? », *Criminocorpus* [En ligne], mis en ligne le 06 novembre 2012, URL originale: http://journals.opened ition.org/criminocorpus/2096.

第四章

日本法官體制

徐婉寧

壹、基本背景

日本於明治維新之際，為了解決不平等條約的問題，迫切地需要建立現代法制而捨棄了日本行之多年的固有法制，一舉採取以西歐為範本之近代法[1]。當初建立近代法制時，受到幕府末期以來與幕府具有密切關係之法國法制的重大影響；然而，明治 14 年時，受到普魯士的立憲主義的影響，日本政府急速地將重點移到德國法上，此後所建制的法典皆以德國法為模範[2]。

關於日本的司法制度，明治 23 年（1890 年）公布的法院構成法（裁判所構成法）以 1877 年德國的法院構成法為範本而制定了草案，同年所公布的民事訴訟法，亦以 1877 年德國的民事訴訟法為典型所起草[3]。而明治 23 年公布的刑事訴訟法雖然係以法國法為範本，然而其後受到德國法的影響，於大正 13 年（1924 年）修訂之刑事訴訟法即採用德國法系[4]。

日本的司法制度之所以採用德國法為範本，其最大的理由應該是因為明治政府為了天皇制能永保安泰，決定採取普魯士的立憲主義，以建立絕對君主主義，並進一步確立絕對支配體制[5]。由於當時的日本舊憲法的基本構造為普魯士制，則關於司法權的組織自然也學習德國的模式，而制定了適合憲法所定之「司法權以天皇之名，依法由法院行之」[6]的官僚的司法制度[7]。

二次大戰後，日本進行了強化司法獨立性及其功能的司法改革，而後於 1964 年臨時司法制度調查會意見書中（以下稱「臨司意見」），雖探討了法曹一元制於日本實施的可行性[8]，但因難以確保司法官的質與量，其後並無司

1　中村英郎「司法制度と日本の近代化」比較法学 7 巻 1 号 7 頁（1971 年）。
2　中村・前揭註 1，7 頁。
3　中村・前揭註 1，7 頁。
4　中村・前揭註 1，7 頁。
5　中村・前揭註 1，7–8 頁。
6　明治憲法第 57 條第 1 項。
7　中村・前揭註 1，8 頁。
8　小林充，『裁判官の歳月』判例タイムズ社 151 頁（2006 年）。

法全面改革之動向。直至 1999 年，日本政府成立了「司法制度改革審議會」，針對司法制度的改革與其基礎的整備進行調查審議，其最後於 2001 年向內閣提出了「司法制度改革審議會意見書──支持 21 世紀的日本之司法制度」，希望透過法科大學院的設置及司法考試方式的變革，大幅增加法曹的數量，並關於法官之任命手續，提議最高法院應設置諮詢委員會，就應被指名為下級法院法官之適任者加以選考，並就其結果陳述意見[9]，而形成日本現今的法官選任途徑。

貳、司法制度架構

一、前言

如前所述，日本戰前即確立了全國性的中央集權可獲實現之司法制度，於地方設「區法院」、「地方法院」[10]，以及一開始在 4 個都市，後來擴大到 8 個都市所設之「控訴院」，而於東京設最上級審之「大審院」，採四審級制[11]。

當時關於法官的任用，並沒有規定特別的資格，但 1884 年後新任命的法官，必須具有法學士、代言人[12]或法官任用考試（判事登用試驗）及格之資格。其後考試制度經過改革，考試名稱改為法官檢察官任用考試（判事檢事登用試驗）合格；此後，任用考試成為法官及檢察官任用的主要途徑[13]。而欲成為法官者，經法官檢察官任用考試合格後，須在法院或檢察署接受 1 年半的研修後才會任用[14]。任用後依明治憲法第 58 條第 2 項的規定，除非受刑

9　裁判所網站，http://www.courts.go.jp/saikosai/iinkai/kakyusaibansyo/（最後瀏覽日：2022 年 3 月 21 日）。

10　法院日文原文的漢字為「裁判所」，因此原文為「區裁判所」、「地方裁判所」。

11　ダニエル・H・フット著、溜箭将之訳『名も顔もない司法──日本の裁判は変わるのか』NTT 出版 62 頁（2007 年）。

12　相當於日後的律師。

13　ダニエル・H・フット著、溜箭将之訳・前揭註 11，63 頁。

之宣告或懲戒處分，否則不會被解任，受有身分上的保障；然而，因為法官仍屬於官僚制，所以一定期間就會升遷或調職[15]。

　　日本法院長期以來皆以獨立於政治部門之外為傲，戰前法院的獨立性之根據即為前述不受解任的身分保障，以及司法權由法院所行使之明治憲法第57條第1項的規定[16]。而具體的事例，即為歷史上有名的大津事件[17]。1891年，俄羅斯帝國的尼可拉斯皇太子於日本遇襲，當時日本的刑法第116條規定，對「皇太子」加諸危害者，處死刑；而一般而言，此所稱之「皇太子」，僅指日本的皇太子而言，對於外國的皇太子，應適用對一般人所犯之罪，即刑法第112條、第113條及第292條的謀殺未遂罪來論處，而適用謀殺未遂罪時，是無法處以死刑的[18]。然而，當時日本的松方正義首相，考慮到俄羅斯方面的憤怒，卻請求法院為死刑判決；當時的大審院院長児島惟謙，認為此種請求有違司法的獨立，而加以反對，並說服當時的法院依法裁判為終身刑的判決[19]。大津事件中，由於大審院的院長公然地提倡司法獨立，使得法院內主張司法獨立的氣勢大振，具有很大的象徵意義[20]。

　　雖然法官的身分保障實際上有重要的意義，且發生了大津事件等象徵意義重大的事件，但事實上對於戰前的日本司法的獨立性，認為其仍然受到很大的威脅之批判仍不絕於耳，主要是因為法院其實係從屬於司法省。而司法省除了掌管和裁判相關的總務及法院的預算、法官的任用、升遷以及調職等人事外，各種和裁判相關的事務亦加以支配[21]。

14　ダニエル・H・フット著、溜箭将之訳・前掲註11，63頁。

15　ダニエル・H・フット著、溜箭将之訳・前掲註11，63頁。

16　ダニエル・H・フット著、溜箭将之訳・前掲註11，63頁。

17　ダニエル・H・フット著、溜箭将之訳・前掲註11，63頁。

18　加藤新太郎編『ゼミナール裁判官論』第一法規31頁（2004年）。

19　ダニエル・H・フット著、溜箭将之訳・前掲註11，63頁；關於大津事件詳細的介紹，請詳參加藤・前揭註18，31–33頁。

20　ダニエル・H・フット著、溜箭将之訳・前掲註11，63頁。

21　ダニエル・H・フット著、溜箭将之訳・前掲註11，64頁。

　　戰後的占領軍也對司法省對人事的支配表示關注，並於敘述關於占領軍之任務的重要文書，「於日本政治的再構築」中，表明「司法省決定法官的任用、升遷，以及為了促進改善所為的調職。……這種作法，稱不上是促進司法的獨立」、「法官不管是判決也好，懲戒程序也好，保有政治獨立的同時負責的下判斷，但是可以說對於上位者的所屬官廳，也就是司法省的意向非常的敏感。這對於具有野心的法官而言，更是如此。」[22]也因此，法官的權威和其他的政府官員相比，有低下之虞[23]。

　　占領軍對於日本的司法制度雖表敬意，也認定日本法官的能力和誠實及清廉，並對於大多數法官所展現的獨立性給予高度評價之同時，卻也認為日本的制度仍有許多需要補強的地方。戰後司法改革的兩大目標便是強化司法抑制行政或立法等其他政府部門的功能，以及強化司法的獨立性[24]。其中對所有審級的法院進行為了強化抑制與均衡之機能的改革，例如廢止行政法院，將行政事件置於一般法院的管轄之下，並賦與法院違憲立法審查權[25]。憲法第 81 條規定，「最高法院為具有決定一切的法律、命令、規則或處分是否合於憲法之權限的終審法院」。換言之，違憲立法審查權的主體，並不限於最高法院，下級審法院亦得為違憲審查，只不過最高法院為終審法院而已；而其審查的對象，包括一切的法律、命令、規則以及處分，其中命令包含政令及其他的命令，而規則則包含條例，至於條約因為法無明文，而有所爭議[26]。而透過憲法第 81 條的規定，法院對於牴觸憲法的制定法可宣示其違憲無效，對於不當的行政權的行使，也可以宣示無效[27]。此舉改變了明治憲法時代，

22　ダニエル・H・フット著、溜箭将之訳・前揭註 11，64 頁。
23　ダニエル・H・フット著、溜箭将之訳・前揭註 11，64 頁。
24　ダニエル・H・フット著、溜箭将之訳・前揭註 11，64 頁。
25　ダニエル・H・フット著、溜箭将之訳・前揭註 11，68 頁。
26　斉藤寿『司法制度の憲法学の研究』評論社 57 頁（2000 年）、新井勉＝蕪山嚴＝小柳春一郎『近代日本司法制度史』信山社 279 頁（2011 年）。
27　ダニエル・H・フット著、溜箭将之訳・前揭註 11，68 頁。

雖然法院於審判時因解釋並適用法律，而具有審查法定的制定程序有無瑕疵或其內容有無牴觸上位法令之法令審查權，然通說認為當時僅有形式審查權，而無實質審查權的現象[28]。

此外，改革的另一個目標，係強化最上級法院的功能，將大審院改名為最高法院（最高裁判所），反映了法院地位的根本上的變化。換言之，最高法院不僅是位於法院階級中最高的位置，毋寧係期待其作為與其他的政府部門的對等機關，發揮與以往所從屬之內閣同等的權限與能力，實現抑制立法府或行政府的機能[29]。伴隨著強化上述等權限，為了提高最高法院的權威及擴大法院的視野，採取了許多方案，其中之一為將法官的人數從戰前大審院時代的 47 人減少至 15 人，並擴大法官的來源，將不僅僅係來自下級審的法官，最多可以從法曹以外採用 5 人，使得得以任用具有多彩多姿經歷的法官[30]。讓最高法院法官的組成多樣化的目的之一，不外乎是為了提高法院的權威，但是更重要的目的是，為了要發揮最高法院作為抑制其他政府部門機關的機能，透過法官組成的多樣化，得以用較以前更寬廣的視野來應對事物[31]。

戰後司法改革的第二個目標，係強化法院的獨立性。所謂司法權的獨立，係指法院不僅獨立於其他的國家機關之外；司法權獨立的本質，係個別的法官獨立於一切的國家機關或任何的勢力之外，並且也獨立於法院的上司之外，不受任何人、任何勢力之干涉[32]。因此，所謂司法權的獨立，在制度上係以法官的地位的保障（身分保障）與職務的獨立為主要的內容，欠缺任何一點，都將失去司法權的獨立[33]。故而，憲法第 76 條第 3 項規定，「所有的法官依其良心獨立行使職權，僅受憲法及法律拘束」。而同法第 78 條規定，「法官經

---

[28] 新井勉＝蕪山嚴＝小柳春一郎・前揭註 26，278 頁。
[29] ダニエル・H・フット著、溜箭将之訳・前揭註 11，69 頁。
[30] ダニエル・H・フット著、溜箭将之訳・前揭註 11，69 頁。
[31] ダニエル・H・フット著、溜箭将之訳・前揭註 11，70 頁。
[32] 新井勉＝蕪山嚴＝小柳春一郎・前揭註 26，279 頁。
[33] 新井勉＝蕪山嚴＝小柳春一郎・前揭註 26，280 頁。

裁判決定因身心障礙致無法行使職務者外，非經法官彈劾法院之判決，不被罷免。法官的懲戒處分不可由行政機關為之」；且法院法第 48 條進一步規定，「法官經公的彈劾[34]或關於國民審查的法律以因其他法律所定因身心障礙而被裁判不能執行職務的情形以外，不能違反其意而為免官、轉官、轉所、職務之停止或報酬之減額」，此皆為法官身分之保障。而關於司法權之獨立，關鍵的作法係將管理營運法院的權限，由司法省轉移到最高法院[35]，自此，法院的預算，關於法院規則的制定，以及人事即由最高法院的事務總局所掌管[36]。與明治憲法時代不同，法院成為一個以最高法院為頂點的自律的司法機關，而獨立於司法省之外[37]。

　　占領軍一方面強化法院的獨立性以避免政治的影響力，另一方面卻同時希望法院能更強烈地反應日本國民的意向，故對於法官的任用制度下了很大的苦心[38]。換言之，占領軍一方面對已經任用的法官高度地保障其獨立性，不受政治力的介入；另一方面卻讓內閣參與任用手續，以期待政治能發揮一定的效果，並取消戰前對法官的終身制保障，採用每 10 年的任期皆應經再任手續的制度，且為了確保法官對國民所應負的政治責任，導入針對最高法院的法官所進行的國民審查制[39]。此部分容後於法官選任制度的部分再詳細論述。

二、法院組織層級

（一）最高法院及下級法院

　　日本憲法依權力分立之原則，由國會掌管立法權、內閣享有行政權，而

---

[34] 此處公的彈劾係指，經過「法官彈劾法院」之情形。
[35] ダニエル・H・フット著、溜箭将之訳・前揭註 11，70 頁。
[36] ダニエル・H・フット著、溜箭将之訳・前揭註 11，70 頁。
[37] 新井勉＝蕪山嚴＝小柳春一郎・前揭註 26，280 頁。
[38] ダニエル・H・フット著、溜箭将之訳・前揭註 11，71 頁。
[39] ダニエル・H・フット著、溜箭将之訳・前揭註 11，71 頁。

法院則擔當司法權。而關於司法權，憲法第 76 條第 1 項規定，「所有的司法權，屬於最高法院以及依法律規定設置之下級法院所有。」依此規定，除最高法院外，法院法（裁判所法）第 2 條第 1 款規定，設置高等法院、地方法院、家庭法院以及簡易法院的 4 種下級法院，並規定各個法院所處理之事件[40]。

　　而最高法院分為 3 個小法庭，每個小法庭由 5 位法官所組成；而審查案件時，5 人組成的小法庭中必須有 3 人以上的出席，而全員 15 人組成的大法庭則須有 9 人以上的出席為必要條件，但必須有 8 人以上意見一致時，方得為違憲的判決，因此違憲審查時僅能由大法庭加以審理[41]。

（二）法院的機構

　　法院的機構依憲法或法院法等各種法律所定為之，然大抵上可分為審判部門與司法行政部門[42]。於審判部門，法官採合議制或是獨任制就各種事件（民事事件、刑事事件、家事事件、少年事件）加以審理裁判；而司法行政部門則於意思決定機關的法官會議之下，設置輔佐機關的事務總局或事務局（總務課、會計課、資料課等），提供人力或設備來支援審判事務，以謀求審判事務合理的、有效率的進行[43]。此外關於司法行政的相關事項，設有各種調查審議委員會[44]。

　　而依下級法院事務處理規則（下級裁判所事務處理規則）第 4 條之規定，高等法院、地方法院與家庭法院以及其支部，關於各法院院內事務的分配，特別是為了構成合議體之法官的排列組合，所設置的單位稱為「部」，而各部除了配置足以構成合議體的法官人數，也配置了相當人數的法院書記官、法

---

[40]　加藤・前揭註 18，1 頁、3 頁。
[41]　斉藤・前揭註 26，116 頁。
[42]　加藤・前揭註 18，1 頁。
[43]　加藤・前揭註 18，1 頁。
[44]　加藤・前揭註 18，1–2 頁。

院速記官、而家庭法院還配置有家庭法院調查官等法院職員[45]。部的事務，由部所屬的法官 1 人擔任「總括法官」（総括裁判官）來總管所有的事務，且依同法第 5 條第 2 項之規定，其亦為合議體的審判長[46]。

（三）法院的審級

法院的訴訟程序，設有第一審、第二審以及第三審的三個審級，原則上採取可受到 3 次的審理之三審制度。對第一審法院的判決不服者，可以控訴到第二審法院，而對於第二審法院（控訴審）的判決不服者，可以上告到第三審法院。而訴訟程序以外的家事事件或少年事件的審判程序也採用抗告、特別抗告的三審構造[47]。

---

[45] 加藤・前揭註 18，2 頁。
[46] 加藤・前揭註 18，2 頁。
[47] 加藤・前揭註 18，1 頁、3 頁。

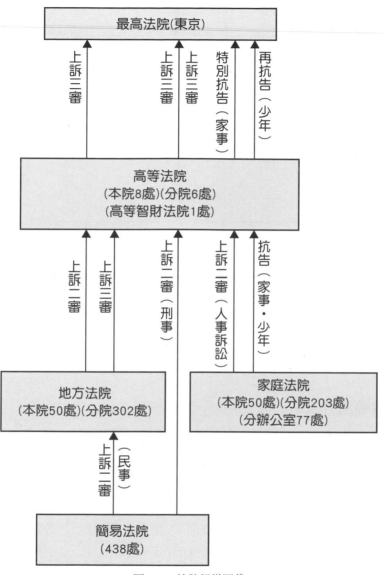

圖 4–1　法院組織圖[48]

（資料來源：裁判所網站）

---

[48] 裁判所網站，http://www.courts.go.jp/about/sosiki/gaiyo/index.html（最後瀏覽日：2015 年 6 月 11 日）。

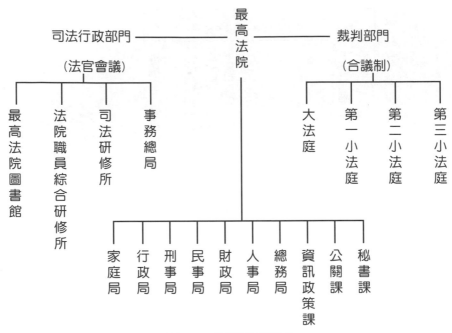

圖 4–2　最高法院組織圖

（資料來源：裁判所網站）

三、法院專業分工

　　日本法院的種類如下：最高法院（最高裁判所）、高等法院（高等裁判所）、地方法院（地方裁判所）、家庭法院（家庭裁判所[49]）以及簡易法院（簡易裁判所）[50]。

　　而以東京地方法院、大阪地方法院為首，大規模的法院中，設有特定的「部」，透過優先分配、專門處理一定種類的事件，如行政事件、勞動事件、智慧財產權事件等，累積相關知識與經驗，得以迅速確實地處理該當種類的

---

[49]　日本昭和 22 年（1947 年）制定、翌年 1 月 1 日施行的家事審判法規定，關於家庭的事件由家事審判所來加以審判或調停，然同年底同法即一部修訂，而於昭和 24 年 1 月 1 日施行的改正法則統合家事審判所與法務廳所管的少年審判所，創設了綜合處理家事事件與少年事件的家庭法院。新井勉＝蕪山嚴＝小柳春一郎‧前揭註 26，287 頁。

[50]　加藤‧前揭註 18，2 頁。

事業，以達成法院全體的事件處理的效率化。其中，僅處理該當種類事件的部稱為「專門部」，該當種類以外的事件也處理的部稱為「集中部」[51]。

關於專門部或集中部的設置，因事件種類專門化、集中化，導致一直擔任該當種類事件的法官有負擔過重的問題，然而建立取得專家的專業知識見解的制度等必要的條件如果可以備齊的話，將成為具有很大優勢的事件處理系統。

參、法官選任制度

一、前言

如前所述，戰後占領軍當局認為戰前的日本司法抑制政府的力量不足，且過度的威權主義，並不能充分的對應一般國民的利益，有進行改革的必要[52]。改革的重點之一便是導入違憲立法審查權，於憲法明定法院的違憲審查權；而另一個改革的重點，便是法官的選任方法[53]。占領軍當時就最高法院法官的選任，就最高法院法官的直接選舉或是透過內閣來承認最高法院法官的人選，進行了檢討，最後決定採取當時在美國受到高度評價的密蘇里方式[54]。

二、選任資格條件

（一）選任的資格

關於日本法官的選取路徑，由於日本憲法第 79 條與第 80 條僅規定，除最高法院院長外，最高法院及下級審法院的法官皆由內閣所任命，對於法官的任用資格並未加以限制。因此，理論上日本法官的選任途徑，存在著多元化的可能。而關於法官的任用資格，日本現行法係依法院法之規定為之[55]。

---

[51] 加藤・前揭註 18，2–3 頁。
[52] ダニエル・H・フット著、溜箭将之訳・前揭註 11，88 頁。
[53] ダニエル・H・フット著、溜箭将之訳・前揭註 11，89 頁。
[54] ダニエル・H・フット著、溜箭将之訳・前揭註 11，89 頁。
[55] 以下介紹係擷取自加藤・前揭註 18，3–4 頁。

日本法院法於第 4 編「法院的職員及司法修習生」（裁判所の職員及び司法修習生）中，規定了各級法院法官的任命資格。

（二）法官的種類[56]

日本的法官全為任命制，且法院皆為國家的官廳，所以法官為國家公務員。然而法官於國家公務員法上並不屬於人事院所管，因此依國家公務員法第 2 條第 3 項第 13 款為特別職。

如前所述，日本憲法第 79 條與第 80 條將法官分為最高法院的法官和下級法院的法官，而法院法進一步依官名定其種類。換言之，法院法第 5 條第 1 項及第 2 項規定，最高法院的法官可分為身為首長的最高法院院長（「最高裁判所長官」），以及最高法院法官（「最高裁判所判事」）的其他法官；下級審法官則為高等法院首長的高等法院院長（「高等裁判所長官」），而其他的法官則為法官（「判事」）、候補法官（「判事補」）、簡易法院法官（「簡易裁判所判事」）。像這樣抽象的法官的地位稱為「官」，而法官的任命則依各個官分別為之。因此，同一人因為轉任不同的官，就必須採取新的任命手續。此外，例如法官或是候補法官可以兼任簡易法院法官等，下級法院的法官是可以互相兼官的。下級法院的法官中，依法院法第 27 條的規定，候補法官原則上不能一人裁判，也不能為審判長。然而，民事訴訟以及刑事訴訟中的判決以外的裁判[57]，則有候補法官可以單獨為之的裁判。於現行制度中，候補法官在職 5 年以上若受有最高法院的職權特例的指名，關於裁判事務擁有和法官完全同等的職權，關於司法行政事務，並可成為法官會議的構成員；此為日本的「特例候補法官（特例判事補）制度」[58]，對處於比較資淺時期的特例候補法官來說，有單獨處理事件的經驗就法官的成長而言，是有益的。

56　以下介紹係擷取自加藤・前揭註 18，3–4 頁。
57　民事訴訟法第 123 條、刑事訴訟法第 45 條。
58　相關法律規定為「關於候補法官之職權的特例等法律」（判事補の職權の特例に関する法律）。

三、選任方式與程序

（一）任命制

　　日本所有的法官皆為任命制，但憲法第 79 條及第 80 條關於最高法院的法官則承認任命後之國民審查，而關於下級審的法官則承認最高法院有推薦權[59]。

　　如前所述，日本法官的任命制，乃因日本二戰戰後由美軍占領時，占領軍當局就最高法院法官的選任程序決定採用在美國當時受到高度好評，即所謂的「密蘇里方式」[60]。此方式為基於能力選任法官之同時，確保法官對於政治或州民之意向的責任的制度。後來，採用此方式的州於美國日漸增多，目前有 14 個州採用此種方式選任法官，又被稱為「能力選任」制度[61]。此制度有各種形式，但共通點為由法律人與非法律人組成無黨派的常設委員會來募集並審查法官候補者，然後委員會向州長等有任命權的人提出 3 到 5 人的候補者名冊，而州長從中選任 1 人；法官就職後一定期間，典型為 1 到 2 年後，有留任投票制，為做完任期必須於最初的留任投票得到投票數過半數的投票，而任期結束後若要連任通常也必須經過留任投票[62]。日本現行的制度保有上述之共通點，就下級法院法官的選任制度觀之，憲法賦予最高法院對下級法院法官的候補者作成名冊的權限，但擁有任命下級法院法官最終權限者為內閣[63]。蓋日本憲法規定，內閣依最高法院所指名者的名冊，任命下級法院的法官[64]。

---

[59] 以下介紹係擷取自加藤，前揭註 18，3–4 頁。
[60] 「密蘇里計畫」於 20 世紀前半被提出，而於 1940 年由密蘇里州首先採用。請詳參ダニエル・Ｈ・フット著、溜箭将之訳，前揭註 11，89 頁。
[61] ダニエル・Ｈ・フット著、溜箭将之訳，前揭註 11，89 頁。
[62] ダニエル・Ｈ・フット著、溜箭将之訳，前揭註 11，90 頁。
[63] ダニエル・Ｈ・フット著、溜箭将之訳，前揭註 11，90 頁。
[64] ダニエル・Ｈ・フット著、溜箭将之訳，前揭註 11，90 頁。

（二）任命資格與任命程序

1.最高法院法官

關於最高法院法官的任命資格，憲法上並未為任何限制，而法院法第 41 條則對此有所規定。同條就最高法院法官的任命資格，規定如下：

「最高法院法官，從見識高且具法律素養而年齡 40 歲以上者加以任命。其中至少 10 人須擔任下列第 1 款及第 2 款所定職務之一或之二 10 年以上，或者是下列各款所定職務之一或之二以上而其年數合計 20 年以上者。

一　高等法院院長。

二　法官。

三　簡易法院法官。

四　檢察官。

五　律師。

六　其他法律所定大學的法律學的教授或副教授。

任職前項第 1 款及第 2 款所定職務之一或之二者 5 年以上者，或任職同項第 1 款至第 6 款所定之職 10 年以上者曾任候補法官、法院調查官、最高法院事務總長、法院事務官、司法研修所教官、法院職員綜合研修所教官、法務省事務次官、法務事務官或法務教官者，關於同項之適用其在職期間視為同項第 3 款到第 6 款所定之職的在職期間。

關於前 2 項規定之適用，第 1 項第 3 款至第 5 款以及前項所定在職年數，限於完成司法修習生之修習後的年數，方屬該當職務之在職年數。

第 1 項第 6 款所定大學的法律學的教授或副教授在職 3 年以上者，就任簡易法院法官、檢察官或律師時，關於其簡易法院法官、檢察官或律師的在職年數，前項的規定於此不適用。」

換言之，依該條之規定，最高法院的院長和其他最高法院法官的資格是共通的，亦即，見多識廣且具有法律素養滿 40 歲者，並且最高法院法官的 15 人中，至少須有 10 人具備 20 年以上擔任法曹的經驗，即可被任命為最高

法院的法官。最高法院法官的任命，以行政部即內閣的責任為之[65]。然而，最高法院的院長和其他最高法院法官在憲法上的任命形式並不相同；最高法院的院長依憲法第 6 條第 2 項及法院法第 39 條第 1 項係基於內閣之指名而由天皇所任命，而其他最高法院的法官係依憲法第 79 條第 1 項及法院法第 39 條第 2 項由內閣任命，並依憲法第 7 條第 5 項及法院法第 39 條第 3 項由天皇認證[66]。

實際上最高法院法官的任命，係內閣於聽取最高法院院長的意見後，經內閣會議而決定[67]。而聽取最高法院院長的意見，主要是為了希望能以最高法院運營的實際情形為基礎，達到人事的萬全，而依慣例為之[68]，並非由法律所課以內閣聽取的義務。一般而言，最高法院院長的意見是關於出身領域、數名的候補者，以及最適任候補者的意見[69]。關於候補者，主要係法官、律師、檢察官時，最高法院院長會提示數名的候補者，而關於包含行政、外交的學識經驗者，原則上則由內閣官房選擇候補者；然而不管是前者或後者，都是有賴於內閣總理大臣的判斷，而由內閣會議決定[70]。內閣會議時，有鑑於最高法院法官須接受國民審查，因此極力地從客觀且公正的立場來決定人選[71]。

而依憲法第 79 條第 2 項至第 4 項及法院法第 39 條第 4 項，最高法院法官之任命，須經國民審查，亦即經任命之法官，國民須對之為信任投票，且

---

[65] 加藤‧前揭註 18，5 頁。

[66] 加藤‧前揭註 18，5 頁。

[67] 請參照日本首相官邸官網，http://www.kantei.go.jp/jp/singi/sihou/komon/dai5/5siryou4.pdf（最後瀏覽日：2022 年 3 月 21 日）。

[68] 請參照日本首相官邸官網，http://www.kantei.go.jp/jp/singi/sihou/komon/dai5/5siryou4.pdf（最後瀏覽日：2022 年 3 月 21 日）。

[69] 請參照日本首相官邸官網，http://www.kantei.go.jp/jp/singi/sihou/komon/dai5/5siryou4.pdf（最後瀏覽日：2022 年 3 月 21 日）。

[70] 請參照日本首相官邸官網，http://www.kantei.go.jp/jp/singi/sihou/komon/dai5/5siryou4.pdf（最後瀏覽日：2022 年 3 月 21 日）。

[71] 請參照日本首相官邸官網，http://www.kantei.go.jp/jp/singi/sihou/komon/dai5/5siryou4.pdf（最後瀏覽日：2022 年 3 月 21 日）。

對於是否應罷免解職已任命之法官加以審查，為一種召回 (recall) 制[72]。換言之，日本的最高法院的法官的選任，和密蘇里方式相同，即透過國民審查制，就任後最初的眾議院議員總選舉時及其後每 10 年須經有投票權者的投票，亦即於當初的選任階段時考量政治的要素，其後再任的階段則由直接的國民投票來加以審查[73]。而關於國民審查的方式，規定於最高法院法官國民審查法（「最高裁判所裁判官国民審査法」）。同法第 2 條規定，國民審查投票於任命後的第一次眾議院眾議員選舉時舉行，而於認可罷免的票數達到國民審查有效票過半數時才可罷免，但投票率不到 1% 時，則不進行罷免[74]。

　　然而，縱使日本憲法第 78 條規定了法官的身分保障，亦即如前所述，除非身心不健全，或是受到彈劾，否則原則上是不會被罷免的。但是由於同法第 80 條設有任期 10 年的限制，雖明文規定可以再任，但是再任的時期到來時，卻有把法官從再任名冊上刪除的例子，此即為所謂的「再任拒否」[75]，即不予其接受再任投票之機會。至於為什麼拒絕其再任，最高法院以此為人事秘密為由，關於其相關的內容一律不公開[76]。則由此觀之，日本法官的身分保障，也不能說是處於絕對安定的狀態[77]。特別是當握有包含司法行政權的最高法院，以一定的輿論為背景，對個別的法官要求一定內容的「道德」時，其實此種假借國民之名所為之制度外的控制，其實隱藏動搖獨立審判根本之巨大風險[78]。

　　此外，最高法院的審判中，不能忽略的便是「調查官」的存在[79]。調查官的工作係向法官提出報告書，案件是自動分配的，無法自由地依喜好來挑

---

[72] 加藤・前揭註 18，5 頁。

[73] ダニエル・H・フット著、溜箭将之訳・前揭註 11，90 頁。

[74] 最高法院法官國民審查法第 2 條、第 32 條。

[75] 斉藤・前揭註 26，123 頁。

[76] 斉藤・前揭註 26，123 頁。

[77] 斉藤・前揭註 26，123 頁。

[78] 樋口陽一＝栗城壽夫『憲法と裁判』法律文化社 66 頁（1988 年）。

[79] 調查官由具有 10 年左右法官經歷的法官中任命，請詳參斉藤・前揭註 26，148 頁。

選案件，但有利害關係時有義務加以迴避[80]。調查官所提出的報告書中，可以加註自己的意見，並且可出席小法庭的評議[81]。因此，雖然表面上最終判斷完全是由法官來決定，但其實調查官的調查結果十分具有影響力[82]。從法院法第 41 條、第 42 條規定法院調查官的年資於計算最高法院法官或高等法院法官的任命資格時亦可計入，即可得知法院調查官在日本法上的地位。

2. 下級審法院法官

日本下級審法院的法官，無須經留任選舉，憲法對於下級審法院法官也未設有透過直接選舉詢問民意之制度；但是下級審法院法官仍每 10 年須經再任手續，而是否能再任，內閣具有最終的權限。因此下級審法院法官的選任制度，即以此形式，預定每 10 年經過一次政治部門的審查[83]。

日本法院法於第 40 條第 1 項就下級審法院法官的任免，規定如下：「高等法院院長（高等裁判所長官）、法官、候補法官及簡易法院的法官，由內閣依最高法院指名者的名冊來加以任命。」而關於候補法官、高等法院院長與法官以及簡易法院法官之任命資格另有規定，茲分述如下：

⑴候補法官的任命

法院法第 43 條規定，候補法官係從完成司法研修所訓練之司法修習生中任命。關於司法研修所訓練之相關內容與完成訓練的要件，容後再敘，然並非所有完成司法研修所訓練的司法修習生，即當然地可以成為候補法官。雖然原則上司法考試合格，且完成司法研修所的研修者，無論是誰都能自由地去應徵法院的工作而成為法官，然而實際上在司法研修所的修習期間與法院的實務修習期間，資深法官會尋找法官的候補者而鼓勵其應徵法官[84]。因而，沒被告知可以試著應徵法官的司法修習生，就不會去應徵法官，可說是不成

80　斉藤・前揭註 26，117 頁。
81　斉藤・前揭註 26，117 頁。
82　斉藤・前揭註 26，118 頁。
83　ダニエル・H・フット著、溜箭将之訳・前揭註 11，90 頁。
84　ダニエル・H・フット著、溜箭将之訳・前揭註 11，99 頁。

文的規定[85]。無論其政治傾向為何，擁有極端的政治信仰的修習生，被鼓勵去應徵法官的可能性可說非常低[86]。換言之，在日本，只有最高法院認為「適任」的人，才能成為候補法官，並不是所有希望當法官的人都能成為法官[87]。一般而言，年輕優秀的人方為「任官適格者」；而所謂的年輕優秀指的是筆試成績優秀而容易接受官僚統御之具有可塑性者[88]。縱使外表看起來屬於年輕優秀的範圍，但是表面上以成績或人品等「全人格的評價」為由，好幾位充滿著人權意識的年輕人也被最高法院拒絕任用為候補法官[89]。最高法院雖未明白的表明其拒絕理由，但是一般認為，最高法院是因從該當人等的自由傾向，判斷其無法接受最高法院所欲加諸其上的官僚統御，方才拒絕其成為候補法官之申請[90]。

(2)高等法院院長（高等裁判所長官）及法官

　　高等法院的院長及法官的任命資格依法院法第 42 條規定，於具有下列資格 10 年以上者中選任：(1)候補法官、(2)簡易法院之法官、(3)檢察官、(4)律師、(5)法院調查官、司法研修所教官或法院職員綜合研修所教官、(6)大學法律系教授或副教授。由此可知，依照法院法之規定，日本法官的來源其實非常的多元化，除了通過司法考試且完成司法研修所訓練之司法修習生外，律師、檢察官、大學法律系的教授，以及其他符合一定要件的社會人士，都具有法官的任命資格。

(3)簡易法院的法官

　　法院法第 44 條規定，簡易法院的法官，從曾任高等法院的法官或院長

85　ダニエル・H・フット著、溜箭将之訳・前掲註 11，99 頁。

86　ダニエル・H・フット著、溜箭将之訳・前掲註 11，99 頁。

87　秋山賢三「日本の裁判官の現状」小田中聰樹＝木佐茂男＝川崎英明＝高見澤昭治編『自由のない日本の裁判官』日本評論社 69 頁（1998 年）。

88　秋山・前掲註 87，69 頁。

89　秋山・前掲註 87，69 頁。

90　秋山・前掲註 87，69 頁。

者，或任下列職務之一或二以上且合計年資 3 年以上者中任命：1.候補法官、2.檢察官、 3.律師、 4.法院調查官、法院事務官、司法研修所教官、法院職員綜合研修所教官、法務事務官或法務教官，以及大學的法律學的教授或副教授。然簡易法院的法官之任命，除依同條基於法曹資格而任命者，依同法第 45 條，如有多年的司法事務的經驗，或其他具備簡易法院法官的職務所必要的學識經驗者，亦可以經由簡易法院法官選考委員會的選考而被任命，而無需法曹資格[91]。

（三）司法考試與司法修習

如前所述，要成為候補法官，依法院法第 43 條的規定，前提必須是完成司法研修所訓練之司法修習生，而同法第 66 條規定，司法修習生係最高法院從司法試驗合格者中採用。而日本自戰後昭和 22 年（1947 年）時起，便實施法官、檢察官，律師之法曹資格一元化以及一元的司法修習制度[92]。

關於司法考試，依司法考試法（司法試驗法）第 1 條規定，係針對欲成為法官、檢察官或律師者，判定其是否具備必要的學識及其應用能力的考試；而依同法第 12 條規定，司法考試的主管機關為法務省司法考試委員會。通過司法考試後，司法修習生依法院法第 67 條的規定，還必須經過至少 1 年的修習後通過考試，才算完成了司法修習，如此方能取得候補法官的任用資格。

1.司法考試

司法考試係以判定欲成為法官、檢察官或律師者，是否具備必要的學識及應用能力為目的所進行的考試，其與法科大學院[93]的教育以及司法修習生的培訓間進行有系統、有組織的合作。日本以法曹為首的法律人的數目遠較

---

91 加藤・前揭註 18，6 頁、新井勉＝蕪山嚴＝小柳春一郎・前揭註 26，285 頁。

92 下村幸雄，法曹一元制について，法社会学，1992 卷 44 号，The Japanese Association of Sociology of Law192 頁（1992 年）。

93 法科大學院仿效美國的法學院 (law school) 制度，依學校教育法第 65 條第 2 項規定，法科大學院為以培養關於法曹所必要之學識及能力為目的之專門職業研究所。

先進諸國來得低，大學法律系畢業生就職時，選擇於日常使用法律的領域就業的情形也很少[94]。雖然法律系畢業生相較之下被認為是較具有遵法精神的國民，然而卻於未意識到法律的情形下生活，此種情形被認為和對司法制度改革的漠不關心有關；再者，大學的法學教育也難謂係意識到社會公民之教育[95]。因此，法科大學院應跳脫為了培養司法考試合格的法曹之偏頗的構想，而應以培養能活用法律思考的實務法律家為目標[96]。

　　而司法考試以包含選擇題的簡答題以及申論題的筆試方式來進行，簡答題及申論題考試於同時期進行，應試者全體將接受兩次考試[97]。

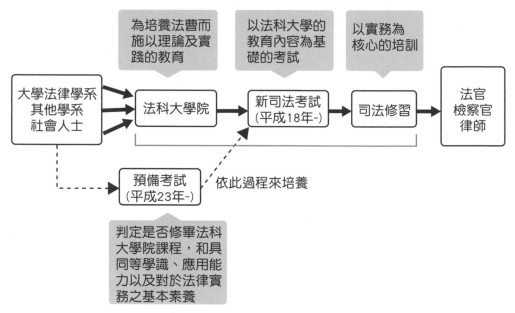

圖4-3　以法科大學院為中心，重視過程的法曹養成制度[98]

（資料來源：http://www.moj.go.jp/content/000006575.pdf）

---

[94]　田村次朗『司法制度改革と法科大学院』日本評論社 142 頁（2003 年）。

[95]　田村・前揭註 94，142 頁。

[96]　田村・前揭註 94，143 頁。

[97]　法務省網站，http://www.moj.go.jp/content/001127238.pdf（最後瀏覽日：2022 年 3 月 21 日）。

[98]　法務省網站，http://www.moj.go.jp/content/000006575.pdf（最後瀏覽日：2022 年 3 月 21 日）。

⑴考試資格與期間

　A.考試資格

　　依司法考試法第 4 條第 1 項規定，修畢法科大學院或通過司法考試預備考試（予備試驗）[99]者，於所定期間內，得參加司法考試，然應試以 3 次為限。修畢法科大學院者的司法考試合格人數分布及預備考試合格者的應試狀況，請詳參日本法科大學院畢業生司法考試及格人數統計表[100]。

　B.應試期間

　　依司法考試法第 4 條第 1 項規定，修畢法科大學院課程者，自修畢日後最近之 4 月 1 日起 5 年內可以參加考試。而通過司法考試預備考試者，自該考試公布合格名單日後最近之 4 月 1 日起 5 年內得應試。惟應注意者為，同條的第 2 項規定，根據前項規定參加司法考試者，就該考試之應試資格所對應之應試期間內，不得再以其他應試資格參加司法考試。

⑵實施日程

　A.考試日期

　　在每年 5 月中旬左右，進行簡答題及申論題為期 4 日的考試。

　B.考試地點

　　考試於札幌、仙台、東京、名古屋、大阪、廣島、福岡 7 個考試地點舉行[101]。

99　依司法考試法第 5 條之規定，司法考試預備考試（下稱「預備考試」），是以判定欲參加司法考試之人是否與修畢法科大學院課程者具備同等之學識與應用能力及法律實務的基本素養為目的之考試；考試方式包含簡答題、申論題以及口試。而簡答題的筆試科目為憲法、行政法、民法、商法、民事訴訟法、刑法、刑事訴訟法，以及一般修養科目。通過簡答題筆試者，方進行申論題的筆試；申論題的筆試科目除與簡答題相同的憲法、行政法、民法、商法、民事訴訟法、刑法、刑事訴訟法外，還加上法律實務基礎科目。通過申論題筆試者，方可參加針對法律實務基礎科目進行的口試，以判定其是否具備根據法律的推論、分析及組織而辯論的能力。

100　日本法科大學院畢業生司法考試及格人數統計表，請參閱 。

101　法務省網站，http://www.moj.go.jp/content/001127238.pdf（最後瀏覽日：2022 年 3 月 21 日）。

(3)考試科目

A.簡答題（包含選擇題）

依司法考試法第 3 條第 1 項規定，簡答題考試，係針對欲成為法官、檢察官或律師者，以判定是否具備必要之專門法律知識及法律推論能力為目的，就憲法、民法，以及刑法這 3 個科目進行考試。

B.申論題

依司法考試法第 3 條第 2 項規定，申論題式之筆試，係針對欲成為法官、檢察官或律師者，以判定是否具備必要之專門學識與法律分析、組織及論述能力為目的，就下列所示科目加以進行：

1.公法科目（關於憲法及行政法領域之科目）。

2.民事科目（關於民法、商法及民事訴訟法領域之科目）。

3.刑事科目（關於刑法及刑事訴訟法領域之科目）。

4.選考科目（自破產法、租稅法、經濟法、智財法、勞動法、環境法、國際公法、國際私法中擇一）。

而申論題中，常包含於法律上無意義之事實，亦即和社會的事實相近之題目很長的事例，可知其將實踐（實務的）能力也成為判定的對象[102]。

---

[102] 椛嶋裕之，法曹養成制度改革の成果と課題，法学セミナ 594 号，日本評論社 59 頁（2004 年 6 月）。

簡答題						申論題	
實施年份	公法科目		民事科目		刑事科目		問題數	配分方式
	題數	配分	題數	配分	題數	配分		
平成18-22年 [103]	40題	100分	75題	150分	40-50題	100分	公法、刑事、民事及選考科目各2題	・公法及刑事科目每題100分，滿分為200分 ・民事科目200分及100分各1題，滿分為300分 ・選考科目2題滿分為100分
平成23年 [104]	40題	100分	75題	150分	40-50題	100分	公法科目、刑事科目及選考科目各2題；民事科目3題	・公法及刑事科目每題100分，滿分為200分 ・民事科目每題100分，滿分為300分 ・選考科目2題滿分為100分
平成24-26年 [105]	40題	100分	75題	150分	40-50題	100分	公法科目、刑事科目及選考科目各2題；民事科目3題	・公法及刑事科目每題100分，滿分為200分 ・民事科目每題100分，滿分為300分 ・選考科目2題滿分為100分
平成27年 [106]	憲法		民法		刑法		公法科目、刑事科目及選考科目各2題；民事科目3題	・公法及刑事科目每題100分，滿分為200分 ・民事科目每題100分，滿分為300分 ・選考科目2題滿分為100分
	20題	50分	36題	75分	20題	50分		

根據修正後的司法考試法第3條第1項修改考試科目[107]

圖4-4　司法考試的題數及分數分配

（資料來源：本書自製）

---

[103] 法務省網站，http://www.moj.go.jp/content/000006507.pdf（最後瀏覽日：2022年3月21日）。

[104] 法務省網站，http://www.moj.go.jp/content/000057470.pdf（最後瀏覽日：2022年3月21日）。

[105] 法務省網站，http://www.moj.go.jp/content/000080992.pdf（最後瀏覽日：2022年3月21日）。

[106] 法務省網站，http://www.moj.go.jp/content/001128690.pdf（最後瀏覽日：2022年3月21日）。

[107] 法務省網站，http://www.moj.go.jp/content/001127234.pdf（最後瀏覽日：2022年3月21日）。

表 4–1　司法考試法第 3 條新舊條文對照[108]

現行條文	修正前條文
簡答題式之筆記考試，針對欲成為法官、檢察官或律師者，以判定是否具備必要之專門法律知識及法律推論能力為目的，就下列所示科目加以進行： 一、憲法 二、民法 三、刑法	簡答題式之筆記考試，針對欲成為法官、檢察官或律師者，以判定是否具備必要之專門法律知識及法律推論能力為目的，就下列所示科目加以進行： 一、公法科目（關於憲法及行政法領域之科目。第 2 項亦同。） 二、民事科目（關於民法、商法及民事訴訟法領域之科目。第 2 項亦同。） 三、刑事科目（關於刑法及刑事訴訟法領域之科目。第 2 項亦同。）
申論題式之筆記考試，針對欲成為法官、檢察官或律師者，以判定是否具備必要之專門學識與法律分析、組織及論述能力為目的，就下列所示科目加以進行： 一、公法科目（關於憲法及行政法領域之科目。） 二、民事科目（關於民法、商法及民事訴訟法領域之科目。） 三、刑事科目（關於刑法及刑事訴訟法領域之科目。） 四、（略） 　（略）	申論題式之筆記考試，針對欲成為法官、檢察官或律師者，以判定是否具備必要之專門學識與法律分析、組織及論述能力為目的，就下列所示科目加以進行： 一、公法科目 二、民事科目 三、刑事科目 四、（略） 　（略）

2. 司法修習[109]

⑴司法研修所的概要

　　司法研修所是於昭和 22 年（1947 年）5 月，根據法院法第 14 條設置於

---

[108]　法務省網站，http://www.moj.go.jp/content/001127234.pdf（最後瀏覽日：2022 年 3 月 21 日）。

[109]　裁判所網站，http://www.courts.go.jp/saikosai/sihokensyujo/sihokensyujo/index.html（最後瀏覽日：2022 年 3 月 21 日）。

最高法院的研修機關。而司法研修所職掌法官的研究與修養以及司法修習生的修習。

司法研修所配置司法研修所所長，於其指揮之下，由司法研修所教官進行研究、研修的工作。

作為司法權（憲法第 76 條）的行使者，法官依循憲法、法律及良心進行裁判；因此，對於法官，要求其具備與裁判實務相關的知識、能力及寬宏的修養、深刻的洞察力。法官在每日的職務之際，為了具備前述能力，應努力自我進修，而在司法研修所，即是為了支援法官如此的自我精進，而實施各樣研究與研修。

再者，在日本要成為法曹，是以通過司法考試後、成為司法修習生（法院法第 66 條第 1 項）、完成司法修習（同法第 67 條第 1 項）為必要條件。而司法研修所即為該當司法修習的實施與進行機關，係法曹養成的重要國家機關。

⑵司法研修所的沿革

1939 年 7 月	於司法省設置司法研究所[110]
1947 年 5 月	設置作為最高法院研修機關的司法研修所
1948 年 6 月	搬遷至東京都千代田區紀尾井町
1971 年 4 月	搬遷至東京都文京區湯島
1994 年 4 月	搬遷至埼玉縣和光市的現廳舍
2006 年起	開始施行新司法修習制度

---

[110] 「司法研究所」是職掌司法官（法官及檢察官）的研究與候補司法官訓練的設施，在第二次世界大戰中，其實際機能已停止。在戰後有一段時間，於司法省設置了取代「司法研究所」的設施，即「司法研修所」。

⑶司法研修所的組織

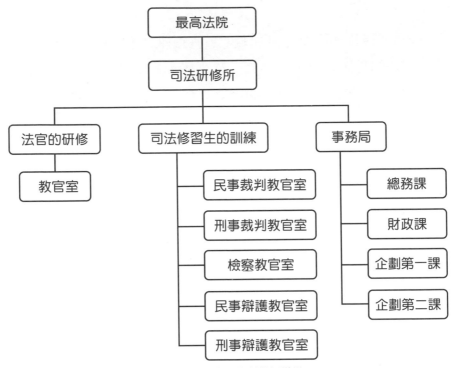

圖 4-5　司法研修所的組織[111]

（資料來源：http://www.courts.go.jp/saikosai/sihokensyujo/sihokensyujo/）

⑷司法修習

　　在日本，為了成為法曹，原則上，以修畢專門職業研究所的法科大學院課程後、通過新司法考試、完成為期 1 年的司法修習為必要。司法修習是以在法科大學院所學得之法理論教育及實務的基本素養為前提，以培養具備與法律實務相關的通用知識及技巧和高度職業意識及倫理觀的法曹為目的，設置法曹養成所必須的課程[112]。而根據通過司法修習的最終考試（司法修習生

[111] 裁判所網站，http://www.courts.go.jp/saikosai/sihokensyujo/sihokensyujo/（最後瀏覽日：2022 年 3 月 21 日）。

[112] 裁判所網站，http://www.courts.go.jp/saikosai/sihokensyujo/sihosyusyu/index.html（最後瀏覽日：2022 年 3 月 21 日）。

考試）及完成司法修習，賦予其候補法官、檢察官或律師的資格。

　　於法科大學院，各個法科大學院所進行教育各有特色，但在司法修習時，不論是以法官、檢察官或律師之何者為目標，均進行相同的課程（統一修習制度）[113]。此統一修習制度係改革原司法官（法官及檢察官）養成與律師養成的二元制而來，而自昭和 22 年開始實施司法修習制度以來，於日本已成為法曹養成的一貫方針。該制度藉著學習自不同的立場認事，以培養寬廣的視野與客觀且公平地看待事物的能力，並且具有加深法律人間相互理解的意義。像這樣的統一修習制度，即使在國際上，也是十分具有特色的制度，於日本受到高度的評價[114]。實際上，司法修習制度至今仍具有作為職業法官任用制度之一環的濃厚色彩，於此意義之下，司法考試制度與司法修習制度乃統一的、有效率的為政府所運用[115]。

A.司法修習的特徵及司法修習生[116]

　⒜司法修習的特徵

　　司法修習是透過經驗豐富的實務法曹指導，進行符合法律實務的教育，以精進實務現場所必要的知識與技巧。針對司法修習生，以培養其得以應對發生於現代社會，因複雜而多樣化的法律事件的通用基礎能力為目的。再者，與國民權利直接相關的法曹，要求其具有作為專業人士的高度倫理觀及職業意識。而在司法修習中，關於法曹倫理的學習，也將其定位為重要的修習課題。

　　特別是在司法修習中，為了使其有效地學會實務技巧及法曹倫理，在法

---

[113] 裁判所網站，http://www.courts.go.jp/saikosai/sihokensyujo/sihosyusyu/index.html（最後瀏覽日：2022 年 3 月 21 日）。

[114] 裁判所網站，http://www.courts.go.jp/saikosai/sihokensyujo/sihosyusyu/index.html（最後瀏覽日：2022 年 3 月 21 日）。

[115] 早野貴文「司法試驗改革問題を多角的にみる」大出良知＝芳賀淳編『徹底分析司法試驗』日本評論社 123–124 頁（1995 年）。

[116] 裁判所網站，http://www.courts.go.jp/saikosai/sihokensyujo/sihosyusyu/tokutyo_kensyusei/index.html（最後瀏覽日：2022 年 3 月 21 日）。

曹前輩個別的指導及監督下，重視司法修習生體驗式學習真實事件之操作的實務修習。透過真實的事件作為素材，司法修習生得以知悉事件的重要及法曹的重任。此種實務修習是為了培養法曹所不可欠缺的課程。

　　(B)司法修習生

　　司法修習生是最高法院自通過司法考試者中加以錄取者。而一旦被錄取為司法修習生，其負有應專心受訓的義務（修習專心義務）及保持秘密的法律義務（秘密保持義務）。專心受訓義務是課予司法修習生在受訓期間，為了訓練全力以赴而應專心於此之義務。秘密保持義務則是因為針對具體事件受訓，如同法曹負有守密義務般，課予司法修習生的法律義務。

　　由於司法修習生負有應專心受訓的義務，因此日本政府向來會給予其每月約 20 萬日幣作為生活費之用，然而自 2011 年 11 月開始的第 65 期司法修習生，政府則改採貸與制，對於有必要者可以貸與其每月約 20 萬日幣的生活資金，日後須返還。

　　B.關於新司法修習[117]

　　自平成 18 年（2006 年）開始的新司法修習中，為期 1 年的受訓期間，由 8 個月的領域別實務修習、2 個月的選擇型實務修習以及 2 個月的集合訓練課程所構成。

　　(A)領域別實務修習

　　領域別實務修習，是於全國各地地方法院、地方檢察署及律師公會，即所謂的實務第一線，在經驗豐富的實務家的個別指導下，以體驗式學習真實事件之操作的修習（個別修習）為中心。就民事裁判、刑事裁判、檢察及辯護的 4 個領域，各自實行 2 個月的訓練。

　　於裁判修習中，藉由旁聽法庭以近距離體驗法官的訴訟指揮，檢討訴訟

---

[117] 裁判所網站，http://www.courts.go.jp/saikosai/sihokensyujo/sihosyusyu/sin_sihosyusyu/index.html（最後瀏覽日：2022 年 3 月 21 日）。

繫屬中事件的紀錄及在法庭上的互動，與法官就判決內容交換意見，並就該事件事實上或法律上的爭點所得之檢討結果向法官以文書進行報告並接受其講評等。

於檢察修習中，則是針對實際的犯罪事件，在指導檢察官等的指導下，學習並體驗證據收集、對嫌疑人及證人的訊問等搜查程序，陳述對於起訴及不起訴處分的意見，旁聽檢察官的公審蒞庭等。

在辯護修習中，在個別律師的指導下，參與法律諮詢及出庭等，起草各式各樣法律文書並接受講評，體驗律師公會的活動。

⑻選擇型實務修習

選擇型實務修習是司法修習生在接受領域別實務修習的 4 個領域一連串訓練後，按照其規劃、興趣，根據其主觀地選擇及設計，企圖補足並加深領域別實務修習的成果；或者是為了在領域別實務修習的過程中，無法體驗的領域中進行實務修習的課程。此是在新司法修習中，首次採用的制度。

選擇型實務修習中，在以領域別實務修習進行辯護訓練的律師事務所為據點，除了各地方法院、地方檢察署及律師公會提供多樣的個別修習計畫，亦提供以全國司法修習生為對象的修習計畫。再者，司法修習生亦可以就與法曹活動有密切關係的領域中，自己去尋找修習的地點展開修習。

⑼集合修習

集合修習係於司法研修所中實施 2 個月補足實務修習的體驗，進行體系性且廣泛的實務教育，並有指導法律實務之標準之課程。領域別實務修習的 4 個領域修習結束後，集合訓練及選擇型實務修習何者優先訓練會因實務修習地點而不同。

在集合修習中，是針對民事裁判、刑事裁判、檢察、民事辯護及刑事辯護共 5 個科目進行。該訓練採取班導制，於各班中，每個科目分別由 1 到 5 位教官負責充實、指導及確切的個別指導。

於集合修習中，使用依照真實的事件紀錄作成的訓練用事件紀錄（訓練

紀錄），並進行以起草文書為中心的指導。該草稿是由教官增刪、講評，並且作為司法修習生相互間討論的素材。

完成選擇型實務修習及集合修習的話，於受訓期間的最後，會實施司法修習生考試，若通過考試即完成司法修習，且取得候補法官、檢察官或律師的資格。

肆、法官培養制度

一、前言[118]

法官、候補法官及簡易法院法官，應具備與裁判實務相關知識、能力及寬宏的教養、深刻洞察力等；法官為了取得上述能力，日復一日於執行職務之際，一邊努力自我進修。

不過，法官為了提升自己在各方面豐富知識及經驗等，不僅有賴各自的努力，設計出組織性的研修機會也是必要的。有鑑於此，司法研修所常年實施各種研修。具體而言，為了就任新職務或職位時所實施的職務導入研修、為了支援擅長領域的形成或專業性的獲得、深化所實施的審判領域別研究會、為了研究法院課題而不分領域的綜合領域研究會以及在民間企業等進行研修的派遣型研修等，為了支援法官的自我進修，司法研修實施上述各式各樣的研修。

二、職前教育

關於就任法官前的職前教育，如前所述，日本的法曹養成是以法科大學院的教育為中心，再施以司法考試合格後的司法修習。因此職前教育的部分

---

[118] 裁判所網站，http://www.courts.go.jp/saikosai/sihokensyujo/saibankankensyu/index.html（最後瀏覽日：2022 年 3 月 21 日）。

主要委由各個法科大學院以及司法研修所的修習為之。

三、在職教育[119]

（一）職務引導研修

職務引導研修係針對法官於任職時、就任新職務或職位時的職務引導而實施的研修。

1.針對候補法官的職務引導研修

針對候補法官，在鞏固其作為法官的基礎的同時，並以具備充足的專業性修得為目標，為了支援以自我進修及在職進修為基礎而積極、自律的成長所實施的研修。

所謂職務引導研修，是候補法官剛任職時，為了掌握作為法官的基本思想準備及關於裁判實務的基礎知識等所實施的研修（新任候補法官研修），而於任官後過 2 年，則實施為了研究基礎訴訟指揮等的研究會（候補法官基礎研究會）。

而就歷經上述職務引導研修的候補法官，會舉辦各種領域別的研究會（即後述之裁判領域別研究會），以支援候補法官積極、自律的成長。

2.針對法官的職務引導研修

首次就任法官時，一就任沒多久就會實施為了支援其可以充分完成其作為中堅法官的任務之研究會（法官任官者實務研究會）。

再者，針對新任的院長或分院長，會實施關於組織及人事管理的研修為中心的研究會（本院院長研究會或分院長研究會）。具體而言，像是舉行關於管理者的演講或針對法庭、分院管理的共同討論等研究會。

---

[119] 裁判所網站，http://www.courts.go.jp/saikosai/sihokensyujo/saibankankensyu/index.html（最後瀏覽日：2022 年 3 月 21 日）。

3.對簡易法院法官的職務引導研修

　　針對新上任的簡易法院法官，除了於其所分配的簡易法院的研修外，在司法研修所有實施作為職務引導研修的 2 次初任者研修。在研修過程中，除基於紀錄的演習以及訴訟指揮的演習外，也藉由模擬裁判的進行來學習訴訟管理的最佳方法。

　　此外，對於簡易法院法官而言，在上任 2 年過後，會實施為了共同討論裁判實務及法官的最佳法官的最佳方法所舉辦的研究會（基礎研究會）。而且，在此之後，也會以具有一定年份以上經驗的簡易法院法官為對象，舉辦針對訴訟管理進行共同研究的研究會（實務研究會），以支援簡易法院法官的自我進修。

（二）裁判領域別研究會

　　實施裁判領域別的研究會，可區分為二：一是為了支援形成及深化擅長領域的研究會（基本領域研究會）；二是為了支援獲得及提升專業度的研究會（專業領域研究會）。除此之外，於必要時也有隨時舉辦的研究會（特別研究會）。

1.基本領域研究會

　　針對所謂民事、刑事、家事及少年 4 個基本領域，因應隨時需要設定的議題，實際上，以負責該領域的法官為對象，施以意見交換、協議為中心的研究會。並以支援各法官的專長領域得以形成、深化為目的。

　　此研究會是由法官的共同討論、學者的演講、與律師及檢察官就訴訟管理的最佳方法交換意見等各式各樣的課程所組成。

　　再者，也有法院書記官和家事法院調查官一同進行研究的情形。

2.專業領域研究會

　　最近，進入法院的案件內容益加多樣化、專業化，為了適切地應對如此形勢，整體而言，除保持多樣性外，且要求法官具備高度的專業性。

　　因此，以為了能獲得並深化如此專業性的契機為目的，除了行政及勞動

事件外，針對與智慧財產權相關的事件和要求稅務、會計及醫療等專業知識領域相關的事件亦實施各種專業領域研究會。

專家的演講、專家與法官的座談會、與具備專業性的律師就訴訟管理的最佳方法交換意見等各式各樣的課程構成了研究會的內容。

再者，前往醫療現場等進行研修亦包含在內。

3. 綜合領域研究會

不分領域而就法院的課題所實施的研究會有「裁判基礎研究會」及「特別研究會」等。

其中，裁判基礎研究會是以增廣法官的視野、提高其見識為目的，探討與裁判、社會相關，或者是在紛爭背景下的社會、經濟結構等的研究會。

此研究會實施座談會、現場實習及演講等多樣化且豐富的課程。向來提出的議題及於像是人權問題、都市問題、心理及健康等各式各樣的領域。

除此之外，特別研究會是實施為了應對法院組織課題的研修，或是針對派遣到法科大學院作教員之人的研修等。

4. 派遣型研修

派遣型研修是指於一定期間，在民間企業等地，參訪並體驗其業務。此研修以深入理解經濟的實況、增廣法官的視野及提高其見識為目的。

其包括以法官為對象的民間企業短期研修及新聞機關研修、以候補法官為對象的民間企業長期研修，以及同時以法官及候補法官為對象的智慧財產權專業研修等。

目前，在許多的民間企業及新聞機關的協力下，每年約派遣 50 人左右的法官進行此研修。

伍、法官晉升制度

一、前言

（一）法官的人數

　　依法院法第 5 條，最高法院法官的人數，係由院長 1 人及最高法院法官 14 人，共計 15 人所組成。而下級法院的法官人數，則依「裁判所職員定員法」之規定。由於日本認為法官有增員的必要性，近年來法官的人數日漸增加，例如 1990 年至 2003 年的 13 年間，就增加了 316 人，而 2003 年當年度的法官人數為最高法院法官及高等法院法官 23 人，法官 1,475 人，候補法官 835 人，簡易法院法官 806 人，連同最高法院法官合計共 3,139 人[120]。2021 年下級審法官人數，依裁判所職員定員法第 1 條規定，為高等法院院長 8 人，判事 2,155 人，判事補 897 人，簡易裁判所判事 806 人，連同最高法院法官合計共 3,866 人。換言之，從 2003 年至 2021 年的 18 年間，大幅增加了 727 人。

（二）法官的地位[121]

　　而法官的地位高低，一般認為地位最高的是最高法院的院長以及 14 名的最高法院法官；其次為高等法院院長，全國共有 8 名，依序為東京、大阪、名古屋、廣島、福岡、仙台、札幌，最後為高松。此外，東京、大阪的高院院長比其他高院的院長容易入選為最高法院的法官。再其次為東京、大阪等大都市的地方法院或家庭法院的院長以及東京高院的審判長，而大阪高院的審判長則地位略低。接下來則為東京、大阪等大都市以外的地方法院或家庭法院的院長以及其他高院的審判長。再來為高院分院的院長及地方法院、家

---

[120] 加藤・前揭註 18，4-5 頁。
[121] 瀨木比呂志『絶望の裁判所』講談社 84-85 頁（2014 年）。

庭法院大支部的支部長。接著才是地方法院或家庭法院的審判長及高院的右
陪席法官。其次為高院的左陪席法官及地方法院或家庭法院的右陪席法官。
最後才是地方法院或家庭法院的左陪席法官。

二、候補法官

初任候補法官時，以往大概都是以成績為第一的基準，依序從東京往下
分發，但近年則不太一定，無法一概而論[122]。然剛開始的前 2 年分發到大都
市的法院，其後約 3 年在各地的地方法院和家庭法院移動[123]。任官 5 年後，
可以成為特例候補法官單獨地擔任事件的審判[124]。

三、晉升資格條件

任官後 10 年經過再任程序，即可成為法官。成為法官後，雖然仍會四處
調職，但是約 20 年左右，即會成為地方法院或家庭法院的審判長、總括法官
（地家裁部總括），而於法院系統內位居高層[125]。

日本法官的致命傷為身分保障的薄弱，換言之，對於調職，法官事實上
難以加以拒絕，而法院法上對於法院間調動的保障，充其量只不過是「紙上
畫的大餅」[126]。頻繁的調職除了剝奪法官私生活上的自由，對於土地的定著
性也變得稀薄，以致於法官對於最高法院所享有的人事權不禁顧忌再三，這
可能也是法官在各方面迎合最高法院的原因之一[127]。

關於法官的境遇，基本上取決於其「勤務成績」，而勤務成績的基本資
料，就是事件處理結果表[128]。換言之，日本的法院中，極端地來說的話，法

---

[122] 瀨木‧前揭註 121，85 頁。
[123] 秋山‧前揭註 87，69 頁。
[124] 秋山‧前揭註 87，69 頁。
[125] 秋山‧前揭註 87，70 頁。
[126] 秋山‧前揭註 87，70 頁。
[127] 秋山‧前揭註 87，70 頁。

官唯一關心的就是事件的處理；無論如何，只要能盡快地、很有要領地把事件處理完就好了[129]。因此出現了草率急速審理的人，而無法迅速處理的人就會被貼上「無能法官」的標籤[130]。

能否晉升到「部總括」的職位，主要係以「全人格的評價」與「實務能力」為中心，再斟酌考量「管理能力」；但是能否晉升至所長或院長等首長管理職，則特別重視管理能力，換言之，是否具有徹底地貫徹最高法院的方針的實踐力方為考量的重點[131]。

最高法院法官之任命，從以往的經驗看來，長期從事事務總局勤務的司法行政實力者，一個接著一個被任命為最高法院的法官；因此，最高法院與其說聚集了最優秀的審判實務家，不如說是司法行政官僚的集合體[132]。

四、晉升方式與程序

關於法官的晉升方式，若是要晉升為部的總括法官，依下級法院事務處理規則第 4 條第 5 項之規定，由最高法院聽取該高等法院的院長或地方法院或家庭法院的院長的意見後指名之。而依同條第 6 項的規定，被指名為總括法官者，若因疾病或其他事由而難以繼續任職時，最高法院聽取該高等法院院長或地方法院或家庭法院院長的意見後，可以取消指名。

陸、從律師及其他法律專業人士選任法官制度

如前所述，日本憲法對於法官的任用資格並未加以限制，而規定法官任用資格的法院法中，日本法官的來源其實非常的多元化，除了通過司法考試

---

[128] 秋山・前揭註 87，70 頁。
[129] 瀨木・前揭註 121，7 頁。
[130] 秋山・前揭註 87，71 頁。
[131] 秋山・前揭註 87，71 頁。
[132] 秋山・前揭註 87，71 頁。

且完成司法研修所訓練之司法修習生外，律師、檢察官、大學法律系的教授，以及其他符合一定要件的社會人士，都具有法官的任命資格。然而，若實際檢視日本法官的組成，卻可發現，縱使法條所規定的法官任命資格並不局限於僅可自司法修習生中選任法官，於制度設計上存有如同英美法系「法曹一元」的可能性[133]，但實際上絕大多數的法官仍係由從司法修習生任命的候補法官所組成。此種現象使得日本實際上的法官選任制度，於運作上係以職業法官（キャリア裁判官）為主，而與英美法系所採用的法曹一元制，主要從有經驗的律師中來選任法官有甚大的差異[134]。

職業法官制度成為日本法官選任途徑的主流，並被稱為「官僚司法制度」的核心。批評者認為，此種於封閉的司法系統中選任的法官，並不具備民主的基礎，且法官本身官僚的本質與市民並不相同，其於受上級統治、管理的過程中來行使審判權，使得日本成為官僚司法制度，而非市民的司法。另方面，由於日本目前的職業法官制度，係一取得法曹任用資格，便任命其為候補法官，經過純粹地培養後，依序升遷的制度，此與法曹一元所講求的，從透過一定年限以上的當事者經驗的累積，理解一般的市民情感且擁有廣泛的社會經驗，而獲得身為獨立法曹的判斷能力之法律家中選任法官的制度，恰成極端的對比。則於此種職業法官制度中所做出的審判，時有悖離人民法律感情之批判，因此，對法官選任途徑及其養成制度加以檢討之聲浪，於日本實從未中斷[135]。

日本最早於 1964 年臨時司法制度調查會意見書中（以下稱「臨司意見」），便有改革司法制度之議；其中最重要的意見之一，便是法曹一元制於

---

[133] 所謂的法曹一元制是指，從具有一定年數以上執業經驗的律師中任命法官的制度，其與現在日本從完成司法修習者中一開始就作為法官加以採用而累積法官經驗的所謂的職業法官制度成為對比。小林・前揭註 8，『裁判官の歲月』判例タイムズ社 150 頁（2006 年）。

[134] 下村・前揭註 92，191–192 頁。

[135] ダニエル・H・フット著、溜箭将之訳『裁判と社会』NTT175 頁（2006 年）。

日本實施的可行性[136]。臨司意見指出，導入法曹一元制的前提要件，除了要解決律師素質參差不齊以及律師集中於大都會的問題外，為了要成為法官的來源，還必須確保有足夠的、大量的優秀法曹。除了法曹的「量」於當時的日本嚴重不足外，如何確保法曹的「質」，也是一個棘手的問題。因此臨司意見雖承認法曹一元制於日本也是一個可行的制度，但卻指出實現此制度的基礎的各方面條件，當時的日本尚未具備[137]。臨司意見使得日本律師公會大失所望，日後法曹一元論即進入休眠狀態[138]。或許正因如此，於臨司意見提出後的三十餘年間，日本並未見司法全面改革之動向。

直到 1991 年基於最高法院與日本律師連合會的合意，設立了「律師任官制度」（弁護士任官制度），方打破法曹一元論的休眠狀態[139]，鼓勵律師轉任法官。然而此制度施行以來，每年僅有少數幾位律師利用此制度轉任法官，距離法曹一元制的理想仍十分遙遠[140]。

直至 1999 年，日本政府終於認識到必須有一個機關以國民的觀點全面的檢討司法制度的必要性，而成立了「司法制度改革審議會」。審議會的目標主要在司法於 21 世紀的日本所應發揮的機能之明確化、國民易於利用的司法制度之實現、國民對於司法制度的參與、法曹應有的樣貌及其機能的強化，以及其他關於司法制度的改革與其基礎的整備的調查審議，其最後於 2001 年向內閣提出了「司法制度改革審議會意見書──支持 21 世紀的日本之司法制度」（「司法制度改革審議会意見書──21 世紀の日本を支える司法制度」）。

司法制度改革審議會意見書明白表示，關於法官制度，除了應改革候補

---

[136] 小林‧前揭註 8，151 頁。

[137] 下村‧前揭註 92，193 頁。

[138] 萩原金美，幻想としての法曹一元（論），判例タイムズ 987 号，判例タイムズ社 5 頁（1999 年 1 月）。

[139] 萩原‧前揭註 138，5 頁。

[140] 實際上從 1992 年到 2002 年的 11 年間，從律師轉任法官者也僅止於 39 位的法官及 10 位候補法官，請詳參ダニエル‧Ｈ‧フット著、溜箭將之訳‧前揭註 135，175 頁。

法官制度，使該制度得以確保候補法官能累積法官職務以外多樣化的法律專
家的經驗，並應該透過促進律師轉任法官等方式，以實現法官來源的多樣化
及多元化，同時法官任命的過程中並應有能反映國民意見之機關的參與，以
及確保關於人事考核的透明性與客觀性的機制也應被建立。日本政府即參照
此意見書的提案，進行了司法改革，其中除了裁判員制度的導入外，法科大
學院的設置改變了日本向來的司法考試制度，並對法曹之養成造成了深遠的
影響。日本政府寄望透過法科大學院的設置及司法考試方式的變革，得以大
幅的增加法曹的數量，並提升其專業素養，以解決臨司意見中所指摘的日本
法曹的質量不足以支持法曹一元制的問題。畢竟為了確保轉任法官的律師大
多數是有能力且值得信賴的，最根本的方法就是增加分母，即大幅增加律師
人數[141]。

　　然而，法科大學院制度於 2004 年創設以來，至今已經 17 個年頭，日本
法官的選任途徑，卻未因此而見巨大的改變。且法科大學院制度施行後，縱
使如政府政策所預期的，同時推升了司法考試的合格率與合格人數，例如
2021 年之合格人數即為 1,421 人，與 1990 年代每年約 500 人相比，合格人數
確實大幅提升，但整體法曹的人數雖然增加了，卻集中於律師人數的增加，
法官人數並未顯著增加且亦不見大量律師轉任法官的情形。而且法科大學院
的入學人數也不如預期，2009 年時有 13 個法科大學院的入學人數不到預定
招生人數的 50%[142]。2004 年法科大學院制度創設時，報考者有 7 萬 2,800 人，
但近年來下降到 8,000 人左右，入學人數也從 5,700 人下降到 2020 年的 1,700
人，法科大學院也從 74 校縮減為 35 校；法科大學院的制度可謂面臨了嚴峻
的現實，故而也進行了改革，從大學入學時起耗時 8 年才能成為法曹之制度

---

[141] 高木新二郎，法曹一元を実現するために，判例タイムズ 51 巻 1 号，判例タイムズ社 5 頁（2000
年 1 月）。

[142] 戶塚悦朗，頓挫した「司法改革」をどうするか：迫られる高度法律専門職養成制度の抜本的再改
革案の検討（上），龍谷紀要 31 巻 1 号，龍谷大学 54 頁（2009 年 9 月）。

從 2020 年開始，透過與法科大學院合作於法律系設置法曹學程而得以縮短為 6 年[143][144]。

一、前言

如前所述，現在日本的法官，原則上在司法考試合格後，在司法研修所完成所謂司法修習的一定的研修後，可以直接以候補法官的身分擔任法官，而大約經過 10 年後，即可成為法官。相對於此，從有律師經驗者中任用法官者，則稱為「律師任官」（弁護士任官）。期待可以透過由具有廣泛的社會經驗的律師擔任法官，使得司法更接近人民，更受到人民的信賴[145]。

由於日本法院法第 42 條中，雖規定具有候補法官、律師、檢察官等法律職經驗逾 10 年者得任命為法官，然實際上任命候補法官以外之法曹為法官之數量仍是極為有限的[146]。

日本律師公會（日弁連）為使法院能更加受國民信賴，認為需要增加具豐富社會知識、經驗之法官，故導入英美國家從律師中任命法官之「法曹一元」制度有其必要性，因而推行「律師任官」制度，作為法曹一元制實現之過程[147]。

在 2001 年 6 月所提出的司法改革審議會的最終意見書中，也認為「成為法官的每一個人，皆具備作為法律家之多樣且豐富的知識、經驗」對法官制

---

[143] 公明党，「【主張】法曹養成の課題　重視すべき法科大学院の役割」（2021 年 2 月 16 日），https://www.komei.or.jp/komeinews/p149404/（最後瀏覽日：2022 年 3 月 21 日）。

[144] 關於法科大學院制度的變遷，文部科学省，法科大学院改革の取組状況等について，https://www.mext.go.jp/b_menu/shingi/chukyo/chukyo4/041/siryo/__icsFiles/afieldfile/2017/05/09/1384129_04.pdf（最後瀏覽日：2022 年 3 月 21 日）。

[145] 日弁連網站，https://www.nichibenren.or.jp/activity/justice/appointment.html（最後瀏覽日：2022 年 3 月 21 日）。

[146] 日弁連網站，https://www.nichibenren.or.jp/activity/justice/appointment.html（最後瀏覽日：2022 年 3 月 21 日）。

[147] 日弁連網站，https://www.nichibenren.or.jp/activity/justice/appointment.html（最後瀏覽日：2022 年 3 月 21 日）。

度之改革有其重要性，故提議以「推動弁護士任官」作為實現「法官來源多
樣化、多元化」的策略[148]。亦即，在謀求法官來源的多樣化及多元化之下，
於21世紀的日本，為了確保負責司法品質的優秀法官的數量能維持安定，律
師能夠大量地轉任法官是十分重要的，日本律師公會及最高法院間亦對此一
基本認識達成共識[149]。

　　為落實此提議，2001年12月日本律師公會與最高法院經過「律師任官
相關協議之匯整」（弁護士任官等に関する協議の取りまとめ），孕生了新的
「弁護士任官」制度，希望有志的律師能多多轉任法官[150]。

　　在向來的職業法官制度下，法官同質化越來越嚴重，而議題討論也趨向
單調化，發生了制度疲勞的現象，因此，律師轉任法官制度的擴大被期待能
發揮扭轉此現象的功能[151]。推動律師任官制度，希望可以促進法官集團內部
的多樣化，並活化司法的機能[152]。

　　而2003年時，律師轉任法官者有10名，於次年2004年也有8名，但
是，於2005年則減半為4名，之後的2006年5名，2007年6名，2008年4
名，而2009年也只有6名，如此低迷的情況仍在持續中。距離實現當初大幅
增加自律師轉成法官之轉任者的目標甚至越來越遙遠，是當時律師轉任法官
制度的實際情況[153]。

　　為了突破律師轉任法官人數甚少的困境，時任律師任官推進委員長的下河
辺和彦律師，便主張對於欲轉任法官者所面對、被迫解決的各種問題，必須更

---

[148] 日弁連網站，https://www.nichibenren.or.jp/activity/justice/appointment.html（最後瀏覽日：2022年3月21日）。

[149] 下河辺和彦「裁判官になりませんか？──弁護士任官に考える」LIBRA 9巻11號，2頁。

[150] 日弁連網站，https://www.nichibenren.or.jp/activity/justice/appointment.html（最後瀏覽日：2022年3月21日）。

[151] 下河辺・前揭註149，2頁。

[152] 前田智彦，弁護士任官の促進と訴訟運営における弁護士の役割，札幌法学15巻2号、20頁（2004年）。

[153] 下河辺・前揭註149，2頁。

加充實、強化例如公設法律事務所對於有意轉任者之暫時聘用等支援內容[154]。

為了增加律師轉任法官的吸引力及轉任的容易度，讓律師轉任法官的制度實際上能發揮功能，現在律師轉任法官的程序係依前述日本律師公會與最高法院於 2001 年 12 月所協議之「律師任官相關協議之匯整」中的具體方案來進行[155]。若根據該協議中的「推薦標準」，律師執業經驗達 10 年以上者，有轉任成法官的希望，而執業經驗達 3 年以上者亦可以轉任成候補法官，至於年齡基本上以 55 歲為上限[156]。

希望轉任者，在經過各地律師公會的「律師轉任法官適格者選考委員會」的選考程序後，再經日本律師公會向最高法院提出轉任的申請，而最高法院會諮詢「下級地方法院法官指定諮詢委員會」（下級裁判所裁判官指名諮問委員会）[157]以決定能否任用該名由律師轉任法官之人。事實上，根據委員會的答覆而決定拒絕其轉任的情況也不少[158]。

如果觀察最高法院所同意轉任者，委員會的選考判斷基準是該有志者為何想從律師轉成法官，強烈要求其有確切動機及理由。此外，因為轉任的意圖不明確或欠缺有說服力的動機及理由卻希望轉任看看的人，事實上，也無法轉任成功[159]。

能克服就律師執業經驗中所欠缺的草擬判決的辛苦與嚴苛，適時且適切發揮根據有邏輯之說服力的決斷能力，而企圖完成使當事人高度同意的程序

---

[154] 下河辺‧前揭註 149，2 頁。

[155] 下河辺‧前揭註 149，3 頁。

[156] 下河辺‧前揭註 149，3 頁。

[157] 依最高法院規則（最高裁判所規則）第 6 號的規定，指名諮詢委員會是為使法官選任（指名）過程透明化、反映國民意見而設置之最高法院諮詢機關。依 2003 年施行的下級地方法院法官指定諮詢委員會規則（下級裁判所裁判官指名諮問委員会規則），諮詢委員會由 11 名委員構成，其中過半數為法曹三者（法官、檢察官、律師）以外之各界專門人士，任期為 3 年，得再任。專職審議法官、候補法官之新任、再任名單是否妥適。

[158] 下河辺‧前揭註 149，3 頁。

[159] 下河辺‧前揭註 149，3 頁。

內容，妥適地管理手邊同時進行中的多個案件的程序等，也都是為了成為法官所要求的能力與資質[160]。並不是只要是律師，誰都能跨越轉任的障礙，換言之，判斷能否轉任所設定基準，其實並不低[161]。但是，就發生於社會中各式各樣的法律紛爭，發揮以國民的觀點作出裁判的功能，正是對於自律師轉任法官之人所抱持的極大期待[162]。

以整頓促進律師轉任法官的環境、比民事及家事的調解程序更加充實、靈活為目的，而在 2004 年開始實施的兼任法官（非常勤裁判官）制度，到 2009 年的第 7 期為止，總計已有 237 名律師擔任兼任法官。兼任法官制度已經發揮期待其作為轉任專任法官（通常任官）之開端的功能，未來也希兼任法官制度能順利地發展，但遺憾的是，有志於兼任法官的人數其實也不多[163]。

而截至 2020 年 10 月 1 日的時點，日本有 65 名的律師任官活躍於全國各地[164]。

二、選任資格條件[165]

律師轉任法官時，有兩種方式，一種是擔任專任法官（常勤任官），另一種是擔任兼任法官（非常勤任官），兩者的選任資格條件有所不同，茲分述如下：

（一）律師任官（專任法官）

所謂的「律師任官（專任）」，係指具律師執業經驗而轉任為法官者。旨在使其活用作為律師時所培養的豐富社會經驗，使得司法更加貼近生活，進

---

[160] 下河边・前揭註 149，3 頁。

[161] 下河边・前揭註 149，3 頁。

[162] 下河边・前揭註 149，3 頁。

[163] 下河边・前揭註 149，3 頁。

[164] 日弁連網站，https://www.nichibenren.or.jp/activity/justice/appointment.html（最後瀏覽日：2022 年 3 月 21 日）。

[165] 日弁連，弁護士任官の道，http://www.nichibenren.or.jp（最後瀏覽日：2022 年 3 月 21 日）。

而更獲得人民的信賴。

1.應募資格

⑴形式基準

　　A.雖係以具律師經驗 10 年以上者為佳，惟目前有 3 年以上律師經驗者亦可轉任候補法官

　　B.基本上年齡以 55 歲左右為上限

　　C.須未受過懲戒處分

⑵實質基準

　　A.具備作為法律家的能力、眼界（事實認定能力、眼界、處理事件所必備的理論上及實務上專門知識能力、多方素養下所培養出的廣泛眼界等等）

　　B.合適的人格特質、個性（廉直、公正、寬容、決斷力、協調性、對於基本人權及正義的尊重等等）

⑶司法研修所的成績

　　欲轉任法官者得向最高法院人事局請求揭示司法研修所的成績包括後期修習 5 科目的各科平均成績、第二次試驗 6 科目（教養科目）的各科成績，以及第二次試驗口述 2 科目的各科成績[166]。

　　執業年資未滿 10 年之律師欲轉任時，在法官的適格性審查中，司法研修所的成績將占較大的比例，並且，律師執業年數愈少者，比重愈重。因此必須提出司法研修所的成績，須與所屬律師公會的負責律師轉任法官業務的理事或負責的委員會洽詢。司法研修所的成績也會列為評價對象，尤其未滿 10 年者，該成績比重較高。

2.應募方法

　　各律師公會中，設有負責律師轉任業務之理事。欲轉任法官之律師，可先與其諮詢，並可同時索取應募資料。

---

[166] 臼井一廣，弁護士任官を決断してから裁判官になるまで，LIBRA 9 卷 11 號，12 頁。

（二）「兼任法官」（非常勤裁判官）

所謂兼任法官，係為促進專任法官的轉任、達成調解的落實與彈性化所設計之制度，律師在維持其律師身分的同時，每週 1 天（早上 9 點至下午 5 點），主宰民事或家事調解程序，而具有與法官同等之權限。正式名稱為民事調解官、家事調解官，一般則統稱為「兼任法官」。

兼任法官制度於法曹一元中，占有重要的地位。因為兼任法官制度讓律師可以同時兼任律師業務與裁判執行業務，是確保執行裁判者和接受裁判者的同質性之最適切的制度[167]。換言之，兼任法官並未編入官僚機構內，無須服從官僚的統御，為與官僚法官之距離最為遙遠的存在[168]。結果，導入兼任法官制度使得處於接受裁判地位者之感覺與常識將總是被帶進司法之中，就法曹一元的實現而言，與專任法官的推動具有同等程度的重要意義[169]。

兼任法官的任命資格如下：(1)每週有 1 個整天可執行職務，(2)律師實際執業經驗 5 年以上，(3)應募時以未超過 55 歲者為佳。

此外，因係與法官立於同等地位而主持調解，故尚須具備能力與法官地位而遂行職務之能力。應募方法與專任法官之應募方法相同。

三、選任方式與程序

（一）律師任官（專任法官）

原則上於 4 月 1 日上任，惟目前亦可於 10 月 1 日上任。以下以希望 4 月 1 日上任為例，大致說明程序：

---

[167] 湯川二朗，国民の司法参加・法曹一元と非常勤裁判官制度，法律時報 66 卷 11 号，日本評論社 36 頁（1994 年 10 月）。

[168] 湯川・前揭註 167，36–37 頁。

[169] 湯川・前揭註 167，37 頁。

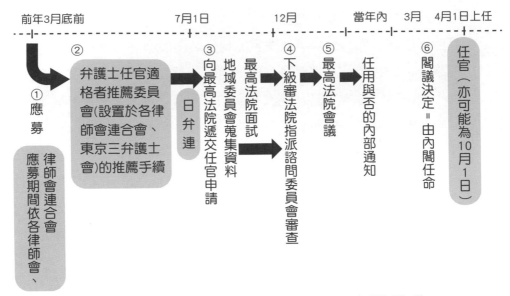

圖 4-6　律師轉任法官（專任）流程圖（以 4 月 1 日任職為例）[170]

表 4-2　專任法官的轉任時程表[171]

年	月	地區	內容
2010	2 月底	東京律師公會	申請截止期限
	3 月上旬		依據自我評量回答書向第三方洽詢
			第三方答覆
	3 月中旬		適格性調查部門第 1 次面試 ※僅律師委員
	4 月中旬		轉任候選人審查部門第 2 次面試 ※律師委員 7 人＋外部委員 5 人

[170] 日本弁護士連合会網站資料「弁護士になった後裁判官になる道があることを知っていますか（2014 年 5 月修正版）」2 頁，
http://www.nichibenren.or.jp/activity/justice/appointment/ninkan_details_info.html（最後瀏覽日：2022 年 3 月 21 日）。

[171] 臼井・前揭註 166，14 頁。

5月上旬		弁護士任官推薦委員會及理事會作成推薦決定
5月底	關東律師公會	向關東律師公會為推薦的截止期限
		審查
6月底	日本律師公會	向日本律師公會為推薦的截止期限
		向最高法院為推薦
7月1日	最高法院	向最高法院為推薦的截止期限
9月		東京地域委員會收集情報
11月		全局長面試
12月		下級法院法官指名諮詢委員會
		法官會議作成指名名冊
		與獲選者本人連絡
2011 3月	內閣	閣議決定
4月1日		任命
	各法院	開始執行職務

（資料來源：臼井一廣，弁護士任官を決断してから裁判官になるまで，LIBRA 9 卷 11 號，14 頁）

1.欲轉任者，向其所屬律師公會表明希望轉任之意願。

律師公會得知其轉任意願後，所屬律師公會將交付其應向設置於各律師公會下的「律師任官推薦委員會」（弁護士任官推薦委員會）（以下簡稱「推薦委員會」）提出之應徵文件。欲轉任者須與應徵文件同時提出相關的資料。若希望於 4 月 1 日上任，最晚須於前年 3 月左右提出申請。

2.接受轉任者的應徵後，推薦委員會隨即召開，進行包含面試的各種審查，約需 3 個月。得到推薦委員會的推薦許可決議後，欲轉任者透過其所屬各單位會，在 6 月下旬前向最高法院提出「法官採用選考申請書」。此程序需經由日本律師公會向最高法院辦理。

3. 最高法院向「下級法院法官指名諮詢委員會」諮詢轉任志願者係否適任。提名諮詢委員會則透過該轉任志願者所屬律師會之對應地域委員會[172]（設置於全國 8 所高等法院所在地），蒐集相關資訊。之後經最高法院全局長之面試，12 月左右由下級法院法官指名諮詢委員會進行審議。下級法院法官指名諮詢委員會答覆審議結果，若在「最高法院法官會議」中被選任為得受法官任命者，將對其發出採用內定的通知。此通知一般於當年內為之。

4. 經過隔年 3 月的閣議決定，由內閣任命為候補法官，4 月 1 日即可正式作為法官而執行職務。惟若有其他不可抗力因素，亦有調整上任時期之可能。

（二）「兼任法官」（非常勤裁判官）

在現今民事調解事件與家事調解事件中，律師除了與調解主任或是等同法官的家事審判官立於同等的立場，以兼任法官的型態主持調解程序外，亦職司民事調解法（民事調停法）第 17 條所定之「決定」，及家事審判法第 23 條、第 24 條所定「審判」。

---

[172] 「地域委員會」則是指名諮詢委員會的下級組織，設置於全國 8 間高等法院之所在地，主要在蒐集有關新、再任候選者或有意轉任法官之律師者的資訊，並向指名諮詢委員會報告。是由法曹三者及市民委員會所組成之機構。

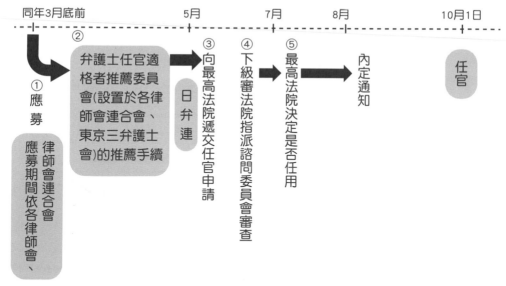

圖 4-7　律師轉任兼任法官流程圖

（資料來源：http://www.nichibenren.or.jp/activity/justice/appointment/ninkan_details_info.html）

表 4-3　兼任法官的轉任時程表（以翌年 10 月 1 日上任為例）[173]

年	月	地區	內容
2009	12 月底		名簿登錄申請書提出截止日期
2010	1 月	東京律師公會	寄送申請資料予名簿登錄申請者
			就任志願者申請書提出截止期限
	2 月		適格性調查部門面試、書面審查式弁護士任官推薦委員會作成推薦預訂決定
	3 月		理事會作成推薦決定。通知預定推薦者向最高法院提出申請資料。
	4 月	最高法院	通知日本律師公會欲進用人數
		東京律師公會	向候選人通知東京律師公會的預定推薦人。

[173] 臼井・前揭註 166，15 頁。

5 月上旬	關東律師公會	上呈關東律師公會之截止期限
		審查
5 月上旬	日本律師公會	上呈日本律師公會之截止期限
5 月中旬	最高法院	上呈最高法院之截止期限
		所屬預定廳進行面試
7 月		法官會議作成採用內定決定、向受採用內定者為內定通知
9 月		法官會議作成採用決定
10 月 1 日		調停官任命
	各法院	開始執行職務

（資料來源：臼井一廣，弁護士任官を決断してから裁判官になるまで，LIBRA 9 卷 11 號，15 頁）

四、任用方式與程序

　　依「律師任官相關協議之匯整」中的「推薦標準」，律師執業經驗達 10 年以上者，可轉任成法官；而執業經驗達 3 年以上者亦可以轉任成候補法官。

（一）首次分發地（初任地）

　　提出申請轉任法官的律師，在獲得採用內定後，便可以向最高法院提出分發的志願地。在平成 16 年（2004 年）以前大約都能依照申請人的意願分發，但現在除本人意願外，因為尚考量家庭狀況、法院的人事狀況等，故不一定會與志願地相同[174]。

（二）初分發時的工作內容

　　初分發時，為使轉任者盡快熟習法官的業務，大多是先擔任高等法院左

---

[174]　臼井・前揭註 166，12 頁。

陪席法官 1 至 2 年，再至地方法院的保全法庭（保全部）數月至 1 年，或在破產法庭（破產部）任職約 1 年後，再轉調至地方法院的一般庭（普通部）。當然，只要沒有特別的情事，都可以參加前述的各種法官研修[175]。

此外，也可以提出擔任專門領域的法官的志願，例如希望以擔任破產事件、智慧財產權事件、商事事件、家庭事件等特殊化領域的裁判事務的型態來轉任法官的話，會檢討關於該領域本人的知識經驗，以及擬分發法院的實際情形，來決定是否採用及分發[176]。

（三）待遇

依據至今為止的「弁護士任官說明會」中最高法院的說法，原則上律師轉任法官之待遇比照司法修習時同期之法官。惟修習結束後直接任職者，在「法官 4 號俸」升等至「3 號俸」之時期亦會因人而異，此情況在律師轉任之法官亦不例外。

各號俸的月薪，另定於「關於法官報酬之法律」（裁判官の報酬に関する法律），包含其他各種津貼、獎金、退休金，法官能領有具保障的豐厚收入。

表 4–4　法官報酬試算表[177]

區分	報酬	地域津貼	扶養津貼	初任職調整津貼	月額合計	半年津貼	半年勤勉津貼	半年特殊津貼	年終津貼	年終勤勉津貼	年終特別津貼	年收合計
法官1號	1,211,000	169,540			1,380,540			3,135,036			3,428,946	23,130,462
法官2號	1,066,000	149,240			1,215,240			2,759,660			3,018,379	20,360,919
法官3號	994,000	139,160			1,133,160			2,573,267			2,814,511	18,985,698

---

[175] 臼井・前揭註 166，12 頁。
[176] 臼井・前揭註 166，12–13 頁。
[177] 臼井・前揭註 166，13 頁。表中報酬為日幣。

法官4號	843,000	118,020			961,020			2,182,358			2,386,954	16,101,552
法官5號	728,000	101,920			829,920			1,884,646			2,061,332	13,905,018
法官6號	654,000	91,560			745,560			1,698,075			1,851,801	12,491,596
法官7號	592,000	82,880			674,880			1,532,569			1,676,248	11,307,377
法官8號	533,000	74,620			607,620			1,379,830			1,509,189	10,180,459
候補法官1號	430,000	62,104	13,000		505,704	853,836	644,456		996,142	644,456		9,207,338
候補法官6號	307,100	44,814	13,000	30,900	395,814	584,399	291,890		667,884	291,890		6,585,831
候補法官12號	225,300	33,362	13,000	87,800	359,462	398,305	195,520		455,206	195,520		5,558,095

（資料來源：臼井一廣，弁護士任官を決断してから裁判官になるまで，LIBRA 9 卷 11 號，13 頁）

　　而兼任法官的待遇，於 2020 年 10 月 1 日的時點，則是每一執行職務日給予日幣 3,000 日元的津貼。雖說就兼任公務員而言是最高等級，但並不給付加班費（殘業手当）。交通費部分，則是以執行兼任法官職務之法院，與其住居所或平時執行律師職務之場所間之距離，以距離較近者為準來計算。

（四）學者轉任法官（学者判事）

依日本法院法第 41 條之規定觀之，學者可以轉任最高法院的法官，然而，實際上從最高法院歷來的法官名單可以得知，學者轉任的情形非常的少。最高法院由 15 名法官所組成，其來源大抵上為法官 6 名、律師 4 名、學識豐富者 5 名，後者為大學教授 1 名，檢察官 2 名，行政官 1 名以及外交官 1 名[178]。如前所述，學識經驗者的選定，原則上由內閣官房決定候補者，而後基於內閣總理大臣的判斷，於內閣會議時決定[179]。當最高法院的人選內定後，於官房長官記者會見時，會於可能的範圍內說明選考的過程和理由，但是並不會公開包含候補者的具體人選的過程[180]。

關於出身領域各不相同的最高法院的 15 名法官究竟是如何選任的，其實是完全不公開的，甚至在最高法院內部也不公開[181]。雖然如同眾所周知的，關於最高法院的法官，依法院法第 39 條、第 41 條的規定，由內閣就 40 歲以上通曉法律者中任命之，但實際上的慣例是最高法院選任了候補者後，透過最高法院院長與內閣總理大臣間的協議來事實上的決定人選[182]。具體而言，基於最高法院所選擇的候補者名單，首先由人事局長和內閣官房副長官間進行協議，其次，由事務總長與內閣官房長官間進行協議，似乎於此階段決定最高法院的候補人選且通知被選上的候補者以確認其有無意願[183]。然後最高法院院長將人選呈報內閣總理大臣，依序得到總理的同意、經內閣會議決定而最終確定人選[184]。然而，究竟是以什麼基準來決定具體的人選的，則是完

---

[178] 首相官邸網站，http://www.kantei.go.jp/jp/singi/sihou/komon/dai5/5siryou4.pdf（最後瀏覽日：2022 年 3 月 21 日）。

[179] 首相官邸網站，http://www.kantei.go.jp/jp/singi/sihou/komon/dai5/5siryou4.pdf（最後瀏覽日：2022 年 3 月 21 日）。

[180] 首相官邸網站，http://www.kantei.go.jp/jp/singi/sihou/komon/dai5/5siryou4.pdf（最後瀏覽日：2022 年 3 月 21 日）。

[181] 藤田宙靖『最高裁回想録──学者判事の七年半』有斐閣 13 頁（2012 年）。

[182] 藤田・前揭註 181，14 頁。

[183] 藤田・前揭註 181，14 頁。

全不明[185]。但於從法官中選任時，則首先是從全國 8 個高等法院院長中選出，且最高法院民事法官的繼任者將從民事法官中選出、刑事法官的繼任者將從刑事法官中選出，則是向來的通例，因此具有可預測性[186]。而律師出身的情形，依慣例則是由日本律師公會就各律師會推薦的人選中，選出候補者向最高法院推薦，因此透過律師出身的法官，也可以得到相關資訊。但是關於學者轉任法官，完全沒有由各學會或學術會議等組織加以推薦的系統，而且也不像律師出身者有自薦的途徑，而是透過最高法官徵詢該學者有無轉任之意願，因此其被徵詢時，往往事前完全不知情而感到非常意外宛如晴天霹靂[187]。因此，徵詢學者時，必須預想到其可能拒絕轉任，而必須比其他出身者更早徵詢其意願[188]。然而，由於最高法院的人事案皆在極機密的情況下進行，因此被徵詢的學者也必須完全的保密[189]。

　　綜上所述，從目前日本所公開的資料中，尚無法得知學者轉任法官的選任基準，僅可從法院法第 41 條的規定，得知其須年滿 40 歲，任大學法律學的教授或副教授滿 20 年或是任教 10 年但曾任候補法官、法院調查官、最高法院事務總長、法院事務官、司法研修所教官、法院職員綜合研修所教官、法務省事務次官、法務事務官或法務教官 10 年以上者，方符合該條所定形式要件。

柒、評析與建議

　　在日本以成為律師、法官或檢察官之法曹為目標者，必須通過統一的司法考試，以及經過統一的司法修習制度之養成[190]。此統一考試、統一於司法

---

[184] 藤田・前揭註 181，14 頁。
[185] 藤田・前揭註 181，14 頁。
[186] 藤田・前揭註 181，14 頁。
[187] 藤田・前揭註 181，14 頁。
[188] 藤田・前揭註 181，14 頁。
[189] 奧田昌道『紛爭解決と規範創造』有斐閣 217–218 頁（2009 年）。

研修所修習的制度，主要是基於對二次大戰前在朝在野法官對立之反省，希望透過統一的法曹養成制度可以養成對於司法有共通理解之同質的法曹，以培養能獨立於行政之外的司法人才為目標[191]。

　　而日本雖然於憲法中並未就法官的任用資格加以限制，保留了法官來源多元化的可能性，而規定法官任用資格的法院法，對於法官的選任資格實際上並沒有限於從候補法官中選任，因此日本法官的選取途徑，是十分多元的。然而，縱使在法律面，法官的來源並未受到嚴格的限制，但實際上，日本目前仍為職業法官制，與以日本律師公會為首希望達成的司法的民主化之法曹一元制仍有很大的差距[192]。

　　與法曹一元制之基礎相關的議論中，律師方面認為，推動法曹一元制乃至於律師任官的障礙，主要係因為法院組織官僚化所導致的各種弊害所引起的。日弁連於 1998 年以「邁向以市民為本的司法——以實現法曹一元為目標的司法改革之實踐」為題的第 17 回司法座談會的基本報告中，大力提倡為去除官僚司法的弊害、落實司法制度的嚴正改革，落實法曹一元制的必要性。並且，1991 年以來實施的律師任官制之所以轉趨低調，其原因雖然眾多，例如當時對於律師轉任法官時，採用的程序不透明、伴隨著轉任法官而關閉律師事務所的困難度、向來對律師轉任法官者給予負面的評價、關於法官的職務內容公告周知不足等，但主因即在於官僚司法的弊害[193]。作為關於訴訟營運上的問題，該報告選擇判決樣式作為法官職務內容改革的一環，其指出以對市民來說易於理解的爭點為中心的判決樣式，對律師來說也是容易做成的[194]。相對於此，司法官僚體制下的法官眼界狹隘，其目光只向內看，造成

[190] 吉村德重，法曹養成制度における今次改革の意義，ジュリスト 984 号，有斐閣 29 頁（1991 年 8月）。

[191] 吉村・前揭註 190，29 頁。

[192] 棚瀬孝雄，法曹一元の構想と現代司法の構築（特集　司法制度改革の展望），ジュリスト 1170号，有斐閣 57 頁（2000 年 1 月）。

[193] 前田・前揭註 152，21 頁。

只在意上訴審看法的判決書四處橫行；就律師界的看法而言，若是經驗豐富的律師，有很大的可能會排除像這樣的官僚司法之弊害，而以當事人所求爭點為中心來作成判決書。換言之，目前律師任官、法曹一元制的主要障礙仍為官僚司法的弊害[195]。

　　如前所述，目前日本關於下級審法院法官的任用，係由最高法院作成指名名冊，而內閣基於該名冊來任命法官。然而，最高法院作成該指名名冊時，是基於什麼基準做成的，最高法院以人事的秘密為由，向來都不公開，則以如此不透明的基準做成的名簿，自有流於恣意之虞，且有以思想信仰為選任法官基準之危險性；而 10 年任期期滿作成再任名冊時，亦有相同之問題[196]。而法曹一元係以作為與官僚司法極對立之民主化之司法[197]為出發點，而不應理解為係一個單純從有律師經驗者選任法官的制度[198]，因此採用法曹一元後，關於法官之任用方法若仍放任最高法院可自由地作成指名名冊，則亦無法發揮防止法官官僚化的作用[199]。因此，司法制度改革審議會意見即提議，就下級審法官之任命，最高法院應設置諮詢機關。而 2003 年最高法院即依該審議會意見之旨趣，設置包含多數法院以外委員之下級法院法官指名諮詢委員會，由法曹三者（法官、檢察官、律師）以及學識經驗者所構成，應最高法院之諮詢，就下級審法院法官的指名是否妥適加以審議，並就審議之結果陳述意見，以提高指名過程之透明性並反映國民的意見，為一立於國民的視野並從

---

[194] 前田・前揭註 152，22 頁。

[195] 前田・前揭註 152，22 頁。

[196] 岡文夫，法曹一元をどう実現していくか（特集　司法改革への展望），法律時報 72 巻 1 号，日本評論社 67 頁（2000 年 1 月）。

[197] 川端和治，市民の司法の実現のために：法曹一元・陪参審制度と国民主権，学術の動向 5 巻 5 号，Japan Science Support Foundation 28 頁（2000 年）。

[198] 戒能通厚，法曹一元論の原点：司法改革の法戦略論，法社会学 53 号，The Japanese Association of Sociology of Law 43 頁（2000 年）。

[199] 岡文・前揭註 196，67 頁。

多角化的觀點來陳述意見之機關[200]；律師轉仕法官時，最高法院也會詢問下級法院法官指名諮詢委員會之意見，但下級法院法官指名諮詢委員會之意見，對最高法院並無拘束力。且縱使最高法院公開不指名某些人之理由，但其內容流於形式，因此並未能完全實現任用與人事之透明法及重視向國民以及本人的說明責任之法官制度改革之理念[201]。下級法院法官指名諮詢委員會之設置，具有使以思想信仰等理由之不當的新任拒否、再任拒否變得困難，以及對司法制度之理念的及程序的正當性之強化的重要意義，但其運作上仍有許多課題，例如透明性以及脫離最高法院之實質的獨立性與主體性的確保，以及隱私的保護等[202]。

---

[200] 裁判所網站，http://www.courts.go.jp/saikosai/iinkai/kakyusaibansyo/（最後瀏覽日：2022 年 3 月 21 日）。

[201] 飯考行，裁判官制度改革の成果と課題，法学セミナー 594 号，日本評論社 63 頁（2004 年 6 月）。

[202] 馬場健一，裁判官制度改革の到達点と展望，法律時報 77 巻 8 号，日本評論社 51 頁（2005 年 7 月）。

參考文獻

一、期刊論文

1. 戶塚悅朗 (2009)，頓挫した「司法改革」をどうするか：迫られる高度法律專門職養成制度の抜本的再改革案の檢討（上），龍谷紀要，31 巻 1 号，頁 53–69。

2. 臼井一廣 (2009)，弁護士任官を決斷してから裁判官になるまで，LIBRA，9 巻 11 号，頁 12–15。

3. 岡文夫 (2000)，法曹一元をどう實現していくか（特集　司法改革への展望），法律時報，72 巻 1 号，頁 66–71。

4. 下河辺和彦 (2009)，裁判官になりませんか？ —— 弁護士任官に考える，LIBRA，9 巻 11 号，頁 2–3。

5. 下村幸雄 (1992)，法曹一元制について，法社会学，1992 巻 44 号，頁 190–194。

6. 戒能通厚 (2000)，法曹一元論の原点：司法改革の法戰略論，法社会学 53 号，頁 29–45。

7. 椛嶋裕之 (2004)，法曹養成制度改革の成果と課題，法学セミナ 594 号，頁 58–59。

8. 吉村德重 (1991)，法曹養成制度における今次改革の意義，ジュリスト 984 号，頁 29–33。

9. 高木新二郎 (2000)，法曹一元を實現するために，判例タイムズ，51 巻 1 号，頁 4–8。

10. 川端和治 (2000)，市民の司法の實現のために：法曹一元・陪參審制度と国民主権，学術の動向，5 巻 5 号，頁 27–32。

11. 前田智彥 (2004)，弁護士任官の促進と訴訟運営における弁護士の役割，札幌法学，15 巻 2 号，頁 19–46。

12. 棚瀬孝雄 (2000)，法曹一元の構想と現代司法の構築（特集　司法制度改革の展望），ジュリスト 1170 号，頁 56–66。

13.中村英郎 (1971)，司法制度と日本の近代化，比較法学，7 卷 1 号，頁 7–18。

14.湯川二朗 (1994)，国民の司法参加‧法曹一元と非常勤裁判官制度，法律時報，66 卷 11 号，頁 34–38。

15.馬場健一 (2005)，裁判官制度改革の到達点と展望，法律時報，77 卷 8 号，頁 51–55。

16.萩原金美 (1999)，幻想としての法曹一元（論），判例タイムズ 987 号，頁 4–16。

17.飯考行 (2004)，裁判官制度改革の成果と課題，法学セミナー 594 号，頁 62–63。

二、專書論文

1.秋山賢三 (1988)，日本の裁判官の現状，收於：小田中聰樹＝木佐茂男＝川崎英明＝高見澤昭治編，自由のない日本の裁判官，日本評論社。

2.早野貴文 (1995)，司法試験改革問題を多角的にみる，收於：大出良知＝芳賀淳編，徹底分析司法試験，日本評論社。

三、專書

1.ダニエル‧H‧フット著、溜箭将之訳 (2007)，名も顔もない司法——日本の裁判は変わるのか，NTT 出版。

2.加藤新太郎編 (2004)，ゼミナール裁判官論，第一法規。

3.小林充 (2006)，裁判官の歳月，判例タイムズ社。

4.新井勉＝蕪山嚴＝小柳春一郎 (2011)，近代日本司法制度史，信山社。

5.斉藤寿 (2000)，司法制度の憲法学の研究，評論社。

6.田村次朗 (2003)，司法制度改革と法科大学院，日本評論社。

7.藤田宙靖 (2012)，最高裁回想録——学者判事の七年半，有斐閣。

8.樋口陽一＝栗城壽夫 (1988)，憲法と裁判，法律文化社。

9.奥田昌道 (2009)，紛争解決と規範創造，有斐閣。

10.瀨木比呂志 (2014)，絶望の裁判所，講談社。

四、網路資料

1.公明党，【主張】法曹養成の課題　重視すべき法科大学院の役割，2021
年 2 月 16 日，https://www.komei.or.jp/komeinews/p149404/（最後瀏覽日：
2022 年 3 月 21 日）。

2.裁判所網站，http://www.courts.go.jp/about/sosiki/gaiyo/index.html（最後瀏
覽日：2015 年 6 月 11 日）。

3.裁判所網站，http://www.courts.go.jp/about/sosiki/saikosaibansyo/index.html
（最後瀏覽日：2015 年 6 月 11 日）。

4.裁判所網站，http://www.courts.go.jp/saikosai/iinkai/kakyusaibansyo/（最後
瀏覽日：2022 年 3 月 21 日）。

5.裁判所網站，http://www.courts.go.jp/saikosai/sihokensyujo/saibankankensyu/
index.html（最後瀏覽日：2022 年 3 月 21 日）。

6.裁判所網站，http://www.courts.go.jp/saikosai/sihokensyujo/sihokensyujo/（最
後瀏覽日：2022 年 3 月 21 日）。

7.裁判所網站，http://www.courts.go.jp/saikosai/sihokensyujo/sihosyusyu/index.
html（最後瀏覽日：2022 年 3 月 21 日）。

8.裁判所網站，http://www.courts.go.jp/saikosai/sihokensyujo/sihosyusyu/sin_
sihosyusyu/index.html（最後瀏覽日：2022 年 3 月 21 日）。

9.裁判所網站，http://www.courts.go.jp/saikosai/sihokensyujo/sihosyusyu/
tokutyo_kensyusei/index.html（最後瀏覽日：2022 年 3 月 21 日）。

10.日弁連，弁護士任官の道，http://www.nichibenren.or.jp（最後瀏覽日：
2022 年 3 月 21 日）。

11.日弁連網站，https://www.nichibenren.or.jp/activity/justice/appointment.html
（最後瀏覽日：2022 年 3 月 21 日）。

12.日本首相官邸官網，http://www.kantei.go.jp/jp/singi/sihou/komon/dai5/
5siryou4.pdf（最後瀏覽日：2022 年 3 月 21 日）。

13. 日本弁護士連合会網站資料，弁護士になった後裁判官になる道があることを知っていますか（2014 年 5 月修正版），http://www.nichibenren.or.jp/activity/justice/appointment/ninkan_details_info.html（最後瀏覽日：2022 年 3 月 21 日）。

14. 文部科学省，法科大学院改革の取組状況等について，https://www.mext.go.jp/b_menu/shingi/chukyo/chukyo4/041/siryo/__icsFiles/afieldfile/2017/05/09/1384129_04.pdf（最後瀏覽日：2022 年 3 月 21 日）。

15. 法務省，平成 27 年司法試験法科大学院等別合格者数等，https://www.moj.go.jp/content/001158039.pdf（最後瀏覽日：2022 年 2 月 8 日）。

16. 法務省，平成 28 年司法試験法科大学院等別合格者数等，https://www.moj.go.jp/content/001202510.pdf（最後瀏覽日：2022 年 2 月 8 日）。

17. 法務省，平成 29 年司法試験法科大学院等別合格者数等，https://www.moj.go.jp/content/001254630.pdf（最後瀏覽日：2022 年 2 月 8 日）。

18. 法務省，平成 30 年司法試験法科大学院等別合格者数等，https://www.moj.go.jp/content/001269385.pdf（最後瀏覽日：2022 年 2 月 8 日）。

19. 法務省，令和 2 年司法試験法科大学院別合格者数，https://www.moj.go.jp/content/001339270.pdf（最後瀏覽日：2022 年 2 月 8 日）。

20. 法務省，令和 3 年司法試験法科大学院等別合格者数等，https://www.moj.go.jp/content/001355254.pdf（最後瀏覽日：2022 年 2 月 8 日）。

21. 法務省，令和元年司法試験法科大学院等別合格者数等，https://www.moj.go.jp/content/001304511.pdf（最後瀏覽日：2022 年 2 月 8 日）。

22.裁 判 所 網 站，http://www.courts.go.jp/saikosai/sihokensyujo/sihokensyujo/index.html（最後瀏覽日：2022 年 3 月 21 日）。

23.法務省網站，http://www.moj.go.jp/content/000006507.pdf（最後瀏覽日：2022 年 3 月 21 日）。

24.法務省網站，http://www.moj.go.jp/content/000006575.pdf（最後瀏覽日：2022 年 3 月 21 日）。

25.法務省網站，http://www.moj.go.jp/content/000057470.pdf（最後瀏覽日：2022 年 3 月 21 日）。

26.法務省網站，http://www.moj.go.jp/content/000080992.pdf（最後瀏覽日：2022 年 3 月 21 日）。

27.法務省網站，http://www.moj.go.jp/content/001127234.pdf（最後瀏覽日：2022 年 3 月 21 日）。

28.法務省網站，http://www.moj.go.jp/content/001127238.pdf（最後瀏覽日：2022 年 3 月 21 日）。

29.法務省網站，http://www.moj.go.jp/content/001128690.pdf（最後瀏覽日：2022 年 3 月 21 日）。

第五章

臺灣法官體制[*]

許政賢

---

[*] 曾收錄於：許政賢，民事法學之比較與整合，元照，第 13 章，2020 年。嗣因法規大幅變動，業經修訂及改寫。政治大學法律學系碩士班學隸陳俊宏，在法規校對上協助甚多，特此致謝！

壹、基本背景

一、日治法時期概況

　　有關臺灣法律發展史，學者曾區分為傳統法、日治法及中華民國法 3 個時期[1]，而臺灣法制現代化的過程，肇始於日治法時期。在日治法時期（1896 年至 1945 年），臺灣施行源於西方的法院制度，司法權始自行政權中分離，另由司法機關——法院——獨立行使裁判權。日治法時期的臺灣司法官，其專業資格與日本內地大致相當，亦即自 1896 年起，須具備日本法院組織法（「裁判所構成法」）所定法官（判事）資格，始得擔任法官。換言之，原則上須經司法官國家考試（自 1923 年起與辯護士考試合併，稱為「高等文官司法科考試」）及格[2]，實習 1 年半後，始取得司法官資格。但在 1923 年以前，帝國大學法科畢業生得不經考試而實習，完成後即取得司法官資格。直到 1931 年，才有第一位臺灣人黃炎生在臺擔任法官，而日治時期的司法官，絕大多數為日本人，臺籍人士僅占少數。以 1943 年為例，臺灣總督府法院 66 位法官中，僅有十分之一為臺灣人[3]。日本於 1945 年 8 月 15 日向同盟國投降後，同年 10 月 25 日，臺灣省行政長官公署正式接收臺灣，司法機關則由臺灣高等法院接收，並直屬行政院司法行政部[4]。

---

[1] 王泰升、薛化元、黃世杰編著，追尋臺灣法律的足跡，2014 年 10 月。

[2] 依初步統計資料所示，1923 年至 1943 年間，臺籍人士獲日本高等文官考試司法科及格或具法曹同等資格者，總人數不足 80 人。參閱司法院司法行政廳編印，百年司法——司法‧歷史的人文對話，頁 29，2006 年 12 月。

[3] 王泰升，台灣法律史概論，頁 256–258，2001 年 7 月。同氏，台灣法律史的建立，頁 144，1997 年 9 月。

[4] 王泰升、薛化元、黃世杰編著，同註 1，頁 170；王泰升，台灣法的斷裂與連續，頁 89–91，2002 年 7 月。

二、法官人事與審檢分隸

　　自 1949 年起，國民政府遷臺，仍維持大陸時期體制，最高法院、行政法院、公務員懲戒委員會（自 2020 年起改制為「懲戒法院」）等終審機關，係直接隸屬於司法院；至於高等法院以下各級法院，則隸屬於行政院司法行政部。換言之，高等法院以下各級法院的人事任用、調動權，係由司法行政部掌理。此種「司法隸屬於行政之下」的現象，自 1947 年憲法施行前已經存在，而在行憲後並未改善。司法院大法官於 1960 年曾作成釋字第 86 號解釋，理由書指出「憲法第七十七條所定司法院為國家最高司法機關，掌理民事、刑事訴訟之審判。其所謂審判自係指各級法院民事、刑事訴訟之審判而言，此觀之同法第八十二條所定司法院及各級法院之組織以法律定之，且以之列入司法章中，其蘄求司法系統之一貫已可互證，基此理由則高等法院以下各級法院及分院自應隸屬於司法院，其有關法令並應分別予以修正，以期符合憲法第七十七條之本旨」。此號解釋為釋憲史上首次宣告法律違憲[5]，但因法官人事權爭議未決，致遭擱置而遲未執行[6]。嗣因臺、美斷交等政治情勢變動，促使政府推動改革，司法改革亦獲重視，「審、檢分隸」的實踐始露曙光[7]。自 1980 年 7 月 1 日起，正式實施「審、檢分隸」，亦即審判、檢察權力分別隸屬，屬於審判權的高等法院及地方法院，其司法行政監督改由司法院行使；至於屬於檢察權的檢察系統[8]，其司法行政監督仍由司法行政部行使，但司法行政部則同時改制為「法務部」。

5　法院組織法第 87 條於 1980 年修正前原規定：「司法行政之監督，依左列之規定：……二、司法行政部部長，監督最高法院所設檢察署及高等法院以下各級法院及分院」。

6　司法周刊雜誌社發行，司法史實紀要第一冊，頁 20–21，1982 年。

7　翁岳生，司法改革十週年的回顧與展望，載於：湯德宗、黃國昌主編，司法改革十週年的回顧與展望會議實錄，頁 19–20，2010 年 3 月。

8　在 1989 年以前，檢察系統依所配置法院不同，分為地方法院檢察處、高等法院檢察處、最高法院檢察署。法院組織法於 1989 年修正，自此將「檢察處」改稱「檢察署」。同法復於 2018 年修正，將「地方法院檢察署」改稱為「地方檢察署」，以避免產生檢察機關隸屬法院之誤解。

　　在「審、檢分隸」以後，有關司法官人事問題，採法官（「推事」[9]）、檢察官任用資格相同，服務年資併計，實任檢察官除轉調外，法律上待遇及保障均與「實任法官」相同[10]。法官、檢察官的互調，除最高法院層級的互調由其主管機關會商以外，高等法院以下各級法院的互調，原則上法官或檢察官任現職滿 2 年，得請求調任同級檢察官或法官；候補法官於候補期滿後，得以檢察官任用，候補檢察官於候補期滿後，得以法官任用。法官、檢察官的人事、任免、考核及遷調，各由司法院、行政院分別掌理，法官人事管理業務，由司法院院長指定司法院、最高法院等有關主管人員，組成人事審議委員會，負綜合審議之責。至司法官訓練，由司法官訓練所負責辦理[11]。

　　另一方面，國民政府遷臺後，自 1950 年至 1953 年間，曾舉行臨時司法官考試 4 次，1954 年至 1956 年及 1961 年係以特種考試方式舉行；此外，自 1957 年至 1969 年間，則係以公務人員高等考試方式辦理；而自 1970 年起，均以司法官特種考試方式舉行。同時，1955 年 2 月間，設立「司法官訓練所」（現改稱「法務部司法官學院」）[12]，除前兩期受訓期間為 1 年以外，原則上應接受為期 1 年半至 2 年的實務訓練後[13]，始得派任候補法官，成為臺灣法官的搖籃。

9　法院組織法於 1989 年修正前，條文中原將法官稱為「推事」。

10　初任法官在完成職前教育後，先派代為「候補法官」，期間 5 年；候補期滿審查及格者，為「試署法官」，期間 1 年；試署期滿審查及格者，始任命為「實任法官」。實任法官為終身職，受憲法第 81 條保障，非受刑事或懲戒處分或禁治產之宣告，不得免職；非依法律，不得停職、轉任或減俸。

11　司法周刊雜誌社發行，同註 6，頁 40-41。

12　首任所長為民事訴訟法學者石志泉，著名法學家史尚寬曾於 1969 年至 1970 年間擔任所長。該所於 1980 年因司法行政部更名為法務部，乃改稱「法務部司法官訓練所」，復於 2013 年改稱「法務部司法官學院」。

13　王泰升，同註 3，台灣法律史概論，頁 260；司法官訓練所簡史，載於：法務部司法官訓練所法官班第二十九期學員結業紀念冊，1991 年。

三、審檢分隸後之司法改革

「審、檢分隸」為臺灣司法改革的里程碑，在「審、檢分隸」以後，陸續啟動不少重要改革。其中屬於司法院前院長黃少谷（1901–1996，任期自1979年7月至1987年5月）所推動者，包括提高法官待遇及爭取司法院法律提案權[14]；屬於司法院前院長林洋港（1927–2013，任期自1987年5月至1994年9月）所推動者，包括廢止裁判書事前送閱、開辦簡易訴訟、落實緩刑制度、加強便民服務及充實司法工作條件等[15]。

1987年7月15日，政府宣告解除自1949年起實施的戒嚴令（金門、馬祖地區除外），此項宣示促使威權體制逐漸褪色，政治環境亦隨同轉型，而司法改革的風潮更蓄勢待發。1993年間，由臺中地方法院8位法官所發起的「法官自治運動」[16]，對於昔日威權體制之下，司法首長獨攬司法行政權的現象，公開挑戰其正當性，正象徵大規模改革已無法迴避。隨後，在前院長施啟揚（1935–2019，任期自1994年9月至1999年2月）就任以後，司法院召開「司法院司法改革委員會」，主要任務為「發現問題、形成共識、提出解決方案」[17]，並自1994年10月19日起正式運作，啟動國民政府遷臺後大規模司法改革的機制[18]。該會以1年為期，共召開全體委員會議19次，通過改革方案29案，並曾派員考察法國、德國（有關法官會議、法官自律、庭長制度部分）、韓國（主要係法官會議、事務分配、考績及升遷部分）及日本

---

[14] 翁岳生，同註7，頁3、14–15。

[15] 翁岳生，同註7，頁15。

[16] 日本學者木佐茂男曾著文介紹臺灣司法改革興起背景，並特別提到1993年由臺中地方法院8位法官發起所謂「裁判官自治權之返還」運動。木佐茂男，二〇一〇年の裁判所，裁判官，月刊司法改革，2001年9月號；轉引自：淺見宣義『裁判所改革のこころ』現代人文社265頁（2004年10月）。

[17] 司法院編印，司法院司法改革委員會會議實錄（上輯），頁30，1996年5月。

[18] 司法改革委員會委員臺灣大學邱聯恭教授認為，該會係臺灣光復以來最重要的改革會議。邱聯恭發言紀錄，載於：司法院編印，同註17，頁63。

（主要係法官會議的運作、院長及庭長制、圓桌法庭的運作及簡易法院的法律規範部分）等國司法制度，並舉辦 8 場座談會。

該委員會共分四大研究小組，其中第四研究小組的議題為法學教育與司法人員之養成，包括法曹之選拔及考訓應如何改革、法曹養成教育應如何改革、大學法學教育應如何配合司法改革、全民法意識教育及社會大眾知法親法教育應如何規劃、推行等。相關具體建議如下[19]：

1. 將司法官（含法官、檢察官）及律師養成教育，改列歸屬司法權運作，而由司法院主導；
2. 改進司法官職前研習教育的內容、方式；
3. 改進律師職前研習教育的內容、方式；
4. 改進法官、檢察官及律師考選制度。

上述結論為日後大型司法改革奠定重要基礎，但因各界對於改革的幅度、速度及方式，意見不一，故在該委員會作成多項結論後，仍有不滿聲音，並呼籲為謀求改革司法之道，應由總統召開全國性會議[20]。1997 年間，由法官協會、律師公會全國聯合會、臺北律師公會、民間司法改革基金會及台灣法學會等團體，共同呼籲李登輝總統召開全國性司法改革會議，至 1998 年 11 月始形成儘速召開全國司法會議的共識[21]。

四、全國司法改革會議

1999 年 2 月初，翁岳生前院長（1932-，任期自 1999 年 2 月至 2007 年 9 月）接掌司法院，並提出「實現司法為民的理念」、「建立權責相符的正確

---

19 邱聯恭，第四研究小組總結報告，載於：司法院編印，同註 17，頁 21。
20 教育部於 1994 年間召開第 6 次「全國教育會議」以後，行政院成立「教育改革審議委員會」，1996 年 12 月完成「教育改革總諮議報告書」，提出教育鬆綁、帶好每個學生、暢通升學管道、提升教育品質、建立終身學習社會作為教育改革的基本方針，開啟臺灣大型教育改革的先河。而司法實務界人士以召開全國性會議試圖解決司法問題的思維，或許與此有關。
21 翁岳生，同註 7，頁 12-13。

觀念」、「提供合理的審判環境」、「推動公平正義的訴訟制度」、「改造跨世紀的現代司法制度」等五大主軸，公布司法改革具體革新措施及時間表。此外，司法院在同年 7 月召開「全國司法改革會議」，揭開 21 世紀前 10 年內臺灣最受矚目司法改革運動的序曲。其中有關「法官之人事改革」問題，涉及「法官的資格與任用」、「司法官訓練所應否改隸司法院」、「探討法官之公務員屬性及其俸給制度」、「如何強化法官自治」、「法官專業化之要求」等議題，並達成下列共識[22]：

(一) 審、檢、辯實施三合一考選制度，但對於法官是否由檢察官、律師、學者轉任而廢除法官考試，多數贊成維持現制，少數贊成 2007 年以前廢除法官考試，完全由一定資歷檢察官、律師、學者轉任；

(二) 有關司法官訓練所應否改隸司法院，雖無共識，多數認為應改隸司法院，少數認為應維持現行體制。關於考選問題，多數贊成合考合訓，少數贊成合考分訓；

(三) 法官係屬特殊職務公務員，其人事相關事項，應另以法律規範。未全面廢除法官之官職等以前，應研議取消法官職等之限制，使各審級法官均得到達最高職等，以鼓勵資深法官留任下級審；

(四) 強化法官會議事務分配的功能，以法官自治方式分配審判事務，使審判事務分配公平化、合理化，以落實審判獨立；

(五) 法官應就不同專門領域案件，依具體情況設置專業法院或法庭，並使法官久任其位，在職中應適當予以在職訓練。

　　其中共識（一）有關「法官、檢察官與律師三合一考選制度」部分，自 2014 年起，第一試已合併舉行，而自 2019 年起，司法官特考與律師高考第二試，亦合併舉行，但法官考試至今仍繼續辦理，並未廢除。共識（二）有關司法官訓練所改隸司法院部分，迄今仍維持現行體制。共識（三）有關以

---

22 司法院編印，全國司法改革會議實錄（下輯），1999 年 11 月，頁 1392–1394。

專法規範法官身分事項部分，在 2012 年法官法施行前，已藉由修正法院組織法而取消法官職等限制，並在法官法施行後，正式廢除法官的官、職等。共識（四）有關強化法官會議功能部分，業以法官自治方式分配審判事務。共識（五）有關設置專業法庭部分，亦已分別設置不同專業法庭。其中有關法官人事改革議題的較具體成果，乃自 1988 年起開始研議的法官法，於 2011年公布並自 2012 年起正式施行。

五、後全國司法改革會議時期

自 1999 年全國司法改革會議召開後，有關法官人事改革議題，均以會議中所獲共識為目標，陸續加以實現。在司法院前院長賴英照（1946–　，任期自 2007 年 10 月至 2010 年 7 月）接任後，並未再召開類似規模的會議。而在司法院前院長賴浩敏（1939–　，任期自 2010 年 10 月至 2016 年 10 月）接掌司法院以後，為推動司法改革，針對法官人事改革議題，於 2011 年 5 月 30日成立「法官人事改革成效評估委員會」，其目標為基於全國司法改革會議所建立的共識基礎上，確立未來法官人事改革的方向與進程。

該會在經過多次討論後，其相關議題涉及法官人事制度的不同層面，並就法官選任相關制度作成下列總結[23]：

1. 肯定考選部所推動「司法官考試二階段改進方案」；
2. 審慎評估成立法官學院的可行性，以整合法官養成教育資源；
3. 擴大法官多元進用管道，逐年降低考試進用法官人數比例。

至於現任院長許宗力（1956–　，任期自 2016 年 11 月起）接任後，曾由總統在 2017 年間召開總統府司法改革國是會議，其中在法官人事議題的層面，主要重視法官監督與淘汰的機制。另有關法官多元進用及考試進用的改革部分，曾提出「未來應建立多合一的共通法律專業資格考試，考生在通過

---

[23] 司法院網站，http://www.judicial.gov.tw（最後瀏覽日：2015 年 5 月 20 日）。

考試之後，均應先經過 1 年以實務機構為主的培訓，用人機關再依需用名額、培訓成績、考生志向口試篩選候補檢察官、候補法官、律師或其他法律專業人員」等改革方向。而有關多合一法律專業資格考試的規劃，嗣由考試院研擬「法律專業人員資格及任用條例」草案，並經行政院會通過，將於送請司法院、考試院會銜後，再送交立法院審議[24]。

據上所述，臺灣法官選任制度，在「審、檢分隸」前後，均以統一考試、集中訓練方式為之。亦即在 1970 年以前，須經臨時司法官考試（自 1950 年至 1953 年間，曾舉行 4 次）、特種考試（1954 年至 1956 年及 1961 年）或公務人員高等考試（自 1957 年至 1969 年間）及格，並經實務訓練合格（在 1955 年以前，係以短期訓練方式；自 1955 年起，均集中在司法官訓練所受訓）。而自 1970 年起，均先經考試院舉辦的司法官特種考試及格，並在司法官訓練所接受相當期間實務訓練及格者，再依受訓成績、志願，分發至各地方法院擔任候補法官。此外，為使法官來源多元化，除維持既有考試及格分發擔任法官的制度以外，自 1980 年代起，亦逐漸推動律師及其他法律專業人士轉任法官制度（詳下述），對於臺灣法官選任制度逐漸產生重要影響。

貳、司法制度架構

一、前言

有關臺灣司法制度架構，在法律規範基礎上，涉及憲法、憲法增修條文、司法院大法官審理案件法[25]、司法院組織法、法院組織法、行政法院組織法、行政訴訟法、智慧財產法院組織法及法官法等法規。其中就司法權的定位、司法機關職權、法院組織層級、法院專業分工，基於權力分立、組織架構、

---

[24] 侯俐安，大變革！政院通過法、檢、律、法制人員「多合一考試」，聯合新聞網，https://udn.com/news/story/6939/6014148（最後瀏覽日：2022 年 2 月 6 日）。

[25] 本法於 2019 年間修正，同時更名為「憲法訴訟法」，並自 2022 年 1 月 4 日起正式施行。

事務分工等角度，分別設有相關規範，成為現行司法制度架構的重要基礎。

依憲法規定，司法院為國家最高司法機關，掌理民事、刑事、行政訴訟之審判及公務員之懲戒（第 77 條）。同時，司法院解釋憲法，並有統一解釋法律及命令之權（第 78 條），而司法院及各級法院之組織，則以法律定之（第 82 條）。準此，司法院掌理解釋、審判、懲戒及司法行政權等，分別說明如下：

（一）解釋權

司法院所行使解釋權，係指解釋憲法及統一解釋法律命令的權力，在主體上由大法官[26]掌理解釋權，並以組成憲法法庭方式為之，且由並任司法院院長的大法官擔任審判長（憲法訴訟法第 1 條第 1 項、第 2 條）。

（二）審判權

司法院所掌理審判權分為三種：

1. 總統、副總統彈劾及政黨違憲解散案件：由司法院大法官組成憲法法庭行使此項審判權（憲法增修條文第 5 條第 4 項）。

2. 民事、刑事訴訟：有關民、刑事訴訟審判權，另設最高法院、高等法院（含分院）、地方法院（含分院）掌理（司法院組織法第 6 條），原則採取三級三審制，例外採取三級二審制，以第一、二審法院為事實審，第三審（最高法院）為法律審。因此，司法院本身並非民、刑事訴訟的審判機關，而係另由最高法院、高等法院及地方法院所形成的層級式組織體系，行使具體個案的審判權。

3. 行政訴訟：有關行政訴訟審判權，亦非由司法院直接行使，而係另設最高行政法院、高等行政法院及地方法院行政訴訟庭掌理（司法院組織法第 6 條），採取三級二審制。有關行政訴訟之簡易訴訟程序及交通裁決事件，其

---

[26] 依憲法增修條文第 5 條第 1 項規定，司法院設大法官 15 人，並以其中 1 人為院長、1 人為副院長，由總統提名，經立法院同意任命之。

第一審由地方法院行政訴訟庭審理，第二審（終審）由高等行政法院審理。至於通常訴訟程序事件，其第一審由高等行政法院審理，第二審（終審）則由最高行政法院審理。

（三）懲戒權

司法院設有懲戒法院[27]（司法院組織法第 6 條），以行使公務員懲戒的權力。所有涉及公務員懲戒事項，在性質上屬於司法權，其審判機關為懲戒法院。自 2020 年間修正公務員懲戒法後，公務員懲戒事項專屬由懲戒法院行之，並為使受懲戒人得以受審級救濟之保障，乃建立一級二審制，與改制前有所不同。

（四）司法行政權

司法院所具有的法定權限中，司法行政權為重要一環。以監督對象為機關而言，各級法院及分院的監督權，係由司法院院長行使（法院組織法第 110 條第 1 款）。以監督對象為人而言，各法院法官的監督權，亦由司法院院長行使（法官法第 20 條第 1 款）。而因後者涉及憲法所保障的審判獨立問題，故法官法就其權限設有相當限制。

二、法院組織層級

除憲法法庭及懲戒法院外，有關臺灣法院組織體系（審級結構），基本上分為普通（民事、刑事）法院系統及行政法院系統兩大體系，另設有智慧財產及商業法院，具有獨特性（詳下述）。普通法院系統的結構，反映法院組織層級的基本架構，本段即以此為分析對象，至行政法院系統、智慧財產及商業法院，將於下段介紹。有關普通法院系統的組織層級，其法規基礎在於法院組織法。依同法第 1 條規定，法院審級分為三級，分別為地方法院、高等

27　原設公務員懲戒委員會，為配合公務員懲戒法之修正，於 2020 年 7 月間更名為懲戒法院，並設懲戒法庭以分庭審判公務員懲戒案件，及建立審級救濟制度。

法院及最高法院。

（一）地方法院[28]

地方法院管轄事件，包括：

1. 民事、刑事第一審訴訟案件。但法律別有規定者，不在此限；

2. 其他法律規定之訴訟案件；

3. 法律規定之非訟事件。（法院組織法第 9 條）

此外，地方法院得設簡易庭，其管轄事件依法律之規定（法院組織法第 10 條）。

（二）高等法院[29]

高等法院管轄事件，包括：

1. 關於內亂、外患及妨害國交之刑事第一審訴訟案件；

2. 不服地方法院及其分院第一審判決而上訴之民事、刑事訴訟案件。但法律另有規定者，從其規定；

3. 不服地方法院及其分院裁定而抗告之案件。但法律另有規定者，從其規定；

4. 其他法律規定之訴訟案件。（法院組織法第 32 條）

（三）最高法院

最高法院管轄事件，包括：

1. 不服高等法院及其分院第一審判決而上訴之刑事訴訟案件；

2. 不服高等法院及其分院第二審判決而上訴之民事、刑事訴訟案件；

3. 不服高等法院及其分院裁定而抗告之案件；

4. 非常上訴案件；

5. 其他法律規定之訴訟案件。（法院組織法第 48 條）

---

28 臺灣高等法院所屬轄區，共設地方法院 20 所（含高雄少年及家事法院）；福建高等法院金門分院轄區，共設金門、連江兩所地方法院。

29 現有臺灣高等法院及福建高等法院金門分院，除臺灣高等法院本院設於臺北市以外，另設臺中、臺南、高雄及花蓮 4 所分院；福建高等法院金門分院設於金門。

三、法院專業分工

臺灣法院組織層級，除採取三級三審制原則以外，另依專業分工原則，分為普通（民事、刑事）、行政、智慧財產及商業法院系統。

（一）普通法院系統

以民事、刑事案件為例，分別說明其審級救濟方式：

1. 民事案件

依民事訴訟法規定，民事案件區分為三種訴訟程序，分別說明如下：

⑴小額訴訟程序

有關小額訴訟程序，民事訴訟法在第 2 編第 4 章設有專章規定（第 436 條之 8 至第 436 條之 32）。小額訴訟程序以二級一審為原則，二級二審為例外。其第一審由地方法院簡易庭（1 名法官獨任）審判，除有違背法令事由而得向地方法院合議庭（3 名法官合議審理）提起上訴以外，對於地方法院簡易庭裁判，不得聲明不服。

⑵簡易訴訟程序

有關簡易訴訟程序，民事訴訟法在第 2 編第 3 章設有專章規定（第 427 條至第 436 條之 7）。簡易訴訟程序以三級二審為原則，三級三審為例外。其第一審由地方法院簡易庭審判，第二審由地方法院合議庭審判，對其裁判原則上不得聲明不服。但如訴訟標的逾新臺幣 150 萬元，且法律見解具有原則上重要性並經法院許可時，得例外逕向最高法院提起上訴（「飛躍上訴」）。

⑶通常訴訟程序

有關通常訴訟程序，民事訴訟法在第 2 編第 1 章設有專章規定（第 244 條至第 402 條）。通常訴訟程序以三級二審為原則，三級三審為例外。換言之，對於財產權訴訟第二審判決，如因上訴所得受之利益，不逾新臺幣 150 萬元者，不得上訴（民事訴訟法第 466 條）。其第一審由地方法院獨任法官或合議庭審判，第二審由高等法院合議庭（3 名法官）審判，第三審由最高法

院合議庭（5 名法官）審判。

2.刑事案件

依刑事訴訟法規定，刑事案件區分為三種訴訟程序，分別說明如下：

(1)簡易程序

刑事訴訟法第 449 條規定：「第一審法院依被告在偵查中之自白或其他現存之證據，已足認定其犯罪者，得因檢察官之聲請，不經通常審判程序，逕以簡易判決處刑。但有必要時，應於處刑前訊問被告」（第 1 項）、「前項案件檢察官依通常程序起訴，經被告自白犯罪，法院認為宜以簡易判決處刑者，得不經通常審判程序，逕以簡易判決處刑」（第 2 項）。簡易程序第一審由地方法院簡易庭法官獨任審判，第二審由地方法院合議庭（3 名法官）審判，以二級二審為原則，二級一審為例外。

(2)簡式審判程序

除被告所犯為死刑、無期徒刑、最輕本刑為 3 年以上有期徒刑之罪或高等法院管轄第一審案件者外，於準備程序進行中，被告先就被訴事實為有罪之陳述時，審判長得告知被告簡式審判程序之旨，並聽取當事人、代理人、辯護人及輔佐人之意見後，裁定進行簡式審判程序（刑事訴訟法第 273 條之 1 第 1 項）。簡式審判程序第一審得由地方法院法官獨任審判，第二審由高等法院合議庭（3 名法官）審判，第三審由最高法院合議庭（5 名法官）審判，並以三級三審為原則，三級二審為例外。

(3)通常審判程序

除適用簡易程序、簡式審判程序以外，均適用通常審判程序。通常審判程序第一審由地方法院合議庭（3 名法官）審判，第二審由高等法院合議庭（3 名法官）審判，第三審由最高法院合議庭（5 名法官）審判，並以三級三審為原則，三級二審為例外。

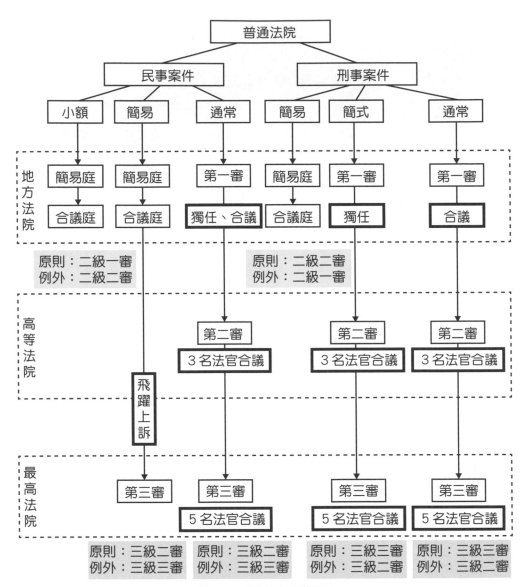

圖 5-1　臺灣法院組織層級

（資料來源：本書自製）

（二）行政法院系統

依行政法院組織法第 2 條規定，行政法院分為高等行政法院及最高行政法院二級，但依行政訴訟法第 229 條第 1 項規定，適用簡易訴訟程序之事件，

以地方法院行政訴訟庭為第一審管轄法院。因此，有關行政訴訟事件的管轄，得分為下列三級：

1.地方法院行政訴訟庭

依行政訴訟法第 229 條第 1 項規定，同條第 2 項所定行政訴訟事件，適用簡易程序，並由地方法院行政訴訟庭行使第一審管轄權。簡易訴訟程序以二級一審為原則，二級二審為例外。其第一審由地方法院行政訴訟庭（1 名法官獨任）審判，除有違背法令事由而得向高等行政法院合議庭（3 名法官）提起上訴以外，對於地方法院行政訴訟庭裁判，不得聲明不服。

2.高等行政法院[30]

高等行政法院管轄事件如下（行政法院組織法第 7 條）：

(1)不服訴願決定或法律規定視同訴願決定，提起之行政訴訟通常訴訟程序事件。但法律另有規定者從其規定；

(2)不服地方法院行政訴訟庭第一審判決而上訴之事件；

(3)不服地方法院行政訴訟庭裁定而抗告之事件；

(4)其他依法律規定由高等行政法院管轄之事件。

準此，高等行政法院除管轄簡易訴訟程序的第二審以外，並管轄通常訴訟程序的第一審，由合議庭（3 名法官）審判，至第二審則由最高行政法院合議庭（5 名法官）審判。

3.最高行政法院

最高行政法院管轄事件如下（行政法院組織法第 12 條）：

(1)不服高等行政法院裁判而上訴或抗告之事件；

(2)其他依法律規定由最高行政法院管轄之事件。

（三）智慧財產及商業法院系統[31]

依智慧財產及商業法院組織法第 2 條規定，智慧財產及商業法院掌理智

慧財產之民事、刑事及行政訴訟，及商業之民事訴訟與非訟事件。其管轄案件如下：

1. 依專利法、商標法、著作權法、光碟管理條例、營業秘密法、積體電路電路布局保護法、植物品種及種苗法或公平交易法所保護之智慧財產權益所生之第一審及第二審民事訴訟事件，及依商業事件審理法規定由商業法院管轄之商業事件。

2. 因刑法第 253 條至第 255 條、第 317 條、第 318 條之罪或違反商標法、著作權法、營業秘密法及智慧財產案件審理法第 35 條第 1 項、第 36 條第 1 項案件，不服地方法院依通常、簡式審判或協商程序所為之第一審裁判而上訴或抗告之刑事案件。但少年刑事案件，不在此限。

3. 因專利法、商標法、著作權法、光碟管理條例、積體電路電路布局保護法、植物品種及種苗法或公平交易法涉及智慧財產權所生之第一審行政訴訟事件及強制執行事件。

4. 其他依法律規定或經司法院指定由智慧財產及商業法院管轄之案件。（智慧財產及商業法院組織法第 3 條）

參、法官選任制度

一、前言

　　有關法官選任制度，其法規基礎主要為法官法及司法人員人事條例。在法官體制被視為公務人員體制一環的時代，文官體制的官制、官等設計[32]，

31　智慧財產及商業法院屬於高等法院層級，目前僅有 1 所，位於新北市板橋區。

32　文官體制的事務官，係以階層區分，由最低第 1 職等，至最高第 14 職等。第 1 職等至第 5 職等為「委任」級，第 6 職等至第 9 職等為「薦任」級，第 10 職等至第 14 職等為「簡任」級。由總統所任命的政務官，則為「特任」級。一般而言，大學畢業生或相當資格者，得參加公務人員高等考試，及格者以薦任第 6 職等任用。經司法官特考及格者，亦以比照薦任第 6 職等任用，再逐級晉升。

在法官體制中亦有對應設計。自法官法施行後，法官不再設官職等，並就法官人事制度相關事項，設有相當完整規定。法官法第 2 章（第 5 條至第 12 條）中訂定法官任用的相關規定，按其排列次序，分別為有關法官任用之積極資格（法官法第 5 條）；法官任用之消極資格（法官法第 6 條）；法官之遴選（法官法第 7 條）；法官遴選委員會（法官法第 8 條）；候補、試署法官之實授程序（法官法第 9 條）；法官之遷調及庭長之遴選（法官法第 10 條）；高等法院以下各級法院院長、庭長之任期（法官法第 11 條）；法官之任命、法官先派代理之停止及任用之撤銷（法官法第 12 條）。

二、選任資格條件

　　法官選任的資格條件，得分為法官任用之消極資格（不得具備）及積極資格（應具備）。有關消極資格，依法官法第 6 條規定，具有下列情事之一者，不得任法官：

1. 依公務人員任用法之規定，不得任用為公務人員；
2. 因故意犯罪，受有期徒刑以上刑之宣告確定，有損法官職位之尊嚴；
3. 曾任公務員，依公務員懲戒法或相關法規之規定，受撤職以上處分確定；
4. 曾任公務員，依公務人員考績法或相關法規之規定，受免職處分確定。但因監護宣告受免職處分，經撤銷監護宣告者，不在此限；
5. 受破產宣告，尚未復權；
6. 曾任民選公職人員離職後未滿 3 年。但法令另有規定者，不在此限。

　　至於積極資格部分，因法院系統及層級之差異而有所不同。茲分別說明如下：

（一）普通法院系統

1. 高等法院以下各法院[33]

　　依法官法第 5 條第 1 項規定，高等法院以下各法院之法官，應就具有下列資格之一者任用之：

⑴經法官、檢察官考試及格，或曾實際執行律師業務3年以上且具擬任職務
　任用資格。但以任用於地方法院法官為限；

⑵曾任實任法官；

⑶曾任實任檢察官；

⑷曾任公設辯護人6年以上；

⑸曾實際執行律師業務6年以上，具擬任職務任用資格；

⑹公立或經立案之私立大學、獨立學院法律學系或其研究所畢業，曾任教育
　部審定合格之大學或獨立學院專任教授、副教授或助理教授合計6年以上，
　講授主要法律科目2年以上，有法律專門著作，具擬任職務任用資格。

2.最高法院[34]

　　依法官法第5條第3項規定，最高法院之法官，除法律另有規定外，應
就具有下列資格之一者任用之：

⑴曾任司法院大法官，具擬任職務任用資格；

⑵曾任懲戒法院法官；

---

33 在法官法施行前，依司法人員人事條例第9條第1項規定，地方法院或其分院法官應就具有下列資
格之一者任用之：⑴經司法官考試及格者。⑵曾任推事、法官、檢察官經銓敘合格者。⑶經律師考
試及格，並執行律師職務3年以上，成績優良，具有轉任薦任職任用資格者。⑷曾在公立或經立案
之私立大學、獨立學院法律學系或法律研究所畢業，而在公立或經立案之私立大學、獨立學院任教
授或副教授3年或助理教授5年，講授主要法律科目2年以上，有法律專門著作，經司法院審查合
格，並經律師考試及格或具有薦任職任用資格者。另依同條例第11條第1項規定，高等法院或其
分院法官應就具有下列資格之一者任用之：⑴地方法院或其分院實任法官、地方法院或其分院檢察
署實任檢察官2年以上，成績優良者⑵經律師考試及格，並執行律師職務14年以上，成績優良，
具有轉任薦任職任用資格者。

34 在法官法施行前，依司法人員人事條例第12條規定，最高法院法官、最高法院檢察署檢察官應就
具有左列資格之一者任用之：⑴曾任高等法院或其分院法官、高等法院或其分院檢察署檢察官4年
以上，成績優良，具有簡任職任用資格者。⑵曾任高等法院或其分院法官、高等法院或其分院檢察
署檢察官，並任地方法院或其分院兼任院長之法官、地方法院或其分院檢察署檢察長合計4年以
上，成績優良，具有簡任職任用資格者。⑶曾在公立或經立案之私立大學、獨立學院法律學系或法
律研究所畢業，而在公立或經立案之私立大學、獨立學院專任教授，講授主要法律科目，有法律專
門著作，經司法院或法務部審查合格，並曾任高等法院或其分院法官、高等法院或其分院檢察官，
具有簡任職任用資格者。

⑶曾任實任法官 12 年以上；

⑷曾任實任檢察官 12 年以上；

⑸曾實際執行律師業務 18 年以上，具擬任職務任用資格；

⑹公立或經立案之私立大學、獨立學院法律學系或其研究所畢業，曾任教育部審定合格之大學或獨立學院專任教授 10 年以上，講授主要法律科目 5 年以上，有法律專門著作，具擬任職務任用資格；

⑺公立或經立案之私立大學、獨立學院法律學系或其研究所畢業，曾任中央研究院研究員 10 年以上，有主要法律科目之專門著作，具擬任職務任用資格。

（二）行政法院系統

1.高等行政法院[35]

依法官法第 5 條第 2 項規定，高等行政法院之法官，應就具有下列資格之一者任用之：

⑴曾任實任法官；

⑵曾任實任檢察官；

⑶曾任法官、檢察官職務並任公務人員合計 8 年以上；

⑷曾實際執行行政訴訟律師業務 8 年以上，具擬任職務任用資格；

⑸公立或經立案之私立大學、獨立學院法律、政治、行政學系或其研究所畢業，曾任教育部審定合格之大學或獨立學院專任教授、副教授或助理教授

---

[35] 在法官法施行前，依行政法院組織法第 17 條規定，高等行政法院法官，應就具有下列資格之一，經遴選或甄試審查訓練合格者任用之：⑴曾任行政法院評事、最高行政法院法官或高等行政法院法官者。⑵曾任薦任或簡任司法官 2 年以上，或曾任薦任或簡任司法官並任薦任或簡任公務人員合計 2 年以上者。⑶曾任教育部審定合格之大學或獨立學院之教授、副教授，講授憲法、行政法、租稅法、商標法、專利法、土地法、公平交易法、政府採購法或其他主要行政法課程 8 年以上，具有薦任或簡任職任用資格者。⑷曾任中央研究院研究員、副研究員合計 8 年以上，有憲法、行政法之專門著作，並具有薦任或簡任職任用資格者。⑸曾在公立或經立案之私立大學、獨立學院法律、政治、行政學系或其研究所畢業，任薦任或簡任公務人員，辦理機關之訴願或法制業務 8 年以上者。⑹經律師考試及格，並有執行行政訴訟律師業務經驗 8 年以上，具有薦任或簡任職任用資格者。

合計 8 年以上，講授憲法、行政法、商標法、專利法、租稅法、土地法、公平交易法、政府採購法或其他行政法課程 5 年以上，有上述相關之專門著作，具擬任職務任用資格；

(6)公立或經立案之私立大學、獨立學院法律、政治、行政學系或其研究所畢業，曾任中央研究院研究員、副研究員或助研究員合計 8 年以上，有憲法、行政法之專門著作，具擬任職務任用資格；

(7)公立或經立案之私立大學、獨立學院法律、政治、行政學系或其研究所畢業，曾任簡任公務人員，辦理機關之訴願或法制業務 10 年以上，有憲法、行政法之專門著作。

2.最高行政法院[36]

依法官法第 5 條第 3 項規定，最高行政法院之法官，除法律另有規定外，應就具有下列資格之一者任用之：

(1)曾任司法院大法官，具擬任職務任用資格；

(2)曾任懲戒法院法官；

(3)曾任實任法官 12 年以上；

(4)曾任實任檢察官 12 年以上；

(5)曾實際執行律師業務 18 年以上，具擬任職務任用資格；

---

[36] 在法官法施行前，依行政法院組織法第 18 條規定，最高行政法院法官，應就具有下列資格之一，經遴選或甄試審查訓練合格者任用之：(1)曾任行政法院評事或最高行政法院法官者。(2)曾任最高法院法官、最高法院檢察署檢察官、高等行政法院法官、智慧財產法院或其分院法官、高等法院或其分院法官、高等法院或其分院檢察署檢察官 4 年以上，成績優良，具有簡任職任用資格者。(3)曾任高等行政法院法官、智慧財產法院或其分院法官、高等法院或其分院法官、高等法院或其分院檢察署檢察官，並任地方法院或其分院兼任院長之法官、地方法院或其分院檢察署檢察長合計 4 年以上，成績優良，具有簡任職任用資格者。(4)曾任教育部審定合格之大學或獨立學院之教授，講授憲法、行政法、租稅法、商標法、專利法、土地法、公平交易法、政府採購法或其他主要行政法課程 5 年以上，具有簡任職任用資格者。(5)曾任中央研究院研究員 5 年以上，有憲法、行政法之專門著作，並具有簡任職任用資格者。(6)曾在公立或經立案之私立大學、獨立學院法律、政治、行政學系或其研究所畢業，任簡任公務人員任內辦理機關之訴願或法制業務 6 年以上者。(7)經律師考試及格，並有執行行政訴訟律師業務經驗 12 年以上，具有簡任職任用資格者。

⑹公立或經立案之私立大學、獨立學院法律學系或其研究所畢業，曾任教育部審定合格之大學或獨立學院專任教授 10 年以上，講授主要法律科目 5 年以上，有法律專門著作，具擬任職務任用資格；

⑺公立或經立案之私立大學、獨立學院法律學系或其研究所畢業，曾任中央研究院研究員 10 年以上，有主要法律科目之專門著作，具擬任職務任用資格。

（三）智慧財產及商業法院系統[37]

　　依智慧財產及商業法院組織法第 14 條規定，智慧財產及商業法院法官，應就具有下列資格之一者任用之：

1. 曾任智慧財產及商業法院法官；
2. 曾任實任法官或實任檢察官；
3. 曾任法官、檢察官職務並任薦任以上公務人員合計 8 年以上；
4. 曾實際執行智慧財產或商業訴訟律師業務 8 年以上，具擬任職務任用資格；
5. 公立或經立案之私立大學、獨立學院法律、政治、行政學系或其研究所畢業，曾任教育部審定合格之大學或獨立學院專任教授、副教授或助理教授合計 8 年以上，講授智慧財產權或商事法類之相關法律課程 5 年以上，有上述相關之專門著作，具擬任職務任用資格；
6. 公立或經立案之私立大學、獨立學院法律、政治、行政學系或其研究所畢業，曾任中央研究院特聘研究員、研究員、副研究員、助研究員合計 8 年以上，有智慧財產權或商事法類之相關法律專門著作，具擬任職務任用資格；
7. 公立或經立案之私立大學、獨立學院法律、政治、行政學系或其研究所畢業，曾任簡任公務人員，辦理有關智慧財產、商業管理、證券交易或管理、期貨交易或管理之審查、訴願或法制業務合計 10 年以上，有智慧財產權或商事法類之相關法律專門著作。

---

[37] 依法官法第 5 條第 6 項規定，其他專業法院之法官任用資格另以法律定之。

三、選任方式與程序

　　依法官法第 7 條規定，初任法官者除因法官、檢察官考試及格直接分發任用外，應經遴選合格。曾任法官因故離職後申請再任者，亦同（第 1 項）。司法院設法官遴選委員會，掌理法官之遴選（第 2 項）。有關法官選任方式與程序，分為 6 種管道：1.考試任用；2.檢察官轉任；3.律師轉任；4.學者轉任；5.改任專業法院；6.再任法官等管道。

　　除藉由考試任用管道而擔任法官以外，其餘選任法官程序均經法官遴選委員會加以遴選，該委員會的重要性不言而喻。在組成依據、任期及委員人數方面，依法官法第 7 條第 2、3、4 項規定，司法院設法官遴選委員會，掌理法官之遴選，而遴選委員會，以司法院院長為當然委員並任主席，其他委員任期 2 年，得連任 1 次，名額及產生之方式如下：

1.考試院代表 1 人：由考試院推派；
2.法官代表 7 人：由司法院院長提名應選名額 3 倍人選，送請司法院人事審議委員會從中審定應選名額 2 倍人選，交法官票選；
3.檢察官代表 1 人：由法務部推舉應選名額 3 倍人選，送請司法院院長從中提名應選名額 2 倍人選，辦理檢察官票選；
4.律師代表 3 人：由律師公會全國聯合會、各地律師公會各別推舉應選名額 3 倍人選，送請司法院院長從中提名應選名額 2 倍人選，辦理全國性律師票選；
5.學者及社會公正人士共 6 人：學者應包括法律、社會及心理學專長者，由司法院院長遴聘。

　　準此，法官遴選委員會共有委員 19 人，除司法院院長為當然委員外，其他委員任期 2 年，得連任 1 次，分別由考試院代表 1 人、法官代表 7 人、檢察官代表 1 人、律師代表 3 人、學者及社會公正人士 6 人組成。其基本結構如圖 5-2 所示。

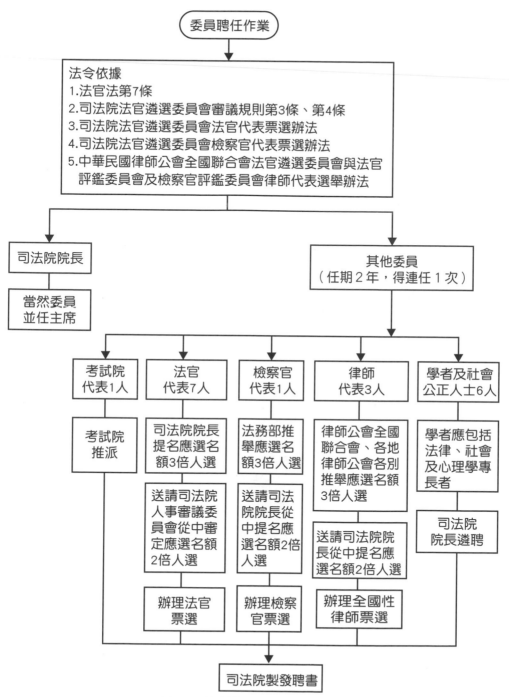

圖 5-2　法官遴選委員會成員結構38

（資料來源：司法院人事處）

再依司法院法官遴選委員會審議規則（下稱審議規則）第 2 條第 1 項規定，法官遴選委員會掌理下列事項： 1.法官之遴選 ； 2.提供司法院人事審議委員會為候補、試署法官服務成績審查之意見 ； 3.職務法庭法官、參審員之遴定。而依法官法第 8 條第 1 項規定，司法院法官遴選委員會遴選法官，應審酌其操守、能力、身心狀態、敬業精神、專長及志願。

至於法官在成為實任法官以前，須經候補、試署法官的程序（實授程序）。有關實授程序，依法官法第 9 條規定，曾實際執行律師業務 3 年以上而經遴選者，為候補法官，候補期間 5 年，候補期滿審查及格者，予以試署，試署期間 1 年。因法官、檢察官考試及格直接分發任用為法官者，亦同（第 1 項）。又曾任公設辯護人 6 年以上、曾實際執行律師業務 6 年以上或曾任學者 6 年以上、曾任法官、檢察官職務並任公務人員合計 8 年以上、曾實際執行行政訴訟律師業務 8 年以上、曾任行政法領域學者 8 年以上或曾任簡任公務人員並辦理機關之訴願或法制業務 10 年以上而經遴選者，為試署法官，試署期間 2 年 ；曾任法官、檢察官並任公務人員合計 10 年以上或執行律師業務 10 年以上者，試署期間 1 年（第 2 項）。

此外，對於候補法官、試署法官，應考核其服務成績 ；候補、試署期滿時，應陳報司法院送請司法院人事審議委員會審查。審查及格者，予以試署、實授 ；不及格者，應於 2 年內再予考核，報請審查，仍不及格時，停止其候補、試署並予以解職（法官法第 9 條第 6 項）。至於所謂服務成績項目，包括學識能力、敬業精神、裁判品質、品德操守及身心健康情形（同法第 9 條第 7 項）。而司法院人事審議委員會為服務成績之審查時，應徵詢法官遴選委員會意見 ；為不及格之決定前，應通知受審查之候補、試署法官陳述意見（同法第 9 條第 8 項）。另一方面，為審查候補、試署法官裁判或相關書類，應組

38　http://www.judicial.gov.tw/work/work09.asp（最後瀏覽日：2015 年 5 月 20 日）。部分網頁內容因網站資料更新而無法查詢，附此說明。

成審查委員會，其任期、審查標準等由司法院另定之（同法第 9 條第 9 項）。候補、試署法官，於候補、試署期間辦理之事務、服務成績考核及再予考核等有關事項之辦法，亦由司法院定之（同法第 9 條第 10 項）。

　　有關法官選任方式，其 6 種管道分述如下：

（一）考試任用

1.考試方式

　　法官、檢察官考試，係以公務人員特種考試司法官考試之方式舉行，並採合考合訓模式。以往乃分為筆試及口試二階段，自 2011 年起，共分三試依序進行[39]。第一試、第二試為筆試，第三試為口試，如未通過前一階段考試，即不得參加後一階段考試，且第一試、第二試錄取資格均不得保留。

⑴應考資格

　　有關公務人員特種考試司法官考試的應考資格，依公務人員特種考試司法官考試規則第 3 條規定，中華民國國民，年滿 18 歲以上，55 歲以下，具下列資格之一，且無依法不得應國家考試之情事者，得應該考試：

A.公立或立案之私立獨立學院以上學校或符合教育部採認規定之國外獨立學院以上學校政治、法律、行政各系、組、所、學位學程畢業得有證書。

B.公立或立案之私立獨立學院以上學校或符合教育部採認規定之國外獨立學院以上學校相當系、組、所、學位學程畢業得有證書，並曾修習獨立學院以上學校憲法、行政法、民法、民事訴訟法、刑法、刑事訴訟法、商事法等科目 2 科以上（每科 2 學分以上）課程。

C.經高等考試或相當高等考試之特種考試司法行政職系各類科考試及格。

D.經普通考試或相當普通考試之特種考試司法行政職系各類科考試及格滿 3 年。

E.經高等檢定考試司法官或法務類考試及格。

---

[39] 司法官考試制度改進一覽表，請參見表 5–1。

依同規則第 4 條規定，本考試分三試舉行，第一試及第二試為筆試，第三試為口試。第一試錄取者，得應第二試；第二試錄取者，得應第三試。又依同規則第 9 條規定，本考試以應考人第二試與第三試成績合併計算為總成績，並依需用名額擇優錄取。但第三試口試成績未滿 60 分或缺考者，不予錄取。

(2)應試科目

依同規則第 5 條第 1 項規定，本考試第一試應試科目 2 科如下：

A.綜合法學（一）：憲法、行政法、刑法、刑事訴訟法、國際公法、國際私法、法律倫理。

B.綜合法學（二）：民法、民事訴訟法、公司法、保險法、票據法、強制執行法、證券交易法、法學英文。

本考試第二試應試科目 5 科如下：

A.憲法與行政法。

B.民法與民事訴訟法。

C.刑法與刑事訴訟法。

D.公司法、保險法與證券交易法。

E.國文（作文）。

表 5–1　2011 年司法官考試制度改進一覽表

年度／項目	2010 年之前	自 2011 年起
第一試考試科目	普通科目： （一）中華民國憲法與英文。 （二）國文（作文、公文與測驗）。 專業科目： （一）民法。 （二）刑法。	測驗式試題，應試科目 2 科，各 300 分。 一、綜合法學（一），包括憲法 40 分、行政法 70 分、刑法 70 分、刑事訴訟法 50 分、國際公法 20 分、國際私法 20 分、法

	（三）民事訴訟法。 （四）刑事訴訟法。 （五）商事法。 （六）強制執行法與國際私法。 （七）行政法。	律倫理 30 分。 二、綜合法學（二），包括民法 100分、民事訴訟法 60 分、公司法30 分、保險法、票據法、強制執行法、證券交易法各 20 分、法學英文 30 分。
第二試	口試	一、應試科目 5 科：憲法與行政法200 分、民法與民事訴訟法300 分，刑法與刑事訴訟法200 分、公司法、保險法與證券交易法 100 分、國文 100分，合計 900 分。 二、採申論式試題。
第三試	無	口試
錄取標準	一、第一試（筆試）及第二試（口試）成績合併為考試總成績；筆試成績占總成績 90%，口試成績則占 10%。 二、筆試普通科目每科占分 10%，2 科共占 20%；專業科目 7 科共占 80%，合計為筆試成績。 三、依需用名額擇優錄取。 四、筆試成績有 1 科為零分，或總成績未滿 50 分，或專業科目平均成績未滿 50 分，或口試成績未滿 60 分者，均不予錄取。	一、第一試及第二試錄取資格均不予保留。第一試筆試成績不計入考試總成績，第二試筆試與第三試口試成績合併計算為考試總成績。 二、第一試錄取人數按應考人第一試成績高低順序，以全程到考人數前 33% 為錄取；第二試錄取人數按應考人第二試成績高低順序，依需用名額加 20% 擇優錄取，並進行第三試口試；嗣依應考人考試總成績並依需用名額擇優錄取。 三、第二試有 1 科目成績為零分或第三試口試成績未滿 60 分或缺考者，均不予錄取。

（資料來源：本書自製）

⑶及格率

　　有關司法官特考各試（2010 年以前舉行二試，自 2011 年起舉行三試）之及格率或錄取率，考選部網站均有公開數據[40]，足資參考。

⑷考選部改革方案

　　依據考選部所規劃「司法官考試二階段改進方案」，其概況如下：第一階段係自 2011 年 1 月 1 日公務人員特種考試司法官考試規則及修正後之專門職業及技術人員高等考試律師考試規則施行之日起，司法官考試及律師考試之筆試均改採二試，司法官考試口試則為第三試。第二階段原預計於 2014 年前完成高等考試法官檢察官律師考試條例之立法，正式改採法官檢察官律師三合一考試；而如上所述，考試院所研擬「法律專業人員資格及任用條例」草案，於 2022 年 1 月間，始經行政院會通過，尚待立法院審議，仍未完成立法。

2.養成教育

　　依司法人員人事條例第 27 條規定，有關司法官特考錄取人員的訓練，係由法務部司法官訓練所（現改稱「法務部司法官學院」，下稱「司法官學院」）辦理。受訓學員在訓練期滿而成績及格時，在第 32 期（1994 年結業）以前，係以其結業名次為基準，如屬逢 3 的倍數，即分發為候補檢察官，其餘則分發為候補法官。其後，自第 32 期起，改為按名次順序，以 3 人為一組，其中 2 名候補法官、1 名候補檢察官，同組學員得彼此協調而更改分發志願。自第 39 期起，復改依志願、名次而選填志願為候補法官或候補檢察官。

（二）**檢察官轉任**

　　1980 年以前，曾因法官人事問題而遲未實行「審檢分隸」，在「審檢分隸」以後，行政院及司法院於 1982 年會同訂頒「推事檢察官互調辦法」（現

---

[40] 考選部網站，https://wwwc.moex.gov.tw/main/ExamReport/wFrmExamStatistics.aspx?menu_id=158（最後瀏覽日：2022 年 3 月 24 日）。

改稱「法官檢察官互調辦法」）。依統計資料，2001 至 2010 年間共有 221 名檢察官申請轉任，其中 93 人通過（法官、檢察官互調人數統計表，請參見表5-2），通過率為 42%。

表 5-2　法官、檢察官互調人數統計表[41]

年度	檢察官請調法官		法官請調檢察官	
	申請人數	通過人數	申請人數	通過人數
1991	13	6	6	5
1992	6	4	15	5
1993	9	5	18	6
1994	6	3	29	3
1995	21	11	25	2
1996	16	9	11	1
1997	14	3	18	2
1998	33	16	14	2
1999	34	21	9	2
2000	33	26	7	2
2001	37	15	4	2
2002	35	11	3	1
2003	23	7	2	0
2004	22	7	1	1
2005	17	8	4	4

[41] http://www.judicial.gov.tw/work/work09.asp（最後瀏覽日：2015 年 5 月 20 日）。因司法院網站無法查詢自 2012 年起之相關資料，故本文統計範圍僅至 2011 年止；且部分網頁內容亦因網站資料更新而無法查詢，附此說明。

2006	7	1	5	3
2007	14	7	7	4
2008	14	7	1	0
2009	16	11	0	0
2010	36	19	3	2
2011	29		2	
合計	435	197	184	47

（資料來源：司法院人事處）

　　因此，檢察官轉任法官的管道，基本上尚屬順暢。以下分就遴選與職前訓練加以說明：

1.遴選程序

　　依法官檢察官互調辦法[42]第 8 條規定，連續任法官或檢察官 4 年以上者（含候補法官或候補檢察官及其年資），得請求調任同級檢察官或法官。依現行遴選實務，於檢察官提出調任法官申請時，司法院先組成面談小組進行初步審查，並提供相關資料供審查，包括法官對於申請人擔任檢察官期間的評量資料，及申請人曾任職地區法院院長的考評意見。如通過審查，再由司法院與法務部共同召開法官檢察官互調協調小組會議，以確定互調名單。最後再送請司法院人事審議委員會審查，通過後再派任為法官。

2.職前訓練

　　檢察官在分發任職前，均與法官相同，曾完成司法官學院的司法官班訓練，故申請轉任法官時，不需另行法官職前訓練，且其轉任前的檢察官服務年資亦予併計。

---

[42] 「法官檢察官互調辦法」業於 2012 年廢止。

（三）律師轉任

依 2013 年發布的「遴選未具擬任職務任用資格人員轉任法官辦法」[43]（下稱「遴選辦法」）第 9 條規定，實際執行律師業務特定年限以上者，於取得參加法官遴選資格後，得藉由下列方式轉任法官：1.參加司法院公開甄試；2.自行申請轉任法官；3.司法院主動推薦轉任法官。有關律師轉任法官遴選作業程序，及法官法施行後律師轉任法官之統計分析（公開甄試、自行申請），司法院均定期公告相關資訊[44]，足供參考[45]。

（四）學者轉任

1.遴選程序

依遴選辦法第 14 條規定，教授、副教授、助理教授（下稱學者）轉任法官之方式有二：⑴自行申請轉任法官；⑵司法院主動推薦轉任法官。

⑴自行申請轉任法官

自行申請轉任法官的學者，應自公立或經立案之私立大學、獨立學院法律學系或其研究所畢業，並曾任教育部審定合格之大學或獨立學院專任教授、副教授或助理教授合計 6 年以上，講授主要法律科目 2 年以上，有法律專門著作者，而於取得參加法官遴選資格後，得自行申請轉任法官（第 14 條第 1 項）。

⑵司法院主動推薦轉任法官

公立或經立案之私立大學、獨立學院法律學系或其研究所畢業，曾任教

---

[43] 為執行司法人員人事條例所定律師學者轉任法官事宜的事項，司法院原訂定「司法院遴選律師、教授、副教授、助理教授、講師轉任法院法官審查辦法」，因各界希望具豐富法庭實務經驗及法學素養佳的律師轉任法官，乃於 2011 年 3 月廢止該辦法，另制定遴選辦法，以放寬律師轉任法官公開甄試的執行律師職務年資，並明定年資為須具「實際」執行律師職務 3 年以上的資歷。

[44] 司法院網站，https://www.judicial.gov.tw/tw/cp-113-81110-eee1b-1.html（最後瀏覽日：2022 年 3 月 24 日）。

[45] 法官法施行後，2012–2018 年律師轉任法官公開甄試部分，共有 323 人申請並符合應試資格，其中僅有 49 人經遴選合格。司法院網站，https://www.judicial.gov.tw/tw/cp-113-81110-eee1b-1.html（最後瀏覽日：2022 年 3 月 24 日）。

育部審定合格之大學或獨立學院專任教授 10 年以上，講授主要法律科目 5 年以上，有法律專門著作，且聲譽卓著或在法律學術領域有具體貢獻者（以下簡稱資深優良專任教授），於取得參加法官遴選資格後，得經司法院主動推薦轉任法官（第 14 條第 2 項）。

2. 職前訓練

　　學者在臺灣社會中享有較尊崇地位，而相較於公務機關，學術環境的自由度較高，法官職位對於學者的吸引力不足，故迄今似尚無學者申請轉任，司法院亦未規劃相關職前訓練。

（五）改任專業法院

　　有關專業法院法官改任遴選部分，分為三類：1. 行政法院法官；2. 智慧財產及商業法院法官；3. 少年法院法官。但因少年法院法官遴選僅限現職法官方得申請，故僅就前兩類加以介紹：

1. 行政法院法官

　　依行政法院組織法第 17 條及第 18 條規定，高等行政法院及最高行政法院法官的選任，如係現任法官及檢察官改任，須由司法院組成遴選委員會遴選，並在任用前施以在職訓練，始得派任。此外，尚得由具有該法所定資格的教授、副教授、研究員、副研究員、薦任或簡任公務人員及律師轉任。於具備上述資格人員提出申請後，即啟動甄試程序，亦即先作品德調查，並得請申請人曾任職機關（構）、學校或登錄地區的律師公會提供相關資料或表示意見，再於筆試及格後，召開口試審查會。如經轉任甄試審查合格，在接受職前研習合格後予以任用。

　　自 2000 年 7 月 1 日行政法院改制為二級二審後，共計辦理 5 次甄試審查[46]，僅 1 位薦任公務員通過遴選，而轉任行政法院法官。

---

[46] 因報名人次逐次銳減，無益於司法資源，故自 2006 年起即予停辦。

2.智慧財產及商業法院法官

依智慧財產及商業法院組織法第 14 條規定,智慧財產及商業法院法官的選任,亦得由具有該法所定資格的教授、副教授、研究員、副研究員、助研究員、簡任公務人員及律師轉任。於具備上述資格人員提出申請後,即啟動甄試程序,亦即經司法院甄試審查委員會甄試審查合格,並經職前研習訓練合格後,始予任用。

(六) 再任法官

依法官遴選辦法第 2 條第 1 項規定,曾任法官因故離職後申請再任者,應經法官遴選委員會遴選合格。同時,申請再任者,以任離職前同審級或下級審法院法官為限（同辦法第 20 條第 2 項）。

肆、法官培養制度

一、前言

有關法官培養制度,分為職前教育及在職教育兩部分。職前教育由法務部司法官學院負責,在職教育則由司法院法官學院掌理。由歷史發展縱軸觀察,中華民國成立後,在北京政府時期,曾於 1914 年至 1921 年,在司法部設立「司法講習所」,殆屬司法官訓練機構的濫觴,並於 1926 年至 1928 年,另曾開辦「司法儲才館」、「法官學校」。在國民政府奠都南京後,曾於 1929 年至 1943 年,在當時隸屬司法院的司法行政部設立「法官訓練所」,該所在 1943 年司法行政部改隸行政院以後停辦,另在同年開辦「中央訓練團」。自 1944 年至 1948 年,在中央政治學校（後改稱「國立政治大學」）設「法官訓練班」,對於具有司法官資格人員進行培訓;同時,自 1940 年 8 月起,該校公務員訓練部設有高等科司法組,即對於高等考試司法官考試錄取人員進行培訓[47]。

---

[47] 參閱法務部司法官學院,法務部司法官學院院誌,頁 8–10,2019 年 1 月。

　　國民政府遷臺後，1950 年至 1954 年間，司法行政部曾舉辦「司法人員訓練班」，其中設有司法官組，針對當時任職臺灣各法院及大陸來臺的司法官，連同司法官考試錄取人員，進行為期 2 個月的短期訓練。1955 年初，司法行政部為加強司法組織，並配合考試制度、培養司法人才，乃在「司法人員訓練班」原址設立「司法行政部司法官訓練所」。該所在 1980 年改稱「法務部司法官訓練所」，並自 2013 年 7 月起改稱「法務部司法官學院」。就訓練期間而言，第一、二期[48]為 1 年，自第三期起[49]改為 1 年 6 個月，但亦得因業務需要而變更訓練期間（例如：第 17 至 20 期縮短為 1 年 2 個月，第 29 期縮短為 1 年 4 個月）。

二、職前教育

　　依公務人員特種考試司法官考試規則第 10 條第 1 項規定，本考試錄取人員須經訓練。訓練期滿成績及格，送由公務人員保障暨培訓委員會核定，始完成考試程序，報請考試院發給考試及格證書，並由司法院或法務部依次派用。目前由法務部司法官學院主導的職前教育，共分為三階段，詳請參見法務部司法官學院網站之相關介紹[50]。

48　第一期結訓人員，包括以前三名成績結業的楊建華（1927–1998，曾任司法院大法官）、王甲乙（1926–2015，曾任最高法院院長）及鄭健才（1925–2017，曾任司法院大法官），三人曾合著《民事訴訟法釋論》一書，在司法界傳為佳話。另同期結業的黃尊秋 (1923–2000) 曾任監察院院長，林明德 (1931–) 亦曾任最高法院院長。第二期結訓人員，包括曾任大法官的陳瑞堂 (1928–2010)。

49　第三期結訓人員，包括葛義才（1928–2016，曾任最高法院院長）及鍾曜唐（曾任最高行政法院院長）。第四期結訓人員，包括曾任大法官的孫森焱 (1933–2022)、第一位臺籍女大法官楊慧英 (1934–)。第五期結訓人員，包括朱石炎（1938–，曾任法務部司法官訓練所所長、司法院秘書長）、林永謀（1938– ，曾任司法院大法官）、陳計男（1937–2019，曾任司法院大法官）。

50　法務部司法官學院網站，https://www.tpi.moj.gov.tw/290822/290842/290871/583039/post（最後瀏覽日：2022 年 2 月 12 日）。

三、在職教育

　　考試任用的初任法官，往往較為年輕、充滿活力，體力上較能勝任繁重審判工作的挑戰，同時一般多對司法工作懷抱理想而富有正義感，不易受世俗人情因素影響，但或因涉世未深，社會閱歷不足，常引發外界對其是否足堪承擔審判重任的疑慮。為使初任法官歷練不同事務，累積不同領域的實務經驗，以逐漸培養妥適的判斷能力，法官法第 9 條第 3 項規定，初任法官的候補法官於候補期間，輪辦下列事務：

1. 調至上級審法院辦理法院組織法第 34 條第 3 項、行政法院組織法第 10 條第 5 項之事項，期間為 1 年；
2. 充任地方法院合議案件之陪席法官及受命法官，期間為 2 年；
3. 獨任辦理地方法院少年案件以外之民刑事有關裁定案件、民刑事簡易程序案件、民事小額訴訟程序事件或刑事簡式審判程序案件，期間為 2 年。

　　此外，法官於在職期間不斷充實專業學識、經驗，攸關審判品質的確保及提升，而持續接受在職教育即為其中關鍵。司法院於 2001 年設立「司法院司法人員研習所」，成為法官在職教育的常設機構。法官法施行後，更明定法官在職進修的義務，依同法第 81 條規定，法官每年度應從事在職進修（第 1 項）。司法院應逐年編列預算，遴選各級法院法官，分派國內外從事司法考察或進修（第 2 項）。準此，為因應法官法施行後，法官進修人數增加，並將進修機構提升為具有獨立研究能力，以發展有關研習、進修業務，並與國際、國內之學術研究機構或司法機關進行交流，該所於 2013 年 7 月 1 日改制更名為「法官學院」[51]。

　　同時，為鼓勵法官進修，開拓或深化專業學養，法官法第 82 條第 1 項規

---

[51] 法官學院網站，https://tpi.judicial.gov.tw/tw/cp-1923-54484-62254-041.html（最後瀏覽日：2022 年 2 月 12 日）。

定，實任法官每連續服務滿 7 年，得提出具體研究計畫，向司法院申請自行進修 1 年，進修期間支領全額薪給，期滿 6 個月內應提出研究報告。另一方面，實任法官亦得依同法第 83 條規定，於任職期間向司法院提出入學許可證明文件，聲請留職停薪而於大學等學術機構進修（第 1 項）。留職停薪期間，除經司法院准許外，以 3 年為限（第 2 項）。

伍、法官晉升制度

一、前言

依臺灣司法體系，法院在層級上分為地方法院、高等法院及最高法院，且受歐陸法系傳統的影響，法官來源主要以考試任用為主，並須經候補法官、試署法官及實任法官之實授程序，此種職業法官體系，通常以年資及職務表現作為晉升的考核標準，並依地方、高等及最高法院的層級而逐次調升。

在法官法施行以前，因受公務人員法規的限制，不同層級法官職位均有相應的公務員職等，地方法院法官的職等有其上限，造成資深法官傾向調往上級審法院的趨勢。簡言之，地方法院法官原設為薦任第 8 職等至簡任第 11 職等，高等法院法官為簡任第 12 職等至第 14 職等，而因法官之薪水與相關權利受其職等之影響，致地方法院法官常爭取調升至高等法院，形成基層法官多為經驗與資歷較淺的法官。同時，審級制度之目的在於使人民對訴訟結果有救濟機會，並非以審級為決定法官職等與薪水的標準。

基於上述，在全國司法改革會議以後，為鼓勵資深法官留任地方法院，乃修改法院組織法規定，使地方法院法官的職等得以達到文官體系的最高等級（第 14 職等）。而在法官法施行以後，有關法官人事制度的規範，多在該法中設有具體規定，誠屬法官人事制度的重要里程碑。

二、初任法官

（一）考試任用

依法官法第 9 條第 1 項規定，因法官、檢察官考試及格直接分發任用為法官者，為候補法官，候補期間 5 年；候補期滿審查及格者，予以試署，試署期間 1 年；試署期滿，即為實任法官。此項依年資及服務成績考核的候補、試署、實任程序，雖非傳統意義上的層級升遷，但在廣義上亦得歸類為「晉升」的一種。

（二）遴選轉任

依法官法第 9 條第 2 項規定，具有：1.曾任公設辯護人 6 年以上；2.曾實際執行律師業務 6 年以上，具擬任職務任用資格；3.公立或經立案之私立大學、獨立學院法律學系或其研究所畢業，曾任教育部審定合格之大學或獨立學院專任教授、副教授或助理教授合計 6 年以上，講授主要法律科目 2 年以上，有法律專門著作，具擬任職務任用資格；4.公立或經立案之私立大學、獨立學院法律學系或其研究所畢業，曾任中央研究院研究員、副研究員或助研究員合計 6 年以上，有主要法律科目之專門著作，具擬任職務任用資格，並經遴選者，為試署法官，試署期間 2 年。曾任法官、檢察官並任公務人員合計 10 年以上或執行律師業務 10 年以上者，試署期間 1 年。

三、晉升資格條件

有關法官的晉升，如由行政監督及法院層級的角度分析，得分為法官在同層級中承擔較重行政責任（庭長遴任），及法官由較低層級調升較高層級法院（審級調升）。依法官法第 10 條第 2 項規定，各法院庭長之遴任，其資格、程序等有關事項之辦法，由司法院定之，司法院據此訂定法院庭長遴任辦法（下稱「庭長遴任辦法」）。又依同條第 1 項規定，法官之遷調改任，應本於法官自治之精神辦理；其資格、程序、在職研習及調派辦事等有關事項之辦

法，由司法院會同考試院定之，司法院據此訂定法官遷調改任辦法（下稱「法官遷調辦法」）。

（一）庭長遴任

依法院庭長遴任辦法第 4 條規定，法官最近 5 年曾受懲戒處分，或記過以上之懲處處分，或司法院院長依法官法第 21 條第 1 項所為職務監督處分者，不予遴任為庭長。

同時，同辦法又因不同法院庭長而設定擇優遴任之原則。

1.一審法院庭長（同辦法第 5 條）

一審法院庭長應就具有下列各款資格之一者，擇優遴任：

⑴曾任一審法院院長、庭長，或二審法院院長、庭長、實任法官，或三審法院庭長、法官，或由法官轉任之司法行政人員、特任人員或其他法律明定年資及待遇依相當職務之法官、檢察官列計之人員。

⑵現任一審法院實任法官。

2.高等法院及其分院庭長（同辦法第 6 條）

高等法院及其分院庭長應就具有下列各款資格之一者，擇優遴任：

⑴曾任一審法院院長，或二審法院院長、庭長，或三審法院庭長、法官，或由法官轉任之司法院副秘書長、各廳處長、司法院司法人員研習所所長、特任人員或其他法律明定年資及待遇依相當職務之法官、檢察官列計之人員。

⑵現任高等法院及其分院實任法官 1 年以上，並曾任二審法院法官合計 4 年以上。

3.高等行政法院庭長（同辦法第 7 條）

高等行政法院庭長應就具有下列各款資格之一者，擇優遴任：

⑴曾任一審法院院長，或二審法院院長、庭長，或三審法院庭長、法官，或由法官轉任之司法院副秘書長、各廳處長、法官學院院長、特任人員或其他法律明定年資及待遇依相當職務之法官、檢察官列計之人員，並具改任

行政法院法官資格。

⑵現任高等行政法院實任法官 1 年以上，並曾任二審法院法官合計 4 年以上。

4.智慧財產及商業法院庭長（同辦法第 8 條）

智慧財產及商業法院之智慧財產法庭庭長、商業法庭庭長，應就具有下列各款資格之一者，分別擇優遴任：

⑴曾任一審法院院長，或二審法院院長、庭長，或三審法院庭長、法官，或由法官轉任之司法院副秘書長、各廳處長、法官學院院長、特任人員或其他法律明定年資及待遇依相當職務之法官、檢察官列計之人員，並具改任智慧財產及商業法院智慧財產法庭法官或商業法庭法官資格。

⑵現任智慧財產及商業法院智慧財產法庭實任法官 1 年以上，並曾任二審法院法官合計 4 年以上。

⑶現任智慧財產及商業法院商業法庭實任法官 1 年以上，並曾任二審法院法官合計 4 年以上（第 1 項）。

曾任二審法院法官合計 4 年以上，並具改任智慧財產及商業法院商業法官資格者，得擇優遴任為首屆智慧財產及商業法院商業法庭庭長，不受前項第 3 款之限制（第 2 項）。

5.最高法院庭長（同辦法第 9 條）

最高法院庭長應就具有下列各款資格之一者，擇優遴任：

⑴曾任二審法院院長，或三審法院庭長，或由法官轉任之司法院副秘書長、法官學院院長或特任人員。

⑵現任最高法院法官 1 年以上，並曾任三審法院法官合計 5 年以上。

6.最高行政法院庭長（同辦法第 10 條）

最高行政法院庭長應就具有下列各款資格之一者，擇優遴任：

⑴曾任二審法院院長，或三審法院庭長，或由法官轉任之司法院副秘書長、法官學院院長或特任人員，並具改任行政法院法官資格。

⑵現任最高行政法院法官 1 年以上，並曾任三審法院法官合計 5 年以上。

（二）審級調升

　　由於審級調升涉及法官遷調的限制，而依法官遷調改任辦法第 5 條第 1 項規定，法官有下列情形之一者，得不予遷調：

1. 辦理逾 5 年未結之遲延案件或重大、矚目案件尚未審結。但已能預定於一定期間內審結者，得延展其報到日期；
2. 最近 2 年曾因辦理案件、宣示裁判或交付裁判原本顯有不當稽延，經通知於相當期限內改善而仍未改善；
3. 自年度調動日起回溯 5 年內經司法院人事審議委員會決議地區調動 2 次以上；
4. 依各級法院法官辦理民刑事與行政訴訟及特殊專業類型案件年度司法事務分配辦法，或其所屬法院事務分配相關規定，已不得變更院內現辦事務；
5. 依本法第 82 條第 1 項規定帶職帶薪自行進修期滿後應繼續服務期間尚未屆滿。

　　依同辦法第 7 條規定，二審法院法官應就具有下列資格者，擇優遴選：

1. 現職實任法官。
2. 最近 5 年未受懲戒處分，或記過以上之懲處處分，或司法院院長依法官法第 21 條第 1 項所為職務監督處分。

　　此外，依同辦法第 9 條規定，三審法院法官及懲戒法院法官應就具有下列各款資格者，擇優遴選：

1. 現職實任法官 12 年以上。
2. 最近 5 年未受懲戒處分，或記過以上之懲處處分，或司法院院長依法官法第 21 條第 1 項所為職務監督處分。

四、晉升方式與程序

　　法官的晉升方式與程序，得分為庭長遴任及審級調升兩大類型，以下分別說明。

（一）庭長遴任

依法院庭長遴任辦法第 11 條規定，一、二審法院庭長之遴任，由司法院將符合第 5 條至第 7 條各條第 2 款、第 8 條第 1 項第 2 款、第 3 款所定遴任資格者，參酌法務部司法官學院司法官班結業期別，按其選定參加票選及推薦之事務類別分別造具名冊，逐送冊列人員所屬法院及直接上級審法院辦理票選，並送司法院指定之所在地律師公會辦理推薦。但冊列人員填具聲明書放棄參加票選及推薦者，不列入上開名冊。此外，司法院得視法院業務需要，將符合本辦法所定一、二審法院庭長遴任資格且志願調任人員名冊，送請所屬法院及擬補職缺法院表示意見。司法院院長得參考票選及上開徵詢結果，並審酌情形，擬具與擬補職缺同額之遴調名單，提請司法院人事審議委員會審議。

依同辦法第 12 條規定，最高法院、最高行政法院庭長之遴任，應由司法院將符合第 9 條第 2 款、第 10 條第 2 款所定遴任資格者，參酌法務部司法官學院司法官班結業期別，按其選定參加票選之事務類別分別造具名冊，逐送最高法院、最高行政法院辦理票選。但冊列人員填具聲明書放棄參加票選者，不列入上開名冊。此外，司法院得視法院業務需要，將符合本辦法所定三審法院庭長遴任資格且志願調任人員名冊，送請所屬法院及擬補職缺法院表示意見。司法院院長得參考上開徵詢結果，並審酌情形，擬具與擬補職缺同額之遴調名單，提請司法院人事審議委員會審議。

（二）審級調升

依法官遴調改任辦法第 10 條規定，首次調任二審法院法官之遴選，應由司法院將符合第 7 條所定資格者，參酌法務部司法官學院司法官班結業期別，按其選定參加票選及推薦之事務類別分別造具名冊，逐送冊列人員所屬法院及直接上級審法院辦理票選，並送經司法院指定之所在地律師公會辦理推薦。冊列人員填具聲明書放棄參加票選及推薦者，不列入上開名冊。同時，司法院院長就符合第 7 條所定資格人員中，得參考票選、推薦及法院意見，並審

酌情形,擬具與擬補職缺同額之遷調名單,提請司法院人事審議委員會審議。

此外,依同辦法第 11 條規定,三審法院法官之遴選,應由司法院將符合第 9 條所定資格者,參酌法務部司法官學院司法官班結業期別,按其選定參加票選之事務類別分別造具名冊,逕送最高法院、最高行政法院辦理票選。但冊列人員填具聲明書放棄參加票選者,不列入上開名冊。同時,司法院院長就第 9 條所定資格人員中,得參考票選及法院意見,並審酌情形,擬具與擬補職缺同額之遷調名單,提請司法院人事審議委員會審議。

陸、從律師及其他法律專業人士選任法官制度

一、前言

自法官法於 2012 年施行以後[52],有關從律師及其他法律專業人士選任法官制度,在第 5 條以下設有具體規定,成為法官多元任用制度的法律基礎。尤其在政策上,主要規劃由有相當閱歷的律師轉任法官,以逐步達成法官法所設計法官任用多元化的目標。

(一)背景

有關法官的任用,早期係以司法官考試及格而分發任用為主,並以檢察官轉任法官為輔,由於法官、檢察官的考選任用背景類似,致遭外界質疑為「院檢一家」。此外,經司法官考試及格而分發任用者,大多年齡尚輕、社會閱歷不足,外界對其判斷能力、裁判品質,多有疑慮,致影響人民對司法的信任。在法官法施行以前,司法人員人事條例為規範法官人事資格的重要法律,其中雖明定符合特定資格的律師或學者得任用為法官,但以此管道任用者,為數甚少。

---

[52] 法官法於 2011 年 7 月 6 日經公布全文 103 條;除第 5 章法官評鑑自公布後半年施行、第 78 條自公布後 3 年 6 個月施行外,自公布後 1 年(2012 年 7 月 6 日)施行。

　　為改善上述現象，法官法乃於第 5 條設計法官多元任用的規範，引進遴選法官的相關制度，而該法對於遴選不同資格者轉任法官，固未明定進用比例，但因立法院審議通過法官法時，另作成「自本法施行屆滿 10 年起，依第 5 條第 1 項第 1 款考試進用法官占當年度需用法官總人數之比例，應降至百分之 20 以下」之附帶決議，故自法官法施行後，經法官、檢察官考試（司法官特考）及格而擔任法官的人數，其比例將逐年降低。

（二）對象

　　法官法為發揮法官多元任用制度的功能，於第 5 條中對於「未具擬任職務任用資格」之大法官、律師及學者（含教授、副教授、助理教授及中央研究院研究員、副研究員、助研究員），特別規定其擬任職務任用資格取得的考試，得採筆試、口試及審查著作發明、審查知能有關學歷、經歷證明之考試方式行之，考試辦法由考試院定之（第 7 項）。但上述任用資格考試及格者，僅取得參加司法院所承辦法官遴選的資格，並非當然取得法官任用資格（第 8 項）。至於法官遴選的標準、程序、被遴選人員年齡的限制及其他應遵行事項的辦法，由司法院會同考試院定之（第 9 項）。

（三）法令依據

　　由於法官法第 8 條第 2 項規定：「已具擬任職務任用資格之法官之遴選，其程序、法官年齡限制等有關事項之辦法，由司法院定之」，司法院乃據以發布下列法規：

1. 法官遴選辦法：2012 年 8 月發布本辦法，並曾修正部分條文，據以辦理具擬任職務任用資格的律師、學者、大法官、公設辯護人、檢察官轉任法官及法官再任的遴選。

2. 未具擬任職務任用資格者取得法官檢察官遴選資格考試辦法：考試院於 2012 年 7 月發布本辦法，應注意的是，依本辦法而通過考試的未具擬任職務任用資格的司法院大法官、律師及學者等人員，僅取得參加由考試院委託司法院辦理法官遴選的資格。

3.遴選未具擬任職務任用資格人員轉任法官辦法：司法院會同考試院於 2013
年 4 月發布本辦法，據以辦理未具擬任職務任用資格人員轉任法官的相關
程序。

依司法院的規劃，推動資深優良律師、學者轉任法官，屬於重要政策目
標，以落實法官多元任用制度。同時，法官法雖定有法官多元任用制度，以
從律師及其他法律專業人士選任法官，但自法官法施行後，實際上以律師申
請轉任法官為主，以下即以此為主要論述對象。

二、選任資格條件

律師申請轉任法官的資格條件，首先須具有「實際」執行律師業務 3 年
以上年資[53]。所謂實際執行律師業務年資，係指經律師職前訓練及格而取得
合格證書，具備律師執業資格後，曾於全國任一法院登錄並加入任一律師公
會後，其「實際」執行律師業務的年資。在計算此種資格條件時，並不含擔
任法官助理、司法事務官或檢察事務官期間，得計入其律師的執業年資（至
於擔任法官助理、司法事務官或檢察事務官年資，僅得於錄取後，計入縮短
職前研習期間[54]、縮短試署期間[55]及採計起敘待遇[56]等）。而依法官遴選辦法
第 22 條規定，申請人於具律師資格後擔任公設辯護人者，其擔任公設辯護人
之年資，視同實際執行律師業務之年資。

---

[53] 法官法第 5 條第 1 項第 1 款規定：「經法官、檢察官考試及格，或曾實際執行律師業務 3 年以上且
具擬任職務任用資格。但以任用於地方法院法官為限」。

[54] 法官法第 8 條第 3 項規定：「經遴選為法官者，應經研習；其研習期間、期間縮短或免除、實施方
式、津貼、費用、請假、考核、獎懲、研習資格之保留或廢止等有關事項之辦法，由司法院定之」，
司法院依授權規定，於2012 年 6 月發布「遴選法官職前研習辦法」。

[55] 法官法第 9 條第 2 項規定：「具第 5 條第 1 項第 4 款至第 7 款、第 2 項第 4 款至第 8 款資格經遴選
者，為試署法官，試署期間 2 年；曾任法官、檢察官並任公務人員合計 10 年以上或執行律師業務
10 年以上者，試署期間 1 年」。

[56] 法官法第 71 條第 5 項規定：「律師、教授、副教授、助理教授及中央研究院研究員、副研究員、助
研究員轉任法官者，依其執業、任教或服務年資 6 年、8 年、10 年、14 年及 18 年以上者，分別自
第 22 級、21 級、20 級、17 級及第 15 級起敘」。

其次，須視申請人是否具有擬任職務任用資格，而依照不同管道轉任。所謂具有擬任職務任用資格，係指依法官法施行細則第 5 條第 2 項規定，符合下列資格之一者：

1. 經公務人員高等考試或公務人員特種考試相當等級考試及格。
2. 經專門職業及技術人員高等考試律師考試及格，比照專門職業及技術人員轉任公務人員條例規定得轉任薦任官等職務之資格。
3. 具公務人員薦任官等以上資格，經銓敘合格。

　　如未具有擬任職務任用資格者，則須經過考選部舉辦之「擬任職務任用資格考試」後，依照相關管道參加法官遴選。

三、選任方式與程序

（一）法官遴選委員會

　　依法官法規定，申請轉任法官的人員，須由法官遴選委員會審議合格。而依同法第 8 條第 1 項規定，法官遴選委員會遴選法官，應審酌其操守、能力、身心狀況、敬業精神、專長及志願。為使該會在遴選時能有實質審查的完整資訊，申請人各項資料在提會審議前均經廣泛調查。

（二）律師轉任法官之程序及途徑

　　依法官法及法官遴選辦法相關規定，以圖 5-3 說明律師轉任法官的程序：

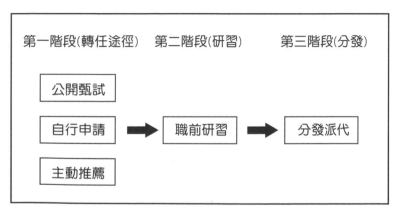

第一階段(轉任途徑)　　第二階段(研習)　　　第三階段(分發)

公開甄試

自行申請　➡　職前研習　➡　分發派代

主動推薦

圖 5-3　律師轉任法官之程序[57]

（資料來源：司法院人事處）

依法官遴選辦法第 7 條規定，律師轉任普通法院法官有下列三種途徑：
(1)公開甄試：參加司法院舉辦的公開甄試。
(2)自行申請：自行提出辦案書類申請審查及口試。
(3)主動推薦：司法院主動推薦資深優良律師轉任法官。

由於申請人年資長短不同，得參加轉任途徑亦有差異。如具有實際執行律師業務 3 年以上而未滿 6 年的擬任職務任用資格者，考量其實務經驗尚淺，專業能力是否得以勝任法官職務，仍須以公平考試鑑別，故僅得參加司法院舉辦的公開甄試。如具有實際執行律師業務 6 年以上的擬任職務任用資格者，得參加司法院舉辦的公開甄試及自行申請轉任法官。至於如具有實際執行律師業務 18 年以上的擬任職務任用資格者，則得以前述三種途徑轉任法官[58]。

四、任用方式與程序

（一）職前教育

依法官法第 8 條第 3 項規定，經遴選為法官者，應經研習。司法院並依該條項授權，制訂「遴選法官職前研習辦法」，其中針對經遴選轉任法官合格的律師，依其任用資格不同，由法官學院[59]安排期間不一的職前研習。經研習期滿而成績考核及格，並經人審會審議轉任案通過後，始分別派代為候補法官或試署法官。

1.職前研習期間及內容

依遴選法官職前研習辦法第 6 條規定，經公開甄試錄取或自行申請轉任遴選合格的律師，依遴選資格不同，分別接受期間不一的職前研習。

---

[57] http://www.judicial.gov.tw/work/work09.asp（最後瀏覽日：2015 年 5 月 20 日）。部分網頁內容因網站資料更新而無法查詢，附此說明。

[58] 有關律師轉任法官之相關運作流程與說明，司法院網站，https://www.judicial.gov.tw/tw/cp-113-81110-eee1b-1.html（最後瀏覽日：2022 年 2 月 12 日）。

[59] 「司法院司法人員研習所」於 2013 年 7 月 1 日改制並更名為「法官學院」。

2.職前研習津貼

依同辦法第 13 條規定，研習人員按實際研習期間發給津貼，並得依規定支給婚、喪、生育及子女教育補助、參加全民健康保險及公教人員保險。

（二）分發

1.分發派代之職務及地區

律師轉任法官者，因其曾實際執行律師業務年資長短不同，依法官法第 9 條第 1 項、第 2 項規定，須就其年資差異而予以一定期間候補或試署，但執行律師業務 10 年以上者，得縮短試署期間。於候補或試署期滿後，經人審會審查其書類及服務成績及格者，分別予以試署或實授。另為加強候補法官的實務歷練，並培養法官的學識及人文涵養，同條第 3 項、第 4 項亦明定候補期間應輪辦特定事務。至於分發派代的地區，則由司法院視業務需求、缺額情形，依其研習成績，予以安排適當的地區法院分發派代。

2.分發派代後之待遇

在法官法施行前，法官係比照一般公務人員，設有官等、職等，而自法官法施行後，法官不列官等、職等，但為與公務人員衡平一致，有關法官加給項目，仍維持既有本俸、專業加給、職務加給及地域加給等制度（同法第 71 條第 1 項）。此外，為保障法官權益，有關生活津貼、年終工作獎金等其他給與，仍準用公務人員相關法令（同法第 71 條第 7 項），而於公務人員各種加給年度通案調整時，各種加給得按各該加給通案調幅調整。有關候補、試署及實任法官的俸級級數，法官法第 71 條第 4 項定有明文[60]。至於以多元任用方式轉任法官的律師、學者等人員，依其申請時所具遴選資格，以其執業、任教年資予以起敘。

---

[60] 法官法第 71 條第 4 項規定：「法官之俸級區分如下：一、實任法官本俸分 20 級，從第 1 級至第 20 級，並自第 20 級起敘。二、試署法官本俸分 9 級，從第 14 級至第 22 級，並自第 22 級起敘。依本法第 5 條第 2 項第 7 款轉任法官者，準用現職法官改任換敘辦法敘薪。三、候補法官本俸分 6 級，從第 19 級至第 24 級，並自第 24 級起敘」。

　　另一方面，如轉任法官人員在轉任前，已具有軍法官、公設辯護人、行政執行官、司法事務官、檢察事務官及聘用法官助理等公務年資，且與現任職務銓敘審定的等級相當、性質相近、服務成績優良，且未經採計為派代法官起敘的年資時，得依「法官曾任公務年資採計提敘俸級認定辦法」[61]辦理提敘。

3.遷調

　　依法官遷調改任辦法[62]第 15 條第 3 項規定，律師、學者經遴選為法官者，按其執業、任教年資，分別比照法務部司法官學院[63]司法官班結業期別。未滿 6 年者，比照轉任該年法務部司法官班分發期別。6 年以上未滿 10 年者，比照轉任當年之前一年司法官班分發期別。10 年以上者，比照轉任當年之前 5 年司法官班分發期別。

4.權益保障

　　經遴選合格及職前研習及格後派代為法官的人員，一律享有下列權益及保障：

(1)受憲法第 81 條終身職之保障

　　依憲法第 81 條規定，實任法官為終身職，非受刑事或懲戒處分或禁治產之宣告，不得免職。非依法律，不得停職、轉任或減俸。同時，亦無屆齡命令退休的情形。

(2)依法辦理退休時，加發退養金

　　實任法官如合於公務人員退休法規定，而申請退休時，除依規定發給退休金外，並依法官法第 78 條及司法官退養金給與辦法規定，按一次退休金總

61　法官法第 71 條第 9 項規定：「法官曾任公務年資，如與現任職務等級相當、性質相近且服務成績優良者，得按年核計加級至所任職務最高俸級為止」，考試院、司法院與行政院於 2012 年 8 月會同發布「法官曾任公務年資採計提敘俸級認定辦法」。

62　考試院與司法院於 2012 年 9 月會同發布「法官遷調改任辦法」。

63　「法務部司法官訓練所」於 2013 年 7 月 1 日改制並更名為「法務部司法官學院」。

額或月退休金數額，發給一次退養金或月退養金，其最高得加發上述金額140%。

⑶公務人員保險之給付及撫卹

　　A.依公教人員保險法第 12 條第 1 項規定，如在保險有效期間，發生失能、養老、死亡及眷屬喪葬等事故時，將以現金給付。

　　B.依公務人員退休資遣撫卹法第 52 條以下規定，公務人員在職死亡（病故、意外死亡或因公死亡）時，給與遺族撫卹金，以照顧其遺族。

⑷享有多元化進修管道

　　A.依法官法第 82 條規定，實任法官每連續服務滿 7 年，得提出具體研究計畫，向司法院申請（帶職帶薪）自行進修 1 年。同法第 83 條亦規定，實任法官得聲請留職停薪，以供自行進修之需，其期間除經司法院准許外，以 3 年為限。上述期間與公務人員經延長後的進修期間亦僅 2 年（公務人員訓練進修法第 12 條第 1 項第 3 款）相較，顯較有利。此外，司法院亦設有選送帶職帶薪進修、考察等制度，其有助於法官進修管道多元化。

　　B.此外，司法院、各級法院及法官學院每年均開辦各類在職進修課程，參加者一律給予公假。

柒、評析與建議

一、選任法官基本模型

　　臺灣選任法官的模型，基本上分為「考選」及「遴選」型。在國民政府遷臺後，法官均以考試方式選拔，應考者通過錄取率極低的考試後，須經 1 年 4 月至 2 年不等的集中教育，及格後分派擔任候補法官，再經 5 年考核後，成績及格者為試署法官，試署 1 年而成績及格者，始任命為實任法官，前後須經長達 8 年的嚴格養成過程（考試、訓練、試用、任用），此種「考選」型模式為選任法官的主流，主導臺灣法官的產生方式。同時，早期擔任法官者

須具有國家考試及格的文官資格，而律師或其他法律專業人士如欲轉任法官，須先取得此項資格，由於國家考試錄取率向來偏低，造成轉任案例極為罕見，直到 1987 年，始出現第一起律師自行申請轉任法官案例。自 2006 年起，司法院開始以公開甄試方式，推動律師轉任法官制度，復增加主動推薦轉任法官的管道。特別值得注意的是，自法官法於 2012 年施行後，對於法官選任制度設立完整架構及運作方式，換言之，初任法官除因法官、檢察官考試及格而直接分發任用者以外，應經法官遴選委員會遴選合格，而「遴選」型主要分為「檢察官轉任」、「律師轉任」、「學者轉任」、「改任專業法院」及「再任法官」等 5 種次類型。

表 5–3　考選及遴選型任用法官之比較

	考試任用	檢察官轉任	律師轉任	學者轉任	改任專業法院	再任法官
資格條件	法官、檢察官考試及格	現職檢察官	曾執業律師相當年限	曾任教授或研究員相當年限	現職法官或曾任律師、學者	曾任法官
方式與程序	考試、訓練、試用、任用	遴選合格、（試用）、任用	（一）公開甄試（二）自行申請（三）主動推薦。以上須經遴選合格、訓練、試用、任用	（一）自行申請（二）主動推薦。以上須經遴選合格、訓練、試用、任用	遴選合格、任用	遴選合格、任用
培養方式	任官前經 2 年職前教育，任官期間在職教育	任官期間在職教育	任官前經一定期間職前教育，任官期間在職教育	任官前經一定期間職前教育，任官期間在職教育	任官前經一定期間職前教育，任官期間在職教育	任官期間在職教育

| 晉升方式 | 依所屬法院及直接上級審法院票選、所屬法院院長及律師公會推薦結果，經司法院人事審議委員會審議通過 | 同左（原檢察官年資予以併計） | 同左（年資計算有特別規定） | 同左（年資計算有特別規定） | 同左（年資計算有特別規定） | 同左（原法官年資予以併計） |

（資料來源：本書自製）

在以「遴選」型甄選初任法官的制度中，主要以檢察官及律師轉任為主。其中原先擔任律師者，雖已通過同屬考試院舉辦的律師高考，但因司法官特考與律師高考為不同性質考試，兩者應考資格有所不同，故分別通過不同考試者，在 2011 年考選新制施行前，僅取得各別考試及格資格，無法同時取得兩種職業的資格[64]。因此，曾任律師而欲轉任法官者，如未取得法官職位所相當的公務人員資格時，須另通過考試院委請司法院辦理的考試，始取得獲遴選資格，其與德國、日本所採三合一（法官、檢察官、律師）考試制度有所不同，較接近法國所採司法官、律師分流及分考制度。

此外，由於初始職業資格的差異，造成司法官、律師的職業認同亦有所不同。早期由於律師錄取率極低，在相當時期均低於司法官特考的錄取率，致執業律師人數相對有限，在一般情形，律師的收入報酬高於法官甚多，故擔任法官數年後轉任律師的情形頗為常見。但自 1989 年以後，律師高考錄取率逐年增加，最近數年平均及格率約 6–10%，造成執業律師大量增加，同業競爭程度亦有增無減，對於執業年限不長的律師而言，轉任法官一途似乎是

---

[64] 2011 年考選新制施行後，如經司法官特考及格者，同時取得律師高考及格的資格。

職業生涯上更上一層樓的象徵。

二、選任制度多元化

（一）背景

臺灣法官的任用管道，原以錄取率極低的國家考試（司法官特考）及格為前提，並經長達 8 年的養成過程，法官的培養方式堪稱嚴謹。但許多初任法官在任職前多無社會工作經驗，生活閱歷不足，有時對當事人欠缺同理心，及缺乏面對多元社會的應變能力，致認事用法常與社會期待有所落差，曾有學者嘲諷法官乃「由家門進入校門，而後直接進入衙門」。為逐步解決上述問題，全國司法改革會議曾研議自 2007 年 12 月底起，停止辦理法官考試，但因現實條件不備而無法落實[65]，司法院乃另研議以引進律師及其他法律專業菁英人士的方式，使法官選任管道多元化，並成為法官人事改革的新政策。

（二）具體方案

對於以考試方式選任法官，導致法官年輕化、閱歷不足（所謂「娃娃法官」現象），臺灣司法行政機關所採取的因應方案主要有五：

1. 調派考試分發之候補法官至二審法院充任助理法官

其考量在於擬以此漸進方式，累積法庭活動經驗及相關社會歷練，但此方案已因法官人力不足而停辦[66]，成效不佳。

2. 鼓勵資深優良檢察官調任法官

以 2001 至 2010 年為例，檢察官申請調任法官者共 221 人，其中審核通

---

65 本文認為，在當前司法改革運動中，如主張停止法官考試，而改以律師轉任法官的機制完全取代，事實上並未認識到臺灣與英美法系國家的法律體系結構、特性及社會背景的差異，在未對這些問題深入剖析及提出因應對策或配套措施之前，任何理想方案容易淪為見樹不見林的見解。

66 其最重要原因，在於自 2003 年 9 月起，刑事訴訟第一審實施全面交互詰問制度，導致第一審法院的合議及開庭時間大幅增長，法官人力有所不足，但一般而言，法官人力的規劃及培育，自提出申辦考試之需至分發為止，至少需時 3 年 6 月，為因應此項刑事訴訟新制變革所需人力，乃暫停候補法官充任二審助理法官的制度。

過而調任者 93 人（如表 5-2）。此外，經司法院就調任後工作表現所進行調查顯示，檢察官調任者的未結案件較少，結案速度較快，同時，在迅速審結方面的表現亦較佳。

3. 推動及擴大律師轉任法官之途徑

將原先限於「自行申請」一途，增加「公開甄試」及「主動推薦」二途徑。同時，為強化律師轉任法官的誘因，以修法方式，使執業年資較久律師得以直接轉任高等法院法官。依統計分析顯示，法官與律師轉任法官者相較之下，一般而言，法官的結案速度較快，未結案件較少，而在迅速審結方面的表現較佳；至於律師轉任法官者，在判決折服率及維持率方面的表現較佳，對於妥適審判案件具有較優異表現，亦對於推行律師轉任法官制度的政策具有正面意義[67]。

4. 推動學者轉任法官方案

以修法方式，使學者易於取得法官任用資格，但或因學者具有較受尊崇的社會地位，學術環境的自由度優於公務機關，迄今尚無學者申請轉任[68]。

5. 延攬資深優良公務人員轉任法官

目前轉任成功者僅有 1 位，經統計分析顯示，轉任者未結案件較少及結案速度較快，且判決折服率及維持率均較佳，不論在迅速審結或妥適審判方面，均有較佳表現。但因轉任人數僅有 1 位，其具體成效尚難妄加判斷。

---

[67] 上述資料乃以 2002 年至 2008 年檢察官、律師（含自行申請及公開甄試）轉任臺北、臺中、高雄地方法院法官，與同院辦理同類案件之一般法官辦案資料相較，其所使用統計指標限於未結件數、遲延案件數、結案日數、折服率、維持率、和解率及上級審考核等數據，但因人數、時間均屬有限，統計基數不大，相關分析尚屬有限。

[68] 此外，對於傑出的學者而言，較具吸引力的方案應係轉任終審法院法官，但目前並無任何先例。而臺灣終審法院計有法官近百人（如加計調終審法院辦理審判事務的第二審法官，則超過百人），其中只有 1 人係由一般公務人員轉任行政法院法官，至於在普通法院系統，法官均由考選方式任用後，逐級晉升至終審法官，故目前最高法院並無律師、教授轉任法官的先例。其主要原因，一方面係過去並無任用法源，但在法官法施行後已有轉機。另一方面，其轉任恐排擠下級審法官調任終審法院的名額。換言之，終審法院法官名額較少，如由法官以外法律專業人士直接轉任，勢必排擠到下級審法官調任的機會，似將引發職業法官社群的反彈。

（三）實施成效

基於上述，就選任制度多元化而言，自 2006 年至 2010 年進用法官總人數為 336 人，其中以考選分發者占 75%，檢察官轉任者占 13%，律師轉任法官者占 10%，再任法官者占 2%，學者轉任則為 0。故目前臺灣法官的來源，仍以考選型為最主要模式，而有關法官年輕化問題，仍未獲完全解決。此外，目前檢察官的主要來源仍屬經司法官特考及格而分發任用者為主，亦即仍依循考試、訓練、試用、任用的方式，與「考選型」法官無異，僅其工作經驗異於法官，但仍與法官具有高度同質性，尚難認其對當事人的同理心及面對多元社會的應變能力等方面，確具有優於一般法官的特性。同時，縱依審、檢、辯三合一考試制度的設計，仍以提升法律專業為主，對於如何增進初任法官者的社會歷練，尚無有效對策因應。因此，當前對於選任制度多元化，仍以強化律師轉任法官的管道為優先目標，主要原因在於律師的工作環境異於法官或檢察官，其與一般民眾接觸互動的機會較多，觀察社會現象的角度往往與法官或檢察官有所差異，所累積的社會經驗亦有所不同，於此基礎上再從事審判工作，似較能結合其人生閱歷與法律專業，作出符合社會事理的專業判斷，而英美法系所採由律師中產生法官的法曹一元制設計，即係基於上述理念而生。另一方面，就律師轉任法官制度，為提高攬才誘因，已在法官法中設有資格上從寬規定[69]，但具體成效仍欠佳，原因有待進一步分析。

（四）原因分析

司法院曾就律師轉任法官的意願問題，針對律師社群進行調查，其結果顯示，在執業年資 3 年以上的律師中，符合轉任資格且有轉任意願者，僅占 24.7%。至於無意願的原因，主要有三：首先是法官業務繁重，每月新收案件過多，無法專心辦案[70]；其次是無擔任法官的志趣，再來是認為法官待遇

---

[69] 例如：曾實際執行律師業務 6 年以上而轉任法官者，經遴選合格後，免予候補而逕予試署（法官法第 9 條第 2 項）；曾實際執行律師業務 18 年以上者，得轉任最高法院法官（同法第 5 條第 3 項第 5 款）。

與工作負荷不成正比，且社會各界對法官道德標準要求甚高。在實務上，臺北律師公會曾於 2007 年 8 月推薦 3 位優良律師（執業經驗均在 14 年以上）轉任法官，但後來均以另有生涯規劃而婉拒。

　　另一方面，由於法官大部分以考選方式任用，而以多元管道轉任法官者，實屬法官社群中的少數，似難免遭受排擠，或遭異樣眼光對待，因而成為推動選任法官多元化制度的阻力。例如：實務上曾有某位經地院徵詢多數庭長而推薦的申請人，在啟動司法院主動推薦管道前，經法院全體法官票選卻未通過，似乎顯示現職法官以較冷漠態度對待轉任制度的現象。

（五）司法社會學之觀察

　　上述屬於法官社群的文化因素，恐屬不可忽視的問題。依現行體制，法官社群以考選型任用者占絕大多數，不僅轉任者有遭受排擠、歧視的潛在顧慮，在涉及法官晉升的層面，其評比標準多重視服務年資及司法官班期別，亦對於轉任法官者較為不利。這種現象正印證比較法社會學者的觀察，亦即因歐陸法系的律師、法官職業間壁壘分明，法官往往劃定屬於自己的領域，並發展出內部之間自我認同的身分意識，故理論上雖可轉換職業軌道，但實際上轉換流通性低[71]，不像英美法系國家的法律人在一生中可能從事幾種不同經驗的工作。基於上述觀察，如未考量結構或現實因素，依臺灣法官多元化制度的目標，期待由資深、有經驗的優秀律師、檢察官中遴任法官，恐將事與願違。

　　此外，臺灣自 1990 年代起推展「法官自治」運動，由原先追求司法獨立

---

[70] 本文認為，臺灣法官工作負擔沉重問題，應與裁判書類文化有關。在候補法官階段行之多年的送審制度，與該項文化的形成密切相關，而解決工作負荷過重問題的方法之一，即以其他機制取代送審制度。因裁判品質的提升絕非一味強調裁判書類品質所能達到，裁判書類品質也絕非等同形式上的格式、風格，而這些形式上的思考似乎正是目前司法改革的主流思想，也正是司法改革的盲點。如果未能徹底認清這項問題背後的意義，將無法真正提升法官的地位及改善工作環境。

[71] 科特威爾 (Roger Cotterrell) 著，結構編輯群編譯，法律社會學導論，頁 241，1991 年 6 月；埃爾曼 (Henry W. Ehrman) 著，賀衛方、高鴻鈞譯，比較法律文化，頁 146，2002 年 10 月。

進而質變為追求法官充分自治的司法改革運動。論者並舉英美法系法官地位崇高之例，奉為改革典範，建構「離歐向美」法官圖像的主張，一時蔚為風潮。有趣的是，鄰國日本在第二次世界大戰後早已提倡及實施「離歐向美」的政策，但歷經半世紀的轉型和調適，除日本法官間仍存在階層觀念，及法官並不認為所有法官職位都是等價的現象以外，在司法行政的運作上，仍務實承認有關法曹人口、法曹養成等重要司法政策的問題，攸關司法制度的未來，非有相當人力資源，實難勝任，較少著墨於法官職位的齊頭式平等問題。

　　長久以來，臺灣法官的選任向以「考選型」方式為主，近年來大力推動選任多元化制度，但由於結構性等客觀環境因素，成效似仍不彰。如以法官角色定位而言，臺灣法官似與德國體制類似，社會對下級審法院法官的期待，比較接近法律執行者的角色；而對於終審法院法官的定位，則較期待其有更高回應社會變遷的能力，並勇於發揚立法意旨而以造法方式因應變化[72]。因此，在法律體系及社會環境的限制條件下，固無法全面停止以「考選」型方式選任法官，但得逐年降低考選的錄取員額，並朝向以「遴選」型任用法官的目標邁進，亦即未來選任法官，乃基於「考試為主，多元為輔」的原則。另一方面，相對於下級審而言，終審法院較能快速因應人民需求與社會期待，故針對終審法院法官的選任，宜引進多元化制度。此項發展，對於與臺灣面臨類似問題的歐陸法系國家，亦有參考價值。

---

[72] 有關不同法系、層級法官所扮演法律執行者或其他功能的分析，參閱蘇永欽，尋找共和國，頁403，2008年9月。

參考文獻

一、中文

1. 科特威爾 (Roger Cotterrell) 著，結構編輯群編譯，法律社會學導論，1991年 6 月。

2. 埃爾曼 (Henry W. Ehrman) 著，賀衛方、高鴻鈞譯，比較法律文化，2002年 10 月。

3. 王泰升，台灣法的斷裂與連續，2002 年 7 月。

4. 王泰升，台灣法律史概論，2001 年 7 月。

5. 王泰升，台灣法律史的建立，1997 年 9 月。

6. 王泰升、薛化元、黃世杰編著，追尋臺灣法律的足跡，2014 年 10 月。

7. 司法周刊雜誌社發行，司法院史實紀要第一冊，1982 年。

8. 司法官訓練所簡史，載於：法務部司法官訓練所法官班第二十九期學員結業紀念冊，1991 年。

9. 司法院司法行政廳編印，百年司法──司法‧歷史的人文對話，2006 年 12月。

10. 司法院編印，司法院司法改革委員會會議實錄（上輯），1996 年 5 月。

11. 司法院編印，全國司法改革會議實錄（下輯），1999 年 11 月。

12. 法務部司法官學院，法務部司法官學院院誌，2019 年 1 月。

13. 翁岳生，司法改革十週年的回顧與展望，載於：湯德宗、黃國昌主編，司法改革十週年的回顧與展望會議實錄，頁 13–63，2010 年 3 月。

14. 蘇永欽，尋找共和國，2008 年 9 月。

二、日文

浅見宣義『裁判所改革のこころ』現代人文社（2004 年 10 月）。

三、網路資料

1. 司法院網站，http://www.judicial.gov.tw。

2.考選部網站，https://wwwc.moex.gov.tw。

3.法官學院網站，https://tpi.judicial.gov.tw。

4.法務部司法官學院網站，https://www.tpi.moj.gov.tw。

5.聯合新聞網，https://udn.com。

第六章

法官體制之評析

許政賢

壹、理論背景

一、法官圖像之預設

　　現代法院的功能，主要在於社會控制[1]，藉由司法權的運作，以維繫群體的共同生活。由於政治、經濟、社會、甚至氣候環境等條件的差異，人類各自發展不同的法律體系，以發揮社會控制的功能。同時，各國法官所扮演的角色，涉及其在法律體系中的定位，或在人民心中的圖像，因此，同一體系法官的地位，亦隨著時間流轉而變動。

　　在英美法系中，William Blackstone 在其名著《英國法釋義》(Commentaries on the Laws of England) 一書中，對於中世紀時期的英國法官——普通法體系的主角，以傳神而富有想像的筆調，稱為法之「宣諭者」(Oracles)[2]，以彰顯其在人民心中權威、神秘的形象。在同屬普通法體系的美國，亦有認為著名大法官 Oliver Wendell Holmes 所擁有歷久彌新的歷史地位，並非基於宏偉法學思想或論理品質，而係因獨特個人風格契合人民心中的法官圖像[3]。基此觀點，有關法官的定位或評價，似乎與人民內在的法官圖像有關。如進一步分析此種涉及心理層面的觀察，則因歷史、傳統等因素而在人民心中所形成印象或觀念，似乎影響其對法官、甚至司法體系的期待或信賴[4]。

---

[1] SHAPIRO, COURTS: A COMPARATIVE AND POLITICAL ANALYSIS, 22 (1986).

[2] BLACKSTONE, COMMENTARIES ON THE LAWS OF ENGLAND, Vol. 1, 69 (1979)；John Dawson 即以「法的宣諭者」(The Oracles of the Law) 為書名，詳細探討在不同歷史背景中英國、法國及德國法律人的角色。有認為 Dawson 所指「法的宣諭者」約相當於 Weber 所指「法律家」。Vgl. Rheinstein, Einführung in die Rechtsvergleichung, 2. Aufl., 1987, S. 174.

[3] KAHN, THE CULTURAL STUDY OF LAW: RECONSTRUCTING LEGAL SCHOLARSHIP, 101 (1999).

[4] 此方面研究顯然涉及法文化的問題，亦即在特定社會所形成，與法相關而互有關聯的價值觀、規範、制度、程序規則及行為方式所構成的整體典範。Vgl. Raiser, Das lebende Recht: Rechtssoziologie

　　據上所述，對於法官選任制度是否妥適的評價，將涉及下列問題：「特定社會人民需要何種法官？」或「人民心中的法官圖像究竟為何？」。對於抽象法官圖像的不同期許，往往影響對於具體法官行為的評價。同時，對於法官圖像的不同前提，理論上亦將影響法官任用的設定條件。一般而言，於選任法官時，如考量其背景、來源多元化等因素，較易於達成法官應具備宏觀視野、豐富而多元知識及經驗的理想。尤其在選任事實審法官時，一般較重視社會經驗、人生閱歷等背景，而非侷限於法律專業資歷。另一方面，在不同法系中，對於事實審法官的任用，亦有不同考量。例如：在歐陸法系中固然以終生任命的職業法官為主流，但在英美法系及部分歐陸法系國家中，定期制的兼職法官亦屬法官來源之一。

二、當代主要法律體系之法官圖像

　　依比較法學的研究，不同法系法官的共通特性，往往與其司法程序的特性及風格相一致[5]。在當代主要法律體系中，以歐陸及英美法系最受矚目。學者為分析兩者訴訟風格差異的原因，曾以司法官僚結構的對立加以說明。依此模式的分析，就法官體制而言，歐陸法系屬於等級模式，英美法系則屬於同位模式。基此觀點，此種因法律體系結構性因素所形成差異，正形塑不同法律體系法官的圖像。同時，此種圖像如與人民心中的法官圖像越接近，理論上司法體系較易獲得人民的信任，反之亦然。以下將扼要說明形塑法官圖像的結構性因素。

　　依學者 Mirjan Damaska 的分析，在司法官僚結構上，歐陸法系屬於等級模式，在此結構之下，因職業官僚及長期任職等因素，致形成專業化及程式化的傾向；同時，此種發展導致法官劃定屬於自己的領域，及發展內部間自

---

in Deutschland, 3. Aufl., 1999, S. 318.

5　埃爾曼 (Henry W. Ehrman) 著，賀衛方、高鴻鈞譯，比較法律文化，頁 146，2002 年 10 月。

我身分認同的意識。此外,基於法院組織的階層架構[6],法官任職不同層級,其間等級分明,而為強化權威及統一性,此種結構中難以容忍不同意見,猶如要求大家在同一鑼鼓上敲出同樣聲音。如此一來,訴訟程序展現合作的精神,並嚴重削弱法庭爭鬥的激烈程度。另一方面,在此層級結構之下,初始判斷並非關注的焦點,每一程序均有接續程序加以控管。基於此種制度,訴訟程序分割為不同階段,至於最後的判斷,乃以不同階段所累積的案卷,及各階段不同判斷為基礎,換言之,前期階段的判斷,均須準備接受後續的審查[7]。值得注意的是,因歐陸法系審判程序多有完整書面紀錄,以利上訴程序的審查,而此種設計亦導致容忍、甚至鼓勵司法機構官僚主義的發展[8]。上述基於歐陸法系的體制特性,對於訴訟運作的初步描述,似難期待法官具有睿智的形象。

相對地,在屬於同位模式的英美法系中,法官較具有平等的精神,即使不同層級的法官,亦享有相同聲望。且因層級區分並不嚴格,故少見類似歐陸法系的上級審查或控管。同時,在此種司法官僚結構之下,重視權威等級只有一個,並將法律程序專注在審判特定事件,致訴訟程序呈現爭鬥的風格。此外,與歐陸法系不同的是,基本上並無全面審查機制,審判中的判斷通常為最終及不可撤銷,卷宗即非必要,而上級法院的審查,應屬例外情形。基於此種特性,訴訟程序並非重視書面,而係趨向口頭化,且非分成不同階段,而常集中進行[9]。上述訴訟風格恰與等級模式形成強烈對比,而在此訴訟程序之基礎上,英美法系的法官形象,似較符合獨當一面的期待。

另一方面,在英美法系中常見傑出法官的傳記,新聞媒體亦常報導法官

---

6 層級式司法體系的架構,有助於高層級法院管控下級審法院,並強化上級審法院的權威。See CARLO GUARNIERI & PATRIZIA PEDERZOLI, THE POWER OF JUDGES: A COMPARATIVE STUDY OF COURTS AND DEMOCRACY, 123 (2003).

7 易延友,陪審團審判與對抗式訴訟,頁 15-16,2004 年 11 月。

8 科特威爾 (Roger Cotterrell) 著,結構編輯群編譯,法律社會學導論,頁 311,1991 年 6 月。

9 易延友,同註 7,頁 15-16。

就社會矚目案件所表示見解，但在歐陸法系國家中，卻少見類似傳記作品，且法官見解亦因合議審判而隱名化。基於上述，相較於歐陸法系而言，英美法系法官往往較具有睿智、賢明的形象[10]，並有助於吸引堅強及足智多謀的法官人選[11]。

三、法官選任之主要模式

除不同法系的法官圖像有所差異以外，各國選任法官的模式亦因政治、社會、歷史及文化條件不同，而呈現不同面貌，與學理上所隸屬或偏向的法系分類並無絕對關聯。依比較法學者的研究，有關法官的選任模式，基本上可分為三類[12]：

1. 由政治行政長官選擇——例如：英國、美國聯邦法官及少數州法官的選任。
2. 由公民直接或間接選舉——例如：美國大多數州法官及瑞士多數法官的選任。
3. 通過類似職業文官的方式選任——例如：歐陸法系國家法官的選任均以此模式為基礎。

英美法系法官主要採取上述第一、二種模式，而歐陸法系法官則主要採取第三種模式。在英美法系國家中，律師於遴任為重要職位法官時，多已具有成功的職業生涯，此種背景亦使英美法系法官出類拔萃而引人注目。歐陸法系法官常須論資排輩，方能晉升至相應職位，相對於此，英美法系法官在任職之初，就已擁有更高的聲望[13]。

10　科特威爾，同註8，頁302。
11　埃爾曼，同註5，頁146。
12　埃爾曼，同註5，頁135。
13　埃爾曼，同註5，頁138。

四、選任模式對法官風格之影響

　　除少數例外以外[14]，以職業法官為主的歐陸法系法官，一般均具有文官身分，且其司法結構及基本養成模式極為類似。大致而言，在修畢大學必備課程及實習相當時期後，如通過一定考核，即得自司法等級結構的基層，開啟司法工作的生涯[15]。基此模式，以適用法典為基礎的歐陸法系法官，較易被歸類為特殊性質的政府官員，及反映出文官的心理狀態[16]，並造成法官忠實維護法律的「喉舌」形象，亦使其相信司法工作應顯現依法裁判的機械性特質[17]。同時，與英美法系相較，歐陸法系法官職位甚多，因而升遷問題乃成為法官生涯的重心[18]。基此背景，如資淺法官的升遷，係取決於上司或資深法官的「印象」，而法官又追求飛黃騰達時，則對多數人較可行的態度，似乎是自我抑制及職業上的順從。如此一來，此種制度將形塑法官所追求的目的，並非法律及司法程序所應追求的目標，而僅係制度的維護，基此，在歐陸法系國家中，許多法律菁英不以擔任法官為職志，並與英美法系國家形成對比[19]。Zweigert/Kötz 因而指出：「法國和德國一樣，沒有產生睿智、賢明的法官；而在英美法系國家，人們發現法官是如此的引人注目」[20]。

---

[14] 例如：瑞士的農村州、法國的商事法院等特例，法官乃由選舉產生，不需具備法學專業資格，但有特定任期，參閱達維德 (René David) 著，漆竹生譯，當代主要法律體系，頁 139，1990 年 9 月。當代比較法學名家達維德亦提及，在羅馬法時期，法官及大法官經常由非法學家擔任。

[15] 埃爾曼，同註 5，頁 145。

[16] 科特威爾，同註 8，頁 269。日本前最高法院法官園部逸夫曾分別擔任地方法院、高等法院法官，並曾在京都大學任教。他認為日本以歐陸法系制度為本，法院原無違憲審查權，第二次世界大戰以後，因受美國政策影響，而賦予法院違憲審查權，但法官任務受限於原以民、刑事審判為主，仍難以徹底批判的角度看待立法、行政部門，正提供司法體制影響法官心理的適例。參閱園部逸夫『最高裁判所十年　私の見たこと考えたこと』有斐閣 321 頁（2001 年 10 月）。

[17] 埃爾曼，同註 5，頁 203。

[18] 埃爾曼，同註 5，頁 147。

[19] 埃爾曼，同註 5，頁 149–150。

[20] 轉引自科特威爾，同註 8，頁 302。

貳、體制架構分析

一、法官選任

（一）資格條件

　　依本書各章就歐陸法系數國制度的分析，其司法結構及法官養成模式頗為類似。簡言之，在修畢大學必備課程而取得應考資格，並通過第一次考試者，始取得實習資格；再經特定期間實習，並通過第二次考試者，即得從事司法工作，並自司法等級結構的基層開始任職。

　　以歐陸法系兩大代表國家為例，德國係聯邦制國家，在聯邦及各邦層級，有關法官選任的方法有所不同；而法國的情形較為特殊，其司法官選任資格極為多元，不論學歷、年齡及工作經驗等，均有不同限制，且在不同層級、專業性質法院之間，亦有所差異，難以一概而論。一般而言，各國法官選任的制度，因法院層級（例如：終審法院層級、高等或上訴法院以下層級）、專業性質（例如：民刑事法院、行政法院）的不同，在選任機關、條件、方式及程序上均有所差異。本章以下分析，以多數國家職業法官主要來源管道──具備應考資格並通過考試、完成實習──為主，集中介紹高等或上訴法院以下的普通（民刑事）法院初任法官產生方式，至於因其他管道而選任法官，則於必要時補充說明。在不同國家中，司法考試的應考資格及實習期間，基本條件分別如表 6–1 所示：

表 6–1　歐陸法系國家參加司法考試應考資格及實習期間一覽表

國別	德國	法國	日本	臺灣
應考資格	完成法定之大學法學學業	大學畢業生（不限科系，有年齡限制）、在職者（現任公務員、私部門	修畢法科大學院課程、司法考試預備	法律等科系畢業，或修畢特定法學領

		任職者、專業人員，有年齡、工作經驗限制)	考試合格	域課程
實習期間	2 年	31 個月	1 年	2 年

（資料來源：本書自製）

（二）選任方式

在採行所謂三合一司法考試（通過者同時取得擔任法官、檢察官、律師資格）的國家，通過考試並完成實習者，如有志從事法官工作，得依其志願向主管機關申請任職，經遴選程序通過後，方分派擔任法官。因形式上仍須經遴選審核程序，而同一職位競爭者可能有多數，故是否順利任職仍屬不確定。在採行二合一司法考試（通過者同時取得擔任法官、檢察官資格，但不一定同時取得律師資格）的國家，因考試錄取員額通常係以機關用人需求為標準，故通過考試並完成實習者，通常即屬考核通過，而由主管機關予以分派任職，原則上不經實質遴選程序。

表 6–2　歐陸法系國家法官選任條件一覽表

國別	德國	法國	日本	臺灣
選任條件	通過第一次司法考試、在司法、行政機關完成實習及通過第二次司法考試	大學畢業生(通過二階段公開考試、在司法官學院完成實習)、在職者(通過二階段公開考試及資格篩選，完成職前教育訓練)	司法考試及格、在司法研修所完成實習	司法官特考及格、在司法官學院完成實習
具選任條件者是否另行實質遴選	是	在職者須經實質遴選	是	否
遴選機關	司法行政機關或	司法官晉升委員會、	最高法院	考試及格直

	法官選任委員會 （各邦不同）	最高司法委員會		接分發任用

（資料來源：本書自製）

（三）具體程序

　　歐陸法系有關初任法官的任用程序，除因三合一或二合一司法考試不同而有實質遴選與否的差異以外，在任用程序中，部分國家亦採候補階段的設計，以進一步觀察從事法官職務的適任性，並非一開始即予終生任命。經候補期滿、考核通過者，始任命為終生職法官。

表 6–3　歐陸法系國家初任法官任職身分一覽表

國別	德國	法國	日本	臺灣
是否須經候補階段	是	否（依其資格任命為不同級別法官）	是	是
候補期間	3–5 年		10 年（5 年後得成為特例候補法官）	5 年（其後試署1 年，始予實授）

（資料來源：本書自製）

二、法官培養

（一）職前教育

　　德國、日本係採三合一考試模式，法國、臺灣法官的選任，則採二合一考訓方式。但無論何者，初任法官者通常年齡較輕，社會經驗、人生閱歷較為不足，雖經特定期間的實習培訓，仍難以廣泛吸納相關社會經驗。有鑑於此，兼受歐陸、英美法系雙重影響的日本法，近期完成階段性任務的司法改革[21]，對於法曹制度的改革部分，雖仍保留歐陸法系傳統的職業法官制度，

---

[21]　日本自 1999 年 6 月 9 日制定公布「司法制度改革審議會設置法」，官方正式宣告進行司法改革，同

亦即法官來源仍以司法研修所結業而任官的「判事補」（候補法官）為主，不採取英美法系而大幅變更現狀的「法曹一元制」，但為增進候補法官有關律師等法律職業的經驗，曾制定相關法律，明定對於未具備律師經歷的候補法官、檢察官，得申請轉任律師 2 至 3 年，並保障其回任公職的權利，此種折衷而彈性作法，亦值參考。法國近年則開始擴大在職者通過考選或書面審查遴選的徵才比例，使得初任法官者並非均為不具備社會經驗的年輕畢業生。

（二）在職教育

有關現任法官的在職進修，各國均設有相關進修機構。例如：德國的法官學院、法國的司法官學院與國家行政學院（但 2022 年此組織將改制）、日本的司法研修所及臺灣的法官學院等。

三、法官晉升

如第一章中所述，Max Weber 在一百多年前，早已觀察到德國法官體制具有官僚化的階層特性，而同時代法國法官體制亦有類似現象，至今仍無多大變化。德、法兩大歐陸法系代表國家的類似傾向，不禁令人聯想與其法律體系的結構性因素有關，亦即與司法程序、訴訟制度等條件密切關聯。此種關聯性，如將在日本法官體制中所發現類似現象，加以歸納與整合，似乎更提高可信度。簡言之，歐陸法系國家所具有高度同質性的法院層級結構、訴訟制度的設計，及其法官的升遷、調動所產生問題，事實上息息相關，它正反映不採「法曹一元制」模式所經常出現的狀況，基本上是制度選擇的結果，並不必然是錯誤的設計或政治因素的干預。Zweigert/Kötz 在觀察法國法官因

年 7 月 27 日在內閣成立「司法制度改革審議會」，司法制度改革審議會總計召開審議會 63 次、公聽會 4 次，從事日本國內實況考察 7 次，前往美國及英國、德國、法國等國進行實況考察 2 次，並先提出數十頁的中間報告。該審議會於 2001 年 6 月 12 日，向內閣提出體例及內容極為詳實的最終意見書（標題為：二十一世紀支持日本之司法制度），同年 11 月 16 日制定公布「司法制度改革推進法」，其中規定為綜合、集中推動司法制度改革，應於內閣設置司法制度改革推進本部。由於日本現階段司法改革已達到預期目標，司法制度改革推進本部業於 2004 年 11 月 30 日宣告解散。

階層所形成的升遷問題後，所為評論確屬一針見血：到處可見到在「低階」和「高階」法官間的落差，及為形成「升遷」的基礎而必須求助於長官的職務考評，它並不是法國法的錯誤，不過是一種缺陷[22]。

表6-4　歐陸法系國家法官晉升考量因素一覽表

國別	德國	法國	日本	臺灣
考量因素	適任度（品格及人格特質）、能力（才能、專業知識、技能及其他重要特質）及專業表現（工作結果、實際工作方式、工作態度），及晉升試用期間表現，綜合判斷	年資與職務表現	年資與職務表現	年資與職務表現
決定機關	司法行政機關或法官選任委員會（各邦不同）	司法官晉升委員會	最高法院	司法院（人審會）

（資料來源：本書自製）

　　法官晉升的標準，除年資以外，通常以職務表現的考評為重要標準，固然為歐陸法系國家的通例，但職務表現的考評屬於司法行政的手段，其與審判獨立可能產生一定的緊張關係。換言之，職務表現的考評涉及司法行政所採評價標準，而相關標準可能直接、間接影響審判獨立的實現，且司法人事制度的設計（例如：審級晉升、地區調動）在相當程度上攸關法官權益，對於法官依法行使職權亦連帶產生關聯。以日本為例，有學者認為最高法院事務總局掌握法官人事制度的主要權限，形成支配法官的設計，而過去最高法院法官的被提名人當中，有多人曾擔任最高法院事務總局局長或高等法院院長，也被批評為司法行政優位的人事制度[23]，可見晉升制度的程序及透明性，

---

[22] Vgl. Zweigert/Kötz, Einführung in die Rechtsvergleichung auf dem Gebiete des Privatrechts, 3. Aufl., 1996, S. 124.

在一定程度上亦與審判獨立的實踐有關。

四、從律師及其他法律專業人士中之選任方式

有關從律師及其他法律專業人士中選任法官制度，在本書各章所介紹歐陸法系國家中，均有相關法律規範，使得法官選任多元化具備明確法制基礎。有問題的是，除法國法頗為多元的選任管道以外，依各國具體實踐經驗，轉任成效仍相對不顯著。該制度相關設計及運作概況，約如表 6-5、表 6-6 所示：

表 6-5　歐陸法系國家轉任法官制度相關設計一覽表

國別	德國	法國	日本	臺灣
多元方式	是	是	是	是
主要方式	考試及格並實習完畢，依志願申請並經遴選	考試及格並實習完畢，依志願申請分發	考試及格並實習完畢，依志願申請並經遴選	考試及格並實習完畢，依志願申請分發
輔助方式	1.通過第二次司法考試之檢察官、律師、公證人、高階公務員轉任 2.法學教授（無須通過第二次司法考試）轉任（兼職）	在職者（現任公務員、私部門任職者、專業人員）	檢察官、律師或教授轉任[24]	檢察官、律師、學者或公務人員轉任

（資料來源：本書自製）

23　木佐茂男，二〇一〇年の裁判所，裁判官，月刊司法改革，2001 年 9 月號；轉引自：淺見宣義『裁判所改革のこころ』現代人文社 272 頁（2004 年 10 月）；野村二郎『日本の裁判官』講談社 160-161 頁（1994 年 3 月）。

24　另有「法院（裁判所）調查官、司法研修所教官、法院職員綜合研修所教官」轉任法官（裁判所法第 42 條第 1 項第 5 款）、「法院調查官、法院事務官、司法研修所教官、法院職員綜合研修所教官、法務事務官、法務教官」轉任簡易法院法官（裁判所法第 44 條第 1 項第 4 款）。

表6-6　歐陸法系國家轉任法官制度運作概況一覽表

國別	德國	法國	日本	臺灣
現制規定	有	有	有	有
實務運作	有（較少）	有（較少）	有（較少）	有（較少）
主要來源	以檢察官轉任為主、律師為輔	檢察官、其他在職者（現任公務員、私部門任職者、專業人員）	以檢察官轉任為主、律師為輔	以檢察官轉任為主、律師為輔

（資料來源：本書自製）

　　上述轉任制度實務運作成效不彰的原因，固有多端，以下以法國、日本及臺灣的具體情況加以分析。法國自 1958 年以後，其司法官選任制度，係以公開考試並集中由單一訓練機構培訓養成為主，使得司法官基本上具有高度的同質性，縱然有非以公開考試方式選任而來的司法官，但人數比例較低，約占同年度新任司法官人數 10% 左右。例如：2011 年度提出申請者為 215 名，2012 年度為 166 名，而在 2012 年度中，有 48 名完成準備培訓課程，取得擔任司法官的資格（32 名為第一職級，16 名為第二職級）（2011 年則為 41 名），其中包括 17 名律師、8 名訴狀代理人、7 名近民法官、2 名書記官長、2 名醫事機構主管、1 名獨立行政機關委員、1 名民間協會主管、1 名公司法務、3 名警官、1 名少年保護官、1 名商人、1 名法律雜誌編輯、1 名稅務官、1 名公證人、1 名法律主管，但並無任何一位得直接擔任司法官（2011 年有 1 名）。同時，62 名中有 14 名在經過準備培訓課程後未被選任（2011 年為 45 名中有 4 名），40 名被允許進入準備培訓課程。換言之，透過文件遞送管道而得直接轉任為司法官者比率甚低，經過準備培訓課程後即可擔任司法官者的比例約為 50%（約為 80 人左右）。相較於同年度透過公開考試選任之司法官人數為 616 名，上述管道人士約占考選人數 12%，但此比例逐年不同。

　　依比較法學者研究，日本戰後仿效法國司法官學院而設立司法研修所，

由於出色的研修教育，使得過去在日本被認為不如行政官的法官職務，聲譽顯著提升[25]。但即使日本法官職務被公認具有優良傳統，在 1970 年代，日本司法研修所前所長鈴木忠一就認為，當時希望擔任法官的人數較少，原因在於律師工作收入較高且自由，亦無法官、檢察官間競逐晉升問題[26]。此外，於 1999 年官方正式宣告從事司法改革以前，在 1990 年代所進行的相關準備工作中，識者早已表達憂慮，認為日本面對 21 世紀新時代的挑戰，司法工作將難以吸引一流人才加入。以日本於 2001 年（平成 13 年）初任及再任法官總數 325 人為例，其中多達 160 人為現職法官申請續任[27]，由司法研修所結業而初任候補法官者高達 114 人，由律師申請轉任法官者僅 2 人，由律師申請轉任候補法官者亦僅 4 人，另外有 22 人係離職候補法官申請回任，有 13 人為離職法官申請回任。1999、2000 年的情況亦相當類似，與每年由司法研修所結業、初任候補法官平均人數超過百人相較，由律師申請轉任候補法官、法官的總數均只有個位數[28]。而 2003 年間，律師轉任法官者有 10 名，次年 2004 年間有 8 名，但 2005 年則減半為 4 名。其後，2006 年有 5 名，2007 年有 6 名，2008 年有 4 名，而 2009 年間亦只有 6 名，截至 2014 年 4 月 1 日為止，日本現職律師轉任法官者，共有 66 名，與同年各級法院法官總人數

---

[25] 埃爾曼，同註 5，頁 132。

[26] 參鈴木在「裁判と裁判官」座談會發言內容，轉引自毛利甚八，裁判官のかたち，頁 174–175（2002 年 3 月）。

[27] 日本憲法第 79 條規定：「最高法院由院長及法律所定員額之其他法官組成，其中除其院長外，由內閣任命。最高法院法官之任命，須於任命後第一次眾議院議員總選舉時，交付國民審查，十年後於第一次眾議院議員總選舉時，再交付審查，其後亦同」，依日本憲法學界廣為接受的見解，此一國民審查制度，係直接以國民意思，賦予最高法院法官地位，並不由議會參與任命過程或介入審查。陳炳煌、陳國禎、陳重瑜、徐文亮、簡清忠、何菁莪，九十五年度日本司法制度考察報告，2007 年 6 月。

[28] 日本司法制度改革推進本部所設「法曹制度檢討會」第 10 次會議，最高裁判所提供參考資料，www.kantei.go.jp/jp/singi/sihou/kentoukai/seido/dai10/10siryou_list.html（最後瀏覽日：2022 年 2 月 12 日）。另依平成 4 年至 14 年的統計資料，每年由律師轉任法官或候補法官少則 2 人，最多不過 7 人；上開檢討會第 16 次會議，最高裁判所提供參考資料，www.kantei.go.jp/jp/singi/sihou/kentoukai/seido/dai16/16siryou_list.html（最後瀏覽日：2022 年 2 月 12 日）。

3,750 人相較，約占 1.76%。

再以臺灣為例，自 2006 至 2010 年進用法官總人數為 336 人，其中以考選分發者占 75%，檢察官轉任者占 13%，律師轉任法官者占 10%，再任法官者占 2%，學者轉任則為 0。自 1987 年起，迄 2010 年底止，律師轉任法官人數共僅 68 人，其中自行申請轉任 45 人（自 1987 年起至 2010 年止計有 112 人提出申請，審查通過比率為 40%）、公開甄試轉任 23 人（2006 年第 1 次、2006 年第 2 次、2007 年、2009 年共計辦理 4 次，到考人數合計 111 人，錄取比率為 21%）。另就法官法施行後情況以觀，2012-2018 年律師轉任法官公開甄試部分，共有 323 人申請並符合應試資格，其中僅有 49 人經遴選合格。整體而言，轉任法官人數及比率均甚低，轉任制度的成效仍相對有限。

參、對於歐陸法系其他國家法制之參考

一、基本背景

依法社會學、比較法學的研究，歐陸法系國家的制度設計，選任法官模式具有濃厚職業文官色彩，易使法官在心理狀態上，傾向維護既有法律體系，及扮演具保守特性的法律代言人角色，並多將自己定位為法典的技術性解釋者[29]，在裁判風格上亦顯現機械性質，較難期待有寬闊視野及開創格局。

同時，由於歐陸法系多採職業法官制度，有關司法人事的安排，多依年資、職務表現而逐級晉升至較高層級法院，且其職業教育偏重發展「單純解釋法律」而非政策導向的裁判技巧，一般而言，與英美法系法官相較之下，其裁判創造性較為隱蔽而微弱[30]。有鑑於此，比較法學者對於歐陸法系傳統的法官有如下觀察：法院較為無力的結構，多數無關緊要的裁判有如洪水一

---

[29] 科特威爾，同註 8，頁 302。

[30] 卡佩萊蒂 (Mauro Cappelletti) 著，徐昕、王奕譯，比較法視野中的司法程序，頁 68-69，2005 年 5 月。

般，淹沒少數有意義的判決，及較無名並埋首於例行公事的法官——綜合上述特徵，使其裁判權威與普通法系判例權威相比，顯得更不明確、顯著及引人注意[31]。基於上述分析，就選任法官模式而言，歐陸法系與英美法系相較，因受限於司法層級、資歷背景、訴訟制度及職業生涯前瞻性等因素，似較難吸引一流法律人才投入。

如上所述，選任法官模式實與司法程序、訴訟制度密切相關[32]，亦即在多屬成文法的歐陸法系國家，數量龐大的法律條文及實務見解交織架構成嚴密而複雜的法律網絡，法官易受限於眾多條規的束縛。其次，成文法規則、原則的存在，透過實務慣例而適用法律的過程，具有權威地位的上級審判決所表示的見解，及由學者詮釋現行法所建構的釋義理論，在相當大程度上已呈現出現行法的內容，再加上思維方式慣於條文抽象原則的演繹，均對於歐陸法系法官造成影響。以上這些因素導致法官易侷限在以形式邏輯推論的抽象思考模式，而較不重視個案經驗事實的區辨，及法官隱名性以保持裁判權威的傳統，無形中隱沒法官作為判斷主體的獨立特性；同時，其交錯作用的結果，將法官的任務限縮為形式化適用成文規則、原則及實務見解、釋義理論[33]。

以職業法官為法官主要來源的歐陸法系傳統，與英美法系相較之下，法官地位固然較不突出，但依當代發展的趨勢，在不少受歐陸法系傳統影響的國家已有縮短差距的傾向。以韓國、日本為例，其最高法院法官人數分別為14及15人，並有多達數十名、甚至百名具備相當資歷的法官、研究人才，擔任裁判調查或研究官，應屬融合歐陸、英美法系特點的適例[34]。就最高法

---

[31] 卡佩萊蒂，同註30，頁70。

[32] 學者另曾指出，不同司法體制選任法官模式的差異，正反映對專業能力、審判獨立及多元價值等因素的重視有所不同，而其更深層的原因，則涉及特定社會對法官的期待及法官自我的定位。蘇永欽，尋找共和國，頁408，2008年9月。

[33] 許政賢，裁判書類文化與法官定位（下）——兼談當前減輕法官工作負荷的方法，司法周刊第1238期，2005年6月。

院法官人數而言，相對少數的法官將使組織運作趨於嚴密，法律見解統一，提高裁判的權威性，向為英美法系國家法院的特長。另外，配置龐大研究團隊，使最高法院不論是否採行選案裁判制度，在裁判品質、論述風格及法官地位方面，均能維持相當高水準。

二、對於歐陸法系其他國家法制之啟示

德裔美籍法學家博登海默 (Edgar Bodenheimer) 曾指出：歷史經驗告訴我們，任何人都不可能根據某個單一、絕對的因素或原因去解釋法律制度。一系列社會、經濟、心理、歷史及文化的因素，以及一系列價值判斷，都在影響及決定立法和司法[35]。基於本書各章有關法官選任制度的理論分析，及從律師及其他法律專業人士中選任法官制度的實踐經驗，在未來規劃相關制度時，宜考量下列因素：

（一）問題意識

在以職業法官為主的司法體系中，對於從律師及其他法律專業人士中選任法官，往往因不同的問題背景而有所差異。首先，可能係基於初任職業法官年輕化，缺乏社會經驗與人生閱歷，對於事實認定的正確性有所疑慮，對於司法威信亦生負面效應（妥適性因素）。其次，可能係基於職業法官人數不足，工作負荷過重，急需補充適當人力，否則可能影響適時裁判目標的達成（效率因素）。再來，可能係對於職業法官封閉體系的疑慮，認其同質性過高恐形成某種「階級司法」或「司法官僚」，無法適度反映社會與法律互動之需，而須由不同背景的人士擔任法官，以適度反映社會的多元發展趨勢（回

34　但值得注意者，此種異質融合，亦可能係美式法院的金字塔結構，強行搭建於歐陸法系體制土壤之上，所產生不當扭曲的現象。相關深入批判，參閱蘇永欽，司法制度之回顧與前瞻，頁 218–221，2021 年 3 月。

35　博登海默 (Edgar Bodenheimer) 著，結構編輯群編譯，法理學：法哲學及其方法，頁 242，1990 年 10 月。

應社會發展因素）。

　　以法國為例，為增強法官來源的多元性並因應社會事務的多樣化，一方面開放非專業法官擔任特殊法庭之職務，另一方面也增加以遞交文件、轉任比敘等方式，讓非專業法官擔任一般法院之司法官職務，似較強調回應社會發展因素。以日本為例，其司法改革的重要目標，首重縮短司法與人民的距離，使人民便於利用司法制度，而達成此目標的對策，除致力於法官選任過程的透明化，增進人民對司法的信賴以外，確保法曹人數的質與量亦格外受重視，而從律師選任法官被認為屬於確保法官質量的有效方法，其問題意識根源於此，主要似考量妥適性與回應社會發展因素。再以臺灣為例，近年來所推動轉任制度，主要係基於初任法官在任職前多無社會工作經驗，生活閱歷不足，有時對當事人欠缺同理心，及缺乏面對多元社會的應變能力，致認事用法常與社會期待有所落差，故其動機乃以妥適性因素為主要考量。

　　另一方面，如期望藉由律師轉任法官以補充法官人力之不足，亦應考量藉由司法考試、培訓方式所養成法官，是否確實無法因應人力急速補充之需？其中應予衡量因素，一為律師轉任法官制度對於現行職業法官體系的衝擊，二為由律師轉任法官與由考選所任命法官相較之下，兩者是否有能力上的差異。第一點確實存在於歐陸法系職業法官體系中，至第二點則有待依專業表現而進一步評估。

（二）對於現行體系之衝擊

　　如上所述，在以職業法官為主的司法體系中，依學者所提出理論模式，歐陸法系屬於等級模式的司法官僚結構，在此種體制之下，職業化官僚及長時期任職等因素，將難免形成專業化及程式化的傾向，而此種趨勢導致法官劃定自我認同範圍，形成同質性高而排他的現象。因此，理論上雖可轉換職業軌道，但實際上轉換流通性低，此與司法體系的結構性因素有關。誠如Max Weber 等學者的觀察，德國、法國及日本法官體制具有官僚化的階層特性，其中涉及法院層級結構、訴訟制度及法官的晉升、調動問題，亦屬普遍

存在於歐陸法系國家的現象，並反映不採「法曹一元制」模式所經常出現的狀況，基本上是制度選擇的結果，並不必然是錯誤的設計或政治因素的干預。

　　基於上述背景，歐陸法系職業法官因須論資排輩方得晉升相應職位，故對於律師轉任法官等非原體系內人員，常因影響原體系內法官的晉升、調動而加以排斥，導致律師轉任法官的人員並不多見。例如：縱使在司法傳統相對良好的日本，由律師轉任法官的情形亦不多見。再以臺灣為例，律師與司法官因不同考試而取得資格，近 30 年來，司法官考試的及格率均低於律師考試，致司法官圈內的優越感明顯增長，常有對律師轉任法官制度採取輕蔑態度者，認為其係為司法官考試落榜者提供轉任法官的管道，並認為轉任法官的律師，有關年資計算、升遷待遇等事項，不得與職業法官等同，方屬公平，此種心態亦與職業法官的封閉官僚體系有關。同時，上述職業法官的偏狹心態，亦間接影響律師轉任法官制度的成效，因而在制度上雖有公開甄試、自行申請及主動推薦三種管道，但實務上仍以執業年資較淺的律師參與公開甄試為主。

（三）一般民眾觀感

　　歐陸法系職業法官任用的資格、能力等條件，縱使高度重視其法律專業資歷，但因法律背景的同質性過高，難免被批評裁判結果有違一般人社會生活的常識，或無法反映一般健全的市民常識。同時，法官的任用資格，由初級法院至終審法院層級，均以法律專業資歷為條件，某種程度而言，固屬司法職業發展至相當程度後，為展現法官高度專業屬性之設計，但另一方面，亦易因結合上訴審核的訴訟制度，造成層級官僚化的現象。更有甚者，亦可能造成法官來源類似、同質性過高而有所謂「階級司法」的現象[36]，對於維護人民權益是否確屬正面意義，仍有商榷餘地。由於律師長年與民眾接觸，

---

[36] 有關此主題的論述已形成法學流派，相關文獻資料幾無法遍覽，較為簡化而未必完整的說法，主要指資歷較深的法官明顯來自同一背景，並將他們共同的價值觀直接反映在所作成的司法裁判中。科特威爾，同註 8，頁 306。

其對案件的觀察、思考角度，往往與職業法官有所差異，如能推行律師轉任法官制度，對於司法與社會的互動，應有正面積極意義。

（四）吸引律師條件

學者曾形容絕大多數歐陸法系法官的共通特性為：「謹小慎微、缺乏個性、高度誠實及職業化」，另有學者描述德國法官職務為文官類型的職業，他們的集體圖像為：「職業穩定，有法定的獨立性（由於有大量的細則、傳統習慣和風俗的存在，這種獨立性在實際上並沒有在理論上強調的那樣顯著），有適當的，雖然不很突出的社會地位，並且有權力對其他人的爭執和過失作出判決。非常明顯，這種法官形象的前景所吸引的，一般意義上說，既不是那種最富才華的青年，也不是那類具有最強意志的人」[37]。論者有謂：法律體系的種類將影響何種人成為法官[38]，確屬的論！由於上述職業法官體系的先天條件限制，由傑出律師轉任法官的情形亦不多見。

以日本為例，雖採資格及司法修習一元制，較無現職法官歧視轉任法官的問題，但自 1991 年以來所實施的律師轉任法官制度，實際成效並不明顯，而相關研究均直指係司法官僚化的弊害，以致有能力的律師不願轉任法官。亦即最高法院藉由人事權的運作，使得下級審法院法官在裁判上無形中受其影響。此外，尚有其他因素影響律師轉任的意願，例如：律師轉任法官的程序不透明、因轉任法官而關閉律師事務所的困難度、律師轉任法官者常遭負面的評價、關於法官的職務內容公告周知不足等。再以臺灣為例，律師界對於轉任法官的意願不高，首先是因法官業務繁重，其次是個人志趣、性格的因素，再來是待遇與工作負荷不成正比，且各界對法官要求甚高、限制頗多所致。另一方面，對於轉任後適應不良而有意回任律師者，如因法令規定（所謂旋轉門條款）而受到限制時，有時亦成為部分人士裹足不前的原因。

---

[37] 科特威爾，同註 8，頁 302。

[38] ATIYAH/SUMMERS, FORM AND SUBSTANCE IN ANGLO-AMERICAN LAW, A COMPARATIVE STUDY OF LEGAL REASONING, LEGAL THEORY, AND LEGAL INSTITUTIONS, 337 (1996).

　　一般而言，除個人志趣考量以外，工作條件（含個人的薪資、工作負擔等客觀條件及體制的自由程度等主觀條件）往往是吸引轉任者的重要條件。同時，對於年資尚淺的律師而言，司法大環境的吸引力或許勝過具體工作條件的考量；對於年資較深的律師而言，個人體力、性格是否勝任司法工作的挑戰，或許才是決定轉任與否的關鍵。更重要的是，轉任制度是否吸引優秀律師，恐怕才是評價其成效的重要標準。換言之，轉任制度是否僅屬應急補充人力的巧門，而成為平庸律師轉任法官的捷徑，或是它將成為現制以考訓選任法官管道以外，另一道選拔優秀司法人才的通路，應是決定它未來命運的關鍵。

　　在理想上，律師轉任法官制度當然希望吸引優秀律師的關注，而自具備相當經驗專業人士中遴任法官的構想，立意固佳，但此種源於英美法系所謂「法曹一元化」的制度，如未考量各國法律體系結構、特性及社會背景的差異，及法官工作條件（例如：薪資待遇、工作負擔），恐無法如同英美法系國家一般，真正使許多一流人才以擔任法官為榮，並以在成功職業生涯基礎上從事司法公職為志。

（五）選任機制

　　各國經驗均顯示，獨立、超然的法官選任委員會，屬於確保法官選任機制運作成效良好的重要因素。同時，於推行律師轉任法官制度時，在選任機制運作上，須確保推薦法官的獨立委員會超然的地位並獨立行使職權；在選任方式上，不論是否以公開考試方式為之，應遵循公開、透明與公平的原則，以有助於維護司法公正的形象，避免各種勢力任意侵入而影響司法獨立。

肆、總結

　　本書以德國（第二章）、法國（第三章）、日本（第四章）及臺灣（第五章）等4個歐陸法系國家的法官體制為對象，針對法官選任（含資格條件、選任方式、具體程序）、培養（含職前教育、在職教育）、晉升等制度加以分

析與比較，並特別就從律師及其他法律專業人士中選任法官的方式（含選任資格條件、選任方式與程序、任用方式與程序）進行分析，以期對於各國法官體制的架構及運作，得以一窺全貌。

在選任制度方面，4 國基本上採行職業法官模式，而其主要管道，乃以考試、實習（具備應考資格並通過考試、完成實習）模式為主，以律師及其他專業人士轉任為輔。同時，在考試、實習模式之下，各國仍存在差異。在德國、日本（採行所謂三合一司法考試），考試、實習條件完備者，須依志願申請任職法官，並經遴選審核程序；在法國、臺灣（採行二合一司法考試），則採主管機關分派任職，原則上不經實質遴選程序（法國的在職者須經實質遴選）。但無論何者，如未具備司法經驗，在職業法官模式的基本結構下，原則上須自司法層級的基層開始任職；並採候補階段的設計（法國除外），須經候補期滿、考核通過者，始任命為終生職法官。

在培養制度方面，無論德、日所採行三合一司法考試，或法、臺所採行二合一司法考試，通過實質遴選或直接分派而初任法官者，一般而言，年齡較輕且人生閱歷較為不足。因此，不同國家試圖兼採不同方式，以期彌補此種體制上的缺陷。例如：法國採行擴大進用在職者，或日本對於未具備律師經歷的候補法官、檢察官，准許轉任律師 2 至 3 年，並保障回任公職的權利。此外，各國均設有法官在職進修機構，並設有鼓勵進修的相關機制。

在晉升制度方面，歐陸法系法官體制以職業法官為主力，法官生涯多以自司法層級的基層逐級晉升為路徑，具有官僚化的階層特性，本書所研究的 4 國制度亦同。至於晉升的標準，除德國細緻考量適任度、能力及專業表現而加以綜合判斷外，大抵以年資及職務表現的考評為重要標準，而因職務表現涉及司法行政手段，乃不免有與審判獨立產生緊張關係的疑慮。

此外，法官進用來源的多元化，亦屬上述國家法官體制的共通處，但運作方式及具體進展仍有所不同，而從律師及其他法律專業人士中選任法官制度，則是其中較為類似的方向。值得注意的是，除法國頗為多元的法官進用

管道以外，依各國具體實踐經驗，律師轉任法官的成效仍較不顯著。此種現象源於體系結構因素，法社會學或比較法學上早有不少研究加以闡釋，相關觀察或理論，迄今仍具有相當說服力。

律師轉任法官制度，殆屬臺灣近年來重要司法政策之一，基於各章有關法官選任制度的理論分析，及從律師及其他法律專業人士中選任法官制度的實踐經驗，本書建議未來規劃相關制度時，宜考量問題意識、對於現行體系之衝擊、一般民眾觀感、吸引律師條件及選任機制等因素，方能使該制度的運作較符合預期目標。

最後，臺灣於 2022 年初，所規劃法官、檢察官、律師、法制人員「多合一考試」方案（業已研擬「法律專業人員資格及任用條例」草案），縱完成立法程序，而將對現行法官選任制度產生較大衝擊，但基本上乃由接近法國的考試分發制，轉向接近德國、日本的申請遴選制。而在歐陸法系司法層級結構所形塑的文化影響下，此一選任制度的變革，對於司法體質的調整，恐影響有限。未來發展，仍待觀察。

參考文獻

一、中文

1. 卡佩萊蒂 (Mauro Cappelletti) 著，徐昕、王奕譯，比較法視野中的司法程序，2005 年 5 月。

2. 科特威爾 (Roger Cotterrell) 著，結構編輯群編譯，法律社會學導論，1991 年 6 月。

3. 埃爾曼 (Henry W. Ehrman) 著，賀衛方、高鴻鈞譯，比較法律文化，2002 年 10 月。

4. 博登海默 (Edgar Bodenheimer) 著，結構編輯群編譯，法理學：法哲學及其方法，1990 年 10 月。

5. 達維德 (René David) 著，漆竹生譯，當代主要法律體系，1990 年 9 月。

6. 易延友，陪審團審判與對抗式訴訟，2004 年 11 月。

7. 陳炳煌、陳國禎、陳重瑜、徐文亮、簡清忠、何菁莪，九十五年度日本司法制度考察報告，2007 年 6 月。

8. 許政賢，裁判書類文化與法官定位（下）——兼談當前減輕法官工作負荷的方法，司法周刊第 1238 期，2005 年 6 月。

9. 蘇永欽，尋找共和國，2008 年 9 月。

10. 蘇永欽，司法制度之回顧與前瞻，2021 年 3 月。

二、日文

1. 浅見宣義『裁判所改革のこころ』現代人文社（2004 年 10 月）。

2. 園部逸夫『最高裁判所十年　私の見たこと考えたこと』有斐閣（2001 年 10 月）。

3. 野村二郎『日本の裁判官』講談社（1994 年 3 月）。

4. 毛利甚八『裁判官のかたち』現代人文社（2002 年 3 月）。

三、英文

1. Atiyah, P. S./Summers, Robert S. (1996), FORM AND SUBSTANCE IN ANGLO-AMERICAN LAW, A COMPARATIVE STUDY OF LEGAL REASONING, LEGAL THEORY, AND LEGAL INSTITUTIONS, Oxford: Oxford University Press.

2. Blackstone, William (1979), COMMENTARIES ON THE LAWS OF ENGLAND, Vol. 1, Chicago & London: The University of Chicago Press.

3. Guarnieri, Carlo & Pederzoli, Patrizia (2003), THE POWER OF JUDGES: A COMPARATIVE STUDY OF COURTS AND DEMOCRACY, Oxford: Oxford University Press.

4. Kahn, Paul W. (1999), THE CULTURAL STUDY OF LAW: RECONSTRUCTING LEGAL SCHOLARSHIP, Chicago & London: The University of Chicago Press.

5. Shapiro, Martin (1986), COURTS: A COMPARATIVE AND POLITICAL ANALYSIS, Chicago & London: The University of Chicago Press.

四、德文

1. Raiser, Thomas, Das lebende Recht: Rechtssoziologie in Deutschland, 3. Aufl., 1999.

2. Rheinstein, Max, Einführung in die Rechtsvergleichung, 2. Aufl., 1987.

3. Zweigert, Konrad/Kötz, Hein, Einführung in die Rechtsvergleichung auf dem Gebiete des Privatrechts, 3. Aufl., 1996.

最新綜合六法全書

陶百川、王澤鑑、葛克昌、劉宗榮／編纂

　　三民書局綜合六法全書嚴選常用法規近七百種，依憲、民、民訴、刑、刑訴、行政及國際法七類編排，條號項下參酌立法原意，例示最新法規要旨，重要法規如民、刑法等並輯錄立法理由、修正理由、相關條文及實務判解。書末列有法規索引及簡稱索引，悉依筆畫次序排列，幫助快速搜尋法規；並於每類法規首頁設計簡易目錄、內文兩側加註條序邊款及法規分類標幟，提高查閱便利。另蒐錄最新司法院大法官解釋等資料，可以說是資料最豐富、更新最即時、查閱最便利的綜合六法全書，適合法學研究、實務工作、考試準備之用，為不可或缺之工具書。

國家圖書館出版品預行編目資料

法官體制之比較研究：以德國、法國、日本及臺灣為
例／許政賢,傅玲靜,吳秦雯,徐婉寧著;許政賢,王文杰
主編.——初版一刷.——臺北市: 三民，2022
　　面；　公分

　　ISBN 978-957-14-7468-7　（平裝）
　　1. 司法制度 2. 法官 3. 比較研究

589.9　　　　　　　　　　　　　　111008768

法官體制之比較研究──以德國、法國、日本及臺灣為例

主　　編	許政賢　王文杰
作　　者	許政賢　傅玲靜　吳秦雯　徐婉寧
責任編輯	陳瑋崢
美術編輯	江佳炘

發 行 人	劉振強
出 版 者	三民書局股份有限公司
地　　址	臺北市復興北路 386 號 (復北門市)
	臺北市重慶南路一段 61 號 (重南門市)
電　　話	(02)25006600
網　　址	三民網路書店 https://www.sanmin.com.tw

出版日期	初版一刷 2022 年 9 月
書籍編號	S586541
I S B N	978-957-14-7468-7

三民書局